成 本 管 理

（第 2 版）

万寿义　主编

国家开放大学出版社·北京

图书在版编目（CIP）数据

成本管理／万寿义主编．—2版．—北京：中央广播电视大学出版社，2017.1（2021.1重印）

ISBN 978-7-304-08373-1

Ⅰ．①成… Ⅱ．①万… Ⅲ．①成本管理—开放教育—教材 Ⅳ．①F275.3

中国版本图书馆 CIP 数据核字（2017）第 004539 号

成本管理（第 2 版）

CHENGBEN GUANLI

万寿义　主编

出版·发行：国家开放大学出版社（原中央广播电视大学出版社）

电话：营销中心 010-68180820　　　　　总编室 010-68182524

网址：http://www.crtvup.com.cn

地址：北京市海淀区西四环中路 45 号　　邮编：100039

经销：新华书店北京发行所

策划编辑：宋　莹　　　　　　　　　　版式设计：赵　洋
责任编辑：陆　恬　　　　　　　　　　责任校对：张　娜
责任印制：赵连生

印刷：唐山嘉德印刷有限公司　　　　　印数：61001～66000
版本：2017 年 1 月第 2 版　　　　　　 2021 年 1 月第 10 次印刷
开本：787mm×1092mm　1/16　插页：16　印张：20　　字数：444 千字

书号：ISBN 978-7-304-08373-1
定价：38.40 元

意见及建议：OUCP_KFJY@ouchn.edu.cn

前 言 □□□

为了适应国家开放大学工商管理专业教学的需要，根据国家开放大学工商管理专业"成本管理"课程教学大纲的要求，组织编写了本教材。为了使学生更好地学习本课程，更加充分地运用多种学习资源，中央广播电视大学出版社开发了《成本管理（第2版)》学习资源包。

学习资源包通过图、文、声、像、画全媒体展示学习内容，将学习内容有机地集成到一起，使学生能够获得更及时、更多角度的阅读、视听、掌控、互动等体验。学习资源包不仅方便了学生在线或离线学习，还可以与远程教学平台结合，实现开放大学的泛在教学和学生的泛在学习。

这套学习资源包囊括了全媒体数字教材、文字教材、形成性考核册及其他数字学习资源。其中，文字教材和形成性考核册以纸质形式出版；全媒体数字教材和其他数字学习资源，学生可以通过扫描文字教材上的二维码，登录"开放云书院"之后下载获得。

本套学习资源包不仅适合国家开放大学工商管理专业学生学习使用，而且可用于其他相关专业的教学，还可作为从事成本管理实际工作的人员学习成本管理及各类工商管理专业的培训资源。

《成本管理（第2版)》教材共分九章：第一章主要介绍了成本管理的意义、原则、内容，以及成本管理体系和方法；第二章介绍了成本核算的基本原理，主要包括成本核算概述、要素费用的汇集和分配、部门费用的汇集和分配、在产品和产成品成本的核算、产品成本计算方法等；第三章介绍了成本预测和决策的方法；第四章介绍了成本计划的编制及成本控制的方法等内容；第五章介绍了成本报表、成本分析和成本考核；第六章介绍了作业成本法的基本原理及应用，以及作业成本管理的原理、实施等内容；第七章为质量成本管理，介绍了质量成本的内容及核算、质量成本的控制和分析等内容；第八章为战略成本管理，介绍了战略成本管理的工具、实施、业绩评价及战略成本管理制度的维护等内容；第九章为成本管理专题，主要介绍了资本成本管理、环境成本管理、技术成本管理、基准管理和持续改进等问题。

本教材在编写过程中，力求适应工商管理专业的特点，满足远程教育学生自学的需要，在编写体例、内容、方法等方面进行了有益的探索。学生通过阅读本教材，以学习资源包为辅导，可以全面掌握成本管理课程的主要内容，了解成本管理科研成果的最新进展，并能将成本管理新的理论和方法运用于成本管理的实践中。

本教材由东北财经大学万寿义教授担任主编，第一章、第二章、第四章、第五章由万寿义教授编写（其中第五章第一节由周萍博士编写），第三章、第六章和第九章第一节由东北财经大学牛彦秀教授编写，第七章由东北财经大学李日昱教授编写，第八章由东北财经大学任月君教授编写，第九章的第二节至第四节由崔建华博士等编写。中央财经大学刘俊勇教授、北京工商大学王仲兵教授以及东北财经大学杨波教授、大连广播电视大学王胜利教授，提出了许多宝贵的修改意见，在此表示衷心的感谢。

学习资源包中的文字教材由中央财经大学刘俊勇教授、北京工商大学王仲兵教授以及东北财经大学杨波教授进行审定；数字教材由中央广播电视大学出版社信息与数字出版部制作。对他们付出的辛勤劳动，在此一并致谢。

编 者

2016 年 10 月

目 录 □□□ CONTENTS

第一章 总 论 …………………………………………………………… 1

　　第一节 成本管理概述 ……………………………………………… 1

　　第二节 成本管理体系和方法 …………………………………… 12

第二章 成本核算基本原理 …………………………………………… 25

　　第一节 成本核算概述 …………………………………………… 25

　　第二节 要素费用的汇集和分配 ……………………………… 29

　　第三节 部门费用的归集和分配 ……………………………… 35

　　第四节 在产品和产成品成本的核算 ………………………… 39

　　第五节 产品成本计算方法 …………………………………… 44

第三章 成本预测和决策 ……………………………………………… 65

　　第一节 成本预测 ………………………………………………… 65

　　第二节 成本决策 ………………………………………………… 79

第四章 成本计划与成本控制 ………………………………………… 94

　　第一节 成本计划 ………………………………………………… 94

　　第二节 成本控制 ………………………………………………… 99

第五章 成本报表、成本分析与成本考核 ………………………… 132

　　第一节 成本报表 ………………………………………………… 132

　　第二节 成本分析 ………………………………………………… 138

　　第三节 成本考核 ………………………………………………… 161

第六章 作业成本管理 ………………………………………………… 170

　　第一节 作业成本管理概述 …………………………………… 170

第二节　作业成本管理的核算前提 ………………………………………… 177
第三节　作业成本管理的实施 …………………………………………… 184

第七章　质量成本管理 ……………………………………………… 198

第一节　产品质量和全面质量管理 ……………………………………… 198
第二节　质量成本的内容及核算 ………………………………………… 207
第三节　质量成本的控制和分析 ………………………………………… 213

第八章　战略成本管理 ……………………………………………… 227

第一节　战略成本管理概述 ……………………………………………… 227
第二节　战略成本管理的工具 …………………………………………… 233
第三节　战略成本管理的实施 …………………………………………… 253
第四节　战略成本管理的业绩评价 ……………………………………… 260
第五节　战略成本管理制度的维护 ……………………………………… 266

第九章　成本管理专题 ……………………………………………… 268

第一节　资本成本管理 …………………………………………………… 268
第二节　环境成本管理 …………………………………………………… 279
第三节　技术成本管理 …………………………………………………… 284
第四节　基准管理和持续改进 …………………………………………… 300

参考书目 ……………………………………………………………… 309

第一章 总 论

学习目标

通过本章学习，学生应了解成本管理的意义、原则和内容；掌握成本的含义、分类与作用；重点掌握成本管理基础工作、成本管理体系和方法等内容；另外，当代科学技术的发展对成本管理具有重大的影响，它使成本管理的理论和方法不断创新，产生了新的成本管理理论和方法，这也应作为学习重点。

第一节　成本管理概述

一、成本的经济内涵

制造业企业在生产过程中生产各种工业产品（包括产成品、自制半成品、工业性劳务等）、自制材料、自制工具、自制设备以及供应非工业性劳务，要发生各种耗费，这些耗费称为生产费用。为生产一定种类和数量的产品所发生的全部生产费用，称为产品成本。企业生产成本的核算，就是将生产过程中所发生的生产费用，按照它所生产的产品或提供的劳务，计算出产品或劳务的总成本和单位成本。

成本是一个价值范畴，它同价值有着密切的联系。在市场经济条件下，社会产品仍是使用价值和价值的统一。产品价值取决于生产耗用的社会必要劳动量，它是由以下三方面组成的：其一，产品生产中所耗用的物化劳动的价值（已耗费的生产资料转移价值）；其二，劳动者为自己劳动所创造的价值（归个人支配的部分，主要是以工资形式支付给劳动者的劳动报酬）；其三，劳动者剩余劳动所创造的价值（归社会支配的部分，包括税金和利润）。产品价值的前两部分是形成产品成本的基础，是成本内容的客观依据。所以，产品成本就其实质来说，是产品价值中的物化劳动的转移价值和劳动者为自己劳动所创造价值的货币表现。

从理论上说，产品成本应是产品价值中的前两部分，即物化劳动的转移价值和劳动者为自己劳动所创造的价值。但在实际工作中，一个实行经济核算制的企业必须以自己的收入来弥补支出，补偿生产经营中的资金耗费，所以从资金的补偿角度看，要把某些不构成产品成本的支出也列入成本。

产品成本实际包括的内容称为成本开支范围。为了加强对成本的管理，防止滥挤成本，成本开支范围由国家统一规定，各企业必须严格遵守。国家统一规定的产品成本开支范围是以产品成本的实质为基础的，同时又考虑了加强企业经济核算的要求，把一部分与产品价值无关的费用也列入了产品成本。这样有助于充分发挥成本在加强企业生产经营管理和经济核算上的积极作用。

二、成本管理的意义

成本管理是指对企业在生产经营过程中发生的费用，通过一系列的方法进行的预测、决策、核算、分析、控制、考核等科学管理工作，其主要目的是降低成本，提高企业的经济效益。市场经济体制实质上就是一种竞争机制，它不同于计划经济体制的主要特征就是所有企业都以相同的平等身份进行竞争，没有政府的行政干预。同行业间竞争的结果将是优胜劣汰。自然界的生存规律也体现在市场经济条件下企业之间的关系上。企业要在激烈的竞争中生存下来，关键是要生产（或提供）质优价廉的产品（或服务），只有这样，才能占领市场，并在激烈的竞争中取胜。若要在竞争中以低廉的价格取胜，则应以较低的成本为前提。只有降低成本，才有降低价格的空间。但若不计成本地降低价格，只能在竞争中失败。因此，在市场经济条件下，加强成本管理具有非常重要的意义。

（一）可以降低产品成本

企业在生产过程中发生的各项支出称为生产费用。生产费用并不全部形成产品成本。从补偿的角度出发，企业取得的销售收入应补偿产品生产过程中支出的成本，只有这样，企业才能维持再生产。如果销售收入大于成本，则形成企业的盈利，可用于企业的扩大再生产；若销售收入小于成本，则形成企业的亏损。企业发生亏损实际上就是减少企业的资本。如果亏损总额达到了企业的资本总额，则企业不但不能继续经营下去，还面临着破产的危险。因此，成本水平的高低直接关系着企业的生存。因此，降低成本就成为成本管理的重要任务。

成本管理要达到的目的很多，其中最主要的是通过成本管理系统的运作降低企业的成本费用水平，提高企业的经济效益。成本费用水平降低的幅度，可以作为评价成本管理工作好坏的标准，是进行成本管理工作的考核依据。如果未能通过成本管理系统的运作使成本费用水平下降，或虽有下降但下降幅度并不明显，则说明成本管理工作尚需改进。当然，成本费用水平的降低不能是无限的，它是一个递减的过程。在进行成本管理工作的初期，成本降低的效果是比较明显的，成本降低幅度较大。而随着各种措施的采取、手段的加强，成本降低幅度就会减小，但这种情况的出现并不表明企业成本管理工作后期就无事可做。企业通过有效的成本管理工作来降低成本的潜力是很大的，有时可以从相对指标进行考核，有时则可通过绝对指标进行考核。因此，运用成本管理的各种方法来降低成本有着广阔的前景。

降低成本的途径是多种多样的，这也正是成本可持续降低的魅力所在。企业可以在事前进行成本预测，并对多种不同的方案进行比较，从而作出决策。企业也可以对生产经营过程中发生的成本费用进行控制，使成本费用的发生额控制在规定的范围之内。降低成本应从企业的长远利益出发，不能片面强调短期的利益。影响成本水平高低的因素很多，在采取降低成本的措施方案时，企业应根据持续经营原则，从长远利益出发，制定有利于长期降低成本的措施或方案，制止成本管理工作中的短期行为。

（二）可以提高企业成本核算水平和成本信息的准确性

成本核算是成本管理工作中的重要环节，可以提供有关成本的信息。成本核算可以起到多方面的作用，它与成本管理的水平密切相关。但不论成本管理工作水平高低，最终都应提供有关成本实际数据的信息。由于成本信息主要是为企业内部的经营管理服务的，所以其准确与否对于企业管理者是非常重要的。准确的成本信息可使成本预测和决策建立在可靠的基础之上。欲取得准确的成本信息，可运行完善的成本管理系统。诚然，影响成本信息准确性的因素较多，单纯依赖成本管理体系是不够的，但成本管理系统在影响成本信息准确性方面发挥着至关重要的作用。

成本信息不仅对于企业来说非常重要，同时对于社会经济综合管理部门也是非常重要的。可利用成本信息对企业进行宏观调控和管理，制定价格规范等。例如，税务部门要对企业成本信息进行检查，了解企业是否遵守国家规定的成本开支范围和费用开支标准，因为如果企业擅自扩大成本开支范围和费用开支标准，必将使利润减少，从而影响国家的财政收入水平。因此，成本管理可以提高成本信息的准确性。

成本指标受多种因素的影响。若从企业外部环境方面来讲，它受宏观经济管理的影响；同时它也受企业内部管理体制的影响。在计划经济条件下，政府部门对于企业成本管理工作施加重要的影响，成本管理制度、方法、考核指标等都由政府经济管理部门负责，使得企业忙于应付这些检查，因而没有时间和精力从事更深层次的成本管理工作和研究工作。在市场经济条件下，政府部门对企业的管理由直接管理改为宏观调控，一般不再下达诸如成本考核之类的指标。而成本指标的高低对于企业非常重要，因此，企业应采取主动的态度积极做好成本管理工作。

（三）可以提高企业的经营管理水平

成本指标是一项综合性的经济指标，企业各项工作的好坏最终都能在成本指标的高低上体现出来。因此，企业成本管理工作能揭示企业在经营管理工作中存在的问题，使企业找出产生问题的原因，提出改进的措施。因此，成本管理工作的开展可以促使企业改善生产、技术、质量、劳动、物资等方面的经营管理工作，提高企业的经营管理水平。

由于成本管理工作涉及企业的全体职工和所有部门，成本管理要求每位职工和每个部门都建立相应的责任制，达到相应的考核指标。所以，企业的所有职工和各个部门都要自觉和主动地参与成本管理工作，积极做好降低成本的工作。只有这些人员和部门的工作做好了，才可以促进和提高整个企业的成本管理水平。

（四）可以提高企业的经济效益

成本费用是抵减利润的因素，在损益表上，是以主营业务成本和期间费用来抵减收入的。成本费用的降低意味着利润的增加。因此，可从不同角度出发，开展成本管理工作，降低成本费用，提高企业整体的经济效益。

企业应是一个以盈利为目的的经济组织，通过生产产品和提供劳务取得相应的收入。从收入中扣除各种费用和支出，就可以计算出企业的盈利。从提高企业盈利水平的角度出发，增加收入是提高盈利的一个方面。但收入的增长幅度或水平应高于成本的增长幅度，若收入提高的同时成本也提高，且其提高的幅度大于收入增加的幅度，就不能提高企业的经济效益，反而会使企业处于不利的地位，甚至会出现亏损。

降低成本可以提高企业的经济效益，这只是问题的一个方面。有时，降低成本不仅仅是一个经济方面的问题。例如，有些材料的市场供应量很少，可能是因为其属于国家稀有资源，降低这些物资的消耗就不能完全从降低成本的角度进行理解了，因为这其实是对资源的一种保护，是对社会的一种贡献，比降低成本的意义更大。

（五）可以提高企业的竞争能力

企业成本的高低，对产品的价格影响很大。若企业的成本较低，产品价格就可以定得较低；若成本较高，产品定价就会偏高，则会使企业处于不利的境地。有效的成本管理活动可以降低企业的成本水平，提高企业在市场中的竞争能力。

在市场经济条件下，企业之间的竞争是非常激烈的，企业要在激烈的竞争中取胜，就必须在成本上下功夫。只有成本较低，企业才能在竞争中处于有利地位。

在激烈的市场竞争中，有时为了竞争的需要，企业可采取降价的策略，即所谓"打价格战"。在残酷的价格战中，竞争的双方都要以较低的价格来争夺市场份额，以期压倒对方。在这种价格战中，最终能够取胜的一方，应当是产品成本较低的一方。若企业的成本水平较低，降价就有可靠的保证，否则，降价就会使企业亏损，甚至在竞争中败下阵来。所以，从这个角度出发，搞好企业的成本管理工作也是十分必要的。

（六）可以提高企业员工的成本意识

除了要应用科学的方法外，成本管理人员还要有强烈的成本意识。这里所说的成本意识是指应破除成本降低的潜力已无法挖掘的思想。应当认为，成本降低的潜力是很大的，它没有尽头，关键在于成本管理人员是否重视成本管理和成本控制。

在确定成本控制目标时，为了追求其可操作性和可实现性，成本管理人员一般是制定合理的成本控制目标，即经过努力可以达到的成本目标。这种模式有其本身的优点，但也有明显的不足，即达到成本控制目标后，企业就失去了努力的方向。因此，在制定合理的成本控制目标后，成本管理人员也应同时确定理想的标准成本，即在各种影响成本控制的因素达到最佳状态时的成本水平。虽然达到理想的标准成本比较困难，但只要企业有良好的成本控制意识，从思想上认识到成本降低的潜力是无穷无尽的，总会想出进一步降低成本的办法。

三、成本管理的原则

成本管理应遵循一定的原则，这些原则应是规范成本管理、做好成本管理工作的基础。本书所指的成本管理主要是企业内部的成本管理，所以，这里所说的成本管理的原则主要指企业内部成本管理的原则。

由于生产类型的特点、生产的产品、工艺技术过程、人员素质、生产规模都不相同，每个企业可以采用不同的成本管理方法。但是，它们仍有许多共性，这就是成本管理原则。成本管理原则是对各种类型的企业成本管理活动进行概括总结后得出的，因此，对于所有企业都应当是适用的。当然，在具体应用成本管理原则时，企业还应根据自身的特点，进行一些具体的调整，以便更好地利用这些原则来指导自身的成本管理工作。根据成本管理的特点，成本管理原则主要包括以下内容：

（一）集中统一与分散管理相结合的原则

企业的成本管理工作是由各个部门和有关人员来完成的。各个部门各负其责，在完成各自任务的同时，相互协调也是一个重要的问题。协调各部门的成本管理工作应本着集中统一与分散管理相结合的原则。这里的集中统一，是指成本管理工作应在负责经营管理的厂长（经理）的领导下，由财会部门负责统一管理、统一协调和统一核算。这里的分散管理，是指各个生产部门及职能部门根据其自身的职责分工，对应负责的成本进行管理和控制。集中统一与分散管理相结合，能充分调动各方面的积极性，以便共同完成成本管理工作的任务。

一些涉及企业内部各个部门的成本管理工作，需要由企业的成本管理部门统一进行协调，因此，只能由拥有一定权利的厂部成本管理部门负责。如厂内结算价格的制定、各个部门之间相互提供产品或劳务的核算等，只能由厂部成本管理部门进行，出现了问题也便于解决。又如，若成本管理涉及全厂的一些规章制度、核算方法等，就应在厂部成本管理部门的统一领导下进行。而企业内部的各个部门对于厂部所制定的管理方案、下达的各项成本管理指标的具体落实，则应由各个部门根据其本身的具体情况进行，厂部成本管理部门只可进行必要的指导。

如何做到集中统一与分散管理相结合，是一个十分复杂的问题。过于集中或过于分散都是不合适的。过于集中就不能充分调动各个部门做好成本管理工作的积极性，过于分散又不能在企业内部各个部门之间进行协调，并很好地解决各个部门之间可能发生的问题。因此，如何把握集中与分散的度，是成本管理工作中应当注意研究和解决的重要课题。最佳状况应当是既能调动各个部门在成本管理工作中的积极性，又能使厂部成本管理部门充分发挥其协调、指挥的功能。

集中统一与分散管理相结合的原则，不仅适用于企业内部的成本管理，而且同样适用于宏观成本管理。国家有关部门对企业进行成本管理时，也应考虑集中与分散相结合的问题。对于一些涉及国家利益或全局利益的重大问题，国家应统一管理，制定相应的法律、法规，由各企业贯彻执行；而对于具体的成本管理方法等问题，企业应自行解决，综合经济管理部门不必过多地干涉。

（二）技术与经济相结合的原则

在产品成本形成过程中，技术因素占有很重要的地位。要搞好成本管理工作，必须贯彻技术与经济相结合的原则。其实，不能仅仅把成本管理工作看成一项会计工作，它涉及企业的各个部门和全体职工。因此，成本管理工作不应只是财务部门的事，与企业的各个部门都有密切的联系，所以，企业要克服搞技术的不问成本，搞成本管理工作的不参与技术决策的弊端。成本管理的重要任务就是降低成本，而降低成本涉及产品设计、工艺改革、材料选用等多方面的问题。所以，各有关职能部门的设计人员、工程技术人员、材料采购人员等都应懂成本，关心成本；成本管理人员则应向生产技术部门的人员学习，要懂技术，了解生产工艺与过程，参与成本、技术的决策。只有各方面协同努力，才能做好成本管理工作。

从企业成本管理的实践来看，技术与经济相结合是做好成本管理工作的重要条件。凡是这方面结合得比较好的单位，成本管理工作就做得比较好；反之，就做得不好。

在许多企业里，一些成本管理工作人员认为成本管理工作只是财务部门的事，很少听取技术部门的意见；在采取相应措施降低成本时，也很少想到通过技术部门的工作来实现目标。因此，他们所采取的措施有些不切合实际，效果不是很理想。而技术人员在进行技术设计等工作时，一般只考虑技术方面的问题，对于成本考虑得较少。比如设计新产品时，他们未考虑所采用的材料如何使其性能与成本相结合，使其既能满足技术性能的要求，又是成本较低的。目前许多企业在这方面工作做得不好。显然，这方面要做的工作很多，潜力也是很大的。

要做好成本管理工作，将技术部门作为一个重点部门是很有道理的。如果企业的技术人员有了成本管理方面的知识，他们将会在成本管理工作中发挥更大的作用。要做到这一点，企业就应有计划地对技术人员进行培训，增强他们的成本意识，使他们在做各项技术工作时，时时想到成本问题，使其做的每一项工作都与成本相联系。

成本管理人员也要经常地接受有关的专业技术培训，尽可能多地学习生产技术及相关知识，这样，在成本管理工作中遇到有关技术问题时，就能做到胸中有数；与专业技术人员一起研究决策问题时，就有发言权，能更好地将技术与经济有机地结合起来。

为了使技术与经济更好地结合起来，企业应鼓励成本管理人员和技术人员一起学习，相互取长补短，共同提高，共同做好成本管理工作。

（三）专业管理与群众管理相结合的原则

虽然成本管理是一项专业性较强的工作，没有经过专门培训的人员是做不好这项工作的，但只靠专业的成本管理人员来做成本管理工作显然是不够的。从另一个角度看，成本管理工作也是一项群众性的工作，只有依靠全体职工的共同努力，才能做好这项工作。

专业人员显然应是成本管理工作的主角，因为他们具有较强的专业知识和成本管理经验，对于成本管理制度也较为熟悉。但他们所制定的成本管理方法、方案及所采取的一些降低成本的措施，需要职工群众来具体贯彻落实。如果不充分调动职工群众的积极性，成本管理就不能取得理想的效果。

其实，专业成本管理人员与职工群众之间的关系是十分密切的。不但成本管理的措施和方法需要职工群众参与，而且职工群众在实践工作中积累了十分丰富的经验，对成本管理有许多独到的见解或建议。认真听取他们的意见和建议，对于做好成本管理工作也是十分重要的。充分调动职工群众参与成本管理工作的积极性，是成本管理工作能否取得预期效果的关键。如果企业所采取的措施或制订的方案不能为职工群众所接受，不能使他们自觉行动，再好的措施和方案也不能得到落实。

（四）成本最低化原则

成本管理的主要任务是，在一定的条件下分析影响各种降低成本的因素，制定可能实现的最低成本目标，通过有效的控制和管理，使实际执行结果达到最低目标成本的要求。在实行最低化成本原则时，首先，企业应注意全面研究降低成本的可能性。在实际工作当中，影响成本高低的因素很多，这些因素都能达到最佳状态是最理想的结果。成本管理的目的是研究各种降低成本的可能性并使可能变为现实。在一定的生产、技术、经营和管理条件下，这种可能是可以实现的。成本最低化的研究开发工作开始得越早，受益的时间就越长。在某一个环节取得的成效，会推动其他环节的改进。其次，企业要研究合理的成本最低化程度。这包含两方面的意思，一是要从实际出发，二是要注意成本最低化的相对性。所谓从实际出发，就是在分析降低成本的因素时，确定在企业主观努力下可能达到的最低成本水平，并据以分析、考核和评比。所谓成本最低化的相对性，是指某些老产品的成本水平不会每年都大幅度下降。一些产品生产时间较长，工艺过程相对定型，各项消耗也已稳定，因而成本水平也在一段时间内相对稳定。要想大幅度降低这些产品的成本是比较困难的。但这并不是说这些产品的成本就不能再降低了。从理论上讲，降低成本的可能性是无穷无尽的，只要努力寻找降低成本的途径，就可能做到。因此，企业应恰当把握成本降低的相对性。

成本最低化的界定是一个复杂的问题，即什么水平的成本才是最低化。有些产品多家企业都可生产，则可进行对比；而有些产品可能是自行研制的，或按客户的要求设计生产的，其成本水平的高低很难界定。所以，对于多家企业都可生产的同类产品，企业的成本管理部门应多方搜集其他企业的成本资料，以便与本企业的成本资料进行对比，进而确定本企业成本可降低的幅度。若其他企业的成本水平较低而本企业的成本水平较高，则说明本企业的成本还有进一步降低的余地。当然，若本企业的成本水平低于其他企业，也不能就此证明本企业的成本水平就是最低的，企业仍应采取积极的降低成本的措施，使成本进一步降低。若某种产品仅由本企业生产，没有其他企业的成本资料可供比较，企业一方面可搜集其他企业的类似产品的成本资料作为比较的基础，另一方面可与本企业加工的同类产品进行比较。总之，企业只有确定一个比较的标准，才能进一步确定最低成本，从而解决降低成本的策略问题。

（五）全面成本管理原则

在成本管理的实践中，有许多企业陷入了一个误区，主要表现为偏重于实际成本的计算、生产成本的计算，而忽视其他成本管理的工作。其实，成本管理是一项系统工程，它涉及企业的所有部门和全体职工。任何一个部门或职工在成本管理工作中出现问题，都会影响成本管理工作的整体效果。

全面成本管理，要求企业在进行成本管理工作时将每个部门和每个职工都作为成本管理的一个要素，都应使之负担一定的职责，承担一定的风险。只有这样，才能使成本管理工作呈现较好的局面。由于成本指标是一个综合性的指标，企业各项工作的好坏都可以从成本指标的高低上体现出来，所以，企业要想降低成本，就应动员整个企业的力量，各个部门、全体职工共同努力，这就是所谓的全面成本管理。

全面成本管理工作应在企业主管领导的协调下进行，因为它涉及整个企业的工作，任何一个独立的部门都无法做到统管全局。

上述五项是做好成本管理应遵循的基本原则。企业在成本管理工作中，在设计成本管理工作的方案和成本管理的方法、规定成本管理的程序等时，都应考虑上述成本管理原则。企业制订的方案、方法、程序等只有符合上述基本原则，才能得到比较好的贯彻落实。

四、成本管理的内容

形式和内容的完美统一，是做好任何一项工作的重要前提。形式要为内容服务，再好的形式没有丰富的内容也是空中楼阁，耐看不耐用；内容要以一定的形式体现出来，从而使两者达到较好的统一。成本管理的形式是多种多样的，可采用不同的方法进行，这些方法都要为成本管理的内容服务。因此，研究成本管理的内容是做好成本管理工作的重要一环。成本管理的内容主要包括成本预测、成本决策、成本计划、成本控制、成本核算、成本分析和成本考核等。

（一）成本管理的具体内容

1. 成本预测

成本预测是根据有关的成本数据及其他资料，通过一定的程序、方法，对本期以后的某一个期间的成本所作的估计。成本预测可就某种产品的成本进行，也可就企业的总成本进行。通过成本预测，企业可以了解未来企业的成本水平，从众多方案中选择最佳的方案。同时，企业还可以通过成本预测，检查自身能否完成既定的成本计划，从而采取相应的措施降低成本。

2. 成本决策

成本决策是指在成本预测的基础上，对各种方案进行比较、分析、判断，从多种方案中选择最佳方案的过程。成本决策的好坏，直接关系日后成本水平的高低。所以，企业要进行正确的成本决策，应进行多种方案的比较，考虑多种因素。做好成本决策工作，对于完成成本计划、提高企业的经济效益有十分重要的意义。

3. 成本计划

成本计划是根据计划期内所确定的目标，具体规定计划期内各种消耗定额、成本水平以及完成计划成本所应采取的相应具体措施。成本计划是成本管理工作的一项重要内容，它对于建立成本管理责任制、控制成本和降低成本具有重要的意义。

4. 成本控制

成本控制是预先制定成本标准作为各项费用消耗的限额，在生产经营过程中对实际发生的费用进行控制，及时揭示实际与标准的差异额，并对产生差异的原因进行分析，提出改进措施，消除差异，保证目标成本实现的过程。进行成本控制可以使成本目标得以实现，同时，企业也可以通过有效的成本控制不断降低成本。

5. 成本核算

成本核算是指对生产过程中发生的费用按一定的对象进行归集和分配，采用适当的方法计算成本计算对象的总成本和单位成本的过程。成本核算是成本管理中最基本的内容。成本管理的其他内容都是在成本核算的基础上进行的。所以，成本核算在成本管理中占有十分重要的地位。通过成本核算，计算产品的总成本和单位成本，有助于考核企业成本计划的执行情况，揭露生产过程中存在的问题。同时，它还为确定产品的价格提供了重要的依据。

6. 成本分析

成本分析是根据成本核算所提供的资料及其他有关资料，对实际成本的水平、构成情况，采用一定的技术经济分析方法计算其完成情况、差异额，分析产生差异原因的过程。通过成本分析，企业可以总结成本管理工作中的成绩，找出存在的问题，提出解决问题的办法，掌握成本变动的规律，提出改进的措施。这有利于实现降低成本的目标，并为企业以后编制成本计划和制定下期的成本决策提供重要的参考资料。

7. 成本考核

成本考核是根据企业制订的成本计划、成本目标等指标，制定企业内部的各种成本考核指标，并下达到企业内部的各个责任部门和个人，明确各部门和个人的责任，并按期进行考核的活动。成本考核是实行内部经济责任制必不可少的一个环节，它可以调动各责任部门完成成本计划的积极性。所以，进行成本考核应与一定的奖惩措施相联系，以经济手段促使企业成本的不断降低。

上述成本管理的内容是一个相互联系的整体，它们相互依存、相互结合地在成本管理中发挥着重要作用。

（二）对成本管理内容的分析

成本管理的内容在不同的企业里有着不同的含义，也可从不同的角度进行分析。在成本管理工作中，为了实行成本管理工作的责任制，做到责权利的结合，一般实行成本的分级归口管理。在这种情况下，厂部的成本管理职能部门、分厂（车间）、班组等都承担着不同的成本管理任务。企业要界定这些部门的成本管理职能，促使其完成应承担的任务，就应确定各个部门的成本管理工作的内容。企业的各个生产车间、职能部门在生产经营和管理工作中都要发生费用，这些费用经过归集、分配后形成了产品成本或期间费用。成本分级归口管理就是对构成成本的各项经济指标作具体分解，下达到各有关部门、车间、班组和个人，贯彻责权利相结合的方针，充分发挥各方面在降低成本工作中的积极性。

在成本管理体系中，实行成本的分级管理是一个重要的环节，它能保证成本在形成的各个环节都有相应的部门和人员对其进行控制。由于实行了经济责任制，成本控制的效果还是十分明显的。在实行成本分级归口管理的工作中，各部门和人员的职责是不一样的。为了明确地提高成本管理工作的效率，企业应对成本管理各层次的部门和人员规定相应的明确的任务和责任。

五、成本管理的任务

成本管理的内容很多，成本管理的内容决定了成本管理的任务。它一般包括如下几方面的内容：

（1）正确计算产品成本，及时提供成本信息。

计算产品成本是成本管理的最基本的任务，是完成成本管理的其他任务的前提条件。没有产品成本资料，就无法进行成本管理的其他方面的工作。所以，成本管理的首要任务就是计算产品成本，向有关方面提供有关成本的信息。成本计算工作应根据国家的有关规定、制度进行，按照规定的方法计算，使成本资料真实、可靠。

（2）加强成本预测，优化成本决策。

成本预测和成本决策是成本管理的重要职能。成本决策应建立在可靠的成本预测的基础之上。只有成本预测准确，成本决策才能实现优化。所以，成本预测与优化成本决策是密切相关的，它们相互联系地在成本管理中发挥着作用。把两者有机地结合起来，可以为企业挖掘降低成本的潜力、提高经济效益服务。

（3）制定目标成本，加强成本控制，挖掘成本潜力，提高企业市场竞争能力。

目标成本是指企业在一定时期内为保证目标利润的实现而制定的成本控制指标。目标成本一般包括计划成本、定额成本和标准成本三类。制定目标成本是为了进行有效的成本控制，因此，目标成本制定得准确与否，直接关系成本控制能否达到目的。所以，制定目标成本应根据企业特点，采用科学的方法、可靠的数据，使制定的目标成本先进合理、切实可行、经过努力能够达到。目标成本和成本控制是相互依存、密切相关的，目标成本是成本控制所要达到的目标，而成本控制的实施又使目标成本的实现有了可靠的保证。在成本控制过程中，企业为了使目标成本得以实现，应对目标成本按不同的方式进行分解，并落实到具体的部门和人员。

（4）建立成本责任制，加强成本控制，增强企业活力。

成本责任制是对企业内部各部门和人员在成本方面的责权利所作的规定。建立成本责任制，可以提高企业内部各部门以及全体职工降低成本的积极性。在建立成本责任制时，企业应在划清各部门、各职工的职责的前提下，将成本责任指标按一定的方式进行分解，并具体落实到相关的部门和职工。建立成本责任制的核心是要将责权利结合起来，以增强各部门、职工降低成本的责任心，从而增强企业的活力。成本责任制建立后，企业还应对相关部门和职工进行考核，这时应采取一定的方式对责任成本进行核算。企业在核算时，应重点核算各部门、职工能够控制的费用。在计算出实际费用的基础上，企业应与该责任单位的成本指标进行对比，计算出成本差异，并对差异进行分析，提出进一步改进的措施，以保证目标成本的实现。对于成本考核中发现的成绩和缺点，企业应实行奖惩，奖励先进，处罚落后，调动职工降低成本的积极性，提高企业的经济效益。

六、成本管理的基础工作

企业成本管理的基础工作主要包括：

1. 建立健全定额管理制度

定额是用料、用工和用钱的标准，是制订成本计划的基础，也是进行成本核算的重要条件。企业在生产过程中对于材料、工时消耗和费用开支等，凡是能制定定额的，都要通过科学的方法，参照过去的执行情况，制定出既先进又切合实际的定额，并切实贯彻执行。

2. 建立健全原始记录制度

原始记录是按照规定的格式，对企业生产经营活动中的具体经济业务所作的最初记载，是反映企业经济活动情况的第一手资料，是编制成本计划、进行成本核算、分析消耗定额和成本计划完成情况的依据。由此可见，根据企业的具体情况，建立健全严密科学的原始记录制度，对于加强企业的生产经营管理、正确计算产品成本是非常重要的。

企业应根据全面反映经济活动和满足全面经济核算的要求，制定记载不同内容的原始记录规范。如企业对原材料，辅助材料，燃料，动力，工具，工时消耗，费用开支，质量检验，产品、半成品的内部转移和产成品入库等，都要准确、及时地登记原始资料，以保证生产成本核算数字真实、可靠，为成本核算和其他管理提供原始记录。

3. 建立健全材料物资的计量、验收和领退制度

企业对生产经营过程中发生的各种材料物资的增减变化，除了要进行价值核算外，还要应用实物计量单位进行数量核算。计量工作是进行数量核算的依据。如果没有准确的计量，就不能提供准确的材料物资的数量变化资料，无法进行成本计算，也不能保护财产物资的安全完整。同时，生产过程中增减的材料物资，其质量规格是否符合规定的要求直接关系产品的质量和经济效果，因此，建立验收制度就有其必要性。另外，为了正确计算产品成本，对于生产过程中使用的材料物资，企业必须办理必要的领退手续。因此，企业必须建立健全材料物资的计量、验收和领退制度。企业一切材料物资的收发都要经过计量、验收，计量工具要经常校正和维修，以便正确计量各种物资的消耗。领用材料、半成品、工具等物资，都要有严格的手续和制度，防止乱领乱用，造成积压。剩余物资要及时退库，或结转下期继续使用，以免造成积压浪费。库存物资和在产品要定期盘点，做到账实相符，防止积压浪费、霉烂变质、贪污盗窃等情况发生。

4. 建立健全企业内部价格制度

为了在企业内部推行各种形式的经济责任制并作为制订成本计划、费用预算和计算产品实际成本的基础，企业应对原材料、半成品、互相提供劳务等制定厂内计划价格（或计划单位成本），作为企业内部结算和考核的依据。内部价格制定后，企业应将之印制装订成册，颁布实行，各部门不得擅自更改，以维护企业内部价格的统一。同时，对于企业内部财产物资计价以及价值转移的方法，企业都应作出相应的规定。

第二节 成本管理体系和方法

一、成本管理体系

企业的成本管理工作涉及企业的各个部门和全体人员，并贯穿于企业生产的全过程和各个环节。它既是一门管理科学，同时又与技术手段密切相关。这些特点决定了成本管理是一项复杂的系统工程。而要很好地完成这项工作，企业就应建立较为完善的、科学的、运行自如的成本管理体系。

（一）建立成本管理体系的意义

在现代企业制度下，建立企业的成本管理体系的重要意义主要表现在以下几方面：

（1）成本管理体系的建立，有助于提供完整、真实的成本信息，提高决策的正确性。

建立完善、科学的成本管理体系，使成本信息在资料的收集、计算、报送等一系列过程中都处于监控之下，因而，信息的准确性得到了提高。

成本管理体系应是一个比较完善的系统。为了使这个系统运行自如，达到预期的目的，

在建立该系统时，起点应高，手段应先进，相互之间应起到制约的作用。这可提高成本管理的水平，使这个系统提供的成本信息资料更加准确。

（2）成本管理体系的建立，有助于建立完善的企业内部经营机制，提高企业的综合管理水平。

成本管理体系是企业管理体系中的一个子系统，在企业管理体系中占有非常重要的地位。应当认为，成本管理水平提高了，可以提高企业综合管理水平。另外，对于实行经济核算制的企业来说，重要的是实行责权利相结合。要做到这一点，就应由成本管理系统提供较完善的成本资料，实行经济责任制，调动各有关方面和人员降低成本的积极性。

在市场经济条件下，重要的是引入竞争机制。在当前的形势下，企业要在激烈的竞争中取胜，降低成本是一个重要的环节。企业只有建立起完善的内部成本管理体系，才能更好地落实自主经营权，增强自身的活力，将企业全面推向市场。

（3）成本管理体系的建立有助于监督企业的经营管理活动，使其走上制度化和法制化的轨道。

市场经济讲究"游戏规则"，但这游戏规则必须符合法律的要求。在法律和社会监督日益健全的情况下，企业的生产经营活动不能违背法律、法规，否则，将会使企业处于较被动的地位，受到经济规律的惩罚。在健全的成本管理体系中，制定违反法律、法规的防范措施，会使企业的生产经营活动始终处于国家法律、法规的监督之下。

（4）成本管理体系的建立，有助于建立企业良好的社会形象，增强企业的品牌意识，促进企业产品的销售，使企业走上良性循环的轨道。

由于企业建立的成本管理体系涉及企业的各个部门和全体职工，因而其影响是很大的。与企业有直接接触的客户、社会人士、产品供应商、财政税务部门等，都会对良好的企业管理水平给予很高的评价，因此，良好的成本管理体系对提高企业的知名度大有好处。企业知名度提高，可使企业在社会上树立良好的信誉，使企业的生产、销售等活动处于良性循环之中。

（5）成本管理体系的建立，有助于提高成本管理工作的效率。

如前所述，成本管理工作是一项系统工程，涉及的部门和人员较多，而成本管理体系的建立将使这项工作制度化、系统化，使每个部门、每位职工都知道自己应当干什么，各部门之间应如何协调，等等。这些都可以通过建立成本管理体系完成。

（6）成本管理体系的建立，有助于降低成本，提高企业的经济效益。

健全的、运行良好的成本管理体系，可以有效地提高成本管理的水平。通过成本管理的一系列活动，对企业生产经营的全过程所发生的成本费用进行全面反映和控制，可使成本在一定程度上降低，进而提高企业的经济效益。

由于成本信息在企业的决策中起着十分重要的作用，因此，企业在设计或采用新的成本管理系统时，应搞清需求，谨慎行事。选择任何一种新的系统来计算产品成本，都应有其特定的目标，并且要为企业高级管理人员所认可，不然，新的系统就很难贯彻下去。

（二）市场经济条件下成本管理体系的构成

市场经济的不断发展，特别是现代企业制度的建立，对企业成本管理水平的要求越来越高，如何建立适应市场经济要求的成本管理体系成为一个重要的研究课题。邯钢集团"模拟市场核算，实行成本否决"的经验，给处在困境中的国有企业指明了方向。同时，这也充分表明，建立完善的成本管理体系不仅十分必要，而且十分紧迫。

市场经济的主要特征是竞争，优胜劣汰是市场经济的必然结果。在市场经济条件下构建成本管理体系，应充分考虑这一特征，建立起与之相适应的、具有敏感性的、信息反馈及时的成本管理体系。同时，作为一项复杂的系统工程，构建成本管理体系需要各部门的共同努力、相互协调。在市场经济条件下，成本管理体系的构成应包括国家宏观成本管理体系、企业内部成本管理体系、成本管理的分析评价体系等。

1. 国家宏观成本管理体系

在市场经济条件下，国家不再对企业进行直接管理，而主要是实施间接管理。国家对企业成本的管理，一般通过制定有关成本方面的法规、制度等来进行。由于国家有关部门建立的宏观成本管理体系内容较多，且分散在不同的相关法规制度中，为建立这一系统带来了不利的因素，因此，在建立宏观成本管理体系时，制定法规管理制度的部门应相互协调、彼此配合，使宏观成本管理体系更加科学和严密。

国家宏观成本管理体系所包括的法规制度主要有如下几个层次：

（1）《中华人民共和国会计法》。《中华人民共和国会计法》中有关成本管理的规定是制定其他成本法规、制度的法律依据。在《中华人民共和国会计法》中，虽然没有直接对成本问题作出相应的规定，但其中有关费用开支的规定也是成本管理体系应遵循的。相关部门在制定其他有关的成本法规时，应使其符合《中华人民共和国会计法》的要求。

（2）《企业会计准则》和《企业财务通则》。《企业会计准则》和《企业财务通则》是制定成本管理规定的具体指导原则。相关部门在制定成本管理规定时，应符合《企业会计准则》和《企业财务通则》的规定。如果各有关部门制定的成本管理规定与《企业会计准则》和《企业财务通则》的规定不符，应对其进行调整，使其符合《企业会计准则》和《企业财务通则》的要求。

（3）具体会计准则和会计制度。具体会计准则和会计制度是成本管理体系中的具体操作规则，相关部门据此可制定成本管理的各项具体操作规则、程序和方法，并进行相应的账务处理和成本核算。企业在设计成本管理体系特别是其中的具体操作系统时，应根据具体会计准则、会计制度进行。只有这样，成本管理体系输出的成本信息才具有真实性和可比性。如果各企业都不按这样统一的要求进行成本管理，势必影响成本指标的真实性和可靠性。

（4）国家及地方制定的各种税收法规。企业在制定成本管理的规章制度时，还应注意到各种税收法律、法规问题，税法的有关规定对于企业成本管理也有着十分重要的影响。例如所得税法，它对企业哪些支出应计入成本费用，哪些不能计入，哪些费用属于收入性支出，哪些支出属于资本性支出都有明确的规定。由于税法的种类较多，不同的税种在企业列支的渠道也不一样，因此，税法对企业成本管理体系有着十分重要的影响。

（5）其他相关法规、政策。《中华人民共和国会计法》、《企业会计准则》、《企业财务通则》、具体会计准则和会计制度、税法等法律法规对企业成本管理体系的影响是直接的。除此之外，国家有关部门还根据经济建设发展的实际情况，制定出各项有关的法规。其调整的范围可能较广，但其中有许多都是与成本管理关联较大的。因此，企业的成本管理工作也应遵守这些相关的法规和政策。

2. 企业内部成本管理体系

成本管理的重点在企业内部，因此，企业内部成本管理体系是否完善，直接关系到成本管理体系能否真正发挥作用，能否达到成本管理的目的。例如，邯钢集团在实行了"模拟市场核算，实行成本否决"的内部成本管理体系后，取得了显著的效益，充分体现了"向管理要效益"的思路，使得企业内部成本管理体系的作用得到了充分的发挥，显示了内部成本管理体系的巨大作用和在降低成本方面的巨大潜力。在一般情况下，企业内部成本管理体系应包括以下几个层次：

（1）成本管理制度。企业内部应根据国家有关部门颁布的成本管理法规和制度，结合本企业的具体情况，制定出适用于本企业的成本管理制度，并以适当的形式发布，要求有关部门和人员遵照执行。由于企业成本管理工作涉及的部门和人员较多，因而需制定的成本管理制度也比较多。从重要性的角度出发，企业可先就比较重要的项目制定出相关的制度，其余的可作一总体说明。

（2）成本核算制度。企业应根据其生产的特点及管理的要求，制定出适用于本企业的成本核算制度，包括成本费用归集的基础工作、费用的归集方法、费用归集的程序、费用的分配方法、成本计算方法等，据此计算出产品的总成本和单位成本以及期间费用，为计算企业的盈利以及进行成本预测、决策和分析等提供成本费用资料。

（3）成本费用的责任制度。企业应以内部各部门为基础，建立责任成本制度，将成本费用指标分解，落实到各责任部门，并将其与各责任部门和责任人的经济利益挂钩。

在实行现代企业制度的企业内，建立责任制度是非常重要的，即通常所说的责权利相结合。企业除了要在内部建立各项规章制度外，还应将其落实到具体的责任部门。如果企业内部只有各项规章制度而没有责任制度，则各项规章制度只能是一句空话，得不到具体的贯彻落实。

企业内部责任制度的建立，是现代企业制度的显著特征。虽然责任制度的建立需要一个较长的过程，是一项复杂的工程，但其建立的意义非同一般，这可以说是我国企业几十年成本管理工作的总结。在过去几十年的成本管理工作中，我国企业之所以没有在成本管理工作中取得突破性的进展，与我国企业没有建立完善的经济责任制关系很大。平均主义使我国企业遭受了很大的损失，教训是十分深刻的。

（4）成本费用的考核制度。企业应对各责任部门成本费用的执行情况进行考核，考核制度是建立成本费用考核体系的重要内容。企业应采用各项指标对各责任部门的成本费用执行情况进行考核，并据此对各责任部门的工作业绩进行评价。成本费用的考核制度与成本费用的责任制度是密切相关的，考核其实就是将各责任部门实际完成的各项指标与其责任指标相对比，考核各项责任指标的完成情况。

3. 成本管理的分析评价体系

为了充分发挥成本管理体系的作用，检查成本管理体系运行的效果，企业应定期和不定期地对成本管理体系运行的结果进行分析，并且利用考核所得到的各种指标评价该系统的优劣。为了便于评价，企业可制定出考核指标或标准，如计算产值成本率、成本利润率、主要产品单位成本、全部产品总成本、可比产品成本降低率等指标，并据此对成本管理体系进行评价。当发现系统存在问题与不足时，企业应及时提出解决问题的办法和措施，使成本管理体系得到进一步的完善。

（三）完善成本管理体系的措施

成本管理体系的建立是一个复杂的系统工程。这一体系的建立固然不易，建立后的管理和完善更为困难。这是因为，在市场经济条件下，外界条件处于剧烈变化之中，而企业要在市场中立足则应适应这种变化，随时调整自己的管理模式。这也正是市场经济条件下成本管理体系的特点。

市场经济条件下完善成本管理体系所应采取的措施主要有：

（1）经常对成本管理体系进行维护，使之渐趋完善，充分发挥成本管理体系应有的作用。

成本管理体系在实际运行过程中可能遇到各种各样的问题，有许多情况在设计成本管理体系时未能考虑周全。当发现问题和不足时，企业应随时对该系统进行相应的调整。建立成本管理体系比较难，当该系统建立起来后，在运行过程中更会遇到各种意想不到的问题，若不能及时解决，成本管理系统的正常运行就会遇到困难，甚至瘫痪。因此，建立成本管理系统的维护机制是非常重要的。

由于成本管理大部分的工作是在基层完成的，因此，对于成本管理系统的运作是否顺利、存在什么样的问题，企业都要及时掌握，否则，就会影响该项工作的效果。因此，成本管理系统的管理部门及人员，应经常深入基层，调查研究，发现问题，及时研究相应的对策。有些成本管理工作中存在的问题通过各基层单位报送的相关报表可以了解到，但有些问题仅通过报表是不能全面了解的，因此，管理人员只有深入基层，认真调查研究，掌握第一手材料，才能找出真正存在的问题，进而提出解决问题的办法。成本管理体系建立涉及的部门和人员比较多，是一项复杂的系统工程。对于调查研究中发现的问题，由于其涉及面较广，按部门逐个解决非常麻烦，有时各部门之间还有相关的问题需要一起解决，因而，企业应通过定期或不定期地召开成本管理工作会议的形式，将各部门存在的问题提出来，统筹解决。各部门人员都在场，便于提出一个相互协调、切实可行的方案。成本管理体系的维护方案应具有较强的可操作性，并具体落实到相关的部门和人员。该维护方案包括日常自动维护、定期维护等。由于成本管理体系的系统性较强，任何一个环节出现问题都可能导致整个系统的运行受到影响，因此，在成本管理体系建立时，企业就应使其具有自动维护的功能，出现问题时可自动调节。在该系统运行一段时间后，企业应根据运行过程中出现的问题，提出解决的办法。

（2）积极吸收最新的成本管理的科研成果，使成本管理方法更加先进和科学。

成本管理体系的完善还依赖于成本管理方面科研成果的推广。同时，成本管理还应研究其他相关学科的科研成果，将其运用于成本管理工作中，使成本管理体系中的各种方法能体现出当前最新的科研水平。

成本管理手段的现代化，是做好成本管理工作的重要条件。随着市场经济逐渐完善，竞争日趋激烈，企业只有采用新的观念、新的方法，才可能取得比较好的成本管理效果。对于成本管理研究中出现的新的理论和方法，企业相关管理人员应当认真学习，消化理解，结合本单位的具体情况加以运用。同时，成本管理工作又是一项综合性的工作，相关学科如统计学、管理学等的发展对其也有重要的影响，企业应将这些学科的新内容、新方法吸收进来，丰富成本管理的理论与实践。例如，计算机的广泛运用，为成本管理工作提供了新的手段，不仅提高了工作效率和准确程度，还带来了新的气息和新的观念，对成本管理具有很好的促进作用。因此，相关管理人员要认真学习有关计算机知识，从而提高自己的综合工作能力。

（3）建立完善的成本管理体系的运转程序。

在成本管理体系建立后，如何将它投入运转，保证其运转顺畅，是一个重要的问题。由于成本管理体系涉及企业的各方面，因此，成本管理体系的运转也应在各部门的协同配合下进行。如果成本管理体系的一部分在运转过程中受阻，则会影响整个成本管理体系的运行。所以，一个完善的成本管理体系应当有一个保证该系统有效运行并能对发生的问题进行自动清除的机制。

要使成本管理体系运行自如，应有相应的组织保障体系和相关人员的参与。企业应在企业职能部门、分厂、工段、班组等层层建立责任制。参与的人员应当是专业和兼职人员相结合，环环相扣，层层把关，确保成本管理体系的运行。

（4）调整成本管理系统。

企业相关管理人员应针对企业生产条件、产品销路、市场条件等方面的变化，适时地调整成本管理体系，使该系统能随时反映市场经济条件的变化及其对企业的影响。

成本管理体系的建立不是一朝一夕能完成的，随着内外部环境的改变，特别是成本管理理论和方法的发展，原先所设计的成本管理体系已不能满足成本管理的需求，因而，企业相关管理人员应随着外界条件的变化对成本管理系统进行调整，以使其符合现有的各项管理体制的要求。

（四）成本管理指标的考核

对于成本管理体系运转是否正常，能否充分发挥其应有的作用，企业应制定相应的考核方法。对成本管理体系的考核，重要的是建立成本管理指标体系，以便对成本管理体系的优劣及其成果作出正确的评价。在计划经济管理体制下，成本管理指标的考核内容主要是可比产品成本降低情况。随着可比产品比重下降等因素的影响，该指标已不能全面反映企业成本管理工作的效果。在市场经济条件下，成本指标属于企业内部的商业机密，一般不宜公开。因此，成本管理指标应由企业自行制定并加以考核。但国家有关部门可以制定一些示范指标，诸如指标的名称、计算公式、考核方法等，供企业参考使用。企业可根据国家有关部门制定的示范指标并结合企业自身的具体情况，制定出适合于本企业的成本管理指标考核体系。在该指标体系中，各项指标的设计应能全面反映生产过程中物货劳动和活劳动消耗的情况及其利用效果，这有利于成本指标的对比分析。同时，考核还应尽可能简便易行，这有利于利用现有的成本资料。

成本管理指标考核主要包括成本考核指标的制定、成本考核指标的计算和成本考核指标的分析等内容。

（五）完善成本管理体系

成本管理体系的建立是一个不断完善的过程。在建立的初期，可能存在各种各样的问题，因此，企业需要不断地对其加以维护和完善。这个过程是漫长、曲折的，不能一蹴而就。而要使这个管理体系适应成本管理的要求，企业就应通过适当的方法，使其逐渐完善。

完善成本管理体系的工作比较复杂，仅靠企业内部的力量包括成本管理机构、成本管理人员及其他相关人员的努力是不够的。因为这些人长期在企业工作，一般对现在的方法、程序都比较熟悉，使用起来也比较顺手，要想让他们改变一贯的做法比较困难。同时，他们也受到多种条件的限制，如理论水平、实践经验等，改变起来也比较困难。因此，企业要对成本管理体系进行完善，除了要依靠本企业的力量之外，还需要借助社会中介机构的力量，如会计师事务所、会计咨询机构、高等院校、科研机构等。这些机构的人员有的专门从事实际工作，接触的企业较多，可综合各企业的优势，并且有丰富的成本管理的理论知识，因此可对企业的成本管理工作提出较好的建议。

（六）建立成本管理体系应注意处理的几个关系

企业在建立成本管理体系时，应注意正确处理如下几方面的关系：

1. 市场与成本管理的关系

在市场经济条件下，强调企业经营者必须树立市场观念，按市场需要组织生产。这无疑是正确的，但仅仅如此是不够的。在市场竞争中，成本与市场直接相关，质优价廉是企业在市场竞争中的制胜法宝。在质量一定的前提下，价格是竞争胜负的决定因素，谁的产品定价能使消费者接受，谁就能赢得市场。价格竞争能力的强弱取决于成本的高低。企业成本管理水平高、成本低，价格竞争力也就强。降低成本就意味着增强企业的竞争实力。企业经营者在将主要精力用于研究市场、打开销路、占领市场的同时，还要主动把企业成本管理置于市场竞争中，将市场信息变成企业改进成本管理的参考信息。

2. 当前利益和长远利益的关系

在建立现代企业制度的条件下，完善的成本管理体系要着眼于企业长期的生存和发展。成本管理不仅是企业当前生产经营活动的重要任务，而且是实现发展的长期谋划，也体现了理想和现实、预测和科学的有机结合。为组织和协调成本管理全局目标的实现，消除影响企业提高经济效益的不利因素，企业要建立健全包括设计、开发、生产、销售各环节在内的成本保障体系，实施全面成本管理。为此，在成本管理上，企业要处理好当前和长远发展的关系，充分认识到在市场经济条件下，抓成本管理、提高经济效益无论何时都是企业发展的生命线。

3. 企业效益和社会效益的关系

为了确保经济的可持续发展，企业要在生产经营过程中承担节约自然资源、保护生态环境、维护社会效益等社会责任，在提高自身效益的同时必须注意社会效益。企业不能只抓自身的经济成本管理，而忽视社会成本管理，要做到对社会成本进行核算与管理，不能以损害社会效益为代价求得企业效益的提高。成本管理的目标要由单一地追求企业成本效益，转为双向的企业成本效益与社会成本效益并重。

二、成本管理的方法

长期以来，由于我国实行计划经济，所以，形成了一套与计划经济相适应的成本管理方法。但是，在市场经济条件下，成本管理工作就应适应经济条件的变化，在沿用传统成本管理方法并使之逐步适应市场经济管理要求的同时，研究、采取新的方法。

（一）成本预测方法

成本预测是成本管理体系的一个重要内容，预测得是否准确，对于决策的影响很大。企业应对成本预测的各种方法进行研究，对于不同的预测内容采用不同的预测方法，以使预测的结果尽量准确。

预测所采用的方法很多，过去企业一般使用一些传统方法来进行预测，预测的结果不够准确。随着管理学及相关学科的发展，企业越来越多地将管理学、统计学、数学中的一些方法运用于成本预测，并建立了相应的预测模型。建立成本预测的模型是成本预测的一种趋势，这种方法的好处是可以将复杂问题模型化，剔除一些人为因素的影响，能使预测结果更加准确。

（二）成本决策方法

在进行成本预测的基础之上，企业还要进行成本决策。使用什么成本决策方法取决于决策的内容，而决策方法对于决策的正确性具有关键的作用。成本管理工作应当研究针对不同的决策内容所应选用的不同的决策方法，以使决策建立在可靠的、正确的方法之上。

应当认为，预测的准确性对决策的影响很大。从成本决策的角度出发，若决策失误，日后采用什么方法来降低成本都是很困难的。比如，若决定了生产某种产品，而该产品的生产成本较高，销售价格却不是很高，这样，日后降低成本的幅度就很小，再采取什么措施也无济于事。企业在研究成本决策方法时应注意的问题是，不能仅仅依靠技术或模型，还应结合其他方法。有时完全照搬书本上的内容或现成的经验并不能解决所有的问题。因此，企业应研究将两者有机结合起来使用的方法。

（三）成本控制方法

在成本管理体系中，成本控制占有十分重要的地位。成本控制工作搞得好坏，直接关系成本管理水平的优劣。在成本控制中，中心问题是成本控制方法。目前成本管理体系中所采用的成本控制方法的主要根据是有关的规章制度及企业制定的成本控制标准，真正将理论界的最新研究成果运用于实际工作中的并不是很多。所以，企业应积极探索如何将最新的成本控制方法在实践中加以运用。在研究成本控制方法时，企业应将传统的成本控制方法与现代的成本控制方法有机地结合起来。

成本控制方法较多地借鉴了其他学科的成果，如控制论、系统论、信息论等的成果。这些与控制有关的学科的发展，为成本控制方法注入了新的活力，使成本控制的理论和方法不断得到提高。

（四）当代成本管理方法发展的趋势

当代成本管理正经历着前所未有的变化，这种变化主要体现在以下两方面：一是成本管理技术手段与方法不断更新。网络技术的飞速发展，使实时报告系统成为可能，增强了企业的业务处理能力，从而为企业适应当代管理发展对成本管理的更高要求提供了有利条件，充分发挥了成本管理的作用。二是成本管理的应用范围不断拓展。以往对成本控制并不关注的企业，如医院、计算机生产厂商、航空公司等，都对成本控制越来越重视。成本管理的这种变化，源于企业制造环境的变化及管理理论与方法的创新，而后两者的变化又起因于外部环境的变化。企业外部环境的变化主要体现在以下四方面：其一，大多数产品供过于求，使市场竞争日趋激烈；其二，产品需求多样化，而且顾客对产品质量要求也更高；其三，国际化潮流势不可当，国际分工合作日益密切，国际竞争也日趋残酷激烈；其四，为取得竞争优势，技术、工艺创新蔚然成风。企业外部环境的这些变化，既要求企业的制造环境有别于往昔，也要求企业对管理理论与方法进行创新。

1. 新制造环境对成本管理的冲击

相对于传统制造环境而言，新制造环境充分利用了现代科学技术的最新成果，表现为自动化和计算机化两个特征。面对新制造环境对企业的冲击，企业如果继续使用传统的成本管理技术与方法，将产生以下问题：

（1）产品成本计算结果不够正确。

在新的制造环境下，机器人和计算机辅助生产系统在某些工作中已经取代了人工，企业人工成本比重从传统制造环境下的 20%～40% 下降到现在的 5%～10%。同时，制造费用的比重大增，而且费用项目多样化。如果采用传统的方法，以人工小时为标准进行费用分配，企业就难以正确计算各种产品成本。

（2）不能有效发挥成本控制的职能作用。

传统成本管理要将实际发生的成本与标准成本进行对比，以发挥成本控制的职能。在新制造环境下，这一控制职能将产生相反的作用。例如，为获得有利的差异，企业可能片面追求产量增加，从而造成存货增加；为获得有利的价格差异，采购部门可能购买质量低的原材料，或进行大宗采购，造成质量问题或形成材料库存积压；为获得有利的原材料数量差异，生产者可能将质量不良的产品转入下一道工序，使废品损失进一步扩大等。

针对传统成本管理不适应新制造环境的局面，1984 年，美国学者鲁宾·库珀（Robin Cooper）和罗伯特·卡普兰（Robert Kaplan）提出了作业成本法。这种理论认为企业产品制造成本都是变动的，有的随产品产量变动，是短期变动成本，可以运用人工工时等进行分配。而固定成本实际上也是变动的，属于长期变动成本。例如设备调试、生产调度等费用，它们受活动量即作业量（也叫成本动因）"驱动"，这种费用应按作业量进行分配。作业成本法将制造费用按作业类别归集到不同的成本库中，然后分别成本库采用不同的分配标准将费用分配给各种产品。传统成本计算以产品为中心，只根据一种或两种不同的标准将制造费用分配给各产品。作业成本计算把中心移到作业上来，这就使成本控制不仅要对最终产品进行控制，而且要把重点放在对所有作业活动进行有效控制上，从而使成本计算更准确，成本控制更为深入和全面。在作业成本法的基础上，成本管理又发展为作业成本管理。简单来说，作业成本管理就是以作业成本法为基础，利用作业成本信息，帮助管理人员找出不增值但消耗资源的作业。作业成本法所提供的成本信息也能够促使管理人员重新设计整个价值链上的作业活动以节省企业资源。

2. 管理理论与方法的创新对成本管理的影响

随着市场竞争日趋激烈，新技术、新工艺不断出现，管理理论与方法也在不断创新，这就促进了成本管理学科的发展并丰富了其内容。

（1）适时生产制度。

适时生产制度是一种由需求带动生产的制度。这种制度在 20 世纪 70 年代试行，其主要特点是：企业生产是以顾客需求（如订单）为起点的，由后向前逐步推移来安排生产任务。上一生产步骤生产产品的种类和数量，对产品质量要求和交货时间等，只能根据下一生产步骤提出的具体要求而定。至于原材料及零部件，只有当某一步骤需要时，采购部门才能购进。也就是说，适时生产制度要求企业生产经营管理各环节密切配合，原材料、零部件、产成品要保质保量并适时送到下一生产步骤或销售环节。适时生产制度的目的是使原材料、零部件、产成品等各类存货保持在最低水平，尽可能实现"零存货"，以降低存货成本。

在采用适时生产制度的企业，从原材料购入到产品制成所耗用的时间大幅缩短，而且期末存货量很小，使得传统的分批或分步成本计算方法下详细记录各类存货成本（如材料、在产品和产成品）的必要性受到怀疑。根据成本效益的原则，对少量的存货作详尽的记录，无疑得不偿失。在存货水平很低的情况下，会计人员为简化存货计价方法，可以采用倒推成本法。所谓倒推成本法，就是当产品完工或销售时，再倒过来计算在产品、产成品的生产成本的方法。这与传统成本计算方法正好相反，传统生产成本的记录、归集和分配是随着材料与产品实体的转移而转移的，即生产成本的会计记录和生产成本发生的实物流动是同步的。

（2）全面质量管理。

20 世纪 50 年代后，国外质量管理经历了标准化质量管理和统计质量管理阶段后进入了全面质量管理阶段。随着国际、国内市场环境的变化，全面质量管理已经成为企业竞争的一种战略武器，一种由顾客期望驱动的、持续改进产品质量的管理哲学。全面质量管理不同于传统质量管理，它从事后的质量检验转向以事前预防为主；从只管理产品质量转向管理产品质量赖以形成的工作质量；从专职人员进行检验转向广泛吸收全体职工参加，把管理重点放在操作工人自我质量监控上，自动纠正质量缺陷，不合格品不允许转移到下一环节，以保证企业整个生产过程实现"零缺陷"，使整个企业处于质量改善环境中，并由顾客最终界定质量。可见，全面质量管理是适时生产制度顺利实施的一个必要条件。

全面质量管理与会计工作结合，就产生了质量会计这一学科。由于提高质量所产生的收益难以计量，质量会计发展的重点就放在质量成本管理上。它在以往质量成本核算的基础上，根据全面质量管理的要求，通过质量成本决策、建立最佳质量成本模型和质量成本控制等方法，进行质量管理，借以全面降低质量成本，提高产品社会效益、企业效益和用户效益。另外，在实行全面质量管理的情况下，绩效衡量标准包括了产品的可靠度、服务的及时性等促使管理人员努力提高产品质量的非货币性指标。而传统的货币性绩效衡量标准往往会挫伤管理人员提高产品和服务质量的积极性。

（3）战略成本管理。

20 世纪 80 年代，英国学者西蒙（Simon）首先提出了战略成本管理。从 90 年代开始，实务界和学术界开始致力于战略成本管理研究，创造成本管理的新理论和新方法，以应对科学技术迅速发展和全球竞争带来的挑战。战略成本管理是为了获得和保持企业持久竞争优势而进行的成本分析与管理。[①] 对于战略成本管理所应包括的内容，中外学者观点不一。美国哈佛商学院迈克尔·波特（Michael Poter）教授在《竞争战略》一书中提出了价值链分析的一般方法；美国管理会计学者杰克·桑克（Jack Shank）等人出版了《战略成本管理》一书，使战略成本管理的理论方法更加具体化；推崇作业成本制度的英国教授罗宾·库珀提出了以作业成本制度为核心的战略成本管理体系；日本理论界和企业界提出了成本企划这一战

---

① 刘明辉. 走向 21 世纪的现代会计. 大连：东北财经大学出版社，1996：151.

略成本管理模式，日本成本企划委员会将成本企划定性为企业确立中长期竞争优势的、与产品开发相关的战略性管理方法。国外学者对于战略成本管理研究的成果，主要表现为通过成本管理提供对战略决策有用的成本信息，一般认为，战略成本管理的内容包括价值链分析、战略定位分析、成本动因分析等。

① 价值链分析是通过对从原材料供应到产品消费的全过程的价值活动的成本与价值的比较分析，以实现企业竞争优势。价值链分析可以从多方面揭示有关企业竞争力的成本信息，具体来说，通过价值链分析可以确认企业价值活动在整个行业价值链中的位置；通过竞争对手价值链分析，可以发现企业成本是否具有竞争优势；对供应商价值链进行分析，目的是同供应商建立合作关系，寻求成本持续降低的机会；分析客户价值链，有助于同购买商建立战略合作伙伴关系，扩展市场份额，增强产品市场竞争力。

② 战略定位分析是对影响企业战略的诸多因素进行综合分析，确定企业应采取的战略，并建立与企业战略相适应的成本管理战略。一般认为，企业可以通过成本领先、产品差异化和目标集聚三种竞争战略取得竞争优势地位。前两种战略是要在全行业范围内实现竞争优势，而集聚战略则是为特定市场服务的，通过吸引顾客达到战略目标。

③ 成本动因是指导致企业成本发生的任何因素，即成本驱动因素。成本动因一般包括结构性成本动因与执行性成本动因。结构性成本动因指与企业基础经济结构有关的成本驱动因素，如企业规模、业务范围、经验、技术、多样性和厂址等；执行性成本动因是与企业执行作业程序有关的成本驱动因素，如劳动力参与程度、全面质量管理、生产能力利用、工厂布局的效率性、产品外观、联系等。结构性成本动因分析用来解释成本定位，执行性成本动因分析用来引导成本管理的方向和重点。

（4）基准管理和持续改进。

管理方法的新趋势就是基准与持续改进相结合。美国芝加哥医学院的管理人员以其他教学医院中最好的业务水平为参照标准来计量部门效率，以此找到改进他们自己业务的方法；丰田汽车公司因应用基准管理和持续改进的观念而享有盛名，其他许多公司也纷纷效仿。基准就是以公司外部或内部最优的业绩标准来衡量企业自身的生产活动；持续改进意味着管理人员确定基准不是一次性的，而是一个持续不断改进提高的过程。基准管理和持续改进被称为"永无终点的比赛"，管理人员和基层员工不会满足于某一特定工作水平，而是谋求不断提高。采用这一方法的企业发现降低成本是一个永无止境的过程，公司总是可以找出办法使本年度的成本和费用低于去年，以前似乎高不可攀的目标现在竟然达到了。基准管理与持续改进对成本管理的影响主要表现在可以促使管理人员和会计师认识到降低成本要向本行业最好的公司学习，以同类产品的最低成本作为基准，了解自身与最优者的差距，并分析其原因，从而实行企业再造工程，以增强企业竞争力。

（5）限制理论。

根据限制理论，每个公司至少有一个瓶颈制约着它的发展，否则无论公司定下什么目标（如利润最大化）都会实现。企业发展的限制因素通常可以分为资源、市场、政策、原材料和后勤五大类。限制理论把企业生产看作一个链状的过程，如果薄弱的连接处得到了加强，那么整个链条也就得到了加强；但是如果加强了其他的连接处，整个链条就不会得到加强。限制理论对成本管理的影响是使管理人员和会计人员认识到在有些情况下不能一味强调降低成本和费用，要有逆向思维，要在企业链条中的薄弱环节上加大投入量，"为了省钱而花钱"。如果企业亟待解决的瓶颈问题是设备，那么企业就要引进新型设备。引进设备可能导致企业发生一笔较大的支出，但在今后设备使用期间，因设备利用效率的提高而增加的产出加上设备维修费用的降低的综合效益，可能就会抵补支出而有所盈余。这样一来，从总体上看，效益不仅没有下降反而可能有所增加。这也是"成本—效益"原则的另一种诠释。

综上所述，各种新的成本管理理论与管理方法的运用，为进一步拓展和完善成本管理带来了新的契机。面对当代成本管理的发展趋势，我国成本管理工作应适应市场环境和企业生产环境的变化，结合国情，引进、吸收、消化各种新的管理理论和方法，并不断总结我国已有的成功经验，这对完善和丰富我国的成本管理理论与方法具有极其重要的意义。将这些理论和方法运用于我国的成本管理体系当中，会对成本管理体系产生重要的影响，使成本管理体系迈上一个新的台阶。随着科学技术的不断进步，各门学科之间相互融会贯通是一种发展趋势，如果不能从其他学科的发展中汲取营养，将其运用于相应的学科中，该学科的发展就会受到影响。成本管理也是这样，如果不能吸收其他学科的科研成果，并将其运用成本管理中，就不能适应现代企业成本管理的要求。

▫ 复习思考题

1. 为什么要开展成本管理活动？
2. 成本管理应遵循哪些原则？
3. 成本管理的内容包括哪些？
4. 成本管理的基础工作包括哪些？
5. 建立成本管理体系有什么重要意义？
6. 市场经济条件下成本管理的体系构成包括哪些内容？
7. 试述当代成本管理发展的趋势。

第二章　成本核算基本原理

学习目标

通过本章学习，学生应在了解成本核算的原则、要求和一般程序的基础上，重点掌握要素费用、部门费用；掌握产成品与在产品费用划分的各种方法的特点及其实际应用，从而熟练掌握成本核算的一般原理和实际操作技能；了解生产类型的特点对成本计算方法的影响，不同类型的企业应采用什么方法计算成本；掌握品种法、分批法和分步法的基本特点。

第一节　成本核算概述

一、成本核算的要求

为了完成成本核算的各项任务，充分发挥成本核算的作用，不断改善企业的生产经营管理，成本核算工作应做到以下几项：

（一）严格执行国家规定的成本开支范围和费用开支标准

成本开支范围是根据企业在生产过程中发生的生产费用的不同性质、成本的内容以及加强经济核算的要求，由国家综合经济管理部门在有关的财经法规中规定的。企业发生的费用是多种多样的，而这些不同用途的费用应由不同的渠道开支。例如，企业生产产品所发生的各项费用应列入产品成本；企业进行基本建设、购建固定资产、与企业正常生产经营活动无关的营业外支出等费用不能列入产品成本。费用开支标准是对某些费用支出的数额、比例所作的具体规定。如固定资产和低值易耗品的划分标准、应付福利费的提取比例等，都应遵照国家规定的标准开支，不能突破。企业严格遵守国家规定的成本开支范围和费用开支标准，既能保证产品成本的真实性，使同类企业以及企业本身不同时期之间的产品成本内容一致，具有分析对比的可能，又能正确计算企业的利润并进行分配。所以，严格遵守成本开支范围和费用开支标准，是国家对企业核算产品成本时提出的一项最基本的要求。每个企业都应遵照执行这项财经纪律。

(二) 正确划分各种产品成本的界限

为了正确核算产品成本,保证产品成本真实可靠,企业还需要在不同时期、不同产品以及产成品和在产品之间正确地分摊费用,分清有关成本费用的几个界限。

1. 分清本期成本费用和下期成本费用的界限

凡应由本期产品成本负担的费用,不论是否在本期发生,都应全部计入本期产品成本;不应由本期产品成本负担的费用,即使在本期支付,也不能计入本期产品成本,而应由负担期的成本负担,如长期待摊费用等。

2. 分清各种产品成本的界限

属于某种产品成本负担的费用,应计入某种产品成本;对于不能直接计入各种产品成本的费用,应采用合理的分配标准,在有关产品之间进行分配。在进行费用的分配时,企业不能为了简化成本核算方法或出于其他目的,将费用随意在各种产品中进行分配,就是不得将应计入可比产品的费用计入不可比产品成本或相反;也不能将应计入亏损产品的费用计入盈利产品成本或相反。

3. 分清在产品成本和产成品成本的界限

对需要计算在产品成本的某些产品,企业要采用适当的方法,将生产费用在产成品和在产品之间进行分配,不得人为地任意压低或提高在产品的成本,保证成本计算的真实性。为了保证准确地将费用在产成品和在产品之间进行分配,使各期的成本指标具有可比性,在产品的成本计算方法一经确定,一般不应改变。

4. 分清应计入产品成本和不应计入产品成本的费用界限

企业发生的各种费用支出,不是全部都应计入成本的。企业在生产经营过程中发生的一些资本性支出,如购建固定资产、构成无形资产的支出,不应计入产品成本,而应计入购入资产的价值。与生产经营活动无关的营业外支出,也不能计入企业成本。收益性支出则应根据其发生的地点和用途,计入各产品成本或期间费用。

(三) 完善成本责任制

为了正确地进行成本计算,考核各责任部门的成本水平,企业必须完善成本责任制,以进一步降低产品成本,提高经济效益。要完善成本责任制,企业应做好如下几项工作:

1. 建立健全责任成本制度

责任成本是指以各责任部门作为成本计算对象所计算的成本。企业在进行成本计算时,最后计算出产品成本是非常重要的。但是,产品成本是以产品作为成本计算对象的,所以,它不能反映每一责任部门的工作业绩,不便于将每一责任部门的成本与其应承担的责任及经济利益相联系。因此,企业在进行成本计算时,还应创造条件,计算出每一责任部门的责任成本,以便进行各责任部门责任成本的考核和分析。

2. 建立健全内部成本管理体系

内部成本管理体系是一个非常复杂的系统，它涉及企业的所有部门和全体职工。该体系是否完善，运行是否合理，直接关系成本责任制的推行。因此，企业应建立一个运行自如、合理的内部成本管理体系，并使之逐步完善。

3. 建立健全成本考核制度

成本会计不仅要计算产品成本，对产品成本指标进行分析，还要对之进行考核。成本会计应考核每一种产品成本的升降以及各责任部门的责任成本高低情况。要对成本进行考核，企业就应建立一套成本考核信息的收集、整理、对比、计算等方法和程序，使成本考核形成制度，促使成本指标不断降低。

4. 建立健全成本责任奖惩制度

在计算出产品成本及责任成本之后，企业应对各责任部门可控制成本的高低进行分析，实行规范、严格的奖惩制度，以鼓励先进，督促落后，调动各部门及人员不断降低产品成本的积极性，促进企业经济效益的不断提高。

（四）做好成本核算的各项基础工作

在进行成本核算时，要正确计算成本，因此做好各项基础工作是非常重要的。基础工作做得不好，就会影响成本计算的准确性。做好成本核算的各项基础工作，需要财务部门和其他各部门密切配合、共同努力。成本核算的基础工作主要有制定各种定额并及时地进行修订；建立健全财产物资的计量、收发、领退制度；建立各种原始记录的收集整理制度；制定厂内内部结算价格；建立各责任部门的责任成本制度；等等。

（五）选择适当的成本计算方法

在进行成本核算时，企业应根据本企业的具体情况，选择适合于本企业特点的成本计算方法。选择成本计算方法应同时考虑本企业生产类型的特点和管理的要求两方面。同一个企业可以采用一种成本计算方法，也可以采用多种成本计算方法，即多种成本计算方法同时使用或多种成本计算方法结合使用。成本计算方法一经选定，一般就不应变动。

二、成本核算的程序

产品成本核算包括总分类核算和明细分类核算两方面。

（一）产品成本的总分类核算

1. 产品成本总分类核算使用的会计科目

设置总分类账户登记生产过程中发生的各种生产费用，以便提供各种产品成本总括资料的过程，称为产品成本的总分类核算。产品成本总分类核算应设置的会计科目主要有：

（1）生产成本科目。

生产成本科目属于成本类科目，该科目核算企业进行工业性生产时发生的各项生产费用，包括生产各种产品（如产成品、自制半成品等）、自制材料、自制工具、自制设备等的费用。该科目的借方登记生产过程中发生的直接材料、直接工资等直接费用以及分配转入的制造费用；该科目的贷方登记完工入库的产成品、自制半成品的实际成本以及分配转出的辅助生产费用。该科目的期末余额在借方，为尚未完工的各项在产品成本。生产成本科目应设置基本生产成本和辅助生产成本两个明细科目进行明细核算。各项生产费用应按成本核算对象和成本项目分别归集。属于直接材料、直接工资等直接费用的，直接计入基本生产成本明细账和辅助生产成本明细账。属于企业辅助生产车间为生产产品提供的动力等费用的，应在辅助生产成本明细账中先行归集，然后再分配转入基本生产成本明细账。其他间接费用先在制造费用科目中归集，月末再按一定的分配方法分配计入各有关产品成本。企业的辅助生产车间为基本生产车间和行政管理等部门提供的产品和劳务，应于月末按一定的标准分配给各受益对象，并从辅助生产成本明细账中转出。

（2）制造费用科目。

制造费用科目属于成本类科目，该科目核算企业生产车间或部门为生产产品和提供劳务而发生的各项间接费用。企业行政管理部门为组织和管理生产经营活动而发生的管理费用，在管理费用科目中核算。制造费用科目应当按照不同的生产车间、部门和费用项目进行明细核算。企业发生的制造费用应计入该科目的借方；制造费用应按企业成本核算办法的规定分配计入有关的成本核算对象，从该科目的贷方转出。除季节性生产或采用累计分配率法、计划成本分配率法分配制造费用的企业外，该科目月末应无余额。大中型企业可根据管理需要，将生产成本科目分为基本生产成本和辅助生产成本两个明细科目。属于辅助生产车间的制造费用，可直接计入"生产成本——辅助生产成本"科目的借方，也可以仍然通过制造费用科目再转入"生产成本——辅助生产成本"科目的借方。另外，在中小型企业中，如果业务比较简单，其也可以将生产成本和制造费用两个科目合并为生产费用科目。

2. 产品成本总分类核算的程序

产品成本总分类核算的过程实际上是产成品和月末在产品成本的形成过程。产品成本的总分类核算可以反映出企业生产过程中发生的各种费用以及这些费用的归集和分配的程序，有助于最终计算出产成品和在产品的成本。产品成本总分类核算的程序如下：

（1）分配要素费用。对于生产过程中发生的各种要素费用，企业要根据其具体的发生地点和用途，编制各种要素费用分配表，据以编制记账凭证，将其计入各有关的成本、费用账户。

（2）分配辅助生产车间的制造费用。若辅助生产车间生产多种产品或提供多种劳务，月末时，企业应将归集于辅助生产车间制造费用明细账中的费用，采用一定的方法，在辅助生产车间各种产品或劳务中进行分配。

（3）分配辅助生产费用。由于辅助生产车间是为基本生产车间和行政管理等部门提供产品或劳务的，所以，对于辅助生产车间所发生的费用，企业应根据其提供的劳务数量、具体额度和各部门耗用产品或劳务的数量，通过编制辅助生产费用分配表的方式进行分配。

（4）分配基本生产车间的制造费用。若基本生产车间生产多种产品，企业应将归集于基本生产车间制造费用明细账中的费用，采用适当的分配方法，在该车间生产的各种产品当中通过编制制造费用分配表的方式进行分配。

（5）计算产成品和在产品成本。经过上述五个步骤的计算和分配之后，企业所发生的用于产品生产的各种费用都集中于"生产成本——基本生产成本"科目和各种产品成本计算单了。这时，企业应根据自身的具体情况，如在产品成本的大小、各种费用所占的比重、定额资料是否完整等，确定在产品的成本计算方法，计算出产成品和在产品的成本，编制产成品成本计算表。

（二）产品成本的明细分类核算

产品成本的总分类核算，只能提供成本费用的总括情况。为了确定各种产品的实际成本，企业还应将各项生产费用按每种产品进行汇集和分配，并按成本项目予以归类。产品成本的明细分类核算，即可反映这些费用汇集和分配的详细情况。

产品成本明细分类核算的程序，根据成本核算体制的不同，可分为一级成本核算体制和两级成本核算体制。一般根据企业规模的大小、成本管理的要求及水平等条件选择程度。

1. 一级成本核算体制

在规模比较小的企业，各生产车间的规模一般也比较小，成本核算不需分车间、部门进行，一般实行一级成本核算体制。一级成本核算体制是指成本的核算工作完全集中在厂部财务部门进行的核算方式。

2. 两级成本核算体制

在大中型企业，由于生产规模比较大，成本核算一般应分车间、部门进行。同时，成本管理也要求提供各车间的成本资料。因此，这样的企业应采取两级成本核算体制。所谓两级成本核算体制，是指生产费用的核算由厂部和车间两级财务部门分别进行的核算方式。在实行两级成本核算的企业，主要车间应配备专职成本核算员，计算各车间产品的制造成本，然后，由厂部财务部门进行汇总，计算全厂各种产品的总成本和单位成本。

第二节　要素费用的汇集和分配

一、要素费用概述

（一）生产费用按经济内容分类

费用是指一定时期内企业在生产经营过程中所发生的各种耗费的货币表现。在这一过程中发生于生产中的各种耗费，称为生产费用。生产费用一般是劳动对象、劳动手段和活劳动中的必要劳动消耗三方面的费用。这种按费用的经济内容（或性质）不同所划分的类别，在会计上称为生产费用要素。

工业企业生产费用要素一般有：

1. 外购材料费用

外购材料是指企业为进行生产而耗用的一切由企业外部购入的原料及主要材料、半成品、辅助材料、包装物、修理用备件、低值易耗品等。

2. 外购燃料费用

外购燃料是指企业为进行生产而耗用的由企业外部购进的各种燃料，包括固体燃料、液体燃料、气体燃料。外购燃料与外购材料从性质上看是相同的，可归为一类，但由于燃料在许多企业是重要的能源，在成本中所占的比重较大，故将其单独列为一类进行核算。

3. 外购动力费用

外购动力是指企业为进行生产而耗用的由企业外部购进的动力，如电力等。

4. 工资费用

工资费用是指企业应计入生产费用的职工工资及福利费等费用。

5. 折旧费

折旧费是指企业按照一定的方法计算的固定资产折旧费。

6. 其他支出

其他支出是指不属于以上各项费用要素的支出，如差旅费、租赁费、设计制图费、试验检验费、通信费等。

按经济内容分类的生产费用，可以说明企业在生产过程中所消耗费用的性质、数量及构成，有利于加强对生产费用的核算和管理。同时，又为企业核定流动资金定额和编制采购资金计划提供了必要的核算资料。

（二） 生产费用要素分配的一般原则

产品生产过程中发生的各项生产费用，应采用一定的方法进行归集和分配，计入产品成本。要素费用的归集与分配，首先应按照要素费用的用途和发生的地点将各种要素费用区分为应计入产品成本的要素费用和不应计入产品成本的要素费用。对于应计入产品成本的各种要素费用，企业还应按其与产品的关系进行归集和分配。凡是专为某种产品所耗用并能确认其负担数额的直接费用，应根据原始凭证采取直接计入的方法计入某种产品成本；凡是几种产品共同耗用，不能确认为某种产品所消耗的间接费用，则应先行归集，然后再采取适当的方法分配计入产品成本。因此，要素费用分配的一般原则可概括为：凡是属于直接费用的，应直接计入产品成本；属于间接费用的，经归集与分配后，分配计入产品成本。要素费用的分配应特别强调直接费用直接计入的问题。凡是能够确认为某种产品所发生的费用，都应尽量采取直接计入的方法。因为若采用一定的标准进行分配，其结果的准确性要差一些，进而会影响产品成本的真实性。

在只生产一种产品的企业，计入产品成本的全部费用都是直接费用，应直接计入产品成本。在生产多种产品的企业，计入产品成本的费用要素，有的是为某种产品耗用的，有的是为几种产品共同耗用的。企业就要根据实际情况，按照上述费用要素分配的一般原则区别对待。对于能确定为某种产品所耗用的直接费用，要直接计入；对于为几种产品所共同耗用的间接费用，要采用一定的方法分配计入。

生产费用要素的归集与分配，是通过编制费用要素分配表来进行的。编制费用要素分配表，应根据成本核算的体制、凭证的份数以及传递程序等具体条件的不同而有所区别。企业实行一级成本核算体制时，应由财务部门来编制；实行两级成本核算体制时，则应由各车间的成本会计人员来编制。费用要素分配表不论由谁来编制，其编制的要求和基本方法都是一样的。财务部门和各车间等要合理分工、互相配合，认真做好各项费用要素的汇集和分配工作，以便正确计算产品成本。

二、材料费用的分配

材料是生产过程中的劳动对象。对于生产过程中发生的材料费用，企业应首先按其发生的地点和用途进行归集，然后再采用适当的方法进行分配。所以，材料费的核算包括材料费的归集和分配两方面。外购材料与企业自制材料等的分配方法是一样的。材料在生产过程中所起的作用各不相同，有的材料经过加工后构成产品的主要实体；有的材料虽不构成产品的主要实体，却有助于产品的形成；有的材料在生产过程中被劳动工具所消耗。虽然材料在生产过程中的作用不同，但其价值转移方式是相同的，即材料在生产过程中被全部消耗，或改变其原有的实物形态，变成新产品的组成部分。这时，材料的价值也就一次性全部转移到新生产的产品中去，构成了产品成本的重要组成部分。材料是产品成本的重要组成部分，加强对材料费的核算，对于降低产品成本、节约使用资金、加速资金周转等有着十分重要的作用。

1. 材料费用的分配原则

材料费用的分配，是通过编制材料费用分配表的方式进行的，因此，各生产车间和部门的材料费用分配表应根据各种领料凭证中的记录编制。在按实际成本核算时，企业应根据各种领料凭证中所登记的实际成本汇总编制材料费用分配表；在按计划成本核算时，企业除根据各种领料凭证中所登记的计划成本汇总外，还应根据材料成本差异率计算领用材料应负担的材料成本差异，计算发出材料的实际成本。但在材料费用分配表中，企业还应同时登记材料的计划成本和材料成本差异额。如果多种产品共同耗用某种材料，企业还应采用适当的方法在各种产品中进行分配，然后登记材料费用分配表，在各车间、部门的材料费用分配表的基础上汇总编制材料费用汇总分配表，据此进行材料费用分配的总分类核算。

不管材料是按实际成本核算还是按计划成本核算的，对于发出材料的成本，企业一般是根据各种发料凭证编制材料费用分配表，根据材料费用分配表进行材料费用的分配。

企业在进行材料费分配时应首先确定材料费用的分配对象。材料费用的分配对象应根据材料的具体用途确定。材料费用的分配对象包括以下三种：

（1）生产产品使用材料费用。

对于用于产品生产并构成产品主要实体或有助于产品形成的各种材料，其分配原则是直接材料费用直接计入成本，间接材料费用分配计入各成本计算对象的直接材料成本项目。直接材料费用是指直接为生产某一种产品所耗用且能直接确定其归属对象的材料费用；而间接材料费用是指几种产品共同耗用且不能直接确定其归属对象的某种材料费用。间接材料费用需采用简便、合理的方法在几种产品中进行分配。分配方法简便，是指作为分配标准的资料比较容易获得，并且应尽量采用单一标准，避免采用复合标准；分配方法合理，是指所采用的分配方法、分配标准应同各个成本计算对象负担的费用成正比例的因果关系。例如，当分配铸铁件材料费时，以铸铁件的重量、定额耗用量等作为分配标准就比较合理，若以生产工时作为分配标准就不太合适。

（2）生产中一般消耗材料费用。

生产车间和行政管理部门一般耗用的材料，应分别计入制造费用和管理费用中的相关项目。在分配材料费用时，对于直接用于生产各种产品的材料，如果数量较少、金额较小，根据重要性原则，企业可以采用简化的分配方法，即全部计入制造费用，以省去一些复杂的计算分配工作。

（3）其他材料费用。

除了生产过程中使用的材料外，对于其他材料，企业应根据其发生的具体用途，分别计入其他业务支出、在建工程等相关的会计科目。

2. 材料费用的分配方法

对于直接用于生产某一种产品的材料，企业可采用直接分配法，直接计入各产品直接材料成本项目；对于几种产品共同耗用的某种材料费用，企业则应采取分配的方法计入。材料费用的分配方法主要有：

（1）定额耗用量比例分配法。

定额耗用量比例分配法是按各种产品原材料消耗定额比例来分配材料费用的一种方法。一般在各项材料消耗定额完备且比较准确的情况下采用这种方法。其计算公式如下：

$$\text{某产品材料定额耗用量} = \text{该产品实际产量} \times \text{该产品单位产品材料定额消耗量}$$

$$\text{材料定额耗用量分配率} = \frac{\text{材料实际总耗用量}}{\text{各种产品材料定额耗用量之和}} \times 100\%$$

$$\text{某产品应分配的实际材料数量} = \text{该产品材料定额耗用量} \times \text{材料定额耗用量分配率}$$

$$\text{某产品应分配的材料费用} = \text{该产品应分配的实际材料数量} \times \text{材料单价}$$

采用上述方法计算分配材料费用，不仅能计算出每种产品应分配的材料费用，而且能计算出每种产品耗用材料的实际数量，为考核材料消耗定额的执行情况提供了资料，有利于加强成本的核算和管理。但这样计算比较麻烦。为了简化材料费用的分配工作，不需要考核材料实际耗用量的企业可采用按材料定额耗用量的比例直接分配材料费用的方法。其计算公式如下：

$$材料费用分配率 = \frac{材料实际总耗用量 \times 材料单价}{各种产品材料定额耗用量之和} \times 100\%$$

$$\frac{某产品应分配}{的\ 材\ 料\ 费\ 用} = \frac{该产品材料}{定额耗用量} \times \frac{材料费用}{分\ 配\ 率}$$

上述两种计算方法结果相同，企业可根据本企业的具体情况选择使用。

（2）产品重量比例分配法。

产品重量比例分配法是按照各种产品的重量比例来分配材料费用的一种方法。这种方法一般适用于产品所耗用材料的数量与产品重量有直接联系的情况。其计算公式如下：

$$材料费用分配率 = \frac{材料实际总耗用量 \times 材料单价}{各种产品重量之和} \times 100\%$$

$$某产品应分配的材料费用 = 该产品的重量 \times 材料费用分配率$$

（3）产品产量比例分配法。

产品产量比例分配法是按产品的产量比例来分配材料费用的一种方法。在产品的产量与其所耗用材料的数量有密切联系的情况下，企业可采用这种方法分配材料费用。其计算公式如下：

$$材料费用分配率 = \frac{材料实际总耗用量 \times 材料单价}{各种产品实际产量之和} \times 100\%$$

$$\frac{某产品应分配}{的\ 材\ 料\ 费\ 用} = \frac{该\ 产\ 品}{实际产量} \times \frac{材料费用}{分\ 配\ 率}$$

（4）产品材料定额成本比例分配法。

产品材料定额成本比例分配法是按照产品材料定额成本分配材料费用的一种方法。它一般适用于几种产品共同耗用几种材料的情况，其计算公式如下：

$$\frac{某产品材料}{定\ 额\ 成\ 本} = \frac{该\ 产\ 品}{实际产量} \times \frac{单位产品材料}{定\ 额\ 成\ 本}$$

$$\frac{材料定额成本}{分\quad 配\quad 率} = \frac{各种产品实际材料费用总额}{各种产品材料定额成本之和} \times 100\%$$

$$\frac{某产品应分配}{材\ 料\ 费\ 用} = \frac{该\ 产\ 品\ 材}{料定额成本} \times \frac{材\ 料\ 定\ 额}{成\ 本\ 分\ 配\ 率}$$

三、工资费用的汇集和分配

（一）工资费用的构成

工资费用是指企业为获得职工提供的服务而给予职工的各种形式的报酬以及其他相关支

出。其中支付给职工个人的部分构成了工资总额，不直接支付给职工个人的部分构成了其他相关支出。

1. 工资总额

为了保证国家对工资进行统一的统计核算和会计核算，加强工资管理，工资总额的组成内容是由国家统一规定的。根据国家统计局的规定，工资总额包括计时工资、计件工资、奖金、津贴和补贴、加班加点工资和特殊情况下支付的工资等。

2. 其他相关支出

其他相关支出是指除了直接支付给职工个人的部分以外，以工资为基础计算的相关支出，包括职工福利费、社会保险费、住房公积金、工会经费和职工教育经费、非货币性福利、辞退福利以及其他与获得职工提供的服务相关的支出。

（二）工资费用的分类

工资费用一般可按其计入成本项目、费用项目的不同进行分类。企业在产品生产过程中发生的工资费用是构成产品成本的重要组成部分。企业职工在生产经营过程中的岗位不同，其工资费用的处理方法也不同。所以，企业在核算工资费用时，应将不同职工的工资费用列入不同的成本项目和费用项目。

1. 生产工人的工资

在企业里，大部分职工是直接从事产品生产的人员。这些职工的工资费用同产品生产有着直接的关系，因而可以直接计入或分配计入产品成本。在产品成本项目中，专设直接工资成本项目来归集生产工人的工资费用。

2. 其他人员的工资

支付给其他人员的工资费用不直接与产品生产相联系，因而，不直接计入直接工资项目。生产车间为生产产品和提供劳务而发生的各项间接工资费用，如车间管理人员的工资等，应计入制造费用中的工资费用明细项目；而企业行政管理部门人员的工资费用，则应计入管理费用中的工资费用明细项目；销售机构人员的工资，应计入销售费用科目。计入管理费用和销售费用的工资，不应计入产品成本，而应直接计入当期损益。

（三）工资费用的分配

1. 工资费用分配的依据

企业按规定计算出每一个职工的应付工资后，应在规定日期发放给每一个职工。为反映企业职工工资的结算情况，财务部门应根据各车间、部门的职工工资单，汇总编制工资结算汇总表，作为支付职工工资的依据。

2. 工资费用分配的方法

工资费用应按其发生的地点和用途进行分配。生产车间直接从事产品生产的生产工人的工资，应计入生产成本科目中的直接工资成本项目；生产车间管理人员的工资，应计入制造费用科目；行政管理人员的工资应列入管理费用科目；固定资产大修理等工程人员的工资，应计入在建工程科目；专设销售机构人员的工资，则应列入销售费用科目。企业根据这一分配原则和工资结算汇总表提供的资料，可编制工资费用分配表，进行工资费用的分配。

第三节 部门费用的归集和分配

一、辅助生产成本的核算

（一）辅助生产车间的特点

辅助生产车间是为企业的基本生产车间、行政管理部门等提供产品或劳务的生产车间，一般很少对外服务。因此，辅助生产车间发生的费用应由各受益的车间、部门负担。辅助生产车间提供的产品或劳务绝大部分是为基本生产车间生产产品服务的，用于对外销售的很少。因此，辅助生产成本的高低对产品成本水平有直接影响。同时，企业只有在正确、及时地计算并分配应由产品负担的辅助生产费用后，才能进行产品成本计算。这就决定了辅助生产车间所发生的费用必须单独进行归集与核算，并先将其分配计入各受益对象。

（二）辅助生产成本的归集

辅助生产车间为生产产品或提供劳务而发生的各种费用，构成了这些产品或劳务的成本。为了核算辅助生产车间所发生的费用，计算这些产品或劳务的成本，辅助生产车间应设置"生产成本——辅助生产成本"科目，据此进行辅助生产成本的归集和分配。辅助生产成本明细账的设置，应根据各个辅助生产车间的具体情况确定。

1. 辅助生产车间只生产一种产品或只提供一种劳务

只生产一种产品或只提供一种劳务的辅助生产车间，如供水、供电、供气、运输等车间，应按车间分别设置辅助生产成本明细账，在账内按规定的成本项目设置专栏，车间所发生的所有费用都要登记在辅助生产成本明细账内。

2. 辅助生产车间生产多种产品或提供多种劳务

生产多种产品或提供多种劳务的辅助生产车间，如工具、模型等车间，除了要按车间分别设置辅助生产成本明细账外，还应按所生产的各种产品或劳务，分别开设产品成本计算单，登记当月发生的直接材料、直接工资等直接成本项目的费用。其他费用可先在"制造费用——辅助生产车间"明细账中进行核算，月末再采用适当的分配标准，分配计入各有关产品或劳务成本计算单。辅助生产车间也应根据自身生产类型的特点和管理的要求，采用适当的成本计算方法，计算其产品或劳务的成本。

（三）辅助生产成本的分配

由于辅助生产车间是为基本生产车间、行政管理部门等提供产品或劳务的，所以，辅助生产车间发生的费用应由企业生产的产品或行政管理部门等负担。

辅助生产车间发生的各种费用计入成本费用的方法，是由辅助生产车间提供产品和劳务的性质及其在生产中的作用决定的。若辅助生产车间是生产如自制材料、工具等产品的，在这些产品完工后，企业应将其成本从生产成本——辅助生产成本账户转入原材料或低值易耗品等账户。各车间、部门领用这些产品时，再比照财务的存货核算方法，根据具体的用途和数量，一次或分次转入有关成本费用账户。

如果辅助生产车间提供水、电、气等产品或劳务，该车间发生的费用在归集后应根据各受益部门的耗用量在各受益部门间进行分配。辅助生产车间除向基本生产车间和行政管理部门等提供劳务外，辅助生产车间之间也相互提供劳务，如供电车间向供气车间提供电力，供气车间向供电车间提供水蒸气。这样，要计算电的成本，首先应计算水蒸气的成本；而要计算水蒸气的成本，又要以计算出电的成本为先决条件。它们之间相互制约、互为条件，使辅助生产费用的分配产生了困难。因而，辅助生产费用的分配就需采用一些特殊的方法，主要有直接分配法、一次交互分配法、计划成本分配法、代数分配法和顺序分配法等。

其中，直接分配法是指对辅助生产车间所发生的实际费用仅在各基本生产车间和行政管理部门等之间按其受益数量进行分配，各辅助生产车间之间相互提供产品或劳务所发生的费用则不进行分配的一种辅助生产费用分配方法。其计算公式如下：

$$\text{某辅助生产车间费用分配率} = \frac{\text{该辅助生产车间直接发生的费用总额}}{\text{该辅助生产车间向基本生产车间、行政管理部门等提供的劳务数量}} \times 100\%$$

$$\text{某基本生产车间或行政管理部门等应分配辅助生产费用} = \frac{\text{该基本生产车间或行政管理部门等的劳务耗用量}}{} \times \text{辅助生产车间费用分配率}$$

二、制造费用的核算

（一）制造费用的归集

制造费用是指企业的生产单位为组织和管理生产而发生的各项费用。制造费用是产品成本的重要组成部分。所以，正确合理地组织制造费用的核算，对于正确计算产品成本，控制各车间、部门费用的开支，考核费用预算的执行情况，不断降低产品成本具有重要的作用。为了加强成本管理，控制开支，在核算制造费用时，企业要设置必要的费用明细项目。这些费用明细项目应结合成本管理的需要，有的按照费用的性质设置，有的按照费用的用途设置。例如，为了控制和分析机物料消耗情况，企业可以按照费用的性质，在制造费用中设立机物料消耗项目；制造费用设置的明细项目主要有工资和福利费、折旧费、办公费、水电费、机物料消耗费、劳动保护费、季节性和修理期间的停工损失等。

（二）制造费用的分配

只生产一种产品的车间发生的制造费用，可以直接计入该产品的成本计算单。生产多种产品的车间发生的制造费用，属于间接费用，应由该车间生产的各种产品负担。因此，企业应采用适当的方法，在各种产品中对其进行分配。制造费用的分配方法主要有实际分配率法、预算分配率法和累计分配率法三种。

1. 实际分配率法

实际分配率法是根据当月实际制造费用及其分配标准来分配制造费用的方法。由于采用的分配标准不同，其计算方法也不一样。

（1）生产工时比例法。

生产工时比例法是以各种产品所耗的实际（或定额）工时为标准来分配制造费用的一种方法。其计算公式如下：

$$制造费用分配率 = \frac{制造费用总额}{各种产品实际（或定额）工时之和} \times 100\%$$

$$\begin{matrix}某产品应分配的 \\ 制\ 造\ 费\ 用\end{matrix} = \begin{matrix}该\ 产\ 品\ 实\ 际 \\ （或定额）工时\end{matrix} \times \begin{matrix}制造费用 \\ 分\ 配\ 率\end{matrix}$$

这种分配方法的优点是资料容易取得，方法比较简单。原始记录和生产工时统计资料比较完整的车间都可以采用这种方法来分配制造费用。目前，以生产工时作为分配制造费用标准的企业，有的以实际工时为标准，也有的以定额工时为标准。一般来说，根据实际工时分配较为合适，它能够正确反映劳动生产率的高低（工时消耗的高低）对产品成本中制造费用水平的影响。但须指出，无论是按实际工时还是按定额工时来分配制造费用，都忽视了各种生产工时每小时制造费用的水平不同。例如，规格较大的尤门刨床平均每小时的折旧费等费用要比小牛头刨床的高十余倍。因此，一些机床型号较多、精密度相差悬殊的企业必须根据这一情况，将机床分为若干类，以各类机床每小时的折旧费等费用或每小时的加工价格为依据，确定工时折合系数，然后将各种产品的各类生产工时按系数折算成标准工时，据以分配制造费用，使之更为合理、准确。

（2）直接工资比例法。

直接工资比例法是以产品成本中的直接工资为标准来分配制造费用的一种方法。这种方法主要适用于生产工人的工资可以直接计入产品成本的企业。若各种产品成本中的工资是按生产工时分配的，可以直接采用生产工时比例法。制造费用分配除了可以采用以上标准外，还可以采用耗用材料数量或成本、直接成本、产品产量等标准分配。但这些分配标准一般只能在产品性能、结构、所用原材料和工艺过程基本相同的情况下采用，否则，会影响分配结果的准确性。

（3）联合分配法。

联合分配法是根据制造费用各类费用的特点，将其划分为若干类，分别选择不同的合理标准进行制造费用分配的方法。分类可根据制造费用的性质和用途进行。例如，有些企业将制造费用分为以下两类：一类是与机器设备使用有关的费用，另一类是与组织和管理生产有关的费用。前者可按机器工时或折合工时的比例进行分配，后者可按直接人工工时的比例进行分配。

2. 预算分配率法

预算分配率法是以企业制造费用预算和各种产品的定额工时（或标准工时）为标准分配制造费用的一种方法。预算分配额与实际发生费用额之间的差额，平时留在制造费用科目中，年末再按照各种产品已分配数的比例计入 12 月成本。其计算公式如下：

$$\frac{制造费用}{预算分配率} = \frac{全年制造费用预算总额}{全年各种产品计划产量的定额工时之和} \times 100\%$$

$$\frac{某产品应分配的}{制造费用} = \frac{该产品实际}{产量的定额工时} \times \frac{制造费用}{预算分配率}$$

$$\frac{实际制造费用与按预算分配率}{计算分配的制造费用的差额} = \frac{实际}{制造费用} - \frac{按预算分配率}{分配的制造费用}$$

$$差异额分配率 = \frac{差异额}{按预算分配率分配的制造费用} \times 100\%$$

$$某产品应分配的差异额 = \frac{该产品按预算分配率}{分配的制造费用} \times 差异额分配率$$

采用预算分配率法分配制造费用，不必每月计算分配率，简化和加快了制造费用的分配工作，并能及时反映各月制造费用预算数与实际数的差异。特别是在季节性生产或季节性费用比重较大的企业或车间，利用预算分配率法可以避免各月制造费用分配率相差悬殊，所以，这时采用预算分配率法是比较理想的。但是，采用这种方法分配制造费用，要求企业的计划、定额管理工作的水平较高，否则会影响制造费用分配的准确性。

3. 累计分配率法

累计分配率法指在产品完工时一次性分配其应负担的全部制造费用；对于未完工产品暂不分配，其应负担的费用保留在制造费用账户中；累计工时保留在产品成本计算单中，待其完工后一次性分配的方法。累计分配率法中的分配标准，可采用上述分配方式中分配标准的任何一种。其计算公式如下：

$$\frac{制造费用}{累计分配率} = \frac{制造费用期初余额 + 本月发生的制造费用}{各种产品累计分配标准之和} \times 100\%$$

$$\frac{完工产品应}{分配的制造费用} = \frac{完工产品的}{累计分配标准} \times \frac{制造费用}{累计分配率}$$

采用累计分配率法分配制造费用的优点是，在生产周期较长的企业，若完工产品批次少，未完工产品批次多，则可简化会计核算的工作量。若完工的批次多，而未完工的批次少，由于简化的工作量较少，则企业可不采用这种方法进行分配。而且，采用这种方式分配制造费用时，各月份制造费用水平应相差不大，否则会影响计算结果的准确性。因此，这种方法一般在每月完工产品的批次少、未完工产品的批次多、各月费用水平相差不多的情况下采用。

第四节　在产品和产成品成本的核算

企业生产过程中所发生的各项费用，经过各种要素费用的分配、部门费用以及其他费用的分配、废品损失的核算等项任务后，所有发生的费用都集中在了基本生产成本明细账和其所属的各种产品成本计算单中。成本核算的目的就是归集生产费用，最后计算出产成品的总成本和单位成本。因此，这时，企业应对归集在基本生产成本明细账和产品成本计算单中的费用，采用一定的方法，计算出产成品的成本；在有在产品的情况下，还应将生产费用在产成品和在产品之间进行分配。计算出完工的产成品成本后，企业还应办理产成品入库手续，采用适当的方法进行入库、发出的核算。

一、在产品与产成品成本计算模式

企业在生产产品过程中所发生的各项费用，在经过分配后，都汇集在基本生产成本明细账和各种产品成本计算单中。这些费用的总和减去交库的废料价值，就是本月发生的生产费用。当月初、月末没有在产品时，本月发生的生产费用就等于本月产成品的成本；如果月初、月末有在产品，则本月发生的生产费用加上月初在产品成本之后，还必须在产成品和在产品之间进行分配，才能计算出本月产成品的成本。月初在产品成本、本月生产费用、产成品成本和月末在产品成本之间的关系可用下式表示：

月初在产品成本 + 本月生产费用 = 产成品成本 − 月末在产品成本

产成品和月末在产品成本的计算一般有如下三种模式：其一，先计算产成品成本，然后，用合计生产费用减去产成品成本，余额就是在产品成本；其二，先计算月末在产品成本，用合计生产费用减去在产品成本，余额就是产成品成本；其三，采用适当的方法，同时计算出产成品成本和月末在产品成本。

企业应根据期末在产品数量及成本的大小、定额资料是否准确、各成本项目所占比重的大小等因素，确定适当的方法，计算产成品和在产品的成本。

二、生产费用在产成品和在产品之间的分配

企业要根据生产过程的特点和在产品的数量、各月在产品数量的变化等具体条件，采用适当的方法计算在产品的成本。

如果企业各月末在产品数量很少，所占用的费用额不大，是否计算在产品成本对产成品成本的影响很小，为了简化成本核算工作，企业可以不计算在产品的成本，让发生的全部生产费用都由产成品成本负担。这时，本月发生的生产费用就是产成品的总成本，用总成本除以产量就是单位产品成本。如果在产品数量较多，占用的费用也较大，而且各月之间变化不大，为了简化成本核算工作，在产品成本可按年初数固定计算。这时，本月发生的生产费用也就是产成品的总成本，用总成本除以产量就是产成品的单位成本。但年终时，企业必须根据实际盘点的在产品数量计算年末的在产品成本，作为下一年度年初在产品的固定成本，以保证下一年度在产品成本的准确性。如果在产品数量较大，占用的费用额也较大，同时各月的在产品数量变化也较大时，企业就应按月计算在产品的成本。企业在选择在产品成本计算方法时，应考虑的主要因素包括期末在产品的数量、各期末在产品数量的变化、产品成本中各成本项目所占的比重、在产品的完工程度以及定额管理基础工作是否健全等。

通常采用的在产品成本计算方法有如下几种：

1. 约当产量法

约当产量是指将在产品折算成相当于产成品的产量。约当产量法就是先把实际结存的在产品数量，按其完工程度折算为相当于产成品的产量，然后，把产品成本计算单上的生产费用按照产成品产量和在产品的约当产量的比例进行分配的方法。这种方法一般适用于月末在产品数量较多、各月末在产品的数量变化较大、产品成本中直接材料和各项加工费用所占的比重相差不大的情况。

在计算约当产量时，企业要注意在产品耗用的原材料和加工费用（直接工资、制造费用等）的情况是不一样的。在一般情况下，原材料是在开始生产时一次投入的，每件在产品耗用的原材料同产成品所耗用的原材料是一样的。所以，通常分配材料费用时，企业不必计算在产品中直接材料成本项目的约当产量，应按产成品和在产品的数量比例分配材料费用。至于加工费用，一般都是随着生产过程而逐渐增加的。所以，企业要按在产品完工程度计算约当产量，按产成品和在产品的约当产量分配计算产成品和在产品的加工费用。

若原材料是在开始生产时一次投入的，采用约当产量法计算在产品和产成品成本的计算公式如下：

$$\frac{直接材料}{费用分配率} = \frac{月初在产品直接材料费用 + 本月发生直接材料费用}{产成品数量 + 在产品数量} \times 100\%$$

$$\frac{月末在产品}{直接材料成本} = \frac{月末在产品}{数\quad量} \times \frac{直接材料}{费用分配率}$$

$$\frac{加工费用}{分配率} = \frac{月初在产品加工费用 + 本月发生加工费用}{产成品数量 + 在产品约当产量} \times 100\%$$

$$\frac{在产品}{约当产量} = \frac{月末在产品}{数\quad量} \times \frac{在产品}{完工程度}$$

$$\frac{月末在产品}{加工费用} = \frac{月末在产品}{约当产量} \times \frac{加工费用}{分配率}$$

$$月末在产品成本 = 月末在产品直接材料成本 + 月末在产品加工费用$$

$$产成品直接材料成本 = 产成品数量 \times 直接材料费用分配率$$

或

$$= 直接材料费用总额 - 月末在产品直接材料成本$$

$$产成品加工费用 = 产成品数量 \times 加工费用分配率$$

或

$$= 加工费用总额 - 月末在产品加工费用$$

$$产成品成本 = 产成品直接材料成本 + 产成品加工费用$$

在产品完工程度估计得是否准确，对在产品成本计算的正确性影响很大。因此，企业应当采用科学的方法，正确计算在产品的投料程度和完工程度。如果直接材料不是在开始生产时一次投入的而是分阶段在每道工序开始时一次投入的，则在产品直接材料项目投料程度（简称投料率）按某道工序单位产品的累计定额投入量占单位产品的定额消耗量计算。由于加工费用都是随着生产进度陆续投入的，因此，计算在产品加工费用的完工程度（简称完工率）一般按某道工序单位产品累计定额工时占单位产品的定额工时计算。各工序在产品的投料率和完工率的计算公式如下：

$$某道工序在产品原材料投料率 = \frac{该工序单位产品原材料累计定额消耗量}{单位产品原材料定额消耗量} \times 100\%$$

$$某道工序在产品工时投入率 = \frac{上道工序的累计单位工时定额 + 本道工序单位工时定额 \times 50\%}{单位产品工时定额} \times 100\%$$

在计算某道工序在产品加工费用完工程度时，该工序内每件在产品加工程度也不相同，故也应按50%计算。这样，用每道工序在产品数量乘以在产品完工程度，就可以计算出每道工序在产品的约当产量。

采用约当产量法计算在产品成本时，企业应特别注意在产品约当产量的计算，这一指标对产成品和在产品成本的影响很大。企业在采用约当产量法计算在产品成本时，应同时确定在产品约当产量的计算方法。因考虑的因素主要有材料的投入方式、加工进度等因素。一种方法确定后，在生产工艺等条件没有大的变化的情况下，一般不应经常改变。

2. 定额比例法

定额比例法是按照定额消耗量或定额费用的比例分配产成品和月末在产品成本的一种方法。按定额比例法分配产成品和在产品的成本，一般适用于定额管理基础比较好，各项消耗定额或费用定额比较准确、稳定，月末在产品数量变化较大的情况。

按定额比例法计算产成品和在产品成本的计算公式如下：

$$\text{定额比例}（消耗量分配率）= \frac{\text{月初在产品实际消耗量}+\text{本月实际消耗量}}{\text{产成品定额消耗量}+\text{月末在产品定额消耗量}} \times 100\%$$

产成品实际消耗量 = 产成品定额消耗量 × 定额比例（消耗量分配率）

产成品实际成本 = 产成品实际消耗量 × 原材料单价（或单位工时的工资、费用）

月末在产品实际消耗量 = 月末在产品定额消耗量 × 定额比例（消耗量分配率）

月末在产品实际成本 = 月末在产品实际消耗量 × 原材料单价（或单位工时的工资、费用）

采用上述计算方法，不仅可以提供产成品和在产品的实际费用资料，而且可以提供实际消耗量资料，便于考核和分析各项消耗定额的执行情况。但是该方法核算工作量较大，特别是在所耗原材料品种较多的情况下。为了简化成本核算工作，在不需要计算产成品实际数量的情况下，可以采用按定额耗用量比例直接分配费用的方法，若所耗用直接材料品种超过一种，则直接材料成本项目应按产成品和月末在产品的定额材料费用的比例分配。其计算公式如下：

$$\text{材料费用分配率}（定额比例）= \frac{\text{月初在产品实际材料费用}+\text{本月实际材料费用}}{\text{产成品定额材料费用}（或定额消耗量）+\text{月末在产品定额材料费用}（或定额消耗量）} \times 100\%$$

产成品直接材料成本 = 产成品定额材料费用（或定额消耗量） × 材料费用分配率（定额比例）

月末在产品直接材料成本 = 月末在产品定额材料费用（或定额消耗量） × 材料费用分配率（定额比例）

或　　　　　　　　　= 材料费用总额 − 产成品直接材料成本

$$\text{工资（费用）分配率}（定额比例）= \frac{\text{月初在产品实际工资（费用）}+\text{本月实际工资（费用）}}{\text{产成品定额工时}+\text{月末在产品定额工时}} \times 100\%$$

产成品直接工资（费用） = 产成品定额工时 × 工资（费用）分配率（定额比例）

月末在产品直接工资（费用） = 月末在产品定额工时 × 工资（费用）分配率（定额比例）

或　　　　　　　　　= 工资（费用）总额 − 产成品工资（费用）

采用定额比例法计算产成品和在产品的成本，必须取得产成品和月末在产品的定额消耗量资料。在产品种类及生产工序较多的情况下，核算工作量很大。因此，有的企业不根据月末在产品的数量具体计算月末在产品定额资料，而是采用简化的方法计算。其计算公式如下：

$$\text{月末在产品定额消耗量} = \text{月初在产品定额消耗量} + \text{本月投入的定额消耗量} - \text{本月产成品定额消耗量}$$

采用这一公式计算虽然可以简化核算工作，但是容易掩盖在产品盘盈盘亏的情况，不能如实反映产品成本的水平。为了保证在产品账实相符，提高成本计算的准确性，采用这一方法必须每隔一定时期（每季或每半年）就对在产品进行一次盘点，根据在产品的实存数量计算一次定额消耗量。

在具备了月初、月末和本月投入生产的定额消耗量资料以及本月产成品的定额消耗量资料的情况下，企业还可按下列公式分配费用：

$$费用分配率 = \frac{月初在产品实际费用 + 本月实际发生的费用}{月初在产品定额消耗量 + 本月投入的定额消耗量} \times 100\%$$

产成品和月末在产品费用的计算公式同前。

采用定额比例法计算在产品成本时，由于企业有着完整的定额资料，因此，计算起来比较简便。但它是建立在各种定额资料比较健全且准确的基础上的。如果定额制定得不准确，则会影响在产品和产成品成本的准确性。因此，在采用定额比例法计算在产品成本时，如果企业的生产条件等因素改变使定额发生较大变化，企业应对定额进行修改，以使在产品成本计算更加准确。

3. 定额成本计算法

定额成本计算法是指以产品的各项消耗定额为标准计算在产品成本的方法。定额成本计算法适用于企业具备完整的消耗定额资料，消耗定额比较准确、稳定，在产品数量变化不大的情况。采用定额成本计算法计算在产品成本时，月末在产品按定额成本计算，将合计生产费用减去按定额成本计算的在产品成本，余额就是产成品成本。采用定额成本计算法时产成品和在产品成本的计算公式如下：

$$\frac{在产品直接}{材料定额成本} = \frac{在产品}{数量} \times \frac{材料单位}{消耗定额} \times \frac{材料}{计划单价}$$

$$\frac{在产品直接}{人工定额成本} = \frac{在产品}{数量} \times \frac{工时}{定额} \times \frac{计划小时}{工资率}$$

$$\frac{在产品制造}{费用定额成本} = \frac{在产品}{数量} \times \frac{工时}{定额} \times \frac{计划小时}{制造费用率}$$

$$\frac{在产品}{定额成本} = \frac{在产品直接}{材料定额成本} + \frac{在产品直接}{人工定额成本} + \frac{在产品制造}{费用定额成本}$$

$$\frac{产成品直接}{材料成本} = \frac{直接材料}{费用合计} - \frac{在产品直接}{材料成本}$$

$$\frac{产成品直接}{人工成本} = \frac{直接人工}{成本合计} - \frac{在产品直接}{人工成本}$$

$$\frac{产成品}{制造费用} = \frac{合计}{制造费用} - \frac{在产品}{制造费用}$$

$$\frac{产成品}{成本} = \frac{产成品直接}{材料成本} + \frac{产成品直接}{人工成本} + \frac{产成品}{制造费用}$$

采用定额成本法计算在产品成本，由于把实际费用脱离定额的差异全部计入了产成品成本，因此，在定额不十分准确的情况下，就会影响成本计算的准确性。所以，这种方法一般只适用于定额制定得比较准确的企业。如果企业因生产条件等因素发生变化而使定额与实际相差很大，则企业应适时对定额进行修订。

4. 按所耗直接材料费用计算法

按所耗直接材料费用计算法是指在产品只负担材料费用，其他加工费用全部由产成品负担的方法。这种方法一般适用于产品成本中材料费用所占比重较大，而其他加工费用（如直接工资、制造费用等）所占比重较小的情况。按所耗直接材料费用计算法的计算公式如下：

$$\text{直接材料费用分配率} = \frac{\text{直接材料费用总额}}{\text{产成品数量} + \text{在产品数量}} \times 100\%$$

$$\text{在产品成本} = \text{在产品数量} \times \text{直接材料费用分配率}$$

$$\text{产成品成本} = \text{产成品数量} \times \text{直接材料费用分配率} + \text{其他各项加工费用}$$

或 $= \text{生产费用合计} - \text{在产品成本}$

采用此法计算在产品成本时，由于在产品成本中只包括材料费用，而其他加工费用均由产成品成本负担，因此，这种方法只适用于材料费用占最大比例的情况。如果材料费用所占比重下降，企业还只按材料费用计算在产品成本，就会影响成本计算的准确性。因此，企业采用这种方法时，应经常对各成本项目的金额进行比较；如果加工费用的比例上升，则应改按其他方法计算在产品成本，以使成本计算更加准确。

三、产成品成本的核算

上述生产费用在产成品和在产品之间进行分配后，企业应将产成品成本从有关产品成本计算单中转出，并根据从产品成本计算单中转出的产成品成本编制产成品成本汇总计算表。

第五节　产品成本计算方法

一、生产类型的特点及成本管理的要求对成本计算方法的影响

企业的生产类型及其特点对企业选择成本计算方法有着重要的影响。企业的生产类型可按生产工艺过程的特点和生产组织的特点进行划分。

（一）企业的生产按生产工艺过程的特点划分

企业的生产按生产工艺过程的特点划分，可分为简单生产和复杂生产两种类型。

1. 简单生产

简单生产是指生产工艺过程不能间断、不能分散在不同工作地点进行的生产。属于简单生产的企业，其产品的生产周期一般比较短，通常没有自制半成品或其他中间产品，而且工艺过程的特点决定了产品只能由一个企业独立完成生产，而不能由几个企业协作进行生产。因此，

这种类型的生产一般也称为单步骤生产。发电、采掘等企业就是简单生产的典型企业。

2. 复杂生产

复杂生产是指生产工艺过程由可以间断的若干生产步骤所组成的生产。它既可以在一个企业或车间内独立进行，也可以由几个企业或车间在不同的工作地点协作进行。属于复杂生产的企业，其产品的生产周期一般较长，产品品种也不是单一的，有半成品或中间产品，而且产品可以由几个企业或车间协作进行生产。因此这种类型的生产也称为多步骤生产。

复杂生产按其产品生产过程的加工方式的不同，又可分为连续式复杂生产和装配式复杂生产两类。

（1）连续式复杂生产。连续式复杂生产是指将原材料投入生产后，需经过许多相互联系的加工步骤才能最后生产出产成品。前一个步骤生产出来的半成品是后一个加工步骤的加工对象，直到最后加工步骤才能生产出产成品。属于连续式复杂生产的典型企业有钢铁、纺织企业等。

（2）装配式复杂生产。装配式复杂生产是指将原材料投入生产后，在各个步骤进行平行加工，制造成产成品所需的各种零件和部件，最后再将各生产步骤的零部件组装成为产成品。属于装配式复杂生产的典型企业有机床、汽车企业等。

（二）企业的生产按生产组织的特点划分

企业的生产按生产组织的特点划分，可分为大量生产、成批生产和单件生产三种类型。

1. 大量生产

大量生产是指不断地重复生产一种或几种产品的生产。这种类型生产的主要特点是企业生产的产品品种较少，各种产品的产量较大，企业一般采用专业设备重复地进行生产，专业化水平较高。例如，纺织、采掘、冶金等企业就是大量生产的典型企业。

2. 成批生产

成批生产是指按照预先确定的产品批别和数量，轮番进行若干种产品的生产。成批生产按照批量的大小，又可进一步划分为大批生产和小批生产。大批生产类似于大量生产，小批生产类似于单件生产。例如，服装、机床等企业就是成批生产的典型企业。

3. 单件生产

单件生产是根据各订货单位的要求，生产某种规格、型号、性能等特定产品的生产。这种类型生产的主要特点是品种多，每一订单产品数量少，一般不重复或不定期重复生产，专业化程度不高，通常采用通用设备进行加工。例如，造船、重型机械等企业就是单件生产的典型企业。

介绍以上生产类型，主要是为了确定不同类型的生产企业应采用什么方法来计算产品成本。这样划分生产类型，也是为了确定适当方法来计算产品成本；其他生产类型的分类，由于与产品成本计算无关，这里就不讨论了。

上述企业生产的分类方法之间有着密切的联系。在一般情况下，简单生产大多都是大量生产，连续式复杂生产一般属于大量大批生产，装配式复杂生产可以是大量生产、成批生产或单件生产。

（三） 生产类型的特点及成本管理的要求对成本计算方法的影响

1. 生产类型的特点对成本计算方法的影响

生产类型的特点对产品成本计算方法的影响主要表现在三方面，即成本计算对象、成本计算期、生产费用在产成品和在产品之间的分配问题。这三方面的有机结合构成了某种成本计算方法的主要特点。

（1）成本计算对象。

成本计算对象是指企业为了计算产品成本而确定的归集和分配生产费用的各个对象，即成本费用的承担者。企业在进行成本计算时，首先应确定成本计算对象，按照确定的成本计算对象设置基本生产成本明细账或产品成本计算单，据以归集和分配每一成本计算对象所发生的费用。

成本计算对象应根据生产的特点来确定，如大量大批简单生产的企业一般产量较大，生产过程不能间断，所以，它是以产品品种作为成本计算对象的；大量大批复杂生产的企业的生产过程是可以间断的，因而，它不仅可以计算每种产品的成本，而且可以计算各个步骤半成品的成本，所以，在进行成本计算时，就要求计算每种产品和它所经过的生产步骤的成本；单件小批生产的企业一般是按客户的订单或批别来组织生产的，所以，在进行成本计算时，就要求计算每一订单产品或每批产品的成本。上面我们所说的按每种产品、产品生产经过的生产步骤、每一订单或每批产品计算成本，就是归集生产费用计算产品成本的承担者，即成本计算对象。当然，确定成本计算对象，除了要考虑企业的生产特点外，还应考虑成本管理的要求。

（2）成本计算期。

成本计算期是指每次计算产品成本的期间。计算产品成本的期间并不完全与产品的生产周期或会计结算期一致。有时产品成本计算期与会计结算期相一致；有时并不一致，而与产品的生产周期一致。影响成本计算期的主要因素是生产类型的特点。在大量、大批生产的企业里，在月内一般都有大量的产成品，产品的生产周期较短，由于随时有产成品，因此企业不能在产品完工的同时计算它的成本，而是定期地在月末进行计算。这时，产品的成本计算期与会计结算期一致，而与产品的生产周期不一致；在单件小批生产的企业里，当每一订单产品或每批产品未完工时，全部的成本都是在产品的成本，只有产品全部完工时，企业才能计算产成品的成本，故其成本计算期是不固定的，与产品的生产周期一致，但与会计结算期不一致。需要指出的是，成本计算期与会计结算期并不能相提并论，尽管在单件小批生产的企业里，要在产品完工时才能计算产成品的成本，但企业与成本计算有关的经济业务如费用的归集与分配都应按月进行，并按月结账，据以考核企业内部各单位产品成本的发生情况。同时，企业也可积累资料，便于待产品完工时及时进行成本计算。

（3）生产费用在产成品和在产品之间分配。

企业生产产品过程中发生的全部生产费用，经过费用要素的归集和分配后，最终都集中在了基本生产成本明细账和各种产品成本计算单中。若该种产品月末在产品数量很少或没有在产品，则归集在基本生产成本明细账和产品成本计算单中的所有生产费用就是产成品的总成本。用总成本除以产量，就是在产品成本。若该种产品月末在产品数量很多，费用额也较大，企业就应对在基本生产成本明细账和各种产品成本计算单中归集的费用采用一定的方法在产成品和在产品之间进行分配。在进行分配时，所要分配的费用是月初在产品成本加上本月发生的费用之和，在产成品和在产品之间进行分配。其计算公式如下：

月初在产品成本＋本月发生的费用＝产成品成本＋月末在产品成本

下面分别分析在不同生产类型的企业里，成本计算对象、成本计算期及是否需要计算在产品成本三方面的特点，研究企业究竟应采用什么方法进行成本计算。

（1）大量大批简单生产的企业。在简单生产的企业里，由于其生产工艺过程不可间断，没有必要或不可能分生产步骤来计算产品成本，只能以产品的品种作为成本计算对象，计算每种产品的成本。简单生产的企业，从其生产组织的特点来看，其生产大多属于大量生产，分不出批次来，经常有许多产成品，因而，不能在产品完工时就计算它的成本，只能以会计报告期作为成本计算期，定期在月末进行计算。这样，其产品的生产周期与成本计算期就不一致。简单生产的企业月末一般没有在产品或在产品数量很少，占用的在产品成本一般也较小或相对稳定，因而一般不需要将生产费用在产成品和在产品之间进行分配，本月发生的生产费用就是产成品成本。这种以产品品种为成本计算对象的成本计算方法，称为品种法。

品种法应用于简单生产企业时，由于不需要计算在产品成本，成本计算方法比较简单，所以又称为简单法。但是，这并不意味着采用品种法的企业一律不需要计算在产品成本。当这些企业生产的产品数量较多而且变化较大时，就需要将生产费用在产成品和在产品之间进行分配，在这种类型的企业中采用的品种法又称为典型品种法。

（2）大量大批复杂生产的企业。在大量大批复杂生产的企业里，由于其生产工艺过程是由若干可以间断的、分散在不同地点进行的生产步骤组成的，因此，不仅要计算最终产品的成本，而且要计算产品所经过的各加工步骤的成本。在大量大批多步骤生产的企业里，经常有大量的产成品不能于产品完工时就计算其成本，只能定期在月末计算。成本计算期与会计结算期相一致，而与产品的生产周期不一致。在这种类型的企业里，月末在产品数量很多，占用的成本额也很大，因此，应采用适当的成本计算方法，将生产费用在产成品和月末在产品之间进行分配。这种以产品和其所经过的生产步骤为成本计算对象的成本计算方法，称为分步法。

（3）单件小批复杂生产的企业。在单件小批复杂生产的企业里，产品生产是按订单或批别组织的。这一特点就要求计算每一订单或每批产品的成本，因此，它的成本计算对象就是每批产品（或每一订单）。在单件小批复杂生产的企业里，一批（或一件）产品往往同时投产又同时完工，在该批产品完工时，就应计算它的产成品成本。未完工时，全部是在产品。其成本计算期是不定期的，与产品的生产周期相一致，所以一般不需要将生产费用在产成品和月末在产品之间进行分配。这种以产品的批别为成本计算对象的成本计算方法，称为分批法。

上述产品成本计算方法，即品种法、分步法和分批法，是产品成本计算方法中的基本方法。

基本成本计算方法的特点可用表2-1加以说明。

表2-1　基本成本计算方法的特点

成本计算方法	成本计算对象	成本计算期	生产费用在产成品和在产品之间的分配问题
品种法	每种产品	定期于月末计算	一般不需分配，大量大批复杂生产企业采用该法时需要进行分配
分步法	每种产品及所经过的加工步骤成本	定期于月末计算	需要进行分配
分批法	每批产品	不定期计算	一般不需要分配

2. 成本管理的要求对成本计算方法的影响

一个企业究竟采用什么方法计算产品成本，除了受生产类型的特点影响外，还必须根据企业成本管理的要求来选择。例如，大量大批复杂生产的企业一般以每种产品及其所经过的加工步骤为成本计算对象，采用分步法来计算产品成本。但是，如果企业规模较小，成本管理不要求计算产品所经过的加工步骤的成本，只要求计算每种产品的成本，这时，企业可采用品种法计算产品成本。因此，企业选择什么成本计算方法，除了要考虑生产类型的特点外，还要考虑成本管理的要求。

3. 成本计算的辅助方法

在实际工作中，除了上述三种基本成本计算方法外，还有定额法、分类法等成本计算方法。但这些成本计算方法都不是独立的成本计算方法，企业在进行成本计算时，必须结合使用上述三种基本成本计算方法中的一种。这些方法是为了解决成本计算或成本管理过程中的某一方面的需要而采用的。例如，产品成本计算的定额法是在定额管理工作比较好的企业中，为了更有效地控制生产费用的发生、降低产品成本、进行成本分析和成本考核而采用的方法；分类法是为了简化成本计算的手续，在产品的型号、规格繁多或生产联产品的企业中所采用的方法。在采用定额法和分类法时，企业应结合三种基本成本计算方法中的一种进行计算。因此，定额法和分类法也称为辅助成本计算方法。

以上我们介绍了产品成本计算的三种基本方法即品种法、分步法、分批法以及分类法、定额法等辅助成本计算方法。企业应根据其生产的特点和管理的要求确定所应选择的成本计算方法。

（四）各种产品成本计算方法的实际运用

在实际工作中，由于企业或车间生产的特点和管理的要求并不完全相同，这样，就有可能在同一个企业或同一个车间里同时采用几种成本计算方法进行成本计算。有时在生产一种产品时，在该产品的各个生产步骤以及各种半成品、各成本项目之间的结转过程中，生产的特点和管理的要求也不一样，这样，就有可能在生产同一种产品时，同时采用几种成本计算方法来计算产品的成本。

1. 同时使用几种成本计算方法计算成本

如果企业内生产的产品种类很多，生产车间也很多，企业内就有可能产生同时使用几种成本计算方法的情况。

有的企业不只生产一种产品，这些产品的特点不同，其生产类型也可能不一样，因此企业应采用不同的成本计算方法计算产品成本。例如，重型机械厂一般采用分批法计算产品成本。如果企业有已经定型的属大量生产的传统产品，也可采用品种法或分步法计算产品成本。

企业一般都设有基本生产车间和辅助生产车间，基本生产车间和辅助生产车间生产的特点和管理的要求是不一样的，故企业应采用不同的成本计算方法进行成本计算。例如，在钢铁企业里，其基本生产车间是炼铁、炼钢和轧钢车间，属于大量大批复杂生产，根据其生产的特点和管理的要求，企业可采用分步法计算产品成本；但企业内部的供电、修理、供气等辅助生产车间，则属于大量大批简单生产，根据其特点，企业应采用品种法计算成本。

一个企业可采用不同的成本计算方法计算产品成本，我们所说某类型的企业采用什么成本计算方法，主要是就其基本生产车间而言的，并不是表明该企业只采用一种方法计算成本，而是企业可以同时使用多种成本计算方法。

2. 结合使用几种成本计算方法计算成本

由于企业生产产品的特点不同，所经过生产步骤的管理要求不同，所采用的成本计算方法也不一样，故企业可同时结合使用几种成本计算方法。例如小型机械厂一般应采用分批法计算产品成本，但由于企业设置了不同的生产车间，如铸造、加工、装配等车间，因而采用不同的成本计算方法更适宜。铸造车间应采用品种法计算铸铁件的成本，加工车间、装配车间应采用分批法计算成本，而铸造车间将其铸铁件转入加工和装配车间时则应采用分步法进行结转。这样，在一个企业里，就结合使用了品种法、分步法和分批法三种成本计算方法。

企业应采用什么方法来计算产品成本，应根据企业生产的特点和管理的要求来灵活掌握，不能生搬书本上的理论，要本着主要产品从细、次要产品从简的原则合理地加以确定。在确定成本计算方法时，企业应注意使成本计算方法与成本计划方法的口径一致；应注意与同行业其他企业的成本计算方法相一致，保持相对稳定，以便正确计算产品的总成本和单位成本，考核企业成本计划的完成情况，进行成本分析和成本考核，不断降低产品成本，提高企业的经济效益。

在一个企业里，所采用的成本计算方法并不是一成不变的，企业应根据生产的发展和企业管理水平的提高修改成本计算方法，以适应新形势的需要。特别是随着我国经济体制改革的深入发展，企业生产类型可能变动，如由过去的单件生产转化为大量大批生产或由过去的简单生产变为复杂生产，或者成本管理要求提供更多的成本资料，这就要求企业对原有的成本计算方法进行调整，以适应新形势的要求。

二、产品成本计算的品种法

（一）品种法的含义

品种法是以产品的品种为成本计算对象，归集费用、计算产品成本的一种方法。品种法一般适用于大量大批单步骤生产类型的企业，如发电、采掘等企业。由于产品生产的工艺过程不能间断，这种类型的企业没有必要也不可能划分生产步骤计算产品成本，只能以产品品种作为成本计算对象。品种法除广泛应用于单步骤生产类型的企业外，对于大量大批多步骤生产类型的企业或车间——其生产规模较小，或者按流水线组织生产，或者从原材料投入到产品产出的全过程是集中封闭式生产，管理上不要求按照生产步骤计算产品成本，如小型水泥厂、砖瓦厂、化肥厂、铸造厂和小型造纸厂等——也是适用的。

品种法因其应用于不同生产特点的企业，可以区分为简单品种法和典型品种法。大量大批单步骤生产类型企业，由于产品品种单一，通常没有或极少有在产品存在，成本计算程序相对简单，故此类企业采用的品种法可称为简单品种法。对于一些企业内部辅助生产车间的成本计算，如供水、供电、供气等单步骤大量生产的劳务成本的计算，通常也可以采用简单品种法。用于不要求按照生产步骤计算成本的某些小型多步骤生产企业的品种法，其成本计算要复杂一些，要按不同品种产品设置产品成本计算单，还需计算每种产品的产成品成本和月末在产品成本。它有别于简单品种法的成本计算程序，但是又是多数企业普遍采用的成本计算方法，因而，可称为典型品种法。

按照产品品种来计算成本，是产品成本计算最基本、最一般的要求，不论什么组织方式的制造企业，不论什么生产类型的产品，也不论成本管理要求如何，最终都必须按照产品品种计算出产品成本，因此，品种法是最基本的成本计算方法。

（二）品种法的特点

1. 以产品品种作为成本计算对象

品种法的成本计算对象是每种产品，因此，企业在进行成本计算时，需要为每一种产品设置一张产品成本计算单。

如果企业只生产一种产品，成本计算对象就是该种产品，则企业只需为该种产品设置一张成本计算单。计算单中应按成本项目设置专栏，生产中所发生的生产费用都是直接费用，企业可以直接根据有关凭证和费用分配表，区分成本项目，全部列入该种产品的成本计算单。

如果企业生产多种产品，成本计算对象则是每种产品，企业需要按每种产品分别设置产品成本计算单，生产中发生的生产费用要区分为直接费用和间接费用，凡能分清应由某种产品负担的直接费用应直接计入该种产品的成本计算单中；对于几种产品共同耗用而又分不清应由哪种产品负担多大数额的间接费用，应采用适当的分配方法，在各种产品之间，或者直接进行分配，或者另行归集汇总为制造费用后，再经过分配计入各成本计算单中的相关成本项目。

2. 按月定期计算产品成本

采用品种法计算产品成本的生产企业，从其生产工艺过程看，有的是单步骤生产，有的是多步骤生产，但从生产组织方式上看，大多是大量大批生产，是连续不断地重复着某种或几种产品的生产，经常有很多产成品，不能等到产品全部制造完工时再计算成本，而只能定期在月末计算成本。

3. 月末在产品的计算视情况而定

月末计算在产品成本时，如果没有在产品，或者在产品数量很少，占有生产费用数额不大，按照重要性原则，企业就不需要计算在产品成本，成本计算单中所归集的全部生产费用就是该产品的产成品总成本，用它除以该产品的产量，即可求得该产成品的单位成本；如果月末有在产品，而且数量较多，占用的费用也较大，企业就需要将成本计算单上所归集的生产费用（包括月初在产品成本和本月发生的费用）采用适当的分配方法，在产成品和月末在产品之间进行分配，以便计算出产成品成本和月末在产品成本。

（三）品种法的成本计算程序

成本计算程序是指对产品生产过程中所发生的各项费用，按照会计制度的规定进行审核、归集和分配，计算产成品成本和月末在产品成本的过程。

采用典型品种法计算产品成本时，其成本计算的一般程序通常如下：

1. 设置成本计算单

进行成本计算，首先应根据产品的品种设置成本计算单（成本明细账）。成本计算单是归集成本计算对象所发生的生产费用，计算其产品成本的最基础的明细账。单中应按成本项目设置专栏，通常包括直接材料费用、直接人工和制造费用等项目。上月末没有制造完成的在产品成本，即本月成本计算单中的月初在产品成本。

2. 计算并登记要素费用

进行成本计算时，还应对生产过程中发生的各项费用进行审核、归集和分配，编制各种要素费用分配表，据以登记基本生产成本明细账、辅助生产成本明细账、制造费用明细账和平行登记基本生产成本明细账下设的产品成本计算单。

（1）对于生产中本期发生的为产品生产所直接耗用的直接费用，可以根据原始凭证和各项费用分配表等有关资料直接计入按成本计算对象开设的成本计算单中的相关成本项目。

（2）对于本期为几种产品所共同耗用的主要间接费用，应按一定标准，在各种产品间分配后，分别计入有关成本计算单中的相关成本项目。

（3）本期发生的其他间接费用，应先按其发生地点进行归集，如车间一般耗用的间接费用可以计入该车间的制造费用明细账。

（4）对于跨期发生的费用，应按照权责发生制原则，编制跨期费用分配表，并按分配对象登记有关明细账。

3. 分配并结转生产部门费用

主要工作包括：第一，汇集"生产成本——辅助生产成本"明细账的全部费用，按照各种产品和各单位受益的辅助生产劳务的数量，编制辅助生产费用分配表，分配辅助生产费用，并登记到受益产品的成本计算单和受益单位的费用明细账中。第二，对基本生产车间制造费用明细账归集的费用进行汇总，采用一定的方法，在生产的各种产品之间进行分配，编制制造费用分配表，据以登记基本生产成本明细账及各种产品成本计算单。

4. 计算并结转产成品成本

经过上述程序，本期生产产品应负担的各项费用都集中登记在产品成本计算单中。如果月初、月末均没有在产品，则本月发生的全部生产费用即本月产成品的总成本；如果月末有在产品，而且数量较大，则应将产品成本计算单中归集的生产费用按照一定的方法在产成品和月末在产品之间进行分配，计算出产成品成本和月末在产品成本。结转各产品成本计算单中的产成品成本，汇总编制产成品成本汇总计算表，并据以结转基本生产成本明细账中的产成品成本。

（四）典型品种法举例

某小型工业企业设有一个基本生产车间和供电、供热两个辅助生产车间。基本生产车间经过两个生产步骤大量生产甲、乙两种产品，因生产规模比较小，管理上不要求计算步骤成本，确定采用品种法计算甲、乙产品成本，产品成本包括直接材料、燃料及动力、直接人工、制造费用四个成本项目。该企业实行厂部一级成本核算体制。

该企业供电、供热两个辅助生产车间，向企业基本生产车间和管理部门提供电、气劳务。由于供电车间和供热车间都只是提供单一劳务，所以辅助生产车间的制造费用直接记入辅助生产成本明细账，而不必通过制造费用科目核算。

1. 设置产品成本计算单

该企业应设置甲产品和乙产品两张产品成本计算单，在单中按直接材料、燃料及动力、直接人工和制造费用成本项目设置专栏，根据甲、乙两种产品的上月月末在产品成本，结转本月月初在产品成本。

2. 编制费用分配表，登记总账和明细账

该企业应设置生产成本和制造费用总账（表略），分别编制甲产品和乙产品成本计算单，并设置如下明细账：基本生产成本明细账、辅助生产成本明细账（供电车间）、辅助生产成本明细账（供热车间）、制造费用明细账（基本生产车间）。

【例2－1】假定某企业有一个基本生产车间，大量生产甲、乙两种产品，其工艺过程均属单步骤生产。另有一个供水车间，该辅助车间的制造费用不通过"制造费用"账户核算，发生的辅助生产费用直接归集在"辅助生产成本"账户中。该企业2017年6月份有关成本计算资料如下：

（1）产量资料见表2-2。

表2-2 产量及耗用工时资料

产品名称	完工产品产量（件）	月末在产品数量（件）	消耗工时（小时）
甲	600	100	15 000
乙	400	50	5 000
合　计	—	—	20 000

（2）月初在产品成本资料见表2-3。

表2-3 月初在产品成本资料　　　　　　　单位：元

产品名称	直接材料	直接人工	制造费用	合　计
甲	3 400	1 600	1 000	6 000
乙	5 600	2 200	1 200	9 000

（3）编制各种费用分配表，分配各种要素费用。

① 按材料用途，编制材料费用分配表，见表2-4。

表2-4 材料费用分配汇总表
2017年6月　　　　　　　　　　　　单位：元

分配对象		成本项目或费用项目	原材料			低值易耗品		
			计划成本	差异（2%）	实际成本	计划成本	差异（-1%）	实际成本
基本生产车间	甲产品	直接材料	40 000	800	40 800	—	—	—
	乙产品	直接材料	32 000	640	32 640	—	—	—
	一般耗用	机物料消耗	1 200	24	1 224	—	—	—
		劳动保护费	—	—	—	1 000	-10	990
供水车间		直接材料	3 000	60	3 060	—	—	—
合　计		—	76 200	1 524	77 724	1 000	-10	990

② 根据电表计量的实际耗用量和应付的电费，编制外购动力费用分配表，见表2-5。

表 2 – 5　动力费用分配表

2017 年 6 月　　　　　　　　　　　　　　　　　　　单位：元

分配对象	成本项目或费用项目	耗电量	单位成本（分配率）	分配金额
基本生产车间	直接材料	78 000		23 400
	水电费	3 000	0.3	900
供水车间	直接材料	9 000		2 700
合计		90 000		27 000

基本生产车间属产品直接耗用的电费，还应在甲、乙产品之间按实际生产工时比例进行分配，分配结果见表 2 – 6。

表 2 – 6　基本车间动力费用分配表

2017 年 6 月　　　　　　　　　　　　　　　　　　　单位：元

分配对象	成本项目或费用项目	工时	分配率	金额
甲产品	直接材料	15 000		17 550
乙产品	直接材料	5 000	1.17	5 850
合计	—	20 000		23 400

③ 根据各车间、部门的工资计算单和规定的福利费计提比例，分配工资并计提福利费。其中，基本生产车间工人工资 37 000 元，管理人员工资 3 000 元；供水车间工人工资 4 000 元，管理人员工资 1 000 元。编制职工薪酬费用分配表，见表 2 – 7。

表 2 – 7　职工薪酬费用分配表

2017 年 6 月　　　　　　　　　　　　　　　　　　　单位：元

分配对象	成本项目或费用项目	分配标准（工时）	分配率	工资分配金额	其他职工薪酬（工资的14%）	合　计
甲产品	直接人工	15 000	1.85	27 750	3 885	31 635
乙产品	直接人工	5 000	1.85	9 250	1 295	10 545
基本生产车间	人工费用	—	—	3 000	420	3 420
供水车间	直接人工	—	—	4 000	560	4 560
	人工费用	—	—	2 000	280	2 280
合计		20 000	1.85①	46 000	6 440	52 440

① $1.85 = \dfrac{27\ 750 + 9\ 250}{20\ 000}$

④ 根据各车间、部门的固定资产使用情况及固定资产折旧的计提办法，编制固定资产折旧费用分配表，见表 2 - 8。

表 2 - 8 固定资产折旧费用分配表

2017 年 6 月 单位：元

分配对象	费用明细项目	分配金额
基本生产车间	折旧费	3 000
供水车间	折旧费	1 000
合 计	—	4 000

⑤ 根据其他费用原始凭证，按发生的部门和用途进行归集，编制"其他费用分配表"，见表 2 - 9。

表 2 - 9 其他费用分配表

2017 年 6 月 单位：元

分配对象	办公费	差旅费	水电费	其他费用	合 计
基本生产车间	1 800	2 000	1 500	800	6 100
供水车间	1 000	—	200	400	1 600
合 计	2 800	2 000	1 700	1 200	7 700

（4）分配辅助生产费用。根据上列各种费用分配表和其他有关资料，登记辅助生产成本明细账，归集辅助生产费用，见表 2 - 10。

表 2 - 10 辅助生产成本明细账

车间名称：供水车间 2017 年 6 月 单位：元

2017 年		凭证号数	摘要	材料费	直接人工	折旧费	水电费	办公费	其他费用	合 计
月	日									
6	30		分配材料费	3 060	—	—	—	—	—	3 060
			分配动力费	2 700	—	—	—	—	—	2 700
			分配薪酬费	—	6 840	—	—	—	—	6 840
			分配折旧费	—	—	1 000	—	—	—	1 000
			分配其他费用	—	—	—	200	1 000	400	1 600
			月计	5 760	6 840	1 000	200	1 000	400	15 200
			月末分配转出	5 760	6 840	1 000	200	1 000	400	15 200

月末，应将归集在辅助生产成本明细账上的费用，采用适当的方法进行分配。本例中，该企业的辅助生产费用采用直接分配法分配。本月供水车间共提供水2 000 m³，其中，基本生产车间耗水1 200 m³，企业管理部门耗水800 m³。编制辅助生产费用分配表，见表2－11。

表2－11 辅助生产费用分配表

车间名称：供水车间　　　　　　　2017年6月　　　　　　　　单位：元

受益单位	耗水（m³）	分配率	分配金额
基本生产车间	1 200		9 120
企业管理部门	800	7.6	6 080
合　计	2 000		15 200

（5）分配制造费用。根据上列各种费用分配表和有关资料，登记基本生产车间的制造费用明细账，归集基本生产车间的制造费用，见表2－12。

表2－12 制造费用明细账

基本车间：　　　　　　　　　　　2017年6月　　　　　　　　　单位：元

摘　要	机物料消耗	劳动保护费	水电费	职工薪酬	折旧费	其他	合　计
分配材料费用	1 224	990	—	—	—	—	2 214
分配动力费用	—	—	900	—	—	—	900
分配薪酬费用	—	—	—	3 420	—	—	3 420
分配折旧费用	—	—	—	—	3 000	—	3 000
分配其他费用	—	—	—	—	—	6 100	6 100
分配辅助生产费用	—	—	9 120	—	—	—	9 120
月计	1 224	990	10 020	3 420	3 000	6 100	24 754
月末分配转出	1 224	990	10 020	3 420	3 000	6 100	24 754

月末，将归集在制造费用明细账中的费用，按照实际工时的比例，在甲、乙两种产品中进行分配。编制的"制造费用分配表"见表2－13。

表2－13 制造费用分配表

车间名称：基本车间　　　　　　　2017年6月　　　　　　　　单位：元

产品名称	生产工时（小时）	分配率	分配金额
甲产品	15 000		18 565.5
乙产品	5 000	1.237 7	6 188.5
合　计	20 000		24 754

（6）分配计算完工产品与在产品成本。根据各种费用分配表，登记甲、乙产品"产品成本计算单"。

① 计算甲产品成本。甲产品按约当产量法将生产费用在完工产品与在产品间分配。该产品本月耗用的原材料在生产开始时一次性投入，在产品完工程度为50%，本月完工产品600件，月末在产品100件。计算结果见表2-14。

表2-14　产品成本计算单

产品名称：甲产品　　　　　　　　　　2017年6月　　　　　　　　　　单位：元

2017年		摘要	直接材料	直接人工	制造费用	合　计
6	1	月初在产品成本	3 400	1 600	1 000	6 000
	30	分配材料费用	40 800	—	—	40 800
		分配动力费用	17 550	—	—	17 550
		分配薪酬费用	—	31 635		31 635
		分配制造费用	—	—	18 565.5	18 565.5
		合　计	61 750	33 235	19 565.5	114 550.5
		分配率	88.21①	51.13②	30.1③	—
		结转完工产品成本	52 926	30 678	18 060	101 664
		月末在产品成本	8 824	2 557	1 505.5	12 886.5

① 直接材料 $= \dfrac{61\ 750}{600 + 100} = 88.21$

② 直接人工 $= \dfrac{33\ 235}{600 + 100 \times 50\%} = 51.13$

③ 制造费用 $= \dfrac{19\ 565.5}{600 + 100 \times 50\%} = 30.1$

② 计算乙产品。乙产品按定额比例法将生产费用在完工产品与在产品间分配。该产品单位产品材料消耗定额90元，单位产品工时消耗定额10小时。产品耗用的原材料在生产开始时一次性投入，在产品完工程度为50%，本月完工产品400件，月末在产品50件。计算结果见表2-15。

表2-15　产品成本计算单

产品名称：乙产品　　　　　　　　　　2017年6月　　　　　　　　　　单位：元

2017年		摘　要	直接材料	直接人工	制造费用	合　计
		月初在产品成本	5 600	2 200	1 200	9 000
		分配材料费用	32 640	—	—	32 640
		分配动力费用	5 850	—	—	5 850

续表

2017 年	摘 要	直接材料	直接人工	制造费用	合 计
	分配薪酬费用	—	10 545	—	10 545
	分配制造费用	—	—	6 188.5	6 188.5
	合 计	44 090	12 745	7 388.5	64 223.5
	分配率	1.09	3	1.74	—
	结转完工产品成本	39 240	12 000	6 960	58 200
	月末在产品成本	4 850	745	428.5	6 023.5

注：表中有关资料计算如下：

① 产成品材料定额成本 = 90 × 400 = 36 000

在产品材料定额成本 = 90 × 50 = 4 500

② 产成品定额工时 = 10 × 400 = 4 000

在成品定额工时 = 10 × 50 × 50% = 250

③ 分配率：直接材料 = $\dfrac{44\ 090}{36\ 000 + 4\ 500}$ = 1.09

直接人工 = $\dfrac{12\ 745}{4\ 000 + 250}$ = 3

制造费用 = $\dfrac{7\ 388.5}{4\ 000 + 250}$ = 1.74

（7）编制完工产品成本汇总表。根据甲、乙产品成本计算单中的完工产品成本，编制"产成品成本汇总表"，见表 2 – 16。

表 2 – 16　产成品成本汇总表

2017 年 6 月

单位：元

产品名称	单位	产量	直接材料	直接人工	制造费用	合计	单位成本
甲产品	件	600	52 926	30 678	18 060	101 664	169.44
乙产品	件	400	39 240	12 000	6 960	58 200	145.5
合 计	—	—	92 166	42 678	25 020	159 864	—

三、产品成本计算的分批法

（一）分批法的含义

分批法亦称订单法，它是以产品的批别（或订单）为计算对象，归集费用、计算产品成本的一种方法。分批法一般适用于单件小批生产类型的企业，如船舶制造、重型机械制造以及精密仪器、专用设备生产企业；对于新产品的试制、工业性修理作业和辅助生产的工具模具制造等的成本计算，也可以采用分批法。

在单件小批生产类型企业中，产品的生产一般是根据用户的订单组织的，生产何种产品、每批产品的数量以及完工时间，通常要根据需用单位的订单加以确定，但同时企业也要考虑订单的具体情况，并结合企业的生产负荷程度，合理组织产品生产的批次及批量。如果一张订单中要求生产多种产品，为了考核和分析各种产品成本计划的执行情况，以便加强生产管理，企业应将这一订单按产品品种加以划分，设置多个批别的成本计算对象；如果一张订单上只要求生产一种产品，但数量较大，超过企业生产负荷能力，不便于集中一次投料，或难以满足用户分批交货的要求，企业也可以划分多个批别，分别组织生产；如果在同一时期内接到的几张订单，要求生产同一种产品，为了经济合理地组织生产，企业也可以将几张订单合为一批进行生产；对于大型复杂产品的生产，如万吨巨轮的制造，由于其价值大、生产周期长，企业也可以按其零部件构成分批组织生产，计算成本。由此可见，分批法是依据内部订单即生产任务通知单来组织生产的，由于在不同批别之间可能存在生产同一种产品的情况，其领用的材料和加工的工艺相同，因此，企业在领料、产品结转、工时登记过程中，应尤其防止"串批"现象，以确保各批产品成本计算的准确性。

（二）分批法的特点

1. 以产品的批别（或订单）作为成本计算对象

企业产品批别的组织是由生产计划部门负责的，生产计划部门依据用户订单签发一式多份的生产任务通知单，供应部门据以备料，生产部门据以安排生产，财务部门据以设置成本计算单。对于某批产品直接发生的费用，企业应根据原始凭证或费用分配表直接计入该批产品成本计算单的有关项目；对于不能按批别划分的间接费用，企业则应按费用发生的地点先加以归集，期末再在各受益对象之间进行分配。

2. 成本计算期与会计报告期不同，而与产品生产周期一致

对于采用分批法计算产品成本的企业，各批产品成本计算单虽然仍按月归集费用，但只有在该批次或订单产品全部完工时，企业才能计算其实际成本。当某一批次产品完工后，各基本生产车间应及时进行清理盘点，对于盘点出来的该批次的在产品及剩余材料，应办理退库手续并相应冲减该批次产品成本。如果某批次产品尚未完工，则企业不计算其成本。因此，分批法的产品成本计算是不定期的，成本计算期与某批次或订单产品的生产周期一致。

3. 除特殊情况外，通常不存在产成品与月末在产品之间分配生产费用的问题

由于分批法是按批别或订单归集产品费用的，生产周期结束，某批产成品成本计算单中归集的费用即产成品的成本，应全部转出。而在未完工批次产品成本计算单中归集的费用，全部为在产品成本，仍留在该批产品成本计算单中。因此，在通常情况下，生产费用不需在产成品与在产品之间进行分配。但是，如果产品批量较大，出现产品跨月陆续完工和分次交货的情况时，企业就应该采取适当的方法计算产成品成本和月末在产品成本。在大批量投产、批内陆续完工数量不多的情况下，企业可以采用按计划成本、定额成本或近期同种产品实际成本计算产成品成本的方法，从成本计算单中转出批内产成品的成本，剩余生产费用即在产品成本,待该批产品全部完工时,再合并计算其实际总成本和单位成本,对前期陆续完工并已转账的产成品成本,不需再作账面调整;在大批量投产、批内跨月完工数量较多的情况下,企业则应采用适当的方法,如约当产量法等,在产成品和在产品之间分配费用。

4. 间接费用在不同批次之间的分配可选择采用当月分配法或累计分配法

当月分配法的特点是分配间接费用(主要为制造费用)时,不论各批次或各订单产品是否完工,企业都要按当月分配率分配其应负担的间接费用。采用当月分配法时,各月份月末间接费用明细账没有余额,未完工批次或订单也要按月结转间接费用。如果企业投产批次比较多且多数为未完工批次或订单,按月结转未完工批次产品的间接费用意义不大,而且手续烦琐,在这种情况下,企业就应考虑采用累计分配法分配间接费用。

累计分配法的特点是分配间接费用时,只对当月完工的批次或订单按累计分配率进行分配,将未完工批次或订单的间接费用总额保留在间接费用明细账中不进行分配,但在各批产品成本计算单中要按月登记发生的工时,以便计算各月的累计分配率和在某批次产品完工时按其累计工时汇总结转应负担的间接费用总额。采用累计分配法时,间接费用明细账月末留有余额,完工批次或订单一次负担其间接费用,可以简化成本核算工作。但是,如果各月份的间接费用水平相差悬殊,采用这种方法则会影响各月成本计算的准确性。

(三) 分批法的成本计算程序

采用分批法计算批别或订单的产品成本时,其成本计算的一般程序为:

(1) 财务部门根据生产计划部门下达的生产任务通知单中注明的工作令号,开设各批别或订单的产品成本计算单,并根据费用发生的用途确定成本项目,设置成本计算单的专栏。

(2) 根据各项生产费用发生的原始凭证等资料,编制要素费用分配表。某批别或订单发生的材料费用和工资费用,直接记入其产品成本计算单的直接材料和直接工资项目;辅助生产车间发生的直接费用,直接记入辅助生产成本明细账;各生产车间发生的间接费用,按照费用发生的地点,先归集在制造费用明细账中。

(3) 期末将辅助生产车间归集的制造费用从制造费用明细账分配转入辅助生产成本明细账,再汇集辅助生产车间发生的费用,按其提供的劳务数量在各批别或订单产品、基本生产车间的制造费用以及其他受益对象之间进行分配。对于辅助生产车间生产的产品,应计算其产成品成本,从辅助生产成本明细账中转出。

(4) 对基本生产车间制造费用明细账中归集的制造费用进行汇总,根据投产的批别或订单的完成情况,选择采用当月分配法或累计分配法分配制造费用。对于投产批别多数完工或各月费用不均衡的情况,应采用当月分配法;相反,则应选择累计分配法。

(5) 当某批产品批量较大,又存在跨月陆续完工或分次交货情况时,应在批内计算产成品成本和月末在产品成本。计算方法一般有两种:

第一种是先计算出产成品成本,将生产费用减去产成品成本,挤出月末在产品成本。在计划成本或定额成本制定得比较准确的企业,可根据计划成本或定额成本计算产成品成本;如果没有准确的计划或定额资料,企业可根据近期同种产品的实际成本,综合分析各项影响成本的因素,再确定产成品成本。

第二种是采用适当的方法,分配计算出批内产成品成本和月末在产品成本。一般可选择采用约当产量法和定额比例法等具体方法。

当批内完工数量不多时,可选择第一种方法,否则,应考虑采用第二种方法。这两种计算方法都带有一定的假定性,所以,企业还需在整批产品全部完工时重新计算该批产品的总成本和单位成本。

(6) 月末将各批产成品成本以及批内陆续完工的产品的成本加以汇总,编制产成品成本汇总表,结转完工入库产品的成本。

四、产品成本计算的分步法

(一) 分步法的概念及适用条件

分步法是以产品的品种及其所经过的生产步骤为成本计算对象,归集生产费用、计算各种产品成本及其各步骤成本的一种方法。分步法主要适用于大量、大批、多步骤、复杂生产的企业,如纺织冶金、造纸等企业。例如,钢铁企业中的生产可分为炼铁、炼钢、轧钢等生产步骤;纺织厂中的生产可分为纺纱、织布等生产步骤。在这些企业里,其生产过程是由若干个在技术上可以间断的生产步骤所组成的,每个生产步骤除了生产出半成品(最后步骤为产成品)外,还有一些加工中的产品。已经生产出来的半成品既可以用于下一生产步骤进行进一步的加工,也可以直接对外销售。为了适应生产的这一特点,企业不仅要计算每一种产品的成本,还要按产品经过的生产步骤计算各步骤的成本。

(二) 分步法的基本特点

企业采用分步法计算产品成本时,既要计算最终产品的成本,还要计算每一生产步骤的成本,因此,分步法要计算每种产品的成本以及每种产品所经过的生产步骤的成本。因此,企业在进行成本计算时,需为每种产品及所经过的生产步骤设置产品成本计算单来归集生产费用、计算产品成本。在采用分步法的情况下划分生产步骤,有时生产步骤与生产车间相一致,有时并不完全一致。为了便于计算成本,有时一个车间就是一个步骤,有时将几个车间合并为一个生产步骤,有时一个车间又分为几个生产步骤。对于生产过程中发生的费用,凡是直接费用应直接计入各步骤成本计算单;间接费用则应先行归集,然后再采用适当的方法分配计入各步骤成本计算单。为了适应这一特点,生产车间发生各种费用的原始凭证上应注明费用发生的具体生产步骤;对于直接发生的费用,原始凭证上还应注明其成本计算对象,以便编制各种费用分配表,登记各种产品成本计算单。

由于分步法适用于大量、大批生产的企业，因经常有产成品产出，不能于产品完工时就计算其成本，因而，其成本计算一般是定期于月末进行的，其产品成本计算期与产品生产周期不一致，而与会计结算期相同。

在大量、大批、复杂生产的企业里，月末经常存在一定数量的在产品，这时，企业应采用适当的方法，对各步骤成本计算单上所归集的生产费用在产成品和期末在产品之间进行分配，从而计算出产成品的成本和期末在产品的成本。

在实际工作中，由于成本管理的要求不同，分步法在结转各步骤成本时会使用逐步结转分步法和平行结转分步法两种方法。

（三）逐步结转分步法

1. 逐步结转分步法的特点

逐步结转分步法也称为计算半成品成本法。它是按照产品加工步骤的顺序，逐步计算并结转半成品成本，直至最后步骤计算出产成品成本的一种方法。逐步结转分步法主要适用于成本管理中需要提供各个生产步骤半成品成本资料的企业。例如，有的企业各生产步骤所生产的半成品不仅为本企业所使用，还需要对外销售，为了计算销售半成品的成本，企业需要计算半成品的成本；有些企业的半成品虽不对外销售，但要进行同行业的评比，同时，为了实行厂内经济核算，企业也需要计算半成品成本；有些半成品为企业内几种产品所耗用，企业只有计算出每种半成品的成本，才能计算出每种产成品的成本。

2. 逐步结转分步法的成本计算程序

逐步结转分步法的成本计算对象是各种产品成本及所经过各生产步骤半成品的成本。其成本计算程序是，首先计算出第一步骤的半成品成本，如果半成品不经过半成品库收发而直接转入下一个生产车间，则第二生产步骤将转入的半成品成本再加上本步骤发生的生产费用，计算出第二生产步骤的半成品成本，再结转给下一个生产步骤，依此类推，直到最后步骤计算出产成品成本。

逐步结转分步法成本计算的程序如下：

（1）设置产品成本计算单。逐步结转分步法下产品成本计算对象是每种产品及所经过各生产步骤半成品的成本。因此，企业应按每种产品及所经过各生产步骤设置产品成本计算单，产品成本计算单按规定的成本项目设置专栏。这时，最后步骤生产出来的是产成品，其余各步骤均为半成品。

（2）归集生产费用。逐步结转分步法下生产费用的归集是按产品和生产步骤进行的。当发生费用时，能直接确认为某种产成品或其步骤半成品的成本的，应直接计入；不能直接计入的，则应采用适当的方法分配计入。对于除第一步骤以外的其他各生产步骤，还应登记转入该步骤的上步骤生产的半成品的成本。

（3）计算在产品成本。期末时，应对归集在各步骤成本计算单上的生产费用合计，采用适当的方法，在完工半成品（最后步骤为产成品）和狭义在产品之间进行分配。

（4）计算半成品成本。当在产品成本计算出来之后，对于除最后步骤外的其余各步骤来说，将生产费用合计扣除在产品的成本，其余额就是完工半成品的成本。半成品实物可一次全部转入下一步骤，也可通过半成品库收发。随着半成品实物的转移，其成本也从本步骤成本明细账上转出，转入下一步骤成本计算单（或半成品明细账）。

（5）计算产成品成本。在逐步结转分步法下，产成品是在最后步骤生产出来的，因此，用最后步骤成本计算单上的生产费用扣除期末在产品的成本，其余额就是产成品成本。

（四）平行结转分步法

1. 平行结转分步法的特点

平行结转分步法也称为不计算半成品成本法。它是各步骤不计算半成品成本，而只归集各步骤本身所发生的费用及各步骤应计入产成品成本的份额，将各步骤应计入产成品成本的份额平行加以汇总，即可计算出产成品成本的一种方法。平行结转分步法主要适用于半成品种类较多，又很少对外销售的企业。在这样的企业里，半成品种类较多，而且很少对外销售，一般不需计算各步骤半成品成本，而只需计算最终产品的成本，就可以满足成本管理的要求。这时，为了简化分步成本的计算，则企业可采用平行结转分步法计算成本。

平行结转分步法的成本计算对象是每种产成品成本及所经过的各生产步骤应计入产成品成本的份额。在计算产品成本时，各生产步骤只归集本步骤所发生的费用，上一步骤的半成品转入下一步骤继续加工时，虽实物转入，但半成品成本并不予以结转；月末，各步骤将本步骤发生的费用分成应计入产成品成本的份额和月末在产品成本；将各步骤应计入产成品成本的份额平行加以汇总，即可计算出产成品的成本。

2. 平行结转分步法的成本计算程序

采用平行结转分步法计算产品成本时，成本计算的具体程序如下：

（1）按每种产品的品种及其所经过的生产步骤设置产品成本计算单，归集生产费用。

（2）按每种产品和它所经过的生产步骤归集生产费用，计算出每一步骤所发生的生产费用总额。

（3）采用一定的方法计算每一生产步骤应计入产成品成本的份额。在计算各步骤应计入产成品成本的份额时，企业需对各步骤成本计算单上的生产费用，采用一定的方法，在产成品和在产品之间进行分配。这里所指的产成品是指最后步骤完工的产成品，在产品是指广义在产品。在平行结转法下，上一步骤半成品的实物转入下一步骤时，半成品的成本并不转入下一步骤，所以，在计算分配各步骤发生的费用时，凡各步骤已转出但尚未制成产成品的半成品，其费用仍保留在原来的成本计算单中。因此，各步骤的在产品是广义在产品，它不但包括本步骤尚未完工的在产品，而且包括本步骤加工完成后转入下一步骤或半成品库而尚未制成产成品的部分。所要分配的费用只是本步骤发生的费用，不包括上一步骤转入的半成品的成本。

（4）对各生产步骤中应计入产成品成本中的份额平行地加以汇总，就可计算出每种产成品的成本。

（5）将各步骤产品成本计算单上归集的生产费用，扣除应计入产成品成本中的份额，其余额就是在产品成本。

复习思考题

1. 在进行产品成本核算时应该正确划分哪几方面的费用界限？

2. 生产费用按其经济内容可分为几类？这种分类有什么作用？

3. 怎样分配材料费用？几种产品耗费同种材料时，其费用如何分配计入各产品成本？

4. 部门费用包括哪些内容？如何进行归集和分配？

5. 在产成品与月末在产品之间分配费用的方法有哪几种？各种方法的特点及适用范围如何？

6. 生产组织的特点和管理的要求对产品成本计算方法有什么影响？

7. 什么是产品成本计算的基本方法？基本成本计算方法有几种？基本成本计算方法有哪些特点？

8. 什么是产品成本计算的辅助方法？辅助成本计算方法有几种？辅助成本计算方法有什么特点？

9. 什么是产品成本计算的品种法？其有什么特点？什么是产品成本计算的分批法？其有什么特点？

第三章 成本预测和决策

学习目标

通过本章学习，学生应了解成本预测的概念、程序、特点及方法，掌握目标成本预测的各种方法，熟悉保本分析和保利分析的原理，了解产品成本发展趋势预测的内容；掌握日常成本决策中相关成本与无关成本的区分，熟悉日常成本决策方法的应用实例。

第一节 成 本 预 测

一、成本预测概述

成本预测是成本管理的重要环节，是进行成本决策和编制成本计划的前提条件，在实务中不能轻视。

（一）成本预测的概念及程序

成本预测是指依据掌握的经济信息和历史成本资料以及成本与各种技术经济因素的相互依存关系，采用科学的方法，对企业未来成本水平及其变化趋势作出的科学推测。成本预测有一个过程，一般包括以下几个步骤：其一，确定成本预测目标；其二，搜集相关信息；其三，建立预测模型；其四，修正预测结果；其五，报告预测结论；其六，及时反馈信息。

（二）成本预测的特点

成本预测面向未来，具有以下三个特点：

1. 预测过程具有科学性

成本预测虽然是对未来成本的估计，但预测过程中所采用的方法有一定的理论支撑，而且对不同内容的预测以及不同时间范围的预测所采用的预测方法不同。无论进行何种预测，预测人员都不能凭空杜撰、主观臆断，而要依据一定的经验或数据进行推算，因此预测过程具有科学性。

2. 预测结果具有近似性

成本预测与实际成本核算不同，其结果不是对已经发生的业务水平的真实反映，而是对未来结果的推算。无论采用的方法如何科学，由于各种方法通常具有一定的假定性，预测的结果总会与未来的实际发生存在差异，因此预测结果具有近似性。

3. 预测结果具有可修正性

成本预测是在一定因素基础上的预测，而考虑的因素常常与未来市场的变动密切相关，因此这些因素具有不确定性。在这种情况下，可以结合未来的因素变动不断修正预测的结果；另外，在执行中，预测人员可以通过对误差的检验和反馈及时调整预测结果，尽量缩小预测结果与实际的误差，从而使预测结果更接近实际。

（三）成本预测的方法

概括而言，成本预测的方法包括定量预测方法和定性预测方法两大类。

1. 定量预测方法

定量预测方法是根据历史资料以及成本与影响因素之间的数量关系，通过建立数学模型来预计推断未来成本的各种预测方法的统称。根据成本预测模型中成本与相应变量的性质不同，定量预测方法又可分为趋势预测方法和因果预测方法两类。趋势预测方法是按时间顺序排列有关的历史成本资料，运用一定的数学方法和模型进行加工计算并预测的各类方法，具体包括简单平均法、加权平均法和指数平滑法等。这类方法承认事物发展规律的连续性，将未来视为历史的自然延续，因此这类方法又称为外推分析法。与趋势预测方法不同，因果预测方法是根据成本与其相关因素之间的内在联系，建立数学模型并进行分析预测的各类方法，具体包括本量利分析法、回归分析法等。这类方法实质上是利用事物内部因素发展的因果关系来预测事物发展的趋势。

2. 定性预测方法

定性预测方法是预测者根据所掌握的专业知识和丰富的实际经验，运用逻辑思维方法对未来成本进行预计推断的各种方法的统称。由于此类方法是利用现有资料，依靠预测者的素质和分析能力所进行的直观判断，因此也被称为直观判断法，如专家会议判断法、市场调查法、函询调查法等。这类方法简便易行，预测的速度较定量分析要快，常常适用于企业缺少完备、准确的历史资料或难以进行定量分析的情况。

3. 两类方法在应用中应注意的问题

在实际应用中，定量预测方法与定性预测方法并非相互排斥，而是相互补充的，二者可以结合应用，即在定量分析的基础上考虑定性预测的结果，综合确定预测值，从而使最终的预测结果更加接近实际。

二、目标成本的预测

目标成本是指在未来一定时期内企业应达到的成本目标。它是企业未来在成本方面的奋斗目标。该值一旦确定，应与企业计划相结合。成本计划应确保成本目标的实现，并可作为今后的成本考核依据。实务中的目标成本预测方法有很多，主要有倒扣测算法、比率测算法、选择测算法、直接测算法等。

（一）利用倒扣测算法预测目标成本

倒扣测算法是在事先确定目标利润的基础上，首先预计产品的售价和销售收入，然后扣除价内税和目标利润，余额即为目标成本的一种预测方法。此法既可以预测单一产品生产条件下的产品目标成本，还可以预测多产品生产条件下的全部产品的目标成本。企业生产新产品时也可以采用这种方法预测，此时新产品目标成本的预测与单一产品目标成本的预测相同。相关的计算公式如下：

$$\text{单一产品生产条件下产品目标成本} = \text{预计销售收入} - \text{预计应缴税金} - \text{目标利润}$$

$$\text{多产品生产条件下全部产品目标成本} = \sum \text{预计销售收入} - \sum \text{预计应缴税金} - \text{总体目标利润}$$

式中的销售收入必须结合市场销售预测及客户的订单等予以确定。应缴税金指应缴流转税金，必须按照国家的有关规定予以缴纳。由于增值税是价外税，因此这里的应缴税金不包括增值税。目标利润通常可以用先进（同行业或企业历史较高水平）的销售利润率乘以预计的销售收入，或先进的资产利润率乘以预计的资产平均占用额，或先进的成本利润率乘以预计的成本总额来确定。

【例3－1】A 企业生产甲产品，假定产销平衡，预计甲产品的销售量为 5 000 件，单价为 600 元，增值税率为 17%，另外还需缴纳 10% 的消费税。假设该企业甲产品购进货物占销售额的预计比重为 40%，该企业所在地区的城市维护建设税税率为 7%，教育费附加为 3%，同行业先进的销售利润率为 20%。要求预测该企业的目标成本。

解：

目标利润 = 5 000 × 600 × 20% = 600 000（元）

应缴税金 = 5 000 × 600 × 10% + [300 000 + 5 000 × 600 × (1 − 40%) × 17%] ×
　　　　　(7% + 3%)
　　　　 = 360 600（元）

目标成本 = 5 000 × 600 − 360 600 − 600 000 = 2 039 400（元）

如果 A 企业在生产甲产品的同时还生产乙产品，预计乙产品的销售量为 3 000 件，单价为 400 元，不用缴纳消费税，乙产品购进货物占销售额的预计比重为 50%，其他条件保持不变。在这种情况下，预测企业总体的目标成本如下：

总体的目标利润 = (5 000 × 600 + 3 000 × 400) × 20% = 840 000（元）

总体的目标成本 = 4 200 000 − [360 600 + 3 000 × 400 × (1 − 50%) × 17% × (7% + 3%)] −
　　　　　　　840 000

$$= 2\,989\,200\ （元）$$

倒扣测算法以确保目标利润的实现为前提条件，坚持以销定产原则，目标成本的确定与销售收入的预计紧密结合，是西方最为推崇的一种目标成本确定方法。

（二）利用比率测算法预测目标成本

比率测算法是倒扣测算法的延伸，是依据成本利润率来测算单位产品目标成本的一种预测方法。这种方法要求事先确定先进的成本利润率，并以此推算目标成本。相关计算公式如下：

$$单位产品目标成本 = \frac{产品预计价格 \times （1 - 税率）}{1 + 成本利润率}$$

【例 3 - 2】某企业准备生产一种新产品，预计单位售价为 10 000 元，税率为 10%，成本利润率为 25%。要求预测该新产品的目标成本。

解：

$$单位产品目标成本 = \frac{10\,000 \times （1 - 10\%）}{1 + 25\%} = 7\,200\ （元）$$

比率测算法没有考虑目标成本与销售收入之间的关系，通常适用于新产品的目标成本预测。

（三）利用选择测算法预测目标成本

选择测算法是以某一先进单位产品成本为目标成本的一种预测方法。标准成本、国内外同类型产品的先进成本水平、企业历史最好的成本水平等都可以作为目标成本。这种方法要求企业熟悉市场行情，及时掌握国内外同行业、同类型产品的最先进的成本水平动态。此法虽然比较简单，但实际应用中应注意可比性，如果彼此状况相差较大，就不能采用；如果要采用，就必须作必要的调整和修正。

（四）利用直接测算法预测目标成本

直接测算法是根据上年预计成本总额和企业规划确定的成本降低目标来直接推算目标成本的一种预测方法。计算公式如下：

$$目标成本 = \begin{matrix}按上年预计平均单位成本计算的\\计 划 年 度 可 比 产 品 成 本 总 额\end{matrix} \times \left(1 - \begin{matrix}计划期预计\\成本降低率\end{matrix}\right)$$

通常成本计划是在上年第四季度进行编制的，因此目标成本的测算只能建立在上年预计平均单位成本的基础上，计划期预计成本降低率可以根据企业的近期规划事先确定，另外还需通过市场调查预计计划期产品的生产量。上年预计平均单位成本及计划期预计总成本的计算公式如下：

$$\begin{matrix}上年预计平均\\单 位 成 本\end{matrix} = \frac{\begin{matrix}上 年 1 \sim 9 月 实\\际平均单位成本\end{matrix} \times \begin{matrix}上年 1 \sim 9 月\\实 际 产 量\end{matrix} + \begin{matrix}上年第四季度\\预计单位成本\end{matrix} \times \begin{matrix}上年第四季度\\预 计 产 量\end{matrix}}{上年 1 \sim 9 月实际产量 + 上年第四季度预计产量}$$

按上年预计平均单位成本计算的
计划年度可比产品成本总额 $= \sum$ 上年预计平均单位成本 × 计划期产量

【例 3 - 3】假定 ABC 公司生产甲、乙两种产品，本年 1 ~ 9 月实际生产甲产品 3 600 件，实际平均单位成本为 250 元；生产乙产品 1 143 件，实际平均单位成本为 500 元。第四季度预计生产甲产品 2 400 件，单位成本为 225 元；预计生产乙产品 457 件，单位成本为 475 元。计划明年继续生产甲、乙两种产品，全年计划生产甲产品 7 500 件，生产乙产品 2 000 件，可比产品成本降低率达到 5% 。要求预测该公司明年的目标成本及成本降低额。

解：

$$甲产品本年预计平均单位成本 = \frac{3\ 600 \times 250 + 2\ 400 \times 225}{3\ 600 + 2\ 400}$$

$$= 240（元）$$

$$乙产品本年预计平均单位成本 = \frac{1\ 143 \times 500 + 457 \times 475}{1\ 143 + 457}$$

$$\approx 493（元）$$

目标成本 $= (240 \times 7\ 500 + 493 \times 2\ 000) \times (1 - 5\%) = 2\ 646\ 700（元）$

成本降低额 $= (240 \times 7\ 500 + 493 \times 2\ 000) \times 5\% = 139\ 300（元）$

直接测算法建立在上年预计成本水平的基础之上，从实际出发，实事求是，充分考虑了降低产品成本的内部潜力，仅适用于可比产品目标成本的预测。

三、本量利分析在成本预测中的应用

本量利分析是成本、产销量、利润三者关系分析的简称。成本并不是一个孤立的变量，它与销售量和销售利润之间存在内在的联系，我们只要掌握三者之间的这种内在联系，就能从一个变量的变化或多个变量的变化来预测其对其他指标所产生的影响。

（一）本量利分析的基本假设

本量利分析以一系列基本假设为前提条件，了解这些基本假定有助于在实际工作中更好地应用本量利分析。本量利分析主要包括以下几项基本假设：

1. 成本性态分析假设

成本性态分析假设是假定成本性态分析工作已经完成，全部成本已经区分为固定成本和变动成本两部分。

所谓成本性态，是指成本与产销量之间的依存关系。按照成本性态，企业总成本可分为固定成本、变动成本和混合成本三类。固定成本总额具有不随产销量的变动而变动、固定不变的特征，由此决定单位产品固定成本随销量的变动而呈反比例变动；变动成本总额具有随业务量的变动而呈正比例变动的显著特征，由此决定单位产品变动成本固定不变；混合成本介于固定成本和变动成本之间，该类成本随业务量变动但不呈正比例变动。

成本性态分析的关键就是分解混合成本，可以采用的分解方法有高低点法、散布图法和回归直线分析法等。可见，经过成本性态分析后混合成本已分解，总成本只有变动成本和固定成本两大类。

2. 相关范围及线性假设

相关范围是指一定时期和一定产销量的变动范围。相关范围假设是假设在一定的时期和一定的产销量范围内，固定成本和变动成本保持其成本特性，前者固定不变，后者呈正比例变动；另外假设单价水平不因产销量的变化而改变。由于相关范围的作用，成本和收入可以分别表现为一条直线，收入模型为

收入 = 单价 × 销售量

成本模型为

成本 = 固定成本 + 单位变动成本 × 销售量

3. 本量利分析基本模型假设

本量利分析基本模型假设是假设本量利分析建立在变动成本法日常成本核算的基础上。其基本分析模型为

利润总额 = 销售收入 – 变动成本 – 固定成本

上式中的变动成本包括变动生产成本和变动非生产成本。变动生产成本指直接材料、直接人工和变动性制造费用，变动非生产成本指变动的销售费用、管理费用及财务费用。固定成本包括固定生产成本和固定非生产成本。固定生产成本指固定性制造费用，固定非生产成本指固定的销售费用、管理费用和财务费用。另外假设营业外收支净额与投资净损益为零。

（二）本量利分析在成本预测中的具体应用

本量利分析在成本预测中的应用主要包括保本预测、保利预测和风险条件下的成本预测等。

1. 保本点的预测

保本点是指企业刚好保本、没有盈利时的销售量或销售额。保本是盈利的前提条件，产品不保本就谈不上盈利，因此预测保本点对企业至关重要。

（1）单一产品保本点的预测。若企业只生产一种产品，在这种情况下，依据本量利分析的基本模型，并令利润为零，则保本时的销售量或销售额的计算公式为

$$保本量 = \frac{固定成本}{单价 – 单位变动成本}$$

$$或 \qquad = \frac{固定成本}{单位贡献边际}$$

$$保本额 = \frac{固定成本}{1 – 变动成本率}$$

$$或 \qquad = \frac{固定成本}{贡献边际率}$$

其中：

单位贡献边际 = 单价 – 单位变动成本

$$贡献边际率 = \frac{单位贡献边际}{单价}$$

$$变动成本率 = \frac{单位变动成本}{单价}$$

由此可以推出：

贡献边际率 + 变动成本率 = 1

【例3－4】某企业生产一种产品，预计单价为100元，单位变动生产成本为50元，单位变动非生产成本为10元，固定生产成本为100 000元，固定非生产成本为10 000元。要求预测该产品的保本点。

解：

$$保本量 = \frac{110\ 000}{100 - 60} = 2\ 750（件）$$

$$保本额 = \frac{110\ 000}{1 - 60\%} = 275\ 000（元）$$

（2）多产品保本点的预测。若企业生产两种或两种以上的产品，在这种情况下，各产品的贡献边际率不同，应计算加权平均贡献边际率来确定综合保本额，并在此基础上计算各产品的保本额。相关的计算公式如下：

$$综合保本额 = \frac{固定成本}{加权平均贡献边际率}$$

各产品保本额 = 综合保本额 × 该产品的销售比重

其中：

$$加权平均贡献边际率 = \sum（某产品的贡献边际率 × 该产品的销售比重）$$

需要指出的是，当进行多品种保本分析时，由于各产品的实物量相加无意义，因此只能计算总的保本额，但不能计算总的保本量。

【例3－5】某企业生产甲、乙两种产品，有关资料见表3－1，要求计算综合保本额。

表3－1　相关资料表

产品	销售量（件）	单价（元）	单位变动成本（元）	贡献边际率	销售收入（元）	销售比重	固定成本（元）
甲产品	1 750	20	12	40%	35 000	35%	—
乙产品	1 625	40	16	60%	65 000	65%	—
合计	—	—	—	—	100 000	100%	23 850

解：

$$加权贡献边际率 = 40\% \times 35\% + 60\% \times 65\% = 53\%$$

$$综合保本额 = 23\ 850 \div 53\% = 45\ 000（元）$$

$$甲产品保本额 = 45\ 000 \times 35\% = 15\ 750（元）$$

$$乙产品保本额 = 45\ 000 \times 65\% = 29\ 250（元）$$

（3）完全成本法下的保本点预测。企业日常的核算方法有两种，即变动成本法和完全成本法。以上均是在变动成本法基础上进行的保本分析，而实际中企业常常采用完全成本法核算保本点，在这种情况下，应调整固定成本。由于完全成本法下的固定成本按期初固定成本加本期固定成本减期末固定成本扣除，而变动成本法只扣除本期固定成本，因此完全成本法下的保本点可以按以下公式进行计算：

$$\frac{完全成本法}{下的保本量} = \frac{固定成本 + 期初固定成本 - 期末固定成本}{（单价 - 单位变动成本）或单位贡献边际}$$

$$\frac{完全成本法}{下的保本额} = \frac{固定成本 + 期初固定成本 - 期末固定成本}{（1 - 变动成本率）或贡献边际率}$$

【例 3-6】某企业生产的甲产品，预计单价为 200 元/台，单位变动成本为 120 元/台，本期发生的固定成本为 62 000 元，期初固定成本为 2 500 元，期末固定成本为 1 500 元。要求预测该企业的保本量。

解：

$$保本量 = \frac{62\ 000 + 2\ 500 - 1\ 500}{200 - 120} = 787.5（台）$$

2. 保利成本的预测

为规划目标利润，企业常常需测算确保目标利润实现的保利变动成本和保利固定成本的水平。假定企业已确定目标利润，在这种情况下，依据本量利分析的基本公式并令利润为零，就可进行保利变动成本和保利固定成本的预测。相关的计算公式如下：

$$\frac{实\ 现\ 目\ 标\ 利\ 润}{应达到的单位变动成本} = \frac{销售收入 - 固定成本 - 目标利润}{销售量}$$

$$= 单价 - \frac{固定成本 + 目标利润}{销售量}$$

$$\frac{实\ 现\ 目\ 标\ 利\ 润}{应达到的固定成本} = 销售收入 - 变动成本 - 目标利润$$

如果已知目标净利润（所得税后目标利润），则相应的计算公式变为：

$$\frac{实\ 现\ 目\ 标\ 利\ 润}{应达到的单位变动成本} = \frac{销售收入 - 固定成本 - \dfrac{目标净利润}{1 - 所得税率}}{销售量}$$

$$\frac{实\ 现\ 目\ 标\ 利\ 润}{应达到的固定成本} = 销售收入 - 变动成本 - \frac{目标净利润}{1 - 所得税率}$$

【例3-7】 沿用例3-6资料，并假定该企业的销售收入为250 000元，确定的目标利润为20 000元。要求进行保利成本预测。

解：

$$实现目标利润应达到的单位变动成本 = \frac{250\,000 - 110\,000 - 20\,000}{2\,500} = 48（元）$$

$$实现目标利润应达到的固定成本 = 250\,000 - 2\,500 \times 60 - 20\,000 = 80\,000（元）$$

可见，只要单位变动成本由60元下降到48元，或固定成本由110 000元下降到80 000元，就能确保目标利润的实现。

3. 风险条件下的成本预测

实际中，各因素的未来发展水平常常不确定，如单价、单位变动成本、固定成本等未来可能出现不同的结果。在这种情况下，应依据不同结果的相应概率，计算各因素的期望值，在此基础上，依据单一产品保本点的预测公式可以确定期望的保本量或保本额；依据保利成本的预测模型可以确定期望的保利成本水平。

【例3-8】 某企业未来的销售量、单价、单位变动成本具有不确定性，固定成本为确定因素，相关资料见表3-2。要求：

（1）确定该企业的保本量和保本额。

（2）假定该企业的目标净利润为65 000.25元，所得税率为25%，进行保利成本预测。

表3-2 相关资料表

因素 可能	销售量		单价		单位变动成本		固定成本	
	水平（件）	概率	水平（元）	概率	水平（元）	概率	水平（元）	概率
情况一	5 000	0.3	40	0.6	20	0.2	26 400	1
情况二	6 000	0.5	38	0.4	22	0.8	—	
情况三	8 500	0.2	—	—	—	—		

解：

（1）单价的期望值 = $40 \times 0.6 + 38 \times 0.4 = 39.2$（元）

单位变动成本的期望值 = $20 \times 0.2 + 22 \times 0.8 = 21.6$（元）

$$期望保本量 = \frac{26\,400}{39.2 - 21.6} = 1\,500（件）$$

$$期望保本额 = \frac{26\,400}{1 - \frac{21.6}{39.2}} = 58\,800（元）$$

（2）期望销售量 $= 5\,000 \times 0.3 + 6\,000 \times 0.5 + 8\,500 \times 0.2 = 6\,200$（件）

$$\text{实现目标净利润应达到的单位变动成本的期望值} = \frac{6\,200 \times 39.2 - 26\,400 - \dfrac{65\,000.25}{1 - 25\%}}{6\,200} = 20.96\text{（元）}$$

$$\begin{aligned}\text{实现目标利润应达到的固定成本} &= 243\,040 - 6\,200 \times 21.6 - \frac{65\,000.25}{1 - 25\%} \\ &= 22\,453\text{（元）}\end{aligned}$$

四、产品成本发展趋势的预测

产品成本发展趋势预测是以相关的成本资料为基础，采用一定的方法来预测未来成本可能达到的水平，主要包括新产品投产前成本趋势预测、可比产品成本降低额趋势预测以及产品总成本趋势预测等内容。

（一）产品成本发展趋势预测的作用

产品成本发展趋势预测可以起到以下两方面的作用：

1. 为修订目标成本奠定基础

目标成本通常由企业的高层率先提出，但该值不是最终纳入预算的目标成本，因为最终纳入预算的目标成本需要得到下级的认可。在这种情况下，企业的下级通常结合实际状况预测产品成本的发展趋势，并将趋势预测结果与目标成本进行比较，如果前者大于后者，说明测算的成本水平与原定的目标成本有一定的距离，难以完成高层规定的成本目标，此时就会要求修订目标成本。也就是说，最终确定的目标成本对于下级来讲一定要具有实现的可能性，否则下级就会要求修订目标成本。

2. 检验目标成本的完成情况

预算执行过程中也可以进行产品成本发展趋势预测，其目的在于测算执行阶段成本水平与目标成本是否存在差距。如果存在差距，企业应努力采取措施，深挖潜力，从而确保执行中目标成本的完成和超额完成。

（二）新产品投产前成本趋势的预测

新产品投产前成本趋势的预测是针对新产品的设计成本进行的成本水平预测。新产品的设计成本反映投产前该新产品的成本水平。如果新产品的设计成本偏高，就会造成先天性的产品高成本，而设计成本一旦确定，要想在投产后大幅度降低成本，通常是很困难的。因此，企业需要测算新产品的设计成本，并将其限定在目标成本的范围之内。预测新产品的设计成本可以采用的方法有直接法、概算法和比价法。

1. 直接法

直接法是根据设计方案的技术定额来直接测算新产品设计成本的一种预测方法。通常，新产品的设计方案完成后，根据其设计的工艺过程就可预计产品的各项技术定额，以此为基础就可预测新产品的单位产品设计成本，将其与单位产品目标成本相比较就可以达到修正目标成本或改进工艺设计的目的。

预计新产品的各项技术定额主要包括新产品所耗各种原材料的消耗定额和各种材料的计划价格、产品工时定额和计划小时工资率以及各项费用的计划小时费用率。有了各项技术定额就可以直接预计新产品的各成本项目，包括直接材料、直接工资和制造费用，进而可以预计新产品的单位设计成本。这种方法要求新产品设计说明中的各项技术资料必须详尽，否则无法确定各项技术定额。

2. 概算法

概算法是利用直接法测算直接材料的设计成本，其他成本项目比照类似产品成本中这些项目所占的比重来估算新产品设计成本的一种预测方法。计算公式如下：

$$产品设计成本 = \frac{原材料成本}{1 - （工资占总成本比重 + 费用占总成本比重）}$$

【例3-9】某新产品的原材料设计成本采用直接法测算为 22 400 元，工资、费用成本项目比照类似产品成本中这些项目的比重测算，分别为 10% 和 20%。要求预测新产品的设计成本。

解：

$$产品设计成本 = \frac{22\ 400}{1 - （10\% + 20\%）} = 32\ 000 （元）$$

实际中，如果工资成本在产品成本中所占比重比较大，也应按直接法测算，只有费用项目可以比照类似产品的费用成本占原材料及工资成本的比重进行概算。计算公式如下：

$$产品设计成本 = （原材料成本 + 工资成本）\times \left(1 + \begin{array}{c}费用占原材料及\\工资成本的比重\end{array}\right)$$

利用概算法推算设计成本，要求所选的产品必须类似，否则不能采用。概算法较直接法简便易行，但预计的精确度较直接法差。

3. 比价法

比价法是以原来曾生产过的一种功能相近的产品为参照，通过新旧产品的对比来确定新产品设计成本的一种预测方法。采用此法，凡新旧产品结构相同的地方，按原有产品成本水平测定，这种测定建立在原有产品成本水平合理的基础上，否则，应予以修正；凡新旧产品结构有区别的地方，应根据各部分零部件的功能和所利用的原材料加以估价测定。这种方法简便易行，适用于预测企业更新改造老产品的设计成本。

（三）可比产品成本降低额趋势的预测

可比产品成本降低额趋势预测是以计划年度采取的各项降低成本的具体措施为基础，测算计划期可比产品成本可能达到的降低水平的一种预测。进行此类预测的关键是发动职工提出并制定切实可行的节约措施，在此基础上测算这些措施对成本的影响并汇总，以此与目标成本比较，可以检验目标成本实现的可能性并对其进行修正。

【例3-10】 假定例3-3中最终确定的目标成本节约额为139 300元。若该企业设有第一、第二两个基本生产车间，企业发动职工提出各项降低成本的措施，其中第一车间降低成本的具体措施主要有以下几项：

（1）从2月起，该车间改进工艺设计，使A材料的耗用降低2千克，该材料的价格为4元/千克。

（2）从3月起，该车间改进工艺操作方法，乙产品单位工时定额降低1小时，计划小时工资率为3元。

（3）由于加强质量管理，预计生产甲产品每台可减少废品损失0.5元，乙产品每台减少1.2元。

（4）该车间年初开始每月压缩制造费用100元。第二车间的节约措施及计算的节约额见表3-3。

要求测算成本降低额并与目标成本比较。

解：

根据第一车间各项具体措施计算的全年成本节约额如下：

（1）由于改进工艺设计而形成的原材料消耗节约额：

$$节约额 = \frac{2 \times 4 \times 7\ 500}{12} \times 11 = 55\ 000（元）$$

（2）由于改进工艺操作而形成的直接人工成本节约额：

$$节约额 = \frac{1 \times 3 \times 2\ 000}{12} \times 10 = 5\ 000（元）$$

（3）由于提高质量而形成的节约额：

$$节约额 = 0.5 \times 7\ 500 + 1.2 \times 2\ 000 = 6\ 150（元）$$

（4）由于制造费用减少而形成的节约额：

$$节约额 = 100 \times 12 = 1\ 200（元）$$

对第一、第二两车间的节约计划进行汇总，编制的成本节约额分析表见表3-3。

表3-3　成本节约额分析表　　　　单位：元

成本项目	第一车间	第二车间	预计降低额	目标成本降低额
直接材料	55 000	32 000	87 000	
直接人工	5 000	5 000	10 000	
制造费用	6 150	38 000	44 150	
废品损失	1 200	4 000	5 200	
合计	67 350	79 000	146 350	139 300

表 3 - 3 表明，该企业下属的两个生产车间只要按照计划采取措施降低成本，就可以实现所定的成本目标，因此目标成本 139 300 元可以纳入计划。

（四）产品总成本发展趋势的预测

产品总成本发展趋势预测是预测未来产品的总成本可能达到的水平。这种预测认为产品总成本的变动有一定的规律性，而且这种规律会延续。基于此，企业可以采用简单平均法、移动平均法、加权平均法和指数平滑法预测产品总成本的发展趋势。

1. 简单平均法

简单平均法直接将若干期历史成本的算术平均数作为未来成本水平的一种预测方法。这种方法计算简单，便于操作，但平均对待各期的历史成本，未考虑远近期成本对预测期成本水平影响程度的不同。此法适用于各期成本比较平稳，没有季节性变动情况下的成本预测。计算公式如下：

$$预测期成本 = \frac{历史各期成本}{期数}$$

2. 移动平均法

移动平均法是根据历史资料自主选择移动期，并以移动期内的平均数作为未来成本水平的一种预测方法。这种方法比简单平均法更能真实地反映未来成本的发展水平，但简单平均法的缺陷并未克服。计算公式如下：

$$预测期成本 = \frac{移动期内的历史各期成本}{移动期}$$

3. 加权平均法

加权平均法是对各期历史数据按照远小近大的规律确定其权数，并以其加权平均值作为未来成本水平的一种预测方法。此法常常以自然数作为权数，计算公式如下：

$$预测期成本 = \frac{\sum 某期成本 \times 该期权数}{各期权数之和}$$

具体应用加权平均法时，既可以以全部历史资料的加权平均值为预测值，也可以以移动期的加权平均值为预测值，后者常常被称为移动加权平均法。另外，如果企业有关固定成本和单位变动成本的历史资料齐全，还可以计算固定成本和单位变动成本的加权平均值，然后根据成本性态分析模型来预测未来成本的发展水平。

【例 3 - 11】某企业 2016 年 7 ~ 12 月各期的实际成本总额资料见表 3 - 4。

表 3 - 4　相关资料表

月份	7 月	8 月	9 月	10 月	11 月	12 月
成本总额（万元）	50	47	52	48	55	58

要求：如果移动期为 4，分别利用简单平均法、移动平均法和加权平均法预测 2017 年 1

月的成本总额。

解：

$$2017 \text{ 年 } 1 \text{ 月的成本总额}_{\text{简单平均法}} = \frac{50 + 47 + 52 + 48 + 55 + 58}{6} = 51.67 \text{（万元）}$$

$$2017 \text{ 年 } 1 \text{ 月的成本总额}_{\text{移动平均法}} = \frac{52 + 48 + 55 + 58}{4} = 53.25 \text{（万元）}$$

$$2017 \text{ 年 } 1 \text{ 月的成本总额}_{\text{加权平均法}} = \frac{50 \times 1 + 47 \times 2 + 52 \times 3 + 48 \times 4 + 58 \times 5 + 55 \times 6}{1 + 2 + 3 + 4 + 5 + 6}$$

$$= 52.95 \text{（万元）}$$

比较上述三种方法，加权平均法不仅考虑到各期历史数据对未来成本的影响，而且对不同时期的历史资料选择不同的权数，因此加权平均法较简单平均法和移动平均法更为科学合理。但自然权数也可能与实际不符，因此预测中可以结合实际状况选择确定权数。

4. 指数平滑法

指数平滑法是一种特殊的加权平均法，它是以上期实际值及其预测值的加权平均值作为未来成本水平的一种预测方法。此法以平滑系数和"1－平滑系数"为权数，计算公式如下：

$$\frac{\text{预测期}}{\text{成 本}} = \frac{\text{平滑}}{\text{系数}} \times \frac{\text{上 期}}{\text{实际成本}} + \left(1 - \frac{\text{平滑}}{\text{系数}}\right) \times \frac{\text{上 期}}{\text{预测成本}}$$

平滑系数可以使近期历史资料对预测值的影响加大，取值范围一般在 0.3～0.7 之间，如果近期实际数对预测结果的影响较大，则可以选择较大的平滑系数；如果近期实际数对预测结果的影响较小，则可以选择较小的平滑系数。可见，平滑系数的大小直接影响着预测的结果。

【例 3-12】 沿用例 3-11 的已知资料，若平滑系数为 0.6；2016 年 7 月的预测成本值为 51 万元。要求利用指数平滑法预测 2017 年 1 月的成本总额。

根据所给资料编制的成本预测表见表 3-5。

表 3-5　成本预测表（指数平滑法）　　　　　　　　　　单位：万元

月份	实际值	0.6 × 上期实际值	上期预测值	0.4 × 上期预测值	本期预测值
7 月	50				51
8 月	47	30	51	20.4	50.4
9 月	52	28.2	50.4	20.16	48.36
10 月	48	31.2	48.36	19.34	50.54
11 月	58	28.8	50.54	20.22	49.02
12 月	54	34.8	49.02	19.61	54.41

解：

2017 年 1 月的成本总额 = 0.6 × 54 + (1 - 0.6) × 54.41 = 54.16 （万元）

第二节 成 本 决 策

一、成本决策概述

成本决策与成本预测紧密相连，它以成本预测为基础，是成本管理不可缺少的一项重要职能。

（一）成本决策的概念及程序

成本决策是指依据掌握的各种决策成本及相关的数据，对各备选方案进行分析比较，从中选出最佳方案的过程。概括而言，成本决策包括可行性研究中的成本决策以及日常经营中的成本决策。前者以投入大量的资金为前提来研究项目的成本，因此这类成本决策与财务管理的关系更加紧密；后者以现有资源的充分利用为前提，以合理且最低的成本支出为标准，属于日常经营管理中的决策范畴。本章仅指后者的决策。

成本决策不能一蹴而就，其实施程序如下：第一，提出问题；第二，确定决策目标；第三，拟订方案；第四，分析评价；第五，优化选择；第六，纳入计划。

（二）成本决策的相关成本

成本决策面向未来，它关注未来成本可能达到的水平，但不是对所有的成本都考虑，只考虑相关成本。所谓相关成本是指与成本决策有关的一系列成本概念的总称。

1. 相关成本概念的种类

相关成本概念包括差量成本、机会成本、专属成本、重置成本等。

（1）差量成本。差量成本又称差别成本，亦有人将其称为增量成本。它有广义和狭义之分。广义的差量成本是指用两个不同备选方案来预计未来成本的差额，如零部件自制较外购所增加的成本。这类成本是决策的重要依据之一。狭义的差量成本是指由于方案本身生产能量（产量的增减变动）利用程度不同而表现在成本方面的差额。在相关范围内，由于固定成本保持不变，狭义差量成本等于相关变动成本，即单位变动成本与相关产量的乘积；如果突破相关范围，则狭义差量成本不仅包括变动成本差额，而且包括固定成本差额。

（2）机会成本。机会成本又称择一成本，是指在经济决策过程中，因选取某一方案而放弃另一方案所付出的代价或丧失的潜在利益。企业中的某种资源常常有多种用途，即有多种使用的"机会"，但用在某一方面就不能同时用在另一方面，因此，在决策分析中必须把已放弃方案可能获得的潜在收益作为被选取方案的机会成本，这样才能对中选方案的经济效益作正确的评价。例如某公司准备将其所属的商店改为餐厅，预计餐厅未来一年中可以获得收入100 000元，成本支出为 40 000 元，利润为 60 000 元。如果仅分析至此并不全面，实际中还应考虑原商店的预计收益，并以此作为餐厅的机会成本。如果改为餐厅后，预计的利润值高于原商店的预计收益，则应开设餐厅，否则应保留原商店。由此可见，决策中不容忽视机会成本，优选方案的预计收益必须大于机会成本，否则所选中的方案就不是最优方案。

（3）专属成本。专属成本又称特定成本，是指那些能够明确归属于特定备选方案的固定成本或混合成本，如自制零部件时所追加的专用工具支出等。这类成本与特定的方案相联系，在决策中必须予以考虑。

（4）重置成本。重置成本又称现行成本，是指目前从市场上购买同一项原有资产所需支付的成本。这一概念常常用于产品定价决策以及设备以旧换新的决策。例如，某公司某一库存商品的单位成本为 25 元，重置成本为 27 元，共 1 000 件，现在有一客商准备以单价 26元购买全部该种库存商品，如果只按库存成本考虑，每件可获利 1 元，共获利 1 000 元。但如果该公司销售的目的是重新购进，则在此应该考虑的是重置成本而不是库存成本。如果按重置成本计算，该公司将亏损 1 000 元。由此可见，企业在进行价格决策时应考虑重置成本而不是历史成本。

2．相关成本的判断

成本决策中，如果选择一个方案，某项成本就会发生，不选择这个方案，该项成本就不发生，则这项成本属于该方案的相关成本。否则，无论是否选择该方案，某项成本都将发生，则这项成本就是无关成本。

3．无关成本

无关成本是相关成本的对立概念，是指与决策无关的一系列成本概念的总称，包括沉没成本、共同成本等。决策中必须区分相关成本和无关成本，凡可以断定的无关成本，决策中不予考虑，可以剔除。

（1）沉没成本。沉没成本又称沉入成本或旁置成本，是指那些由于过去的决策所引起的、已经发生并支付过款项的成本。这类成本由于已经发生，并记入账簿，与现在的决策无关，因此是典型的无关成本。大多数固定成本属于沉没成本，但新增的固定成本为相关成本；另外某些变动成本也属于沉没成本。例如，半成品无论是自制还是外购，所涉及的半成品成本（包括固定成本和变动成本）都已经发生，因此为沉没成本，决策中不予考虑。

（2）共同成本。共同成本是指那些由多个方案共同负担的固定成本。由于这类成本注定要发生，与特定方案的选择无关，因此在决策中不予考虑，如企业计提的折旧费及发生的管理人员工资等。

（三）成本决策的方法

成本决策的方法很多，因成本决策的内容及目的不同而采用的方法也不同，主要有总额分析法、差量损益分析法、相关成本分析法、成本无差别点法、线性规划法、边际分析法等。

1. 总额分析法

总额分析法是以利润作为最终的评价指标，按照销售收入—变动成本—固定成本的模式计算利润，由此决定方案取舍的一种决策方法。之所以称其为总额分析法，是因为决策中涉及的收入和成本是指各方案的总收入和总成本。这里通常不考虑总成本与决策的关系，不需要区分相关成本与无关成本，由此导致计算中极易出错。此法便于理解，但由于对一些与决策无关的成本也加以考虑，容易导致计算原因的决策失误，因此决策中一般不采用。

2. 差量损益分析法

所谓差量，是指两个不同方案的差异额。差量损益分析法是以差量损益作为最终的评价指标，由差量损益决定方案取舍的一种决策方法。计算的差量损益如果大于零，则前一方案优于后一方案，接受前一方案；如果差量损益小于零，则后一方案为优，舍弃前一方案。

差量损益概念常常与差量收入、差量成本两个概念密切相连。所谓差量收入，是指两个不同备选方案预期相关收入的差异额；差量成本是指两个不同备选方案的预期相关成本之差；差量损益是指两个不同备选方案的预期相关损益之差。某方案的相关损益等于该方案的相关收入减去该方案的相关成本。可见在决策中确定差量收入、差量成本以及差量损益必须坚持相关性原则，凡与决策无关的收入、成本、损益均应予以剔除。计算差量损益有两种方式，一是依据定义计算，二是用差量收入减去差量成本计算，决策中多采用后一方式。差量损益分析法适用于同时涉及成本和收入的不同方案的决策分析，常常通过编制差量损益分析表进行分析评价，见表3-6。

表3-6　差量损益分析表

项目　　　　　方案	A 方案	B 方案	差异额
相关收入	相关收入 R_A	相关收入 R_B	差量收入（R_A-R_B）
相关成本	相关成本 C_A	相关成本 C_B	差量成本（C_A-C_B）
其中：	其中：	其中：	
机会成本	机会成本	机会成本	
专属成本	专属成本	专属成本	
……	……	……	
差量损益			差量收入减差量成本

决策中需注意的问题是，如果决策中的相关成本只有变动成本，可以直接比较两个不同方案的贡献边际，贡献边际最大者为最优方案。

3. 相关成本分析法

相关成本分析法是以相关成本作为最终的评价指标，由相关成本决定方案取舍的一种决策方法。相关成本越小，说明企业所费成本越低，因此，决策时应选择相关成本最低的方案作为优选方案。这种方法可以通过编制相关成本分析表进行分析评价，见表3-7。

表3－7　相关成本分析表

方案 相关成本	A方案	B方案	……
机会成本	机会成本$_A$	机会成本$_B$	……
专属成本	专属成本$_A$	专属成本$_B$	……
……	……	……	……
合计	合计$_A$	合计$_B$	……

相关成本分析法适用于只涉及成本的方案决策。如果不同方案的收入相等，也可以视为此类问题。

4. 成本无差别点法

成本无差别点法以成本无差别点业务量为最终的评价指标，根据成本无差别点所确定的业务量范围来决定方案取舍的一种决策方法。这种方法适用于只涉及成本而且业务量未知的方案决策。

成本无差别点业务量又称为成本分界点，是指两个不同备选方案总成本相等时的业务量。总成本（y）包括变动成本（bx）和固定成本（a）。假设 y_1 方案的固定成本为 a_1，单位变动成本为 b_1，$y_1 = a_1 + b_1 x_1$；y_2 方案的固定成本为 a_2，单位变动成本为 b_2，$y_2 = a_2 + b_2 x_2$，而且满足 $a_1 > a_2$，$b_1 < b_2$（或 $a_1 < a_2$，$b_1 > b_2$），见图3－1。

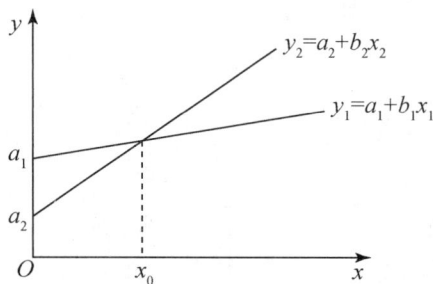

图3－1　成本无差别点分析图

依据定义，令 $y_1 = y_2$，可推导出成本无差别点业务量的计算公式：

$$成本无差别点业务量 = \frac{两方案固定成本之差}{两方案单位变动成本之差}$$

$$= \frac{固定成本_1 - 固定成本_2}{单位变动成本_2 - 单位变动成本_1}$$

或

$$= \frac{固定成本_2 - 固定成本_1}{单位变动成本_1 - 单位变动成本_2}$$

如果业务量 x 的取值范围为 $0 < x < x_0$，则应选择固定成本较小的 y_2 方案；如果业务量 x 在 $x > x_0$ 的区域内变动，则应选择固定成本较大的 y_1 方案；如果 $x = x_0$，说明两方案的成本相同，决策中任选其中之一方案均可。

5. 线性规划法

线性规划法是数学中的线性规划原理在成本决策中的应用，是依据所建立的约束条件及目标函数进行分析评价的一种决策方法。其目的在于利用有限的资源，解决具有线性关系的组合规划问题。基本程序如下：

第一，确定约束条件。确定反映各项资源限制情况的系列不等式。

第二，确定目标函数。目标函数是反映目标极大或极小的方程。

第三，确定可能极值点。将约束条件转化为线性方程，可能极值点存在于满足约束条件的两两方程的交点上。

第四，进行决策。将可能极值点分别代入目标函数，目标函数最优的极值点为最优方案。

6. 边际分析法

边际分析法是微分极值原理在成本决策中的应用，此法是依据微分求导结果进行分析评价的一种决策方法。主要用于成本最小化或利润最大化等问题的决策。基本程序如下：

第一，建立数学模型：$y = f(x)$，这里的函数 y 既可以是利润、资金、成本，也可以是生产批量或采购批量。

第二，对上述函数求导。$y' = f'(x)$，且令 $f'(x) = 0$，求 x_0。

第三，计算上述函数的二阶导数。如果函数的二阶导数小于零，则存在极大值；反之，存在极小值。决策分析中，这一程序可以省略，因为根据实际情况可以直接判断是极大值还是极小值。

二、成本决策方法的实际应用

不同的企业千差万别，所涉及的成本决策问题也各有不同，在此仅对普遍存在的成本决策问题进行分析。

（一）新产品开发的决策分析

随着市场竞争的日益激烈，老产品终将被新产品所替代，这是不以人们意志为转移的客观经济规律，因此，不断发展新产品是企业生存的关键。新产品开发的决策主要是利用企业现有剩余生产能力或老产品留余的生产能力开发新产品，对不同新产品开发方案进行的决策。决策中必定涉及收入与成本，可以采用总额分析法或差量损益分析法进行决策。

【例 3 - 13】某企业目前只生产 A 产品，由于竞争对手加入，该企业为确保竞争地位，拟开发新产品 B 或 C，有关资料见表 3 - 8。

表 3 - 8　相关资料表

项目 \ 产品	A	B	C
产销量（件）	4 000	200	1 000
单价（元）	10	40	15
单位变动成本（元）	4	20.5	9
固定成本（元）		20 000	

预计产品 B、C 销路不成问题，但由于生产能力有限，只允许投产其中一种产品。
要求：

（1）作出生产哪种新产品的决策。

（2）如果生产产品 B 或产品 C 必须追加成本支出，购置专用工具，价值分别为 1 000元、5 000元，要求作出生产哪种新产品的决策。

解：

（1）开发新产品不需要考虑固定成本，因为固定成本 20 000 元，即使不开发新产品也将发生，因此固定成本属于沉没成本，不用在各产品之间进行分配，决策时不予考虑。由于相关成本只有变动成本，因此直接比较二者的贡献边际：

　　　　B 产品贡献边际 = $40 \times 200 - 20.5 \times 200 = 3\ 900$（元）

　　　　C 产品贡献边际 = $15 \times 1\ 000 - 9 \times 1\ 000 = 6\ 000$（元）

可见，应生产 C 产品，这样可多获利 2 100 元。

上述决策也可以采用总额分析法进行评价，见表 3 - 9，所得结论与上述分析结论相同，应开发 C 产品，但计算较前者烦琐也容易出错，因此决策中常常采用前者进行分析决策。

表 3 - 9　总额分析表　　　　　　　　　　　　　单位：元

项目 \ 产品	A	B	C	A、B 合计	A、C 合计
销售收入	40 000	8 000	15 000	48 000	55 000
变动成本	16 000	4 100	9 000	20 100	25 000
贡献边际	24 000	3 900	6 000	27 900	30 000
固定成本				20 000	20 000
利润				7 900	10 000

（2）生产产品 B 或产品 C 追加的成本支出为专属成本，必须考虑。利用差量损益分析法进行决策，分析结果见表 3 - 10。

表 3 - 10 差量损益分析表 单位：元

方案 项目	开发 B 产品	开发 C 产品	差异额
相关收入	8 000	15 000	- 7 000
相关成本	5 100	14 000	- 8 900
其中：			
变动成本	4 100	9 000	
专属成本	1 000	5 000	
差量损益			1 900

表 3 - 10 结果表明，企业应开发 B 产品，这样可多获利 1 900 元。

（二）亏损产品应否停产的决策分析

由于企业生产经营中的情况多变，某种产品发生亏损是常常遇到的问题。亏损产品按其亏损情况分为两类：一类是实亏损产品，即销售收入低于变动成本，这种产品生产越多，亏损越多，必须停止生产（但如果是国计民生急需的产品，应从宏观角度出发，即使亏损仍应继续生产）；另一类是虚亏损产品，即销售收入高于变动成本，这种产品对企业还是有贡献的，应分别按不同情况进行决策。

【例 3 - 14】某公司生产甲、乙、丙三种产品，其中丙产品是亏损产品，有关资料见表 3 - 11。要求就以下不同情况进行决策：

（1）如果亏损产品停产后，闲置的能力不能用于其他方面，丙产品应否停产？

（2）如果亏损产品停产后，闲置的生产能力可用于对外出租，预计全年可获租金收入 10 000 元，丙产品应否停产？

（3）如果亏损产品停产后，闲置的能力可用于增产原有的甲产品的 1/5，丙产品应否停产？

表 3 - 11 相关资料表 单位：元

产品 项目	甲	乙	丙	合计
销售收入	30 000	20 000	25 000	75 000
减：变动成本	21 000	10 000	20 000	51 000
贡献边际	9 000	10 000	5 000	24 000
减：固定成本①	7 200	4 800	6 000	18 000
利润	1 800	5 200	- 1 000	6 000

① 固定成本按销售收入比例分摊。

解：

（1）按照常人理解，亏损产品是企业的负担，有亏损就应停产，利润将会上升。这种观点是不正确的。因为固定成本不会因亏损产品的生产停止而改变，只能转由其他产品负担，在这种情况下，利润不仅不会增加，反而会减少，见表3－12。

表3－12　停产后利润总额分析表
单位：元

产品 项目	甲	乙	合计
销售收入	30 000	20 000	50 000
减：变动成本	21 000	10 000	31 000
贡献边际	9 000	10 000	19 000
减：固定成本	10 800	7 200	18 000
利润	－1 800	2 800	1 000

分析表3－12可以看出，亏损产品停产后，由于闲置的能力不能用于其他，在这种情况下，丙产品负担的固定成本转由甲、乙产品负担，进而导致企业利润降低。这说明亏损产品无论是否停产，固定成本都将全额发生，因此固定成本属于沉没成本，决策中可以不予考虑。这样，相关成本只有变动成本，生产丙产品将获得贡献边际5 000元；如果停产，贡献边际将变为零。因此，应继续生产该亏损产品，这样该公司的利润将维持原有的水平6 000元；否则，亏损产品一旦停产，利润将下降5 000元，降到1 000元。

由此可见，在停产亏损产品的闲置能力无法转移的条件下，只要亏损产品能够提供大于零的贡献边际，就不应停止亏损产品的生产；相反，如果有条件，还应扩大亏损产品的生产，这样才能使企业的利润增加。

（2）年租金10 000元可以视为继续生产亏损产品的机会成本（也可以视为停产的收入），决策中必须予以考虑。利用差量损益分析法进行决策，见表3－13。

表3－13　差量损益分析表
单位：元

方案 项目	继续生产	停止生产	差异额
相关收入	25 000	0	25 000
相关成本	30 000	0	30 000
其中：变动成本	20 000	0	
机会成本	10 000	0	
差量损益			－5 000

表 3－13 结果表明，亏损产品应停产并将其闲置的能力对外出租，这样企业可多获利5 000 元。

（3）增产甲产品既可以视为单独的方案，直接与继续生产亏损产品方案进行比较，增产所获贡献边际为 1 800 元（9 000/5），低于继续生产所获的贡献边际，因此应继续生产亏损产品；另外，增产甲产品所获得的贡献边际也可以视为继续生产亏损产品的机会成本，见表 3－14。

表 3－14 结果表明，企业应继续生产亏损产品，显然两种方法的分析结论相同。

表 3－14　差量损益分析表　　　　　　　　　单位：元

方案 项目	继续生产	停产	差异额
相关收入	25 000	0	25 000
相关成本	21 800	0	21 800
其中：变动成本	20 000	0	
机会成本	1 800	0	
差量损益			3 200

（三）半成品是否进一步加工的决策分析

半成品是企业连续生产的中间产品，既可以直接出售，也可以进一步加工后再出售，如纺织生产的棉纱可以直接对外出售，也可以织成布以后再出售。当然，产成品的售价要比半成品的售价高些，但继续加工要追加变动成本，有时还可能追加固定成本。对于这类问题的决策，需要视进一步加工后增加的收入是否超过进一步加工过程中追加的成本而定。如果前者大于后者，则继续加工方案较优；反之，如果前者小于后者，则应选择直接出售半成品的方案。需要注意以下两点：一是无论半成品是否进一步加工，半成品成本已经发生，属于无关成本，决策中不予考虑；二是决策中必须考虑半成品与产成品数量上的投入产出关系以及企业现有的进一步加工能力。

【例 3－15】某企业可以生产甲半成品 5 000 件，如果直接出售，单价为 20 元，其单位成本资料如下：单位材料为 8 元，单位工资为 4 元，单位变动性制造费用为 3 元，单位固定性制造费用为 2 元，合计 17 元。现该企业还可以利用剩余生产能力对半成品继续加工后再出售，这样单价可提高到 27 元，但每件需追加工资 3 元、变动性制造费用 1 元、固定性制造费用 1.5 元，没有专属固定成本支出。要求就以下各种情况进行决策。

（1）若该企业的剩余能力足以将半成品全部加工为产成品，是否继续加工？

（2）若该企业只具有 80% 的加工能力，另外，半成品与产成品的投入产出比为 2：1，是否继续加工？

（3）若该企业要将半成品全部加工为产成品，需租入一台设备，年租金为 25 000 元，是否继续加工？

解：

（1）继续加工前的半成品成本，包括变动成本和固定成本，都是沉没成本，决策中不予考虑，因为这部分成本不会因产品的继续加工而有所改变。另外，继续加工的固定成本也应视为沉没成本，因为该企业生产能力剩余，没有专属固定成本支出，增加的固定成本为分配计入的固定成本。只有继续加工追加的工资和变动成本才是与决策相关的成本，见表 3 – 15。

表 3 – 15　差量损益分析表　　　　　　　　　　　　　单位：元

项目 ＼ 方案	继续加工	直接出售	差异额
相关收入	27 × 5 000 = 135 000	20 × 5 000 = 100 000	35 000
相关成本	20 000	0	20 000
其中：			
追加工资	3 × 5 000 = 15 000	0	
追加变动成本	1 × 5 000 = 5 000	0	
差量损益			15 000

表 3 – 15 结果表明，半成品应继续加工为产成品后再出售，这样企业可多获利 15 000 元。

（2）由于该企业只具有 80% 继续生产的能力，另外半成品与产成品的投入产出比为 2∶1，因此直接出售半成品与继续加工产成品的相关产销量不同，前者是 4 000 件，后者是 2 000 件，据此进行的决策见表 3 – 16。

表 3 – 16　差量损益分析表　　　　　　　　　　　　　单位：元

项目 ＼ 方案	继续加工	直接出售	差异额
相关收入	27 × 2 000 = 54 000	20 × 4 000 = 80 000	– 26 000
相关成本	16 000	0	16 000
其中：			
追加工资	3 × 4 000 = 12 000	0	
追加变动成本	1 × 4 000 = 4 000	0	
差量损益			– 42 000

表 3-16 结果表明，企业应将半成品直接出售，这样可多获利 42 000 元。

（3）租入设备的租金为专属成本，必须予以考虑，据此进行的分析见表 3-17。

表 3-17 差量损益分析表 单位：元

方案 项目	继续加工	直接出售	差异额
相关收入	135 000	100 000	35 000
相关成本	45 000	0	45 000
其中：			
追加工资	15 000	0	
追加变动成本	5 000	0	
专属成本	25 000	0	
差量损益			-10 000

表 3-17 结果表明，企业应直接出售半成品，这样可以多获利 10 000 元。

（四）合理组织生产的决策分析

企业在生产经营中常常会受到设备能力、原材料来源、动力、能源及市场销售等方面的限制，如何充分利用有限的生产资源，并在各种产品之间进行分配，以获取尽可能多的经济效益，就是合理组织生产的决策分析问题，可以用线性规划法对此加以分析评价。

【例 3-16】某企业用同一种原料生产甲、乙两种产品，材料有限，每月只能供应 1 200 千克，甲产品的单耗为 6 千克，乙产品的单耗为 3 千克；另外，加工产品总工时最多不能超过 1 500 小时，加工一件甲产品需工时 3 小时，加工一件乙产品需工时 4 小时；每月要求甲、乙产品的利润合计不能低于 6 000 元，甲产品的单位利润为 15 元，乙产品的单位利润为 20 元；并已知甲产品的单位成本为 16 元，乙产品的单位成本为 10 元。甲、乙产品的销路均不成问题。要求为企业作出合理安排生产的决策。

解：

首先设甲产品的产销量为 x_1，乙产品的产销量为 x_2，则

约束条件为

$$6x_1 + 3x_2 \leqslant 1\ 200 \quad ①$$
$$3x_1 + 4x_2 \leqslant 1\ 500 \quad ②$$
$$15x_1 + 20x_2 \geqslant 6\ 000 \quad ③$$
$$x_1 、 x_2 \geqslant 0 \quad ④$$

目标函数为

$$\text{Mix （成本）} = 16x_1 + 10x_2$$

然后将上述约束条件在直角坐标系中反映，见图3-2，满足约束条件的可行区间为一不规则的多边形CEGH，可能极值点存在于不规则多边形的各交点上，即点C、E、G、H。

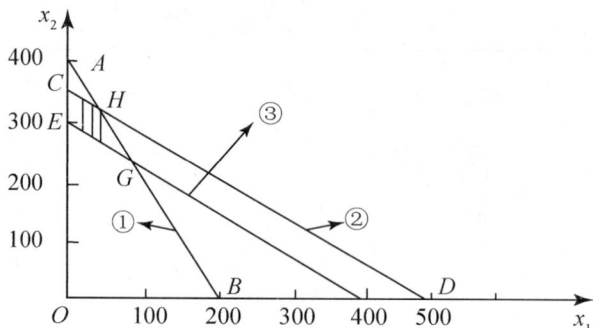

图3-2　约束条件构成的可行区域图

要确定可能极值点的坐标，必须将线性不等式转化为线性方程，在此基础上通过解二元一次方程就可确定。方程②与y轴的交点C的坐标为（0，375）；方程③与y轴的交点E的坐标为（0，300）；方程①与方程③的交点G的坐标为（80，240）；方程①与方程②的交点H的坐标为（20，360）。将C、E、G、H点坐标分别代入目标函数：

Mix（C）$= 16 \times 0 + 10 \times 375 = 3\,750$（元）

Mix（E）$= 16 \times 0 + 10 \times 300 = 3\,000$（元）

Mix（G）$= 16 \times 80 + 10 \times 240 = 3\,680$（元）

Mix（H）$= 16 \times 20 + 10 \times 360 = 3\,920$（元）

可见，应安排生产乙产品300件，此时的总成本最低，是3 000元。

上述实例假设企业只生产两种产品，如果产品品种超过两种，就无法借助线性规划法并结合图来求最优产品组合。在这种情况下，只能利用单纯形法进行计算并求得最优解。单纯形法需要逐次迭代，计算的工作量非常大，因此必须借助计算机进行操作，首先编制专用程序，然后输入数据求解。

（五）零部件自制或外购的决策分析

取得企业零部件有两个途径，一是自制，二是外购。在既可自制又可外购的情况下，从节约成本的角度讲，就存在是自制合算还是外购合算的问题。这类问题的决策不需要考虑原有的固定成本，它属于沉没成本，与决策无关，只要比较两个不同方案的相关成本即可。

【例3-17】某企业生产甲零件，每月需用15 000件。如果自制，每件甲零件的单位成本是40元，其中：直接材料25元，直接人工4元，变动性制造费用2元，固定性制造费用9元。要求分别就以下两种不同情况进行决策：

（1）如果甲零件的外购单价是32元，甲零件应自制还是外购？

（2）如果甲零件外购后，剩余生产能力可用于增产乙零件 6 000 件，但需追加支出 1 500 元，否则就不能生产乙零件。乙零件自制的单位变动成本为 28 元，固定成本为 3 元，而且乙零件也可以外购，其外购价为 35 元。甲零件应自制还是外购？

解：

（1）自制的固定成本与决策无关，相关成本只有变动成本，利用相关成本分析法进行决策，分析如表 3 - 18 所示。

表 3 - 18　相关成本分析表　　　　　　　　　　　单位：元

相关成本	自制	外购
直接材料	25 × 15 000 = 375 000	
直接人工	4 × 15 000 = 60 000	
变动性制造费用	2 × 15 000 = 30 000	
外购成本		32 × 15 000 = 480 000
合计	465 000	480 000

表 3 - 18 表明，企业应自制甲零件，这样可节约成本 15 000 元。

（2）乙零件所承担的固定成本也与决策无关，但追加的成本支出 1 500 元为专属成本，必须予以考虑。另外剩余的生产能力如果用于自制乙零件，可节约乙零件外购成本 42 000 元 [6 000 × (35 - 28)]，将其视为机会成本。据此进行的分析见表 3 - 19。

表 3 - 19　相关成本分析表　　　　　　　　　　　单位：元

相关成本	自制	外购
变动成本	465 000	480 000
机会成本	42 000	
专属成本	1 500	
合计	508 500	480 000

表 3 - 19 结果表明，企业应外购甲零件，这样可节约成本 28 500 元。

（六）采用何种工艺的决策分析

企业生产的产品或零件如果可以采用几种不同的工艺方案进行生产或加工，就存在方案的比选问题。一般采用比较先进的生产方案时，设备比较先进，其单位变动成本可能较低，但固定成本会很高；而选择比较落后的生产工艺方案时，虽然固定成本较低，但单位变动成本却较高。不同工艺方案的选择与一定的产销量范围相联系。对于这类问题的决策可采用成本无差别点法进行分析评价。

【例 3 - 18】 某企业决定生产一种产品，可用普通机床加工，也可用数控机床加工。如果采用普通机床加工，其单位加工费为 12 元，固定成本为 16 000 元；如果采用数控机床加工，其单位加工费为 8 元，固定成本为 24 000 元。要求对选用哪种机床作出决策。

解：

首先计算成本无差别点产销量：

$$产销量 = \frac{24\ 000 - 16\ 000}{12 - 8} = 2\ 000（件）$$

然后依据成本无差别点产销量进行决策：当预计产销量小于 2 000 件时，选择固定成本较低的普通机床加工；当预计产销量大于 2 000 件时，选择固定成本较高的数控机床加工；当预计产销量等于 2 000 件时，选择普通机床与选择数控机床的成本相同，二者任选其一即可。

（七）最佳订货批量的决策分析

实际经营中，企业为了不使生产中断，需保持一定的存货，这样某种存货就存在全年采购几次、每次采购多少的问题，即订货批量的决策问题。与订货批量相关的成本是订货成本和储存成本。

订货成本是指为取得购货订单而支付的成本，如支付的办公费、差旅费、电报电话费和邮费等。如果每次订货的成本为已知，全年该项存货的年需要量为确定值，则订货成本与订货批量的关系可用以下公式表示：

$$年订货成本 = \frac{某存货全年需要量}{订货批量} \times 每次订货成本$$

储存成本是指为保持存货而发生的成本，如存货占用资金应计的利息、仓储人员工资、保险费用及存货破损和变质的损失等。如果某种存货的单位年储存成本为已知，则储存成本与订货批量的关系可用以下公式表示：

$$\begin{aligned}年储存成本 &= 平均储存量 \times 单位年储存成本 \\ &= \frac{订货批量}{2} \times 单位年储存成本\end{aligned}$$

从年订货成本和年储存成本的计算公式可以看出，订货批量与年订货成本为反方向变动，而订货批量与储存成本为同方向变动，说明订货成本与储存成本的变动性质相反，因此就存在全年订货几次、每次订货多少最为合理的最佳订货批量的决策问题。所谓最佳订货批量，是指使存货相关总成本最低时的订货批量。对于此类问题的决策可以采用边际分析法进行决策。假设企业所购存货足以满足生产之需要，即不存在缺货现象；另外假设存货能够集中到货，而不是陆续到货，在这种情况下，与订货批量有关的成本可以用以下公式表示：

$$\begin{aligned}年相关总成本 &= 年订货成本 + 年储存成本 \\ &= \frac{某存货全年需要量}{订货批量} \times \frac{每次订货}{成\quad 本} + \frac{订货批量}{2} \times \frac{单位年储存}{成\qquad 本}\end{aligned}$$

按照微分边际原理,对上述公式求其导数,且令其导数为零,推导过程略,则推导的结论如下:

(1) 当某种存货的全年订货成本与全年储存成本相等时,存在最佳订货批量。

(2) 最佳订货批量的计算公式为

$$最佳订货批量 = \sqrt{\frac{2 \times 某种存货全年需要量 \times 每次的订货成本}{单位年储存成本}}$$

(3) 其他公式如下:

$$全年最佳总成本 = \sqrt{2 \times \begin{matrix}某种存货\\全年需要量\end{matrix} \times \begin{matrix}每次的\\订货成本\end{matrix} \times \begin{matrix}单位年储存\\成 \quad 本\end{matrix}}$$

$$全年最佳订货次数 = \frac{某种存货全年需要量}{最佳订货批量}$$

【例3-19】 某企业预计全年耗用 A 材料 14 400 千克,该材料的单位年储存成本为 2 元,每次的订货成本为 25 元。要求确定该种材料的最佳经济订货量。

解:

$$最佳订货批量 = \sqrt{\frac{2 \times 14\ 400 \times 25}{2}} = 600\ (千克)$$

$$全年最佳订货次数 = \frac{14\ 400}{600} = 24\ (次)$$

$$全年最佳总成本 = \sqrt{2 \times 14\ 400 \times 25 \times 2} = 1\ 200\ (元)$$

复习思考题

1. 成本预测具有哪些特点?可以采用的方法有哪些?

2. 如何预测目标成本?这些方法具有普遍适用性吗?

3. 本量利分析的基本模型可以运用到哪些方面?

4. 产品成本趋势预测的作用是什么?可以预测哪些问题?

5. 日常成本决策中应该考虑哪些相关成本?折旧费是相关成本还是无关成本?

6. 日常成本决策的方法有哪些?这些方法在什么情况下可以采用?

7. 有人认为凡亏损产品均应停产。这种观点是否正确?

8. "凡固定成本都是无关成本,凡变动成本都是相关成本。"这种说法是否正确?

第四章　成本计划与成本控制

学习目标

通过本章学习，学生应了解成本计划的内容，理解成本计划的编制步骤，掌握成本计划的具体编制方法；了解成本控制的特点和分类，掌握成本控制的程序和方法，熟悉制定成本控制标准的方法，重点掌握成本控制的最优化选择、防护性控制在成本控制中的应用，特别是"黑箱原理"在成本控制中的运用等问题。

第一节　成　本　计　划

一、成本计划的内容和编制步骤

（一）成本计划的内容

成本计划指以货币形式预先规定企业计划期内产品生产耗费和各种产品的成本水平。时期、部门、行业、企业及对成本管理的要求不同，成本计划的内容也不完全一样。编制的成本计划应能满足企业成本管理的需要，其对于宏观管理部门对企业进行管理和调控也具有一定的参考价值。制造业企业编制成本计划的主要内容一般包括：产品单位成本计划、商品产品成本计划、制造费用计划、期间费用预算、降低成本的主要措施方案五方面。在编制成本计划时，除了编制上述五项成本计划外，企业还应对成本计划进行必要的文字说明，以使成本计划得以有效执行。

（二）成本计划的编制步骤

1. 收集和整理资料

在编制成本计划时，企业应对所需要的各种资料，采取一定的方法进行收集，使编制的成本计划建立在可靠的基础之上。编制成本计划需要收集和整理的资料主要有：

（1）企业编制成本计划的各项规定和要求。

（2）计划期内产品的产量、品种、销售情况、物资供应情况、工资总额、目标成本等。

（3）若计划期内要生产新产品，则应收集新产品的设计资料。

（4）计划期内的各种定额资料，如原材料、辅助材料、燃料、动力、备件等消耗定额资料，工时定额资料，费用定额资料等。

（5）各种材料、劳务、产品等的计划价格。

（6）计划期上年度的各种实际成本资料。

（7）国内外同类型企业或同类型产品的实际成本资料。

2. 预计和分析上期成本计划的执行情况

企业编制成本计划，一般是在本年度末编制下一年度的成本计划。但在编制成本计划时，本年度的成本资料还无法取得，因而企业应对其进行科学的预计，并对本年度成本计划的执行情况进行分析，找出成本升降的原因，总结经验，并提出改进的措施。

3. 进行成本降低指标的测算

在编制成本计划前，企业应对提出的降低计划年度成本的各种措施进行分析，测算采取这些措施后能否完成计划要降低的任务。如果能够完成计划指标，则说明该成本计划是可行的，否则，企业应对计划年度的成本降低措施进行修改，提出进一步的改进措施。这种测算一般需进行多次方能完成。

4. 正式编制企业成本计划

在进行成本降低指标测算的基础上，企业就可以正式编制成本计划了。成本计划可在分管厂长（经理）的直接领导下，由企业的财务部门负责制定。

企业的组织管理形式和生产工艺流程对成本计划的编制有重要的影响。企业一般采用一级或二级成本核算方式，在不同的生产企业里，其成本计划的编制方法也不一样，但一般都是采取上下结合的方式。一般情况下，企业大多采取如下成本计划编制程序：

第一，财务部门根据企业的销售计划制定成本降低任务，然后，根据各车间、部门的具体情况，下达降低成本的指标。

第二，生产车间制定初步成本计划的方案。在制定时，应根据本车间上年度实际情况和计划期的目标任务对各项消耗定额进行修改，制定有关的措施方案，如增加产量和品种、提高产品质量、降低材料消耗、提高劳动生产率等，挖掘各种潜力，制订出本车间的初步成本计划。

第三，厂部财务部门对各车间报送的成本计划进行审核，并进行相应的调整和平衡，提出全厂的总体成本计划，送交厂部计划部门。

第四，厂部计划部门对报送的计划指标进行审核，并进行综合平衡，征求各方面的意见，反复修改，形成最后的成本计划。

二、成本计划的编制方法和程序

企业生产的特点和管理的要求不同，其成本计划的编制方法也不一样。其编制方式一般有三种：一是在企业规模较小的情况下，采取一级成本计划编制方式，即由厂部直接编制全厂成本计划的方法。二是在企业规模较大的情况下，采取分级成本计划的编制方法，即先编制车间的成本计划，再由企业的财务部门进行汇总，编制全厂的成本计划。三是将上述两种方式结合起来编制成本计划，即一级与分级相结合的成本计划编制方法。一般情况下，工资、费用等成本计划由车间编制，直接材料等费用不由车间编制而由厂部编制，最后再由厂部财务部门进行汇总，编制出全厂的成本计划。

不论采取什么方法编制成本计划，其编制的程序基本上是一样的，基本上包括如下几个步骤：第一，编制辅助生产车间成本计划；第二，编制基本生产车间的成本计划；第三，汇总编制制造费用预算；第四，汇总编制全厂成本计划；第五，编制期间费用预算。

（一）辅助生产车间成本计划的编制

在编制成本计划时，之所以要先编制辅助生产成本计划，是因为辅助生产车间是为基本生产车间和行政管理等部门提供产品或劳务的，它所发生的费用应分配到各受益的单位和部门的产品成本计划和费用预算中去。只有先将辅助生产车间的成本计划编制完成，才能编制其他车间和部门的成本计划。

辅助生产车间成本计划的编制一般包括如下几个步骤：

1. 辅助生产费用计划的编制

编制辅助生产车间成本计划一般应按成本项目进行。成本项目一般包括直接材料、直接人工、燃料及动力、制造费用等。

（1）直接材料等成本项目计划的计算。对于前三个成本项目，即直接材料、直接人工和燃料及动力等，可以根据产品的生产量或劳务的供应量与单位产品或劳务耗用的定额及计划单价进行计算。这三个成本项目的计算方法是相同的。现以直接材料为例说明其计算方法：

$$\frac{\text{直接材料}}{\text{成本计划}} = \frac{\text{产品的生产量}}{\text{或劳务的供应量}} \times \frac{\text{单位产品或}}{\text{劳务耗用定额}} \times \frac{\text{计划}}{\text{单价}}$$

这时，只要有了产量、定额、单价等指标，企业就可以计算出直接材料、直接人工、燃料及动力等的成本计划。

（2）制造费用项目计划的计算。制造费用项目的内容较多，编制计划时比较复杂，一般有如下几种情况：

第一，凡是有规定费用开支标准的，则可按有关规定进行计算，如劳动保护费，可按车间的人数乘以规定的标准计算。

第二，若没有规定开支标准，如低值易耗品的相关费用等，则可参照上期实际金额，结合本期车间产量或劳务供应量的增减变化情况以及计划期节约费用的要求来确定。其计算公式如下：

$$\frac{\text{本期计划}}{\text{金额}} = \frac{\text{上期预计}}{\text{（或实际）金额}} \times \frac{\text{本期计划产量或劳务供应量}}{\text{上期预计（或实际）产量}} \times \left(1 - \frac{\text{计划期}}{\text{节约百分比}}\right)$$
$$\text{或劳务供应量}$$

第三，凡是相对固定的费用项目，如办公费等，可以根据上期实际金额和计划节约费用的要求来确定。

第四，凡是其他计划中已有的费用项目，如管理人员的工资、折旧费等，可以直接根据有关的计划资料计算确定。

本辅助生产车间耗用的其他辅助车间生产的产品或劳务，应根据计划耗用量和厂内的计划价格计算，并将其计入制造费用的有关明细科目中，以正确反映辅助生产成本的水平。

2. 辅助生产费用分配计划的编制

由于辅助生产车间是为基本生产车间和行政管理部门等提供产品或劳务的，因此，企业应将其所发生的费用采用一定的标准分配给各受益的单位。在分配时，首先应计算费用分配率（单位成本）。生产一种产品或只提供一种劳务的车间所发生的全部费用，包括直接费用和间接费用，均应列入该种产品或劳务的成本。所以，其分配率是用全部费用总额除以全部产量进行计算的；当辅助生产车间生产多种产品或提供多种劳务时，应先对该辅助生产车间发生的制造费用等间接费用采取一定的方法在各种产品或劳务中进行分配，加上该车间所发生的直接费用，从而计算出每一种产品或劳务的总成本，除以产量，就是它的计划单位成本。在计算出来计划单位成本后，根据计划单位成本和各车间、部门耗用的数量，就可以计算出其应分配的辅助生产费用。

（二）基本生产车间成本计划的编制

在基本生产车间较多的企业，基本生产车间成本计划应按每一个车间进行编制。其编制程序是：第一，编制车间直接费用计划；第二，编制制造费用预算和分配计划；第三，编制车间的产品成本计划。

1. 车间直接费用计划的编制

车间直接费用计划应分别按不同产品成本项目进行编制。编制的成本计划应按成本项目反映产品的单位成本、本期的生产费用总额和本期产成品的成本。各成本项目的计算方法如下：

（1）直接材料项目（包括燃料和动力）的计算。直接材料成本项目应根据各种产品材料的消耗定额和该种材料的计划单位成本计算。其计算公式如下：

$$\frac{直接材料}{成本计划} = \sum \left(\begin{array}{c} 某种材料的 \\ 消耗定额 \end{array} \times \begin{array}{c} 该种材料的 \\ 计划单位成本 \end{array} \right)$$

在直接材料成本计划公式中，材料的消耗定额一定要先进合理，否则，将会影响计划的准确性。如果材料消耗定额中包括的废料有残值，则应将其残值在直接材料成本项目中扣除。

如果某些材料物资数量较少、品种较多，也可以参照上年度实际发生额并考虑计划期的具体情况进行相应的调整，再确定材料的消耗定额。

（2）直接人工成本项目的计算。如果人工可以直接计入产品成本，单位产品人工可用计划人工总额除以该产品计划产量计算求得；否则，直接人工成本项目可根据单位产品的工时定额和小时工资率计算。其计算公式如下：

$$\frac{直接人工}{成本计划} = \frac{计划期内单位}{产品工时定额} \times \frac{计划小时}{工\ 资\ 率}$$

在直接人工成本计划公式中，计划小时工资率是用计划期内计划人工总额除以计划期内所需生产工人总工时计算的。

基本生产车间对于前一车间转来的半成品的成本，可以采取两种不同的处理方法，即逐步结转法和平行结转法。企业应根据自身的特点，选择采用其中的一种方法进行计算。

对于计划期初期末有在产品的企业，若期初期末在产品数量较少，则可忽略不计，计划期产成品的成本可根据以上制定的产品计划单位成本和计划期的产量计算；如果期初、期末在产品数量较多，则应根据期初、期末在产品的预计数量和加工程序，计算期初、期末在产品的成本，进而计算计划期完工产品的成本。

2. 制造费用预算的编制

制造费用预算的编制包括费用预算的编制和费用分配计划的编制两方面。制造费用预算的编制应根据规定的明细项目，按辅助生产车间制造费用的编制方法进行。制造费用的分配计划，则应按一定的标准，将制造费用在各种产品当中进行分配。企业应根据自身的具体情况选择适当的分配标准，这些标准一般有生产工人工资、生产工人工时、机器工时等。当然，对于制造费用中的某些项目如修理费、折旧费、劳保费等，如果各班组生产的产品单一，则企业可以直接将其计入该产品的成本，其余项目采取分配的方法进行分配。

3. 车间产品成本计划的编制

以上我们分别介绍了基本生产车间按成本项目编制的成本计划，将其进行汇总，就可以计算出每一种产品的成本计划。所以，基本生产车间产品成本计划应按成本项目反映各种产品的计划单位成本和总成本。它主要是根据上述编制的各种产品直接费用计划、制造费用分配计划以及预计的产量进行编制的。

（三）　制造费用总预算的编制

企业的制造费用包括基本生产车间和辅助生产车间为组织和管理本车间的生产所发生的费用。在上述编制辅助生产车间成本计划、基本生产车间成本计划时，分别按车间制订各车间的制造费用计划。将其按明细项目进行汇总，就可以编制出制造费用总预算，以便进行考核和分析制造费用计划的执行情况。

（四）　全厂成本计划的编制

全厂成本计划的编制内容包括主要产品单位成本计划和商品产品成本计划两部分。

1. 主要产品单位成本计划

主要产品单位成本计划是根据生产该种产品的各车间产品成本计划编制的。在采用逐步结转法时，应根据最后一个车间的计划单位成本编制；在采用平行结转法时，则应将各车间同一产品单位成本的相同项目数额相加来编制。

2. 商品产品成本计划

商品产品成本计划是根据各种产品单位成本计划，结合预计产量编制的。在商品产品成本计划中，各项总成本的计算公式如下：

$$\text{按上年度预计平均单位成本计算的总成本} = \sum \left(\text{某种产品计划产量} \times \text{该产品上年度预计平均单位成本} \right)$$

$$\text{按本年度计划单位成本计算的总成本} = \sum \left(\text{某种产品计划产量} \times \text{该产品本年度计划单位成本} \right)$$

根据上述两项指标，就可以计算出计划期成本降低额和降低率，其计算公式如下：

$$\text{降低额} = \text{按上年度预计平均单位成本计算的总成本} - \text{本期计划总成本}$$

$$\text{降低率} = \frac{\text{降低额}}{\text{按上年度预计平均单位成本计算的总成本}} \times 100\%$$

（五）期间费用预算的编制

期间费用包括管理费用、财务费用和销售费用三项。企业在编制预算时，应分别按规定的明细项目编制，有的可以根据费用开支标准计算；有的可以根据一定的标准计提；有的以基期实际数为基础，结合计划期降低费用的要求编制。

第二节　成本控制

一、成本控制的作用、特点和分类

企业要提高经济效益，降低产品成本是一个重要的途径。要降低产品成本，一个很重要的方法就是开展成本控制活动。成本控制就是利用会计所提供的各种信息资料，计算实际或预计脱离目标的差异，找出产生差异的原因，并采取措施，消除不利差异，保证目标实现的过程。

（一）成本控制的作用

建立健全成本控制系统，对于充分发挥成本管理的职能，提高企业的经营管理水平和经济效益具有重要的作用。

（1）成本控制的实施是保证企业完成既定成本目标的重要手段。

企业在生产经营过程中，为了实现预定的利润等指标，一般应确定目标成本指标，以便进行考核。完成目标成本，需要企业采用多项切实可行的措施。其中进行成本控制是保证目标成本完成的一项重要措施。通过成本控制，企业可以及时揭示生产过程中成本指标脱离计划的差异，从而采取措施纠正偏差，保证既定目标的完成。

成本计划指标一般是经过多次的反复论证、测算后确定的。企业在编制成本计划时，一般都综合考虑了多种因素，保证成本计划在多变的因素中能够完成。但是，实际工作中出现的问题是多种多样的，有些问题是在编制成本计划时没有考虑到的，如果不根据变化了的条件进行相应改变，企业就不能完成成本计划。而成本控制的实施则可以做到这一点。成本控制就是要对成本计划执行过程中出现的一些问题进行解决，通过一系列的方法和程序，使成本指标达到预先所确定的目标。当然，成本控制不仅仅是要保证完成成本计划，更重要的是要通过实施成本控制，超额完成成本计划，达到更佳的效果。在一般情况下，成本控制工作做得较好，就能使成本水平在现有的基础上有一定程度的降低，达到成本计划的水平。应当认为，通过使用成本控制手段，不但能完成成本计划规定的指标，而且能使成本大幅度低于成本计划规定的指标，这也正是企业进行成本控制工作的主要目的。从这里可以看出，成本控制是一种主动地降低成本的方法。

（2）成本控制的实施是降低产品成本、增加盈利、提高经济效益的重要途径。

产品成本的高低对于企业盈利水平的影响很大，降低产品成本，就可以增加企业的盈利。因此，对于凡是与产品成本有关的经济业务，企业都应建立完善的成本控制制度和成本控制方法，其控制手段越严谨、完善，效果越好。另外，通过成本控制，企业不仅可以降低产品成本，而且可以节约材料物资的消耗量。我们知道，有许多材料物资是市场上紧缺的，有的甚至要花大量的外汇进口。这样，节约材料物资就不仅是一个降低产品成本的问题，而且是能否保证企业生产正常进行和节约外汇的问题。因此，通过材料收发和使用等一系列成本控制制度和方法，企业就可以节约物资，满足生产的需要。

盈利是企业的主要目的，而较高的成本水平是影响企业盈利的重要障碍。目前，降低成本已是大多数企业工作的重点。降低成本可以增加企业的盈利水平，提高企业的整体经济效益。而在诸多的降低成本的措施方案中，成本控制都应是一项重要内容。

（3）成本控制的实施为保护企业财产物资的安全完整、防止贪污盗窃等弊端的发生提供了制度上的保证。

企业各项财产物资（包括货币资金、存货等）的收入、保管和使用，是分别由不同的部门负责的，但财务部门应负有很大的责任。成本控制制度，特别是在成本控制中采用的内部牵制制度，为搞好企业财产物资的管理和控制创造了条件。只要成本控制制度严密、完善并得到贯彻执行，就能有效地保护财产物资的安全完整，避免贪污盗窃、浪费丢失、计量不准等弊端的发生。

成本控制系统应有一整套完善的内部控制手段，通过这些内部控制手段的实施，有效地保护企业财产物资的安全完整，这也是成本控制的一个重要作用。虽然保护企业财产物资不是成本控制的主要目的，但成本控制系统有这样一个功能。所以，企业在进行成本控制时，应充分发挥这个功能，保护企业财产物资的安全完整，其实这也是从另外一个方面控制了成本费用，降低了成本。

（4）成本控制在企业诸控制系统中起着综合的控制作用。

在企业的生产经营过程中，存在各种不同形式的复杂的经济关系和多种不同的管理控制系统，如劳动人事控制系统、生产技术控制系统等。但这些控制系统都是局部性的，并不能反映和控制生产经营的全部，也没有一个统一的计量单位来综合反映和控制生产经营活动，并进行概括、对比和分析。由于成本控制是用统一的货币计量单位来对企业的生产经营活动进行反映和控制，因而，它具有很强的综合性，在整个企业的控制系统中起着综合的控制作用。

在市场经济条件下，企业应以经济效益为中心，各项工作的开展都要以提高经济效益为主要目的，而能够直接提高经济效益的措施就是控制成本费用的发生，降低成本费用。这是企业其他管理工作所无法比拟的，充分体现出了成本控制系统的综合作用。认识到成本控制系统的综合作用，就要求企业在进行成本控制时，从自身的整体利益出发，发挥好成本控制的综合功能。

（二）成本控制的特点

根据控制论的原理，我们可以归纳出成本控制有如下几方面的特点：

1. 成本控制的被控对象一般存在多种发展的可能性

由于企业经济活动的复杂性以及受外界条件的影响，成本控制的控制目标既可以朝着这个方向发展，也可以朝着那个方向发展。如果被控对象仅有向一种方向发展的可能性，也就不需要进行控制了。

成本控制方案具有可选择性，既然成本控制的被控对象存在多种发展的可能性，因此，企业可以采取一定的控制方法，使之朝着自己所选定的方向发展，这也是实施控制的主要目的。在成本控制过程中，为了对某项经济业务实施控制，企业可提出若干成本控制的模型、方法等方案以供选择。提出供选择方案的多少、好坏，方案选择是否准确，是反映成本控制人员素质高低的重要标志。成本控制具有全面性、连续性和系统性的特点。成本控制的全面性表现在它对企业生产经营的整个过程、每个环节都要实施控制。我们知道，成本控制主要是对生产经营过程中涉及成本费用的经济业务进行控制，而企业生产经营的整个过程、每个环节都涉及这些业务。所以，成本控制深入企业生产经营的每一个环节，对生产经营活动进行着全面的控制。成本控制的连续性表现在它对企业生产经营过程的控制不是间断的，而是连续进行的。企业的会计工作是建立在各种假定基础之上的，持续经营假设是一项重要的会计原则。既然企业是连续经营的，成本控制所需要的信息也是连续不断的。成本控制连续性的特点是其他控制系统无法比拟的。成本控制的系统性表现在它是从系统的角度进行控制的，也就是说，它在实施成本控制时，不是从局部的利益出发的，而是要统筹兼顾、相互联系、协调平衡各方面的关系，从整个企业的角度进行控制。

由于成本控制的被控对象存在多种发展的可能性，使得成本控制具有较大的吸引力，魅力无穷。只有这样才能激起人们从事控制活动的积极性，以取得预期的控制效果。如果没有这样的多种选择，成本控制恐怕就不会有什么吸引力了。

2. 成本控制对价值运动实施直接控制，而对非价值运动实施间接控制

成本管理所要反映和控制的对象是能用价值表现的经济活动。因此，凡是能用货币表现的生产耗费都是成本管理所要反映和控制的对象，此时实施的是直接控制。企业的生产经营活动中除了能用货币表现的价值活动外，还有些并不完全与价值活动有关的活动，如人事管理、生产计划、调度等。这些活动对企业的生产经营、成本的高低都有着重要的影响，成本控制活动的干预能使其为降低成本服务。但由于成本控制在这里不是直接控制，因而我们称之为间接控制。例如，对于企业机构的设置，成本控制系统不能直接干预企业设置哪些机构，但可以通过编制成本费用预算的方式，减少管理费用预算，就可以间接地促使企业减少机构、降低费用，从而达到间接控制的目的。

直接控制和间接控制是相对的，不是绝对的。有时虽然一些活动属于非价值运动，但它也涉及价值运动，因而，成本控制对其可以进行直接控制。

3. 成本控制贯穿于企业生产经营的全过程

成本控制应贯穿于企业生产经营的全过程，即全面进行成本控制。凡是涉及价值活动的生产经营活动，都包括在成本控制的范围之内，其基本内容包括：产品生产前预测阶段的成本控制、产品设计阶段的成本控制、材料采购和供应阶段的成本控制、生产阶段的成本控制、销售阶段的成本费用控制等。

成本控制之所以要贯穿于企业生产的全过程，是因为企业的生产过程其实就是成本费用的形成过程，既然成本费用是在生产经营的全过程中形成的，要想降低成本费用，控制活动就要贯穿于企业生产经营的全过程。所以，全过程的控制，其实就是我们通常所说的全面控制。只有实施全面的成本控制，才能对生产经营过程的每个环节都进行控制，不至于有所遗漏，从而取得最佳的成本控制效果。

4. 成本控制一般在事中进行

成本控制活动主要是在经济业务进行当中实施的。成本控制的实施使得企业的经济活动运行于预先确定的轨道上，而不至于脱离目标。

传统的成本控制活动主要是根据成本计算的结果进行的，通过成本计算取得实际成本资料，与计划指标进行对比，进而采取措施进行改进。这种事后的控制活动虽然能取得一定效果，但由于成本费用已经发生，成本降低的成果只能在下期生产经营活动中体现出来，不能有效地降低当期的成本费用。而我们所说的成本控制活动应将主要工作放在生产经营过程当中，通过成本控制的一系列方法，对出现的差异能够及时地予以纠正，取得当期的成本控制效果。成本控制的这一特点，也是传统成本控制与现代成本控制的主要区别。

成本控制主要进行事中控制，但并不排除事后成本控制活动，即根据成本计算的结果，找出实际执行结果与计划或标准的差异，采取相应的措施，控制下一阶段生产经营过程的成本费用。这种事中和事后成本控制的有机结合，能够取得较好的成本控制效果。

5. 成本控制活动需要企业各个部门的通力合作

实施成本控制不仅要靠财务部门的努力，而且需要企业其他各部门的通力合作才能实现。因为成本控制涉及企业的各个部门，要想实施控制，制定的各项指标和措施需要各部门的人员来共同完成，否则，成本控制就是一句空话。

前面我们说过，成本控制的一大特点就是要进行全面的成本控制。既然是全面的成本控制，就涉及企业的所有部门和全体人员。要想做好成本控制活动，就要发挥企业各个部门和全体职工的共同作用，缺了哪个部门或人员都会影响成本控制的整体效果而完不成成本控制的目标。

在成本控制中，各个部门的相互协调是非常重要的，只有各个部门协调一致、共同努力、相互配合，才能取得较好的控制效果。

6. 成本控制工作可以促使企业的会计工作提高一个档次

成本控制工作能促使企业不断改进会计核算的质量和效率，改变过去那种墨守成规、单纯报账型的会计工作方式。同时，成本控制的方法和所需信息资料的获取都有其自身的特点，是正在发展和逐渐完善的工作。它需要用现代化的管理知识和技能，从不同的角度，通过不同的方法搜集成本控制所需要的信息数据，以满足成本控制的需要。

由于传统的成本控制活动的局限性，成本管理人员的积极性得不到充分的发挥，方法简单落后，观念陈旧，没有朝气。通过改革传统成本控制，实施现代成本控制，使成本管理人员的积极性能充分发挥出来，改变过去的一些传统做法，吸收新的管理方法。改革提高了工作效率，取得了显著的成本控制效果，使得成本管理人员自身的价值得到了体现，有时他们还可能有所创新，总结出新的经验和方法以供推广。

（三）成本控制的分类

成本控制涉及的内容广泛且复杂，为了详细系统地对成本控制进行研究，形成完整的成本控制体系，充分发挥成本控制的作用，我们有必要对成本控制按不同的标志进行分类。对成本控制进行分类是一项较复杂的工作，因为在某些情况下某些成本控制方法之间并无严格的界限。因此，我们只能按其主要标志进行分类，以便设计出更有效的成本控制制度。企业的生产经营过程分为若干个阶段，每个阶段的特点并不完全相同，而且涉及的成本控制的部门和人员较多，要协调各部门和人员的关系，根据不同的部门和人员采用不同的成本控制方法等，都需要对成本控制进行适当的、科学的分类。

根据成本控制的特点等标志，我们可以把成本控制分为如下几类：

1. 按控制的实施部门划分

企业经济效益的好坏，直接关系到国家和企业的利益，因此，成本控制问题不仅仅是企业的事，需要企业和综合经济管理部门共同努力才能完成。企业和社会都要承担降低成本的责任和义务。从这个角度出发，成本控制可分为宏观成本控制和微观成本控制两类。

宏观成本控制是指国家综合经济管理部门采取各种措施来降低企业成本费用的支出。国家宏观经济管理部门出台的各项方针政策，对企业成本费用的发生额影响很大，如成本开支范围、税费的收取比例、价格政策、产业扶持政策等，都会对企业的成本费用造成重大的影响。国家综合经济管理部门如果制定一些有利于企业的政策，就可以从宏观上控制企业成本费用的发生。如果宏观经济管理部门制定的方针政策不利于控制企业成本费用，企业所采取的各项降低成本、控制成本费用的各项措施的效果就不会非常明显。所以，宏观成本控制对于企业的成本控制来说是非常重要的一方面，有时甚至关系到企业成本控制的成败。

微观成本控制是指企业的成本管理部门在整个企业范围内所实施的控制，它主要是对企业应完成的各项成本指标所进行的控制。实施微观成本控制，可以使企业采取有效的控制措施，以利于全厂被控指标的完成。同时企业内部各级核算单位（如基本生产车间、辅助生产车间、各职能科室等）也应根据企业成本管理部门下达给本单位的各项有关成本指标，并结合本单位的具体情况，制定出合理的成本控制程序和方法，进而确保全厂被控目标的完成。

虽然实施宏观成本控制和微观成本控制的部门不同，但两者之间还是有联系的。这主要表现在宏观经济管理部门制定的各项方针政策需要微观成本控制部门来具体执行。有时，宏观经济管理部门制定了许多方针政策，对企业来说，其应该用足用活这些政策。有时，企业由于各种原因没有认真研究国家的各项方针政策，本来一些政策对企业来说是有利的，企业却没有落实，会出现多交税费或未充分利用其他一些优惠政策的情况。因此，企业应经常与有关部门联系，研究国家的各项方针政策，用好用足国家的各项政策，其实这也是降低成本的一个措施。现在有一些企业，不是认真研究国家现有的一些方针政策，将其中的一些优惠政策用好，而是不断向国家要政策，申请降低税费，显然，这不是明智之举。

2. 按其与被控对象的关系划分

成本控制按其与被控对象的关系划分，可分为直接控制和间接控制两类。

直接控制是指通过制定成本控制制度、方法、标准等方式，直接对企业发生的经济活动进行控制。企业发生的各项经济业务都需成本管理部门进行反映和控制，因此，直接控制是成本控制的主要方法，其效果也是非常明显的。它不需经过许多中间环节，而是由成本管理部门直接实施，因此，可以避免互相推诿等现象的发生。间接控制指对某些活动不是由成本管理部门直接实施控制，而是由企业的其他职能部门和有关的职工参与，企业的成本管理部门只是通过有关的规章制度、方法间接地对其进行控制，如企业的材料采购、产品的销售费用等。

直接控制和间接控制都是企业内部成本控制的方式，但在具体使用时是有区别的。直接控制的对象应是一些主要的项目，即对企业成本费用的高低产生重大影响的项目。由于这些项目影响较大，对其控制的好坏直接影响成本控制的效果，因此，企业应将其纳入直接控制的范围之内，由厂部成本管理部门实施直接控制。而一些次要的项目，由于金额较小，影响不大，则可由各个车间、部门来实施控制。直接控制和间接控制的划分与具体的执行是有区别的。不是说直接控制的所有工作都是由厂部成本管理部门来做的，而是说这个项目由厂部成本管理部门进行监督、实施，具体工作则应根据分工由厂部成本管理部门或车间来完成。

间接控制虽然是由各个车间、部门来完成的，但成本管理部门也需要对其实施的过程进行监督和指导，促使其完成规定的控制任务。

3. 按其控制的范围划分

成本控制按其控制的范围划分，可分为全面控制和重点控制两类。

全面控制是指对企业所发生的所有经济业务都要进行控制，使其无一遗漏地处于被控制之中，以确保企业被控指标的全面完成。重点控制是指在对完成被控指标影响最大的重点部门投入较大的人力、物力、财力和时间，以对其发生的经济业务进行控制。这需要花费很大的精力为之制定周密的控制措施。只有重点控制的目标完成了，才能带动其他部门被控目标的完成，进而完成整个企业的成本控制任务。因此，在一般情况下，全面控制和重点控制是相互联系地发挥作用的。

成本管理中所说的成本控制一般是指全面的成本控制，也就是说，应对企业的生产全过程、所有部门和人员进行控制，才能取得满意的控制效果。但是，由于时间、精力、财力等方面条件的限制，企业不可能对所有的对象都进行重点控制，这样也不能取得较好的效果，所以，企业应对重要的项目进行重点控制，而对于一些非重点的项目进行一般控制。这样全面控制和重点控制相结合，才能取得较好的控制效果。

4. 按其控制的依据划分

成本控制按其控制的依据划分，可分为政策控制、制度控制和会计准则控制三类。

政策控制是指按照国家的方针政策对企业的成本进行控制，企业的任何经济活动都必须符合宪法和法律的要求，符合国家的各项方针政策。因此，根据有关的政策和法令来控制企业成本费用的开支，衡量其合理性和合法性，是成本控制的重要原则。根据国家的方针政策进行成本控制活动时，所依据的方针政策主要有会计法、各种税法以及其他的一些财经法规。这些法规都具有强制性，每个企业都应遵照执行，在进行成本控制时自觉遵守。

制度控制是指按照本企业内部各有关部门所制定的各项规章制度对企业的成本费用所进行的控制。由于国家综合经济管理部门对企业的成本不再进行直接管理，不下达有关成本考核的各项指标，因此，适用于企业内部的各项成本控制的规章制度应由企业自己制定。这就要求企业的成本管理部门应根据本企业成本控制的特点，拟定出相应的成本控制的有关规章制度，供进行成本控制时参考。制定出来的各项规章制度应是切实可行的，并且各单位都能认真贯彻执行。其具体要求就是这些规章制度应具有较强的可操作性。可操作性是制定规章制度的基本要求，如果一项规章制度没有可操作性，制定得再好也不能得到很好的执行。

会计准则控制是指在进行成本费用的处理时，自觉以国家颁布的会计准则的要求作为控制的依据。这既能起到成本控制的作用，又能使各单位所处理的经济业务口径保持一致，便于分析、比较和控制。目前，财政部制定、颁布的会计准则较多，这些会计准则大多是处理日常经济业务的一些具体规范。虽然它是处理经济业务的准则，但同样适用于企业的成本控制。因为会计业务的处理与成本问题是密切相关的，企业发生的经济业务大多属于费用支出，是形成成本费用的基础。如果对这些支出不进行有效的控制，就不能使成本费用降下来。

5. 按其实施的时间划分

成本控制按其实施的时间划分，可分为事前控制、事中控制和事后控制三类。

事前控制是指在经济业务发生前，根据有关资料进行分析、综合、预测，制定出相应的措施，使经济业务朝着预期的方向发展。例如对开发新产品成本的控制，在产品尚未开始生产之前，企业就应根据该产品的特点、结构、所耗材料和工时等情况制定出相应的消耗定额等，以便将成本控制在最低的水平上。

事中控制是指在成本形成过程当中对成本开支等所进行的控制。事中控制是成本控制的重要阶段，因为事前控制是在预测的基础上所进行的控制，这种控制的实际效果是有限的，实际执行过程中会出现种种预先并不能完全预料到的突发或意外事件。所以，企业应在经济业务进行中，根据已发生的经济业务，结合分析其今后的发展趋势，及时发现问题并采取有效的措施予以解决，不断纠正实际执行中所出现的偏差，最终实现控制目标，从而达到控制的目的。

事后控制是指在经济业务完成后，将实际执行的结果等信息资料与计划或预算控制目标对比，提出进一步改进的措施，促使被控目标完成的过程。事后控制与事中控制不同，虽然它们都要对实际执行的信息资料进行收集、整理、加工，并与被控目标对比进行反馈控制，但事中控制是在经济业务并未完成时进行的，它起着预防本期偏差发生的作用，而事后控制是在经济业务发生之后进行的，它起着预防下期偏差发生的作用。因此，两者在控制的时间和所起的作用上都是不同的。

6. 按其责任单位能否控制划分

成本控制按其责任单位能否控制划分，可分为可以控制和不可以控制两类。

可以控制是指某责任单位可以通过一定的方法对某项经济业务进行控制或施加影响，而使其不偏离既定控制目标。不可控制是指责任单位不能对某项经济业务进行控制或施加影响，如在成本控制中基本生产车间对材料的价格、折旧费等便不可控制。区分可以控制和不可以控制，可以促使各责任单位把成本控制的重点放在本单位或部门可以控制的费用支出上，以便取得较好的成本控制效果。可以控制和不可以控制是相对的，不是绝对的。一项经济业务对某一责任单位来说是不可以控制的，而对于另外一个责任单位来说却是可以控制的，例如原材料的价格，它对于生产车间来说是不可以控制的，但对于材料采购部门来说却是可以控制的。

我们不能将可以控制、不可以控制与直接控制、间接控制相混淆。当然，在一般情况下，可以控制与直接控制、不可以控制与间接控制有相同之处，但两者的差异仍很明显。例如材料费用的控制问题，对于生产车间来说，材料费用的高低一般受两个因素的影响，即材料的消耗数量和材料单价。材料费用可视为直接控制的内容。对于影响材料费用的两个因素之一的材料消耗数量，各生产车间是可以控制的；但对于另外一个因素即材料的单价，各生产车间却是不能控制的，而且成本管理部门对它也只能实施间接控制。

7. 按其参与的人员划分

成本控制按其参与的人员划分，可分为专职人员控制和群众控制两类。

专职人员控制是指专职成本管理人员参与的对经济活动所进行的控制。专职成本管理人员是成本控制的主要力量，是成本控制能否取得预期效果的关键。因此，企业应加强对成本管理人员的培训，逐渐提高他们的素质，以适应开展成本控制的要求。

群众控制就是依靠企业的全体职工来对成本进行控制，这是一个不可忽视的重要因素。因为企业所制定的成本控制措施必须依靠全体职工群众的努力来落实，仅仅依靠专职的成本管理人员是不够的。因此，企业要实施成本控制，必须实行专群结合的方针。

8. 按其控制手段划分

成本控制按其控制手段划分，可分为技术控制方法和管理控制方法两类。

技术控制方法是指将现代科学技术方法及控制论的方法如电子计算机、反馈控制、自动控制等运用于成本控制中。管理控制方法是指通过一些管理手段来对成本进行控制，如政策控制、制度控制等。技术控制方法和管理控制方法对成本管理人员的要求是不一样的。技术控制方法要求成本管理人员掌握一些现代科学技术方法和控制论的方法，这样才能适应成本控制的要求；而管理控制方法则要求成本管理人员熟悉国家的有关方针政策、各项规章制度以及会计准则等，否则就达不到管理控制的目的。在一般情况下，企业应将技术控制和管理控制方法有机结合起来，以便发挥各自的优势，从而实现最佳控制。

9. 按其控制的范围划分

成本控制按其控制的范围划分，可分为狭义成本控制和广义成本控制两类。

狭义成本控制仅指对以降低成本为目标而进行的成本控制，如存货的成本控制、生产过程中的标准成本控制等。狭义成本控制只能说是成本维持。随着生产的发展、控制理论的不断深入和发展，简单的成本维持已不能适应生产发展的需要，现实要求扩大成本控制的范围，即将成本控制范围扩大为产品的全生命周期的目标成本。这种广义的成本控制既包括业务过程中的制造目标成本、物流目标成本和营销目标成本，又包括业务过程上游的开发设计目标成本。同时，它还包括业务过程下游的使用目标成本、维护保养目标成本和废弃目标成本等。

二、成本控制的原则、程序和方法

（一）成本控制的原则

在实施成本控制时，为了更好地发挥成本控制的作用，达到成本控制预期目标，企业在建立成本控制体系和方法时，应遵守一些基本原则。

1. 及时性原则

成本控制的及时性原则是指在成本控制系统中，能及时揭示成本控制过程中产生的实际与控制标准之间的偏差，及时消除偏差，使之在较短的时间里恢复正常。如果成本控制系统出现偏差却未被及时揭示出来，企业就不能及时采取有效措施予以纠正，此期间间隔越长，企业受到的经济损失就越大。因此，在成本控制中，企业要尽量缩短成本控制偏差滞留的间隔周期，使生产经营活动中出现的实际指标与控制标准之间的偏差能及时得到纠正，以减少失控期间的损失。

成本控制的及时性体现在应及时提供成本控制中所产生的各种信息资源，当成本控制的某一个阶段需要提供成本控制信息时，系统的各方面都能及时计算并以确定的形式报出。这种成本控制的时效性是非常重要的。成本控制不仅仅是一种事后的控制活动，它应更多地深入生产经营活动，进行事中控制。而要进行事中控制，没有及时的信息反馈是不行的。若不能提供及时的信息，成本控制就不能揭示偏差并采取相应的措施纠正偏差，因而及时性是进行成本控制的关键。要缩短反馈控制的周期，企业应不断提高参与成本控制人员的素质和工作效率，不断对成本控制的程序、方法、控制数据的处理过程和设备进行改进。

当然，及时提供成本控制的信息也受到多种条件的限制，企业还要根据成本效益的原则来确定。不是所有的成本控制信息都能及时提供，要做到这一点是非常困难的，花费也比较大。企业应根据成本控制的需要，对于一些重要的、金额较大的信息可及时提供；对于一些金额较小、重要性较差的信息可定期提供。企业在设计成本控制系统时就应考虑到信息提供时间性的问题，规定哪些成本控制的信息应及时提供，哪些成本控制信息可定期提供，以及各种成本控制信息的提供方式等。

2. 节约性原则

实施成本控制一般会发生一些费用，如办公费、工资费等，这些费用一般称为控制成本。实施成本控制的目的就是通过切实可行有效的控制活动，给企业带来较大的经济效益，即控制收益。如果控制收益大于控制成本，则该项控制活动是合算的，因而该项控制活动是必要的。否则，在一般情况下，该项控制活动是不合算的，也就没有必要进行。因此，实施成本控制一定要符合节约性原则。

成本控制中的节约性原则其实就是成本效益原则的一种具体运用。有时，人们对节约性原则认识不足，认为只要降低生产经营成本就可以了，而对于在降低或控制成本过程中发生的一些费用却很少关注。这其实是一种误解。如果控制活动发生的费用较大，或者经过控制活动，此项费用减少了但另外的费用却增加了，这就不符合节约性的原则。

3. 适应性原则

成本控制的适应性原则是指随着时间的推移和内外部条件的变化，成本控制能适应这种变化，并能在变化了的条件下较好地发挥控制作用。企业的生产经营活动是复杂的、经常变化的，许多始料未及的情况时有发生。这就要求企业在设计成本控制程序和方法时充分考虑多种因素，使其具有较强的适应性。适应性原则除了要求在设计成本控制程序和方法时考虑外界条件的干扰外，还要求其具有较强的敏感性。

适应性原则要求企业在设计成本控制系统时应综合考虑多种因素，不能顾此失彼。有时，为了能使成本控制达到预期的目的，企业应对外界条件可能发生的变化作出充分的估计。若是估计不足，企业就可能陷入被动。企业在估计可能发生的变化时，不但要考虑企业内部的因素，还应考虑外部的因素，如国家经济方针的调整、供货单位条件的变化等。如果准备得比较充分，特别是困难想得较多，当出现问题时，企业就能化险为夷，达到事先所确定的成本控制目标。

4. 责权利相结合原则

随着经济体制和会计制度的改革，许多企业都在推行责任会计制度。责任会计制度对在企业内部实行经济核算进而提高企业的经济效益起着重要的作用。这样，实施成本控制就要同企业所实行的责任会计制度相结合。因而，这里就有一个责权利相结合的问题。企业对于成本控制的结果要进行具体分析，如果是有利的差异，应对责任部门或个人给予奖励；否则，应采取相应的措施予以改进并给予责任部门或个人经济处罚。这就会促进成本控制和责任会计制度的加强，使各单位和个人努力工作，消除不利差异。

在推行现代企业制度的企业里，一般都要实行责权利相结合的经济责任制。该责任制的内容是非常丰富的，各责任单位承担的责任、任务较多。但在这个责任制里，最重要的应该是成本控制责任制。由于成本是一个重要的经济指标，关系到企业的盈利水平，因此，企业应将其列为重中之重。由于成本控制体系规定了各控制单位的责任制，同时，该体系还制定了相应的指标计算、考核方法，所以，企业在进行成本控制的同时，也就进行了责权利的界定。各责任单位所拥有的经营决策的权利要同其所获取的经济利益保持一致。每一责任单位的权利不能过大，否则，就可能导致失控现象，影响企业总体成本控制目标的实现；同时，权利又不能过小，否则，就可能使各责任单位的积极性受到一定的影响。也就是说，拥有什么样的权利，就应承担什么样的责任，相应地获取什么样的利益。

5. 简便易行原则

成本控制工作是一项新的、复杂的工作，涉及的学科也较多，对于大多数会计人员来说是比较陌生的。同时，我们还应当看到，企业的会计工作是很繁重的，大多数企业的会计工作及成本控制工作都是采用手工操作的方式，因此，企业在设计成本控制程序和方法时，应遵照简便易行的原则，避免在实际工作中可能遇到的各种困难，从而达到预期的控制效果。

简便易行原则应根据企业的具体情况加以确定，并不是说所有的企业都可以实行这项原则。一些基础较好、成本管理工作做得比较扎实的企业，可适当提高其成本控制方法的难度，这可以提高成本控制的效果和管理工作的档次。由于简便易行原则是在企业条件不太好的情况下采用的，因此，企业的成本管理部门应在原有成本控制工作的基础上有意识地对一些薄弱环节加以改进，如对与成本控制有关的人员进行相关知识的培训、改进成本控制工作的手段等，在条件允许的情况下，使成本控制工作迈上一个新的台阶。

6. 因地制宜原则

成本控制的方法很多，但因企业的千差万别以及成本控制的阶段不同，各种方法的适应性也不相同。因此，企业在选择成本控制方法时，要针对自身的具体情况，选用不同的成本控制方法，不能生搬硬套。

成本控制与其他管理科学的方法一样，都有一个适用性的问题。由于每个企业所处的地理位置、生产条件、产品特点、管理要求、管理水平等都不完全相同，因此，没有一个适用于所有企业的成本管理方法。即便有些方法具有一定的普遍性，同样需要企业在使用时针对本企业的具体情况加以改造。

7. 互相协调的原则

成本控制工作是企业经济管理工作的一个重要组成部分，企业的各项经济管理工作是互相联系、互相制约的。要搞好成本控制工作，仅靠成本管理部门的努力是不够的。因此，实施成本控制工作要求成本管理部门与其他部门加强协作，并运用其他经济管理方法来为成本控制工作服务。

成本控制活动是一项系统工程，涉及企业的各个部门、每个职工。企业产品的生产是相互联系的，各个部门之间相互提供产品或劳务，这是产品成本形成的基础。各个部门对产品成本的高低都有影响。如果某一个单位的成本降低了，而其他单位的成本却提高了，最后企业整体的经济效益不能得到提高，这种成本控制应当认为是不成功的。同时，进行成本控制活动中，也经常会涉及不同部门的利益，各部门之间也会出现一些问题和矛盾，这些都需要各个部门密切配合、共同努力、相互协调，要以提高企业总体经济效益为出发点，解决好这些问题。在成本控制的协调过程中，成本管理部门应承担主要的责任，起到调节器的作用，通过协调，解决问题，化解矛盾，达到最佳的成本控制目标。

（二）成本控制的程序

如何组织成本控制的实施，对于保证成本控制的质量和效率，达到预期的目标至关重要。从控制论的角度来说，控制分为三个步骤，即制定控制标准，计算实际执行结果与控制标准的差异额，最后采取措施逐渐消除差异。成本控制运用的正是这种反馈控制的方法。根据控制论的程序并结合成本控制的特点和基本内容，成本控制的程序可归纳为：

1. 制定成本控制标准

制定成本控制标准是实施成本控制的基础和前提条件。没有标准也就无所谓控制。标准的制定，要本着先进合理、切实可行、科学严谨等原则。标准可分为最优标准和现实标准两类。

最优标准是指在正常生产条件下所应达到的标准，它可以作为企业最终追求的目标。但是，企业在生产经营中经常受到来自内部和外部因素的干扰，使正常的生产条件受到破坏，很难达到最优标准的水平。因此，企业需要根据自身的现实生产条件制定现实标准。现实标准综合考虑了企业现实生产条件和可能产生的干扰因素。最优标准与现实标准是相互联系的，最优标准是企业的奋斗目标，现实标准是成本控制的控制目标。企业达到现实标准后应创造条件逐步达到最优标准。这样，既解决了因标准制定得不符合企业的实际情况而产生差异数额较大的问题，也能促使各责任单位努力创造条件，接近或达到最优标准。成本控制活动贯穿于企业经济活动的全过程，因而，在经济活动的每个阶段，企业对每项因素都必须制定相应的标准，形成一个成本控制的标准体系。在这个标准体系里，既有总括性的标准指标，也有在该项总指标下的分指标。从全厂看，有计划应达到的各项总的控制目标，但这些总的控制目标要由各责任单位来完成，因此，企业必须把它层层分解，落实到各责任单位。这样，就有了各责任单位的控制目标，便于考核各责任单位控制目标的执行情况。制定成本控制标准也依对象的具体情况不同而有所不同。有的标准可分产品来制定，如材料消耗定额、单位产品工时定额、单位产品成本定额等。但有些标准不能按产品制定，如间接材料的消耗、间接费用等。成本控制标准按一定期间的总额可分为固定标准和弹性标准。对于一些总量指标如成本总额等，企业可采用固定标准；而对于如产量、质量、人工、消耗等，企业则可采用弹性指标，使其能在一定范围内随着外界条件的改变作出相应的调整，以利于更好地完成成本控制的任务。

2. 成本控制标准的论证

成本控制标准确定后，该标准是否合理，能否对它进行考核以及整个成本控制体系中标准有无遗漏等，都需要论证。企业要组织有关部门和人员对控制标准进行详细论证，以使控制标准更加科学合理并具有可考核性。同时，企业要论证各责任单位的各项控制标准能否保证企业总控制目标的完成。例如，将成本指标分解到各种产品或责任单位后，企业需要测算其能否达到企业总的控制目标的水平，若高于该控制目标，就需要对分解的指标进行修订，反复测算，直到能保证完成总控制目标为止。

成本控制标准论证得是否准确，是各控制单位能否完成成本控制任务的前提条件。成本控制标准论证得不充分，就会使成本控制标准失真，不能真正起到成本控制的作用。所以，成本控制部门在进行成本控制标准的论证时，应采用比较先进、科学的方法进行，使成本控制标准更加科学和可靠。

3. 制定实施成本控制标准的措施

制定标准后，企业就应采取适当的措施保证其实现。成本控制的措施应切实可行，每个环节、每个步骤都应有相应的措施来保证目标的完成。

成本控制标准制定出来后，企业应对其进行分解，落实到具体的责任单位和人员。由于成本控制的目的是控制成本费用的实际发生额，最好出现有利差异。由于成本控制标准是需要经过一定的努力才能够达到的，所以，要想达到成本控制标准，企业需要采取一定的措施。企业如果不采取相应的措施，是不可能完成成本控制目标的。因此，每个部门、每位职工，都应根据本单位、本人成本控制的任务，制定相应的措施方案，以保证成本控制任务的完成。各单位或个人制定的完成成本控制的措施方案，应具有较强的可操作性，这样，根据这个方案所规定的具体的措施就能在实际工作中实施，并取得一定的效果。

4. 成本控制的实施

成本控制的实施是保证成本控制质量、达到预期控制目标的关键阶段。企业要依据自身制定的各项成本控制措施和成本控制方法，对自身的经济活动进行控制，并采取适当的方法收集各种信息资料，并对其进行加工整理，形成系统的成本控制资料。

实施成本控制一般都是在生产经营活动进行过程中进行的，即所谓的事中成本控制，这就为实施成本控制带来了一定的难度。生产经营进行过程中有许多不确定的因素，有时，这些因素可能对成本控制产生有利的影响，有时可能产生不利的影响。如何有效地化解不利因素的影响，充分利用有利因素，将这两方面的影响因素都利用于有效的成本控制，从而完成成本控制的目标，是一个十分复杂的课题。我们常说，成本控制应将重点放在事中进行，不要在生产费用发生后进行。这些都是进行成本控制时的一种理想的方式。将这种理想的方式转化为现实，需要成本控制人员和各个部门及全体职工的共同努力。有一点是非常明确的，成本控制的实施阶段，主要是对生产经营过程中发生的经济业务进行控制，而不是事后控制。事中控制所取得的效果是非常明显的。在成本控制的实施过程中，企业的成本管理部门应经常地深入成本控制的实际，调查研究，指导成本控制的实施，提出存在的问题；对各部门之间出现的矛盾进行协调，使成本控制能达到预期的目标。

5. 差异的计算和分析

将成本控制实际资料和成本控制标准相对比，可确定实际脱离标准的差异额，并且企业要对差异产生的原因进行分析。在一般情况下，产生差异的原因很多，企业要针对具体情况进行分析。例如，原材料费用的差异额可分为数量差异和价格差异两种，数量差异应由使用材料的单位负责，价格差异则应由采购部门负责。对于价格差异，企业还应作进一步的分析：若差异是由采购部门工作的失误造成的，则应由采购部门负责；若因企业增加产量等而临时或在计划外要求采购部门采购材料，使采购部门要购买议价或到外地购买材料，从而增加材料采购成本，这时材料的价格差异就不应由采购部门负责，而应由生产计划部门负责。所以，企业应对产生差异的原因进行认真分析，找出问题的症结所在。导致差异产生的原因很多，企业需要进行综合、全面的分析。特别是如果涉及不同部门之间的业务联系，差异产生的原因则更多。有时，一种差异可能是由几个部门的工作所引起的，不便于归属责任。而且，差异的计算方法也直接影响到差异额的大小。这就为企业成本管理部门进行差异原因分析带来了一定的困难。所以，企业在进行差异计算和产生差异的原因分析时，应特别注意协调各方面的关系，找出问题的症结所在，提出真实可靠的、各方面都能认可的原因来。

6. 差异的消除

对于成本控制中产生的差异，除了要分析产生差异的原因及归属的责任单位外，企业还要提出具体的改进措施并反馈到经济活动中，以便及时消除差异，实现既定的目标，这也是反馈控制的关键环节。提出的各项改进措施应切实可行，并具体落实到各责任单位和生产阶段，逐渐地消除差异。这样的过程可能不止一次，可能要经过几次反复，使提出的改进措施不断完善，才能最终消除差异。当然，若是由于标准制定得不合理，则企业应考虑对控制标准进行修订。

消除成本控制差异不是一朝一夕能完成的，因为差异产生的原因比较复杂，有时可能是由成本控制标准制定得不合理造成的，有的可能是受其他部门工作不利影响，也可能是本单位工作不利造成的。对于这些不利因素，想要通过一个成本控制的过程就将其全部消除是不现实的，它需要一段比较长的时间或几个成本控制过程才能完成。因此，对于成本控制产生的不利差异，企业应制定一个消除的时间表，通过一定的时间或几个成本控制过程，力争将差异消除。如果差异经过几个成本控制过程都不能予以消除，企业则应查明原因。原因可能是控制标准制定得不合理、消除差异的措施不得力、对差异产生的原因分析不准确等，企业应查明原因并予以解决。

上述成本控制的程序只是从一般意义上所作的论述。其实，成本控制的程序是比较复杂的，上述程序还可以进一步细化，分解成为若干个不同的步骤。同时，由于每个企业的生产经营情况千差万别，成本管理水平也不完全一样，因此，成本控制的程序也不是一成不变的。企业要在充分考虑自身各种不同情况的基础上，制定出符合本企业的成本控制程序。

（三）成本控制的方法

1. 成本控制的反馈控制系统

成本控制的理论基础是经济控制论，因而，经济控制论的一些方法都可以在成本控制中运用。根据控制论的观点，控制系统可分为两类，即开环控制和闭环控制。

开环控制是指根据预先所确定的控制规律对企业与成本有关的经济活动进行控制，而不管该系统实际执行的结果如何，也不对原来的控制方法进行修改和补充。例如，对企业直接材料费用的控制，有关部门在制定出直接材料的消耗定额和控制方法后，由各有关部门具体执行，对于执行过程中出现的问题不予考虑，也不对这些问题采取相应的措施以便对原来的定额和程序进行修改。开环控制的特点是要求对未来的执行情况作出比较精确的判断，制定出完善的控制制度和方法。但开环控制收集和处理信息不及时，适应性差，不能很好地发挥控制的作用，因而，它的应用受到了限制。

闭环控制也称反馈控制，是指通过经济信息系统得到的信息数据与事先所确定的控制目标相比较，找出差异后，采取相应的措施以减少或消除两者之间差异所进行的控制活动。例如企业对生产中原材料费用的控制，企业有关部门在制定出原材料的消耗定额和相应的控制方法后由各有关部门具体执行。对执行过程中有关数据，企业应及时收集、整理和计算，并与目标进行对比；对于产生的不利差异，企业应提出相应的控制措施，为达到既定控制目标提供可靠的保证。因此，反馈控制的控制机构应比较精干，有较强的适应性，以便能及时地获得资料，提出改进的措施，不断改善企业的经营状况。成本控制运用的正是这种控制。

反馈控制有正反馈和负反馈两种。正反馈是指系统实际执行的情况反映出来后，不能影响管理者的行动，以至于不能消除控制过程中所产生的偏差，其结果必然导致实际数额脱离控制目标的数额越来越大，其特点类似于开环控制。负反馈指能够消除控制过程中实际数与控制目标的差异，保证既定控制目标实现的一种反馈。当被控制系统中出现的偏差超过正常范围时，负反馈能自动地消除或矫正这个脱离了控制要求的差异。因为当出现实际与控制目标的差异时，该系统的反向行动作出反应，称为负，故称为负反馈。

根据控制论的原理，成本控制的反馈控制系统是由以下五个部分组成的：

（1）成本控制系统的程序。成本控制系统的程序是控制活动得以进行的前提，它将被控对象输入成本控制系统，并且通过操作（成本控制活动），输出控制结果。

成本控制的程序是进行成本控制的规范，它界定了成本控制的顺序，即在进行成本控制时，应当先做什么，后做什么。在进行成本控制时，企业应首先确定成本控制的对象，即成本控制的目标或目的，通过成本控制活动应取得什么样的结果。这些都需要通过成本控制系统的程序来确定。

在制定成本控制程序时，企业应考虑自身的成本控制的特点。不同的企业，成本控制的程序是不一样的。对于生产工艺过程比较简单的企业，其成本控制程序可能也比较简单；生产工艺过程比较复杂的企业，成本控制程序一般也比较复杂。同时，企业成本管理人员的素质高低对成本控制程序的难易程度也有影响。一般情况下，管理人员综合素质较好的企业，制定出来的成本控制程序切实可行，并且执行的结果比较准确。

成本控制程序制定出来后，企业应广泛征求意见。征求意见的范围一般包括厂长、各职能部门、主要的生产车间（分厂）、班组成本核算员等。之所以要广泛征求意见，是因为这些具体的工作都要经过这些部门和人员来具体操作和实施。如果不经过征求意见的过程，就不能保证所制定的程序科学、可行。成本管理部门对于各部门和人员提出来的意见和建议应进行认真的研究，对不合适的地方要进行适当的修改；如果有必要，还应再次提交给上述部门和人员征求意见。在进行几次反复后，企业最终确定出成本控制的程序，作为最后成本控制的执行方案。成本控制程序的方案确定后，企业应采取适当的方式公布或下达，以便于各部门和人员执行。一般情况下企业应将其编印成册，下发给各单位，以便于查阅。

（2）成本控制的被控对象。每个成本控制阶段都有各自的被控对象。例如，在材料费用的控制阶段，材料费就是被控对象。

成本控制对象应根据每个成本控制阶段的特点确定。成本控制对象是多样化的，既有总的成本控制对象，又有分项的成本控制对象。例如，厂部成本管理部门对每个单位下达的成本控制任务即总的成本控制对象。各个单位还应对这个总的成本控制对象作进一步细化，将之分解为若干个小的成本控制对象。这样便于进行指标分解，加强控制，有利于完成成本控制目标。如果不进行分解，每个成本控制的对象过大，不利于对其进行管理和控制。例如，厂部对某一车间下达成本控制目标，本年度成本应降低 100 000 元。具体每个成本项目应降低多少，厂部成本管理部门并未作具体的规定。如果生产车间不对这个被控对象进行分解，设立多个成本控制对象，就不便于控制生产车间成本的降低情况，也不能保证完成这项成本降低任务。例如，企业应对这个成本控制目标进行具体分解，如材料费用应降低多少，工资费用应降低多少，车间管理费用应降低多少等；再如材料费用，可将之下达到各个班组，这个班组应降低多少，那个班组应降低多少等。这样层层设定了相应的成本控制对象，使成本控制对象具体化，既便于考核，也利于更好地完成成本控制任务。在每个成本控制阶段，确定或制定成本控制对象都应做比较深入细致的工作。确定的成本控制对象应能够具体地进行考核，并能具体地落实到每个单位或每个职工，这体现了经济责任制的要求和责权利相结合的原则。

（3）成本控制的计量系统。成本控制的计量系统用于对被控对象的结果进行测量（计算），从而为分析、控制、修订、改进措施提供数据资料。成本控制中的计量系统是保证成本控制结果的重要一环。如果成本控制系统对成本控制的结果不能进行有效的计量，不能输出控制结果，成本控制就是失败的。所以，企业应对成本控制系统的计量系统给予特别关注。

成本控制的计量系统可与成本计算的有关程序结合起来。成本计算需要计算产品成本，需要计算产品生产过程中所需要的材料费用、工资费用和车间管理费用等。在计算这些费用时，企业需要采用一定的方法进行费用的归集和分配。当然，成本计算时成本费用的归集对象是各种产品，虽与成本控制的对象不同，但有些资料可以借鉴。例如分配材料费用时，成本计算分配材料费用是以产品为对象的，根据各种产品耗用材料的情况采用适当的分配方法进行分配；而成本控制不仅以产品为对象，还要以各个具体的责任单位为对象，这是成本控制对象与产品成本计算对象的不同之处。成本计算对象与成本控制对象是有相同之处的，成本控制的计量系统可以成本计算方法计算出来的结果为依据；对于成本控制系统独特的控制对象，则应采用一定的方法，确定其计量的方式。成本控制的计量一般可采用统计的方式进行，因为统计的方式对数字准确性的要求相对低一些，而成本控制与成本计算不同，它对数字的要求也不一定是十分准确的，从重要性和经济效益的原则出发，都不一定要求这些数字十分准确。

（4）成本控制的一系列标准（控制目标）。实施成本控制最重要的条件就是建立各种标准，没有标准也就无所谓控制。企业在确定标准时应注意，标准既不能定得过高，也不能定得过低。从控制论的观点看，以偏差最小为好。

成本控制标准是进行成本控制不可缺少的一个条件。企业在建立成本控制系统时，都应确定成本控制标准，也就是通过成本控制工作的实施来确定成本应达到什么水平。成本控制标准的制定，应以企业目前的实际情况为基础，以经过努力能够达到为宜。成本控制标准制定得是否合适，直接关系到成本控制工作能否取得预期的效果。如果成本控制标准制定得过高，经过努力也很难达到，就不能调动各方面达到控制标准的积极性，从而不能很好地完成成本控制的任务；如果成本控制标准制定得过低，不经过努力就很容易达到，也不能使成本降低到最佳的水平。所以，制定出符合实际的成本控制标准不是一件容易的事。在一般情况下，成本控制标准在制定过程中要经过几次反复，多次测算，进行修改，才能加以确定。应当认为，最佳的成本控制标准应当是经过努力能够达到的，既不是最高的，也不是最低的。

成本控制标准确定后，不是一成不变的。随着内外部条件的改变，企业的成本水平也会发生相应的变化，这时，成本控制标准也应随之修改。例如，企业采用了新技术，劳动生产率提高了，相应的工时标准也应加以修改。这种情况在企业是非常普遍的。成本控制标准不是一成不变的，应当随着外部条件的变化而修改，但这种修改也不应是经常的，应非常谨慎。修改应当在条件变化较大的情况下进行。如果条件变化不是很大，为了保持标准的稳定性，企业就不要进行修改。

（5）协调部门。协调部门的作用就是当成本控制系统中被控对象与既定标准发生偏差时，应采取相应的措施予调整，使之达到标准的要求。特别是各个单位之间因为成本控制问题发生矛盾时，应有一个部门来协调各部门之间的关系，从而解决矛盾纠纷。这种协调可由厂部成本管理部门牵头，各主要单位的成本管理负责人参加。当发生问题时，由成本管理部门负责召集这些人一起研究解决。

在成本控制系统运行时，出现问题是不可避免的。这些问题可分为两种，一种是成本控制的标准与实际指标差额较大；另一种是成本控制的各单位之间出现矛盾，需要加以解决。对于前一个问题，企业应在调查研究的基础上，看差额产生的原因是什么。若差额是由成本控制单位工作的原因造成的，则管理人员应与该单位一起，研究产生问题的原因，提出解决问题的办法；若差额是由于成本控制标准制定得不合理，即成本控制标准制定得较高造成的，则管理人员应提出修改成本控制标准的意见，经过一定程序之后，对其加以修改；对于后一个问题，则应由相关部门进行协调，解决矛盾，共同做好成本控制工作。

2. 成本控制的方法

成本控制系统中反馈控制的原理与机械、电子学中的原理基本相同，但它不像机械、电子学中的控制那样精确和自动化，因为成本控制活动不像技术控制那样稳定，它具有更大的灵活性。根据控制论的方法以及成本控制的内容和特点，在不同的成本控制阶段，企业可采用不同的控制方法。在这里我们介绍几种。

（1）程序控制。程序控制是指预期量随着时间的推移按预先所确定的变化而变化的反馈控制。虽然程序控制会受到各种外来因素的干扰，但预期量是按照预先所确定的规律变化的，控制的目的是实现预期量。

从程序控制的定义中可以看出，程序控制是一种比较高级的控制系统。若将其运用于成本控制系统，则程序控制是指随着成本控制程序的运行，一定能够达到或接近达到成本控制的目标，即使受到外界条件的干扰，成本控制系统也能自动排除这些干扰，确保成本控制目标的完成。程序控制是成本控制中最理想的一种控制模式，它的优点在于，一旦发生一些意想不到的事件，成本控制系统也能通过自动调节功能对其加以消除。在保证成本控制效果的前提下，这种控制系统是比较完善的。采用程序控制系统进行成本控制，对成本控制系统的要求较高，它要求成本控制系统有较好的自我调节功能，这是较难做到的。机械控制能够通过计算机或机械运动做到自动调节，而成本控制主要是由人来完成的，并不是机械运动，因此，这种程序控制更具有象征意义。企业在设计成本控制系统时，应对各种可能发生的情况都进行仔细研究，将其罗列出来，并提出若出现这些情况应采取什么应对措施。只要问题想得全面，应对措施制定得切实可行，就会使设计的成本控制系统达到程序控制的境界，实现这种较为完善的成本控制程序。

（2）跟踪控制。跟踪控制是指预期量随着另外一个不确定量的变化而变化的控制程序的反馈控制。跟踪控制是程序控制的推广，它的反馈控制过程与程序控制过程是一样的，但系统的被控变量和与之相应变化的预期量不是时间的控制程序，而是未知的某一种量的控制程序。

跟踪控制的运用比较复杂，它不像程序控制那样明朗，其中有一个不确定的变量，成本控制的标准要受另外某一个因素的影响和制约。例如，材料费用的控制就可以采用这种跟踪控制系统。企业的生产车间使用的各种材料，都是由采购部门统一采购的。这项费用的高低，不但受本车间材料耗用水平的影响，还受采购部门采购材料价格高低的影响。因此，企业在设计材料控制系统时，就应设计出跟踪材料采购价格高低的程序。如果材料费用提高是由于受材料采购价格的影响，企业就应及时对成本控制标准进行相应的修改。因为车间对材料采购价格的高低是不能施加影响的，由此产生的差异不能由车间负责。跟踪控制系统的这种功能显然具有独特的功能，是其他控制系统所没有的。

（3）定值控制。定值控制是指预期量是一个确定的数值，并不随着时间的推移而变化的反馈控制。由于预期量是常数，因此，控制系统的主要目的是采取必要的措施，确保预期控制目标的实现。当出现不利于预期目标的干扰因素时，企业就应采取适当的措施以消除偏差。

定值控制系统一般适用于一些金额基本保持不变的项目。这些项目的金额在一般情况下是基本不变的，成本控制系统的工作就是经过一定的控制程序，使其金额不因外界因素的干扰而发生变化。例如固定资产的折旧费，由于它是根据固定资产的原值和折旧率计算的，与产品的产量等因素无关。因此，从一定的角度来说，它是一个固定不变的数额。企业在设计成本控制系统时，应对其采取定值控制的方法，控制的目的就是保证其金额保持不变。在定值控制的程序中，企业应制定出相应的对策，保证定值控制目标的完成。

（4）最优控制。最优控制是指在一定条件下，使被控指标达到优化的控制。在设计最优控制时，由于受到外界的干扰，最优控制并不能达到最优，而只能达到在现有条件下所能达到的比较理想的控制水平。一个最优控制系统一般应具备三个条件，即要有一定的条件限制，要确定所要达到的目标，要寻求最优化的方法。

企业一般都想把成本控制的目标制定得比较理想，即在各种条件都符合的情况下，取得最优的成本控制效果。但是，在具体实施成本控制时可能存在许多不可预测的因素，这些不可预测的因素若真正出现，就可能干扰成本控制的有效进行，不能达到最佳的成本控制效果。而要想使成本控制最优化，企业就应采取一定的方法，寻求最佳的途径，这就是成本最优控制问题。

采取成本最优控制程序时，企业应对控制过程中外界的干扰因素有比较充分的估计，对各种情况都应考虑周全，并且依次制订出相应的对策方案。当干扰因素出现时，相应的对策方案应及时启动，尽可能地消除这些干扰因素或降低干扰因素的影响程度，通过这些工作使成本控制达到比较好的效果。

（5）适应控制。适应控制是指在经常变化的外界条件下，为了达到预期目标，系统能修订预先所确定方法的控制。适应控制的特点是，在条件发生不确定变化时，它能改变原来的策略，从而达到预期的控制目标。企业在生产经营过程中经常会受到来自内部和外部各种不确定因素的影响，为了达到预期的控制目标，企业就应随着变化了的情况对原定控制目标进行修订，也就是说系统应保持良好的适应性。

成本控制系统采用适应控制程序，应是在成本控制系统经常受到外界不确定因素影响时进行的。一个成本控制系统的适应性是否强，对成本控制系统能否运行自如有重要影响。当出现一些对成本控制系统不利的因素时，其可能会使成本控制系统的工作受到一定程度上的影响。成本控制系统如果不能及时地消除这些因素的影响，适应条件已改变的情况，就不能取得预期的成本控制效果。

（6）前馈控制。前馈控制与反馈控制相反，它不是根据计量系统对被控对象进行测量后与控制目标进行对比，发现偏差来对控制系统进行调整，而是根据预测估计可能出现的偏差，在导致偏差的问题尚未出现之前，就采取措施予以控制，避免偏差的出现。

从前馈控制的定义中可以发现，前馈控制其实与我们通常所说的预测相似。在设计成本控制系统时，企业应对成本控制系统运行过程中可能出现的问题进行研究，在成本控制系统尚未启动之前，就采取相应措施消除隐患。这种控制方式可从根本上减少成本控制系统运行过程中可能产生的偏差。例如控制车间管理费用就可采用这种前馈控制方法。企业的各个车间在制定本车间管理费用预算时，应对其中一些金额较大的主要项目采用前馈控制的方法，即将金额较大的费用支出如车间管理人员的工资列出。若该金额较大，显然是人员较多造成的。在分析了各个职位的情况后，企业可进行相应的调整，如减少一部分管理人员，将之充实到生产第一线。这样，在费用发生之前，企业就能够确定可能发生的偏差，从而在实际运行之前就将其消除，这显然属于一种超前的控制行为。

（7）防护性控制。防护性控制是指在成本控制系统和程序中建立若干规章制度和约束条件来控制弊端和偏差的发生。防护性控制同其他控制方法的不同之处在于，它在预先所设计的程序中就考虑了防护的需要，从而制定出防护的措施。

成本控制系统确定之后，在该系统中所确定的各种成本控制方案须经各有关单位或部门贯彻执行。而这些单位和部门又分散于企业的各个地方，有些企业的分厂可能还不在一个厂区。这时，企业要保证成本控制系统的正常运行，就应制定一些规章制度或约束条件来制约各单位或部门的成本控制活动。

三、成本控制标准的制定

控制标准的制定是实施成本控制的重要内容，它对于完成被控指标，调动各责任单位的积极性，减少经济活动偏差的发生从而最终达到成本控制的目的都是至关重要的。

（一）制定成本控制标准的原则

把制定成本控制标准应遵循的基本原则归纳起来，主要有如下四方面：

1. 标准具有先进合理性

标准的先进性是指其在全国同行业内处于上等水平，同本企业历年的资料相对比也是最好的。标准如果失去了先进性，就不能起到控制标准的作用，也就不能达到不断提高企业经济效益的控制目的。标准的合理性是指标准是经过努力能够达到的，如果控制标准在目前企业的管理水平、技术条件、职工素质等条件下经过努力仍达不到，实际出现的偏差很大，就不能调动各部门和人员积极地努力实现控制标准所规定的目标，控制标准也就失去了意义。

成本控制标准的先进性和合理性是一个问题的两方面，如何能使成本控制标准达到这两方面的标准，是检验成本控制标准制定恰当与否的重要标志。如果成本控制标准只考虑了先进性而没有考虑到合理性，该标准在企业就不能实行，就不能作为成本控制的标准使用，也就失去了应该发挥的先进性作用；如果成本控制标准只考虑了合理性而没有考虑先进性，同样也不能为企业的成本控制带来好处，充其量只不过是一种"小富即安"的小农经济思想的表现。企业在制定成本控制标准时，可根据行为科学中的所谓"期望理论"的原理，制定切实可行的控制标准，并使标准具有较强的吸引力。当然，要使成本控制标准真正做到先进性和合理性的有机结合是很困难的。所以，企业在制定成本控制标准时，先进性和合理性都是相对的，不是绝对的。只要符合企业的实际情况，就可以作为成本控制的标准使用。

2. 要与企业计划期内应当完成的指标相结合

企业实施成本控制主要是为了完成企业各项成本指标，从而保证利润指标的完成。因此，企业在制定各项成本控制目标时应考虑能否完成各项计划指标；若完不成，就应进行测算，并对控制标准进行修订，以保证最终能够完成各项指标。

企业在一定时期内需要完成的指标较多，其中最主要的是利润指标。在进行成本控制时，企业应以企业计划期内应完成的利润指标为依据，以此倒推出成本费用指标，作为成本控制的标准。当然，企业在进行成本控制时，还需要完成一些其他控制指标，如材料消耗指标、工时消耗指标等，这些也需要通过成本控制活动来进行控制。

3. 控制标准具有可考核性

控制标准的可考核性是指对制定的控制标准实施成本控制后，能够计算出其结果，并能够用控制标准与实际结果进行比较。如果控制标准不具备可考核性，标准制定得再详细也是毫无用处的。

成本控制系统一般需要同经济责任制结合起来，即通常所说的责权利相结合的原则，只有这样才能取得比较好的成本控制效果。如果成本控制不同经济责任制相结合，就不会取得较好的成本控制效果。而要将成本控制与经济责任制相结合，就必须对成本控制的结果进行考核，要考核就必须对成本控制的结果进行计算。如果成本控制的标准不具有可考核性，就不利于成本控制工作的开展。对成本控制标准进行考核，有时也是比较困难的，有的指标可能比较好计量，有的可能涉及不同的部门而不好计量。这时，企业可对能够量化的指标制定出具体的考核方法；而对不易分部门量化的指标，可经过汇总后在各个部门之间进行分配，从而确定其量化指标。

4. 控制标准应简便易行

成本控制是一项较复杂的工作，控制标准制定的繁简程度，决定了成本控制的质量。因此，为了简化企业的成本控制工作，使会计人员有足够的时间和精力进行调查研究，在保证成本控制质量的前提下，企业应使成本控制标准尽量简化，能用一项标准的就不要分为多项，从而使控制标准既能满足成本控制的需要，又能简化成本控制的工作量。

在成本控制工作中，如果制定的成本控制标准较多，其实是对人力、物力的一种浪费，也不便于具体的实施和考核。如果制定的成本控制标准简便易行，则可以使成本控制具有可操作性，更易取得较好的成本控制效果。

（二）制定成本控制标准的程序

成本控制标准制定的程序在类型不同的企业及管理水平不同的企业是不一样的。根据一些企业的实践，可采用如下的程序：

1. 确定成本控制标准的种类

在成本控制中，究竟应设置哪些成本控制标准，应结合企业的具体情况而定，诸如产品单位成本、单耗、工时、企业各职能科室和各车间制造费用等。标准的种类确定后，企业可编制成本控制标准种类目录，使之清晰明了，并同时标明该由哪个部门负责。

成本控制标准可依产品、部件、零件分别制定，也可按生产工序或生产单位（车间、工段、工序、班组）等制定。成本控制标准应便于进行考核和分解，具体落实到各个责任单位或个人。有时，为了便于进行考核，企业可将几个工序合为一个工序制定控制标准，也可将一个工序分为几个工序制定控制标准。

2. 制定成本控制标准

控制标准的种类确定后，企业就应着手制定每一个控制标准的具体指标。这些指标既应有总量指标，又应有单项指标；既应有产量、单耗等数量指标，又应有单位成本等质量指标。企业在确定成本控制标准时，仅仅依靠财务部门是不行的，应以财务部门为主，其他部门共同参与制定。标准的制定不是一次能够完成的，由财务部门拟出初稿后，还应由有关责任单位进行讨论，提出修改意见后，由财务部门最后定稿。

成本控制标准制定出来后，一般是通过编制成本控制标准成本卡的形式进行的。在成本控制标准成本卡上，应将成本控制标准的各个项目列明，便于查阅和修改。

3. 修订成本控制标准

成本控制标准与实际执行的结果必然会有偏差，对于成本控制系统所计量出来的偏差，企业应进行具体的分析：若是由于执行者工作不当等原因所造成的，则应采取相应的措施予以解决；若是由于成本控制标准制定得不尽合理，则应考虑对标准进行修订。值得注意的是，控制标准在一般情况下应保持相对稳定，只有在标准与实际相差较大时，才应进行修改。成本控制标准经常修改不利于对成本控制的结果进行不同时期的比较。企业在进行成本控制结果的分析工作中，有时需要将不同时期的成本控制结果进行比较，从而考核成本控制的效果，分析成本控制存在的问题。经常修改成本控制标准，会失去比较的基础，不便于进行比较和分析。

（三）制定成本控制标准的方法

制定成本控制标准是实施成本控制的前提，采用什么方法来确定成本控制的标准，没有统一固定的模式，一般可采用下列方法：

1. 企业历史最高水平法

采用这种方法所确定的成本控制标准体现了先进性，既然本企业曾达到这样的标准，把它作为一个奋斗目标还是有科学依据的。员工也就完全有理由认为这样的标准经过努力之后是可以达到的。这种方式一般可用于企业已生产多年、各项指标已经基本定型的产品成本标准的制定。当然，在某种情况下，生产条件的改变，比如物价变动、生产技术的革新、新机器设备的采用等，都会使历史最高水平指标不具有可比性。这样，在采用历史最高水平作为成本控制标准时，企业应根据当前的生产条件等对之进行必要的调整，将一些不可比的因素剔除，以调整后的历史最高水平成本作为成本控制的标准。

随着市场条件的变化，企业只有不断地生产新产品，才能适应市场的需要，才能在激烈的竞争中取胜。这样，可用于进行比较的产品就少了，但同样可将历史成本水平作为新产品标准成本的参考。因为新产品大多是在老产品的基础上加以改进的，两者之间有许多的可比性。因此，在这种情况下，企业仍然可以历史最好成本水平作为制定标准成本的依据。

2. 本行业先进水平法

在生产条件、产品等其他外部条件基本相同的情况下，企业可以将其他企业已达到的先进水平作为本企业的考核指标，从而起到推动本企业工作发展的作用。但企业不能完全照搬其他企业的资料，可根据本企业的具体情况做一些修改。本行业其他企业能够做到的，经过努力本企业也应能够做到，这是以本行业其他企业的成本水平作为本企业成本控制标准的依据。当然，这里有一个生产条件等外部因素不同的问题，各个企业的生产条件等外部因素并不完全一样，具有许多不可比的因素。但是，外部条件是可以经过自身的努力进行转化的，并不是一成不变的。从这个角度出发，用本行业其他企业先进水平作为本企业成本控制的标准，也能促使本企业加快自身条件的改善，努力赶超先进，提高本企业的成本控制水平。

3. 目标确定法

这指根据企业生产等方面的实际情况，结合企业在本期所应完成的各项计划指标来确定成本控制的标准。例如，企业的总成本指标就可以采用这种方法来确定。采用目标确定法来制定成本控制标准的优点是，通过实施控制，能确保既定的计划指标顺利完成。经测算不能完成计划指标时，企业就应对控制标准进行修订。

企业一般按年度编制各种各样的计划，其中利润计划是最重要的计划之一，是企业各项工作的主要目标。企业要完成利润指标计划，就应提出成本计划指标。这样，成本计划指标就成为成本控制的标准了。通过成本控制的实施，将成本指标控制在计划的范围之内，就能保证利润指标计划的完成。

4. 技术测定法

这指通过对实际生产情况的调查，运用某些技术方法来确定成本控制的标准。例如，制定产品单位成本控制标准，企业可根据产品的特点将其划分为若干组成部分，按零件计算其成本，并以之作为控制标准；也可以根据产品的重量、体积等特征来制定其消耗量、单位成本标准。采用技术测定法来确定成本控制标准的技术性很强，应由财务部门会同技术部门的工程技术人员共同进行，以期得到较符合实际情况的控制标准。技术测定法是成本控制标准制定中比较复杂的一种，虽然比较科学、可靠，但由于需要的时间较长，过程比较复杂，所以，一般只适用于主要产品或主要生产工序标准成本的制定。

四、成本控制的最优化选择

在成本控制体系当中，成本控制的最优化选择是一个重要的课题。实施成本控制的最终目的就是要以最小的消耗来实现最大的经济效益，这就是最优成本控制问题。对于不同的成本控制目标、不同的成本控制阶段，最优控制的具体方式是不同的。但是，成本控制的最终目的就是要以既定的消耗来取得最大的经济效益。因此，在成本控制中，企业应从诸多控制方案中选择一个最佳方案。

企业的成本控制体系是一个复杂的多级控制的系统，要实现最优控制，简单的财务控制系统是适应不了现代企业的需要的。因此，企业应设计出具有多级回路反馈控制系统的成本控制体系，只有这样，才能谈到优化问题。

当进行成本控制时，在情况比较复杂、外界影响因素比较多的情况下，企业应从不同的角度提出多种控制方案，以供选择。在诸多方案中，企业应选择一种最佳方案。方案的最佳性是相对的，不是绝对的，没有绝对最佳的成本控制方案。因为在设计的各种方案中，每个方案都各有特点，当然，每个方案也都可能有不足。在确定某一个方案为最佳并选定其为成本控制方案时，只要该方案相对较优就可以了，不必要求其十全十美。最终成本控制方案确定后，企业应对所放弃的备选方案进行评估。因为这些备选方案也各有优点，企业应将其优点充实到确定的方案中，以优化并最终确定成本控制方案。

控制方案的优劣标准是有效性判据，在不同的成本控制阶段，由于其控制的内容、目的、程序等的不同，有效性判据也不一样。有效性判据的确定，应该最能表示出该环节成本控制所要达到的目的。有时，设计一个成本控制系统可能要达到的目的较多，但应以其主要目的和较综合性的目标作为有效性判据。例如，生产阶段的成本控制，应以产品成本、材料消耗作为有效性判据。根据经济控制论的原理，有效性判据是输入、输出、时间以及被控系统参数等变量的函数，以其作为目标函数，可以用来在诸多控制方案中选择出一个最优方案的标准。例如，在进行材料费用的控制时，其有效性判据是材料费用，为了保证材料费用的控制目标，企业可以设计出多种控制方案以供选择，在众多的方案中选择出一项费用最小且切实可行的方案，这就是最优控制方案。最优就是要在既定的限制条件下，使目标函数取得最优。这里所说的限制条件包括的内容比较多，如被控目标应在一定的范围内活动，要有一定的时间限制等。

必须注意的是，企业在选择最优控制方案时，应从企业整体利益和长远利益来考虑问题，而不能仅考虑某个步骤、某个环节、某个时期的利益和得失。例如，对于一个大型企业的成本控制来说，它涉及许多部门和单位，在成本控制的某个阶段，采取某项控制措施对某个单位或部门可能有利，而对于另外的单位或部门可能产生不利的影响，在这种情况下，企业就应从整体利益出发来考虑问题。只要其对于企业总的控制目标有利并能使之获得最佳效益，企业就应选择这一控制方案，这一方案即可称为最优方案。

最优成本控制方案确定后，还有一个逐步完善的过程。在成本控制的实施过程中，企业应针对具体实施过程中出现的各种问题，经常对该成本控制方案进行修改，使之逐步完善。这是一个比较漫长的过程，不是一朝一夕能够完成的。确定了的最优成本控制方案应有专人负责，实行项目责任人制度。项目责任人应始终跟踪该项目的具体实施情况，发现问题，及时处理。

五、防护性控制在成本控制中的应用

（一）防护性控制概述

会计的基本职能是对企业的经济活动进行反映和控制。随着会计理论和实践的不断发展，会计的控制职能在加强企业的生产经营管理和提高企业的经济效益中发挥着越来越重要的作用。成本控制是会计控制中的重要内容，过去所采用的成本控制方法，往往侧重于事中控制和事后控制，也就是在成本形成过程中采取措施降低其发生额，在事后进行分析，制定进一步控制的措施。

诚然，事中控制和事后控制在成本控制中都是非常重要的。但是，它们都是在经济业务进行当中或完成以后，根据实际指标与控制目标的差异额，采取相应的措施纠正偏差，从而达到控制的目的。因此，这必然会使经济活动在短期内处于"失控"状态而发生一些损失。如果失控时间较短并且偏差能及时得到纠正，其损失可能小一些；否则，其对经济活动的影响是很大的。为了避免在成本控制中产生损失或将损失缩小到最低限度，企业在成本控制中除了要采用事中控制和事后控制外，应同时采取防护性控制，以弥补事中控制和事后控制的不足。

成本控制中的防护性控制是指在成本控制系统的程序中建立若干项规章制度和约束条件，控制和预防弊端、偏差的发生。防护性控制同其他成本控制方法不同之处主要表现在，它在预先所设计的程序中考虑到了防护的需要，制定了防护的措施，这在一定程度上可以减少偏差的发生。在防护性成本控制中，利用规章制度和约束条件所进行的控制特点不同，运用的手段也不一样。规章制度具有强制性的特点，各单位和个人必须遵照该规定来执行；而约束条件的强制性较弱，它是针对一些不便于制定规章制度进行强制性管理的项目制定的，各单位可在一定的范围内、程度上灵活执行。两者的有机结合、相互补充可提高成本控制的效果。

（二）防护性控制的程序

在成本控制中采用防护性控制方法时，其控制程序比较简单，一般可采用如下的步骤：

（1）根据本企业生产和成本管理的实际情况，结合成本控制的目标，制定出有关的规章制度和约束条件。

在成本控制中，制定相应的规章制度或约束条件来控制成本费用的发生是一个重要方法，它能起到类似于"消防队"的作用，可以对生产经营活动实施有效的制约。在防护性控制中，制定规章制度和约束条件是一项重要的内容，它关系到防护性控制能否取得较好的效果。如果这些规章制度和约束条件制定得较好，符合企业的实际情况，便于有关单位和部门具体地实施和操作，就能起到防护的作用。

在制定规章制度和约束条件时，规章制度还是比较好制定的。一般情况下，企业在进行成本管理工作中，都制定有相应的规章制度。在做得比较好的企业里，这些规章制度比较健全，对于做好成本控制起着非常重要的作用。但是企业制定的约束条件不是很多。约束条件是指对企业在生产经营过程中一些经济活动所进行的限制，如哪些活动可以做，哪些活动不可以做，应该如何去做等。

在成本控制中，制定的规章制度和约束条件应如何与企业的其他规章制度相协调，做到相互之间不冲突，并能相互补充，共同为企业的成本管理工作服务，是一项重要的课题。要做到这一点，企业在制定成本控制的规章制度和约束条件时，应充分考虑自身的各种情况，要对其他相关的规章制度比较熟悉，并经有关部门反复论证后再确定实施。在这里，应特别强调的是约束条件的问题。由于约束条件是对企业生产经营活动中某些行为的限制，所以，其强制性要比规章制度要弱一些。有时约束条件并不一定是制定出的相应条文，而是在生产实践中大家都共同遵守的约定俗成的行为规范。为了加强对成本管理行为的约束，可对这些规范进行整理、加工后，编制成大家共同遵守的行为规范，就更加规范化和制度化了。由于防护性控制是在生产经营过程当中进行的，所以，有些规章制度和约束条件制定得并不完善，而对于有些行为可能并没有制定相应的规章制度或约束条件。企业应当在实践中不断地总结经验，充实和完善相应的规章制度和约束条件。有时，人们可能对规章制度的认可程度较高而对于约束条件的认可程度大打折扣。这是人们对约束条件认识不高的一种表现。并不是企业所有的工作都要制定出相应的规章制度并遵照执行的，因为规章制度的制定需要较长的时间，且不具有灵活性，而约束条件就具有这方面的优势。有时行为规范比规章制度更易于为人们所接受，这也是问题的另一方面的体现。

采用防护性成本控制方法，不但要求制定的规章制度或约束条件比较规范、科学，还要求具体进行成本控制的人员有较高的素质，这种素质同时还体现在人们的精神文明方面。防护性成本控制在一定程度上是对人们这方面素质的一种检验。由于成本控制是一种综合性的工作，各方面工作的好坏最终都会在成本指标上体现出来。而防护性成本控制工作做得好坏，最能将人们的这种素质体现出来。

（2）建立完善的控制制度（或称检查制度），检查各单位对规章制度的执行情况，发现问题，及时纠正。

检查工作可由成本管理部门会同企业的其他职能科室共同负责完成。由于防护性控制是根据规章制度和约束条件进行的，其特点就是政策性很强，因此，企业应对该项政策的执行情况进行经常性检查。这种检查的依据就是企业制定的各项规章制度和约束条件。如果某个单位或个人出现问题，企业就应检查其出现问题的原因，监督其改进。

防护性成本控制中的检查阶段与其他成本控制方法的不同之处在于，它不是将成本控制标准与实际成本控制的结果进行对比，找出偏差，计算成本控制的效果，而是通过检查各单位或个人对成本控制制度和约束条件执行的情况，间接地控制成本费用。只要各单位或个人认真遵守企业制定的各项规章制度和约束条件，一般就能取得较好的成本控制效果。进行防护性成本控制检查，不像使用其他成本控制方法那样有比较直观的数据资料可供对比。它没有现成的资料或数据作为参考，只能进行深入细致的具体检查，方法是按照规章制度和约束条件规定的要求逐条地检查。这项工作需要被查单位给予较好的配合，否则，不能取得较好的控制效果。

对于防护性控制检查中对约束条件的检查，应与对规章制度的检查相区别。由于规章制度具有强制性较强的特点，各单位应当毫无折扣地贯彻执行；而一些约束条件的强制性就较差，所以，企业应针对不同的约束条件，采取不同的检查方法。

（3）对于成本控制过程中出现的问题，如规章制度不严、约束条件不合理等情况，要进行修改。

通过对各单位执行规章制度和约束条件情况的检查，企业可得出检查的结果，对于执行较好的单位，应总结其先进的经验；而对于执行不好的单位，应查明造成这种结果的原因，追究相关的责任单位。若是由于规章制度和约束条件定得不合理，则企业应对其进行修改；若是由于责任单位工作上的主观原因造成的，则企业应根据规定的处罚规则进行处罚。

由于防护性成本控制的结果不能十分明显地反映出来，所以，对其检查是一项困难的工作。这就要求检查人员应做深入细致的调查研究工作，查出真正的原因，以便于加以纠正。

（三）采用防护性控制应考虑的主要因素

在实际工作中运用防护性控制方法要考虑的因素很多，其中主要有以下几个：

1. 企业管理水平的高低

企业管理水平的高低对防护性控制效果影响很大，在一般情况下，企业管理水平较高的，各项规章制度比较健全，对经济活动的约束力也比较强，这样就为防护性控制的开展创造了条件。因为防护性控制正是在各种规章制度和约束条件较好的基础上开展控制活动的。所以，在这种情况下，采用防护性控制的效果就比较好。因此，企业管理水平较低的企业应花大力气搞好防护性控制的基础工作，建立健全各项规章制度和约束条件，以便为开展控制活动打下基础。

在进行防护性成本控制时，除了规章制度和约束条件应健全外，这些规章制度和约束条件还应比较科学、完整和实用。如果制定的规章制度和约束条件缺陷较多，不便于各单位执行，则各单位在具体操作时难免会出现问题。所以，规章制度和约束条件制定得好坏，直接关系到防护性控制的效果。如果各项规章制度制定得较严，企业管理水平较高的企业在防护性成本控制过程中就能建立比较好的规章制度和约束条件。这样就形成了良性循环，能使成本管理工作不断取得较好的效果。

2. 成本管理人员的控制意识

防护性控制中的各项规章制度和约束条件制定与检查需要管理人员来完成，因此，实施成本控制的管理人员应不断增强控制意识，自觉参与控制活动，使自己所做的各项工作都能同防护性控制联系起来。在众多成本控制方法中，防护性成本控制是利用规章制度和约束条件来进行控制的，政策性比较强，因此，要求参与此项工作的人员掌握这些控制的原则和方法，在进行成本控制的工作中能自觉利用这些规章制度和约束条件，以免使这些规章制度和约束条件变成空架子。

在成本控制工作中，成本管理人员的控制意识与成本管理工作能否达到预期的效果关系很大。如果成本管理人员成本控制意识较强，他们就能积极主动地参与成本控制工作，一般都能取得一些成绩。如果他们不是主动性地进行工作，而是被动地进行工作，情况就会大不一样。

3. 反馈系统的灵敏程度

防护性控制的反馈系统同其他控制方法的反馈系统不同，它不是将实际执行的结果同控制目标相对比，而是查找制定的各项规章制度和约束条件在执行过程中所出现的问题，经过研究之后，对规章制度和约束条件进行修改，使之逐渐完善。因此，防护性控制系统应具有较强的灵敏性，要能非常及时地发现规章制度和约束条件的不足，并能采取措施予以纠正。

防护性控制系统运行的情况，应通过反馈系统检查。若该反馈系统能及时将成本控制过程当中的一些问题及时、准确地收集上来，则说明该反馈系统还是比较灵敏的。若成本控制的相关信息不能及时、准确地取得，则说明该反馈系统的灵敏度较差，需要进行维护或修正。

防护性成本控制的反馈系统包括企业成本管理人员及各车间、部门成本管理人员对成本控制效果所进行的检查。通过检查，他们能发现该系统中存在的问题，提出维护的意见或建议。如果不能做到这一点，防护性成本控制就不能取得预期的效果。

（四）防护性控制的具体运用

下面，我们以成本控制中的材料费用控制为例来说明防护性控制在成本控制中的应用。材料费用采用防护性成本控制方法，主要内容如下：

1. 制定有关控制材料采购费用的各项规章制度和约束条件

材料费用是企业成本费用支出中的最主要的项目,因此,材料费用的高低对成本水平的高低影响很大。如果采购材料的成本很高,日后不论采用什么成本控制方法企业都很难做到使成本水平大幅度降低。因此,控制材料的采购成本是进行成本控制的重要一环。材料采购工作中的规章制度和约束条件的主要内容包括采购材料制度、采购材料价格、运输方式、材料入库验收制度、材料采购地点的约束条件等。规章制度和约束条件可根据采购材料的具体情况制定,若采购材料的种类繁多、价值较高,则可制定得详细一些,以便于进行控制。

由于采购材料时各种不确定的因素较多,如采购地点、价格、运输方式、付款方式等都可能经常变化,因此,适于制定一些约束条件来进行管理。以材料采购地点为例,其约束条件可以有供货单位与企业的距离、交通是否方便、运输工具是否便宜等。由于有了约束条件,采购人员在采购时就可以根据这些条件来选择供货单位,避免可能出现的问题。

2. 制定材料领发的规章制度和约束条件

材料的发出要有专人负责,并要建立相应的凭证和账簿进行登记。在一般情况下,应由两个或两个以上的人员负责,以便起到相互牵制的内部控制作用。材料的使用要有明确的责任制,应按定额领用,实行节约有奖的制度。建立废料和余料退库的制度,贵重稀有材料应随用随领,未用完的应及时入库,以避免损失和浪费。对于一些不适宜制定消耗定额的材料,可制定一些使用的约束条件,如在什么情况下使用、如何使用、怎样进行消耗数量的控制等。

3. 对生产过程中执行规章制度和约束条件的情况进行检查

企业的成本管理部门要根据生产情况经常检查材料控制制度和约束条件的执行情况,有关人员要定期或不定期地深入生产第一线,当发现规章制度没有得到遵守或出现其他问题时,应会同有关部门进行协调研究,采取措施予以解决。如企业目前普遍存在的有章不循、浪费惊人的现象,就应通过切实可行的办法予以消除。对于约束条件的检查比较困难,由于约束条件的强制性不大,而且约束条件是在一定的条件下或范围内使用的,因而检查起来比较困难。

4. 解决防护性控制过程中存在的问题

对于在采用防护性控制方法进行材料费用控制过程中所出现的问题,企业应进行具体分析,看其属于什么性质:若属于规章制度问题,就应根据实际执行情况及时修订;若是由约束条件制定得不合理造成的,就应对约束条件进行修改,放宽或缩小约束条件。

在成本控制中运用防护性控制是一个新的课题,需要我们在实际工作中进一步探索,使之日臻完善。

六、"黑箱原理"在成本控制中的运用

（一）"黑箱原理"概述

实行成本控制是加强企业内部经济核算，提高经济效益的重要途径。在实施成本控制时，企业的成本控制部门如何对各责任单位的经济活动进行控制，是一个十分重要的问题，运用"黑箱原理"对成本进行控制是一种较好的方法。

"黑箱原理"是控制论的基础理论之一。人们对客体的认识，在一定阶段内总有许多未知数是无法控制的，在这种意义上，控制论把未知客体称为"黑箱"。"黑箱理论"为我们揭示系统内部性状提供了很大的方便。当我们一时无法得知某未知系统的内部情况时，就可把未知系统或环节视为一个"黑箱"，然后集中力量去研究这个未知系统的输入与输出之间的关系，进而推断出这个系统内部的情况。将"黑箱原理"用于成本控制活动，可以在控制活动中只对被控对象的输入和输出系统进行控制，而对于该系统内部采取什么方法来完成被控指标则不能或不需要进行控制。

在企业内部实行经济责任制的情况下，利用"黑箱原理"进行成本控制，类似于国民经济中的宏观控制。在一定时期内，国家一般只在宏观上通过一些财经法规等对企业进行控制。在遵守这些法规和制度的前提下，企业内部采取什么措施来完成这些指标则由企业决定，国家经济管理部门一般不进行干预，而只考核其计划指标的完成情况，以给企业更多的自主权。

因此，在企业实行经济责任制的情况下，利用"黑箱原理"进行成本控制，就是由企业的成本管理部门将成本指标进行分解后下达到企业内部的各责任单位或个人，然后定期考核各责任单位或个人成本指标的完成情况。而完成各项成本指标的具体措施则由各责任单位自行确定，成本管理部门可在一定的范围内进行指导和协调，以促使各责任单位被控指标的完成。

（二）"黑箱原理"运用于成本控制的具体步骤

（1）企业成本管理部门将一定时期内企业的各项成本指标，根据各责任单位的实际情况分解，下达给各责任单位，并规定一些必要的限制或约束条件。

企业成本管理部门根据责任单位的具体情况，通过一定的方法，计算出各责任单位应完成的成本指标，并将其分解，具体落实到各责任单位或个人。在下达成本控制指标时，一般不对各责任单位或个人完成指标的方法作出具体的规定。各责任单位和个人采用什么方法来完成这些指标，应由这些单位或个人自行决定。但成本管理部门可对他们制定一些限制或约束条件，以便各责任单位或个人依规章制度来完成成本控制目标，不至于对企业整体的利益产生影响。利用"黑箱原理"进行成本控制并不是不对各控制单位进行管理，而是规定一些必要的前提条件，否则可能会产生一些对企业整体利益有影响的情况。

（2）各责任单位根据企业成本管理部门下达的指标，结合本单位的具体情况制定出具体的、详细的成本控制措施。

采用"黑箱原理"进行成本控制时，成本管理部门不再对各责任单位的成本控制活动进行干预，采用的成本控制方法由各责任单位决定，所以，各责任单位的成本控制工作就显得非常重要。如果不制定较为详细的成本控制方案，就不能完成成本控制任务。因此，各责任单位应在接到成本控制任务指标后，对其进行认真的分析研究，制定周密的、切实可行的措施方案。在制定这些措施方案时，企业应注意遵守成本管理部门规定的限制和约束条件，以使自己的成本控制方法及其结果不会给企业的整体经济利益带来影响。在这种前提条件下，各责任单位可根据自身的特点和条件，制定出适用于本单位的成本控制方法。

由于各责任单位的管理人员不是成本管理的专业人员，因此，其可邀请成本管理部门的专业人员协助，制定出具有可操作性的成本控制实施方案。

（3）各责任单位应定期或不定期地将计划执行的结果准确、及时地上报给企业的成本管理部门。

采用"黑箱原理"进行成本控制活动时，成本管理部门只要求各责任单位定期上报成本管理的结果，成本管理部门根据各责任单位上报的成本管理的资料来对各责任单位的成本控制情况进行考核。当然，成本管理部门也不能完全依靠各责任单位上报的资料进行考核，而应定期或不定期地到各单位进行考察，检查各责任单位的成本控制情况。但这种检查主要是为了解各责任单位上报的资料是否准确，有无虚报的成分。

（4）成本管理部门对各责任单位提供的成本信息资料进行综合分析和研究，提出做好下一阶段成本控制工作的建议和改进措施。

为了与各责任单位共同做好成本控制工作，企业的成本管理部门应对各责任单位完成的成本控制指标进行综合分析，确定各责任单位成本控制工作的成效。经过对资料的分析研究，企业可对各责任单位的成本控制工作的情况有大致的了解，然后，再深入该单位进行必要的调查研究，掌握第一手材料。经过这样几次反复，成本管理部门对各责任单位的成本控制的优劣有了全面的了解，对于成本控制中取得的成绩应提出进一步巩固的要求，对于存在的问题则可提出改进的措施建议。

（5）各责任单位结合成本管理部门的建议，对本单位的实施措施作必要的修改和完善，以保证成本控制计划指标的完成。

成本管理部门由于不再直接对各责任单位如何进行成本控制进行干预，而只是提出建议，所以，各责任单位应对成本管理部门提出的建议进行认真研究，对于其中合理的部分应积极采纳，将其贯彻执行；与本单位的实际情况不符的部分则可不予采纳。同时，各责任单位应对本单位近期的成本控制工作进行总结，并结合成本管理部门提出的意见和建议，对本单位的成本控制措施方法、方案进行调整或修改，以利于下期成本控制工作的顺利开展。

但是，运用"黑箱原理"进行成本管理工作必须具备一定的条件，最重要的一条是企业的管理水平和成本管理人员的素质均较高。在一般情况下，如果企业管理水平较高，并且成本管理人员有着良好的素质，尤其是各责任单位的成本管理人员有着良好的素质，采用"黑箱原理"进行成本控制是比较稳妥的；否则，企业的成本管理部门就不能对各责任单位进行有效的控制，各责任单位也就没有十分的把握完成各项被控指标。所以，"黑箱原理"应根据企业的具体情况确定是否采用。

七、安全成本控制

安全成本是指企业为了进行安全生产所发生的各种费用。安全生产是企业的一项重要工作，人们通常说安全就是效益。安全成本控制就是根据制定的安全成本目标，对安全成本形成过程中的一切耗费进行核算，分析安全成本目标的差异，提出改进措施，降低安全成本。

（一）安全成本控制的意义

（1）控制安全成本可以改善企业的安全管理，进而提高企业的管理水平。

企业的安全生产管理水平对企业安全成本、企业经济效益的高低都有着重要的影响。安全成本控制一方面可以减少安全成本的开支，另一方面可以提高企业的管理水平。

（2）控制安全成本是健全内部经济责任制的重要条件。

在推行经济责任制的企业里，安全生产是各责任单位的重要条件。同时，经济责任制又是实行安全成本控制的重要保证。在这种情况下，企业在实施安全成本控制时，应将安全成本指标落实到各责任单位，使各责任单位对安全成本指标分别承担经济责任。

（二）安全成本控制的原则

1. 成本效益原则

企业在进行安全成本控制时，不但应将安全成本控制在安全成本目标范围之内，同时还应讲求成本效益原则，即将安全成本与其所形成的经济效益进行比较。通过安全成本控制，其所取得的收益应大于安全成本控制指标，否则，就应对安全成本控制指标进行重新修订，使其保持较先进的水平。

2. 及时性原则

安全成本控制主要是在生产过程进行当中进行的，企业应对生产经营过程中安全成本的形成进行核算、控制，以便及时揭示偏差，采取措施，将安全成本控制在预先制定的范围之内。

对于安全成本控制过程当中出现的问题，企业应在明确责任的基础上，发动企业的全体员工进行及时分析，找出产生差异的原因，提出进一步改进的措施。

（三）安全成本控制的方法

要实施全面、全过程的安全成本控制，就要建立安全成本控制体系，这一体系主要包括：

1. 制定安全成本控制目标

安全成本控制目标是指企业在安全生产过程中发生费用的标准。由于安全成本最终都要由各种产品负担，企业在进行安全成本控制时应制定本期发生的安全成本控制目标。在安全成本控制中，生产部门应作为主要的责任部门，负责对全厂的安全成本控制进行指导和监督。

2. 分解安全成本控制目标

企业应对安全成本控制目标进行分解，并将其具体落实到各责任部门。由于安全生产涉及面较广，所以，企业应针对每个具体部门的实际情况，下达安全成本控制目标。特别是各生产车间，其安全问题比较突出，应作为安全成本控制的重点部门。

3. 落实各项安全生产的制度

要控制安全成本，重要的问题是安全生产，只要生产过程中保证安全就可以降低安全成本，这方面的潜力还是很大的。由于安全生产需要全体职工的共同努力，所以，企业应对全体员工进行安全生产教育，提高他们的安全意识，避免发生安全事故，降低安全成本。作为安全生产的第一责任人，各部门的主要负责人有责任对每位职工进行安全生产的教育，提高他们的安全意识。

在安全成本控制中，重要的是落实安全生产责任制，制定相应的安全生产规章制度，并要求每位职工自觉遵守。

4. 经常对安全生产的执行情况进行检查

安全生产检查是进行安全成本控制的重要环节，检查的内容主要包括安全生产规章制度的执行情况、安全成本支出情况等。对于检查出来的问题，企业应提出解决的措施。

复习思考题

1. 什么是成本计划？企业一般应编制哪些成本计划？
2. 企业为什么要编制成本计划？成本计划包括哪些内容？
3. 企业编制成本计划一般分为哪几个步骤？
4. 全厂成本计划应如何编制？
5. 什么是成本控制？成本控制的作用是什么？
6. 成本控制有什么特点？对成本控制如何进行分类？
7. 成本控制的反馈控制系统包括哪些部分？
8. 成本控制的方法有哪些？各有什么特点？
9. 如何制定成本控制标准？如何进行成本最优化选择？

第五章 成本报表、成本分析与成本考核

学习目标

通过本章学习，学生应了解各类成本报表的基本内容；了解成本分析的原则和影响成本分析的基本因素，掌握成本分析的方法，能够根据企业有关成本的资料进行相关问题的分析；掌握成本考核的原则和成本考核的范围，熟练掌握与运用成本考核的指标，充分理解成本考核的方法和评价，了解成本考核的意义。

第一节 成 本 报 表

一、成本报表概述

（一）成本报表的含义

会计报表是根据日常会计核算资料归集、加工、汇总而形成的一个完整的报告体系。会计报表所提供的会计信息要满足企业内外有关方面的各种要求。企业会计报表按服务对象划分为两类：一类为向外报送的会计报表，如资产负债表、利润表、现金流量表等；另一类为企业内部管理需要的报表，如成本报表等。

上述第一类会计报表的编制是财务会计所阐述的内容，本章阐述的是第二类中的各种成本报表的编制。成本报表是根据日常成本核算资料及其他有关资料定期或不定期编制的，用以反映企业产品成本水平、构成及其升降变动情况，考核和分析企业在一定时期内成本计划执行情况及其结果的报告文件。正确、及时地编制成本报表是成本会计的一项重要内容。

（二）成本报表的作用

成本报表主要用于向企业的各级管理部门、企业领导、企业职工以及有关部门提供成本信息。成本报表的作用主要有：其一，提供企业在一定时期内的产品成本水平及费用支出情况；其二，可据以分析成本计划或预算的执行情况、考核成本计划的完成情况，并查明产品成本升降的原因等；其三，本期成本报表的成本资料是编制下期成本计划的重要参考依据；

其四，企业主管部门把所属非独立核算单位的成本报表资料和其他报表资料等结合起来运用，可以有针对性地对其进行指导和监督。

（三）成本报表的种类

企业的成本报表主要服务于企业内部经营管理部门，所以，报表的种类、格式和编制时间一般都由企业根据生产经营过程的特点和企业管理的具体要求而定。目前工业企业应编制的成本报表通常有以下几种：其一，商品产品成本表；其二，主要产品单位成本表；其三，制造费用明细表。

此外，各企业还可以根据其生产特点和管理要求，对上述成本报表作必要的补充，也可以结合本企业经营决策的实际需要，编制其他必要的内部成本报表。

（四）成本报表的编制要求

为了充分发挥成本报表的作用，成本报表必须做到数字真实、内容完整和编制及时。

数字准确，是指报表的指标必须如实地反映企业成本工作的实际情况，不得以估计数字、计划数字、定额数字代替实际数字，更不允许弄虚作假，篡改数字。因此，企业在编制成本报表前，要把所有经济业务都登记入账，要调整不应列入成本的费用，做到先结账后编表；应认真清查财产物资，做到账实相符；应核对各账簿之间的记录，做到账账相符；报表编制完毕，应检查各个报表中相关指标的数字是否一致，做到表表相符。

内容完整，是指应编制的成本报表的种类必须齐全；应填列的报告指标和文字说明必须全面；表内项目和表外补充资料，不论根据账簿资料直接填列，还是分析计算填列，都应当完整无缺，不得随意取舍。

编报及时，是要求按照规定期限报送成本报表，以便有关方面及时利用成本资料信息进行检查、分析等工作。为此，企业财务部门要提前做好编制报表的准备工作，并且要加强与各有关部门的协作和配合，以便尽可能提前或按期编送各种报表，满足有关方面的需要。

二、商品产品成本表

（一）商品产品成本表的概念和作用

商品产品成本表是反映企业在报告期内生产的全部商品产品（包括可比产品和不可比产品）的总成本以及各种主要商品产品的单位成本和总成本的报表。

根据商品产品成本表所提供的资料，企业可以考核全部商品产品和主要商品产品成本计划的执行结果，分析各种可比产品成本降低任务的完成情况。

（二）商品产品成本表的结构和内容

商品产品成本表将全部商品产品划分为可比产品和不可比产品两大类，并分别列出它们的单位成本、本月总成本、本年累计总成本。

所谓可比产品，是指上年度或者以前年度正式生产过，具有较完备成本资料的产品；不可比产品是指上年度或以前年度未正式生产过的产品，因而没有成本资料。去年试制成功、今年正式投产的产品，也应作为不可比产品。

对于本表中可比产品的单位成本、本月总成本和本年累计总成本，又分别列出上年实际平均数、本年计划数、本月实际数和本年累计实际平均数，这样做便于分析可比产品成本降低任务的完成情况。

对于本表中不可比产品的单位成本、本月总成本和本年总成本以及全部商品产品的总成本，则同时列出本年计划数、本月实际数和本年累计实际平均数。这样做便于考核不可比产品以及全部商品产品成本计划的执行情况。

商品产品成本表的格式和内容见表5－1。

（三）商品产品成本表的编制方法

1. 产品名称项目

应填列主要的可比产品和不可比产品的名称，主要商品产品的品种要按规定填写。

2. 实际产量项目

反映本月和从年初起至本月末止各种主要商品产品的实际产量。应根据成本计算单或产成品明细账的记录计算填列。

3. 单位成本项目

包括以下几项内容：

（1）上年实际平均，反映各种主要可比产品的上年度实际平均单位成本。应分别根据上年度本表所列各种可比产品的全年实际平均单位成本填列。

（2）本年计划，反映各种主要商品产品的本年计划单位成本。应根据年度成本计划的有关数字填列。

（3）本月实际，反映本月生产的各种商品产品的实际单位成本。应根据有关产品成本计算单中的资料，其计算公式如下：

$$\text{某产品本月实际单位成本} = \frac{\text{某产品本月实际总成本}}{\text{某产品本月实际产量}}$$

（4）本年累计实际平均，反映从年初起至本月末止企业生产的各种商品产品的实际单位成本。应根据成本计算单的有关数字，按下列公式计算填列：

$$\text{某产品本年累计实际平均单位成本} = \frac{\text{某产品本年累计实际总成本}}{\text{某产品本年累计实际产量}}$$

表 5 - 1

编制单位：向阳工厂

商品产品成本表

20××年12月

产品名称 (规格)	实际产量(台)		单位成本(元)				本月总成本(元)			本年累计总成本(元)		
	本月	本年累计	上年实际平均	本年计划	本月实际	本年累计实际平均	按上年实际平均单位成本计算	按本年计划单位成本计算	本月实际	按上年实际平均单位成本计算	按本年计划单位成本计算	本年实际
	(1)	(2)	(3)	(4)	(5)	(6)	(7)	(8)	(9)	(10) = (2)×(3)	(11) = (2)×(4)	(12)
可比产品合计	—	—	—	—	—	—	1 890 000	1 840 600	1 846 400	18 430 000	17 947 000	17 758 000
其中：A产品	2 000	22 000	130	126	123	125	260 000	252 000	246 000	2 860 000	2 772 000	2 750 000
B产品	8 000	76 000	195	190	192	188	1 560 000	1 520 000	1 536 000	14 820 000	14 440 000	14 288 000
C产品	1 400	15 000	50	49	46	48	70 000	68 600	64 400	750 000	735 000	720 000
不可比产品合计	—	—	—	—	—	—	—	216 100	239 000	—	3 344 400	2 457 200
其中：D产品	500	6 400	—	56	60	58	—	28 000	30 000	—	358 400	371 200
E产品	1 045	10 000	—	180	200	125. 6	—	188 100	209 000	—	1 800 000	1 256 000
其他	—	—	—	—	—	—	—	—	—	—	1 186 000	830 000
全部商品制造成本	—	—	—	—	—	—	—	2 056 700	2 085 400	—	21 291 400	20 215 200

补充资料（按本年累计实际数）：

1. 可比产品成本降低额：672 000 元。

2. 可比产品成本降低率（本年计划降低率3%）：3.646%。

4. 本月总成本项目

包括以下几项内容：

（1）按上年实际平均单位成本计算，是指用本月实际产量乘以上年实际平均单位成本计算填列。

（2）按本年计划单位成本计算，是指用本月实际产量乘以本年计划单位成本计算填列。

（3）本月实际，根据本月产品成本计算单的资料填列。

5. 本年累计总成本项目

包括以下几项内容：

（1）按上年实际平均单位成本计算，是指用本年累计实际产量乘以上年实际平均单位成本计算填列。

（2）按本年计划单位成本计算，是指用本年累计实际产量乘以本年计划单位成本计算填列。

（3）本年实际，根据本年成本计算单的资料填列。

本表补充资料中的可比产品成本降低额和可比产品成本降低率的本年累计实际数，其计算公式如下：

$$\text{可比产品成本降低额} = \text{可比产品按上年实际平均单位成本计算的本年累计总成本合计} - \text{可比产品本年实际累计总成本合计}$$

$$\text{可比产品成本降低率} = \frac{\text{可比产品成本降低额}}{\text{可比产品按上年实际平均单位成本计算的本年累计总成本合计}} \times 100\%$$

可比产品成本降低率的本年计划数，应根据年度成本计划填列；可比产品成本的超支额和超支率，应在降低额和降低率项目内以"－"表示。

三、主要产品单位成本表

（一）主要产品单位成本表的概念和作用

主要产品单位成本表是反映企业在报告期内生产的各种主要产品单位成本的构成情况和各项主要技术经济指标执行情况的报表。它是对商品产品成本表的有关单位成本作进一步补充说明的报表。

企业可以利用主要产品单位成本表所提供的资料，考核各种主要产品单位成本计划的执行结果，分析各成本项目和消耗定额的变化及其原因，并在生产同种产品的企业之间进行成本对比，以利于找出差距，挖掘潜力，降低产品成本。

（二）主要产品单位成本表的结构和内容

主要产品单位成本表的结构可分为上半部和下半部。

上半部反映单位产品的成本项目，并分别列出历史先进水平、上年实际平均、本年计划、本月实际和本年累计实际平均的单位成本。下半部是反映单位产品的主要技术经济指标，这些指标也分别列出了历史先进水平、上年实际平均、本年计划、本月实际和本年累计实际平均的单位用量。

主要产品单位成本表的格式和内容见表 5 – 2。

表 5 – 2　主要产品单位成本表

编制单位：向阳工厂　　　　　　　　　　　20××年 12 月

产品名称：		A 产品		本月计划产量：		1 850
规格：		—		本月实际产量：		2 000
计量单位：		台		本年累计计划产量：		21 500
销售单价：		160 元		本年累计实际产量：		22 000

成本项目	行次	历史先进水平××年	上年实际平均	本年计划	本月实际	本年累计实际平均
		1	2	3	4	5
直接材料（元）	1	78.80	74.91	71.19	66.80	67.09
直接人工（元）	2	32.40	42.48	42.48	45.00	45.89
制造费用（元）	3	1.80	12.61	12.33	11.20	12.02
合　　计	4	113.00	130.00	126.00	123.00	125.00
主要技术经济指标	5	用量	用量	用量	用量	用量
普通钢材（吨）	6	69	73	70	69.6	68.8
工时（小时）	7	10	12	12	12.5	13

（三）主要产品单位成本表的编制方法

主要产品单位成本表应按每种主要产品分别编制。

（1）本月计划产量和本年累计计划产量，应根据本月和本年产品产量计划资料填列。

（2）本月实际产量和本年累计实际产量，应根据统计提供的产品产量资料或产品入库单填列。

（3）成本项目，应按规定进行填列。

（4）主要技术经济指标，反映主要产品每一单位产量所消耗的主要原材料、燃料、工时等的数量。

（5）历史先进水平，是指本企业历史上该种产品成本最低年度的实际平均单位成本和实际单位用量，应根据历史成本资料填列。

（6）上年实际平均，是指上年度实际平均单位成本和单位用量，应根据上年度本表的本年累计实际平均单位成本和单位用量的资料填列。

（7）本年计划，是指本年度计划单位成本和单位用量，应根据年度成本计划中的资料填列。

（8）本月实际，是指本月实际单位成本和单位用量，应根据本月完工的该种产品成本资料填列。

（9）本年累计实际平均，是指本年度年初至本月末止该种产品的实际平均单位成本和单位用量，应根据年初至本月末止的产成品成本计算单等有关资料，采用加权平均法计算后填列，其计算公式如下：

$$某产品的实际平均单位成本 = \frac{该产品累计总成本}{该产品累计产量}$$

$$某产品的实际平均单位用量 = \frac{该产品累计总用量}{该产品累计产量}$$

本表对不可比产品，则不填列历史先进水平和上年实际平均的单位成本和单位用量。

由于本表是商品产品成本表的补充，所以，该表中按成本项目反映的上年实际平均、本年计划、本月实际、本年累计实际平均的单位成本合计，应与商品产品成本表中的各该单位成本的数字分别相等。

第二节　成 本 分 析

一、成本分析概述

（一）成本分析的意义

成本分析是根据成本资料对成本指标所进行的分析。分析的目的不同，所需的资料不同，所采取的分析方法也不相同。成本分析包括事前、事中和事后三方面的分析。

成本的事前分析是指在成本未形成之前所进行的成本预测。进行成本的事前分析，主要是为了在各种生产方案中选择成本较低的方案，并确定目标成本，据此编制成本计划。进行事前成本分析，可使企业的成本控制有可靠的目标。成本的事中分析是指对正在执行的成本计划的结果所进行的分析。事中分析主要是为了随时检查各项定额和成本计划的执行情况，控制生产过程中各种消耗和费用的支出，使实际成本数额控制在确定的目标成本范围之内。事中分析主要是为了进行成本控制，防止实际成本超过目标成本的范围。成本的事后控制是指对成本实际执行的结果所作的分析。事后分析是在实际成本核算资料形成之后，根据实际资料及其他的有关资料对成本执行的结果进行评价，分析产生问题的原因，总结成本降低的经验，以利于下一期的成本控制活动的开展。

上述成本分析的三个阶段是相辅相成的，各自发挥着不同的作用。成本的事前分析可使企业在成本计划的执行过程中有成本控制的目标；事中控制则可以使成本控制目标得以实现；事后成本控制可以总结经验教训，以便开展下一个循环的成本控制。但这三者也有主次之分。在一般情况下，事前分析和事中分析的作用大于事后分析的作用，但事后成本分析对于检查成本计划的执行情况、评价工作业绩等方面都有着事前成本分析和事后成本分析不能替代的作用。事前的成本分析包括在成本预测的内容当中，事中的成本分析包括在成本控制的内容当中。这里所要介绍的成本分析主要是事后的成本分析。

成本分析是成本管理的一项重要内容，它主要是指以成本核算提供的资料为基础，并结合其他的有关资料，如计划、定额、统计、技术等，按照一定的原则，采用一定的方法，对影响成本的各种因素进行计算分析，找出成本升降的主要原因，并根据企业目前的实际情况和各种条件，制定出切实可行的降低成本的方案，以便以较少的劳动消耗取得较大的经济效益。

（二）成本分析的任务

企业进行成本分析的主要任务包括以下几方面：

1. 正确计算成本计划的执行结果，计算产生的差异

在进行成本分析时，首要的任务是要对成本计划的执行结果进行计算。在计算时，企业应先计算出实际成本资料，将其与计划指标进行对比。这是进行成本分析的基础。在计算时，企业要收集实际成本资料、计划资料及其他有关的资料，按规定的方法进行计算。企业应将各种差异通过一定的方式反映出来，以便进行分析，例如，可采取编制成本差异计算表等形式。

2. 找出产生差异的原因

成本实际与计划产生差异的原因很多，企业应根据具体情况，找出其中影响成本高低的主要因素。在一般情况下，影响成本计划执行结果的因素有客观因素、主观因素、技术因素、经济因素等。在进行分析时，企业应采用科学的分析方法，计算出各种不同的因素对成本升降的影响数额，并分析出产生差异的具体原因。对于影响成本升降的每个因素，企业都应计算出具体的数据。根据数据变化的情况，企业应找出成本升降的规律，从而提出进一步改进的措施。

3. 正确对成本计划的执行情况进行评价

在计算差异及找出产生差异原因的基础上，企业应对成本计划的执行结果进行实事求是的评价。对于执行过程中的成绩，企业应总结出经验，在下一个成本计划执行时予以巩固，并对取得较好成绩的单位和个人予以奖励，以调动各单位和个人降低成本的积极性。同时，对于出现的问题，企业也应找出具体承担责任的单位和个人，并进行必要的处罚。企业在进行评价时应注意各种因素的影响，得出正确的结论，以免由于评价不准确而得出错误的结论。

4. 提出进一步降低成本的措施和方案

成本的事后分析的目的就是提出进一步降低成本的措施和方案。成本分析不是目的，目的是要降低成本。因此，企业应结合每个车间、部门的具体情况和产生差异的具体原因，提出切实可行的降低成本的措施方案，以提高企业的经济效益。

（三）成本分析的原则

成本分析的原则是指组织成本分析工作的规范，是发挥成本分析职能作用、完成成本分析任务和成本分析方法的准绳。成本分析的原则主要包括以下几方面：

1. 全面分析与重点分析相结合的原则

全面分析是指对影响成本的各种因素所进行的分析，它应从整个企业的范围来进行。重点分析则是对影响成本的主要因素所进行的分析，应采用例外的原则，即对产生差异较大的因素进行重点分析。只有将主要问题分析清楚了，提出进一步改进的措施，才能使全厂的成本水平不断降低。

2. 专业分析与群众分析相结合的原则

专业分析是指由专门从事成本管理及与成本管理有关的人员所进行的分析，如成本会计人员、企业管理人员等。群众分析是指企业的全体职工参与所进行的分析。专业分析是进行成本分析的主要方面，专业人员利用其在成本核算中所取得的成本资料，采用一些专门的技术方法对影响成本的各种因素进行分析。但由于成本工作涉及企业的全体职工，只有全体职工共同参与成本分析工作，才能找出成本升降的真正原因，并能提高职工群众参与成本分析的积极性，将降低成本转化为自觉的行动。

3. 纵向分析与横向分析相结合的原则

纵向分析是指企业内部范围内的纵向对比分析。它主要是对本企业各个时期的成本指标进行对比分析，如将本期实际与上年实际、上年同期实际、本期计划、历史先进水平等指标进行对比，观察各个不同时期成本升降的幅度，总结出成本升降的规律。横向分析是指本企业与国内外同行业其他企业之间的对比分析。这种横向对比，有助于企业在更大范围内学习先进，找出差距，做好本企业的成本管理工作。

4. 事后分析与事前、事中分析相结合的原则

在进行成本分析时，主要是进行事后的成本分析，但同时企业也应将其与事前、事中的成本分析结合起来，因为它们是相互联系的，共同组成了成本分析的体系。企业在事前进行成本预测，在成本形成过程当中进行成本控制，对成本计划的执行结果进行分析，才能找出成本升降的真正原因，提出进一步改进的措施。

（四）影响成本分析的基本因素

影响成本的因素很多，但归纳起来可分为固有因素、宏观因素和微观因素三方面。

1. 固有因素

固有因素是指在建厂时企业先天条件对企业产品成本的影响。它包括诸如企业的地理位置和周围资源的条件、企业的规模和技术装备水平、企业的专业化协作水平等因素。这些因素在企业建立后一般不可能改变，但对成本的影响是很大的。

2. 宏观因素

宏观因素是指国家对整个国民经济活动作出的各种安排对企业成本的影响。这些因素主要有宏观经济政策的调整、价格政策的改变、成本管理体制的改革、职工工资政策的变化等。这些因素不是企业主观造成的，而是客观因素对企业的影响。这些因素的变化对成本的影响是企业所不能控制的。

3. 微观因素

微观因素是指企业内部经营管理工作的质量对成本高低的影响。如果说固有因素和宏观因素对成本的影响是企业本身不能加以控制的话，微观因素即企业内部经营管理水平对成本的影响则是企业可以控制的。微观因素对成本的影响主要表现在诸如劳动生产率水平、生产设备利用的效果、原材料和燃料动力的利用情况、产品的质量、企业的成本管理水平、企业的技术水平等方面。

（五）成本分析的基本方法

在进行成本分析时，可供选择的技术方法（也称数量分析方法）很多，企业应根据分析的目的、分析对象的特点、掌握的资料等情况确定应采用哪种方法进行成本分析。在实际工作中，通常采用的技术分析方法有对比分析法、因素分析法和相关分析法三种。

1. 对比分析法

对比分析法是根据实际成本指标与不同时期的指标进行对比，来揭示差异、分析差异产生原因的一种方法。对比分析可采取实际指标与计划指标对比、本期实际与上期（或上年同期、历史最高水平）实际指标对比、本期实际指标与国内外同类型企业的先进指标对比等形式。通过对比分析，企业可一般地了解成本的升降情况及其发展趋势，查明原因，找出差距，提出进一步改进的措施。在采用对比分析时，企业应注意本期实际指标与对比指标的可比性，以使比较的结果更能说明问题，这样，揭示的差异才能符合实际。两个指标若不可比，则可能使分析的结果不准确，甚至可能得出与实际情况完全不同甚至相反的结论。在采用对比分析法时，可采取绝对数对比、增减差额对比或相对数对比等多种形式。

【例5-1】北乐公司2016年年末进行成本分析时，编制成本对比分析表（见表5-3）。

表5-3　成本对比分析表　　　　　　　　　　　　　　　单位：元

项目	本年计划	本年实际	差异额	差异率
A产品	350 000	358 000	8 000	2.29%
B产品	750 000	734 000	-16 000	-2.13%
C产品	430 000	420 000	-10 000	-2.33%
合计	1 530 000	1 512 000	-18 000	-1.18%

从表 5 - 3 中我们可以看出，各种产品成本的升降情况是不一样的。A 产品超支，B、C 两种产品成本降低幅度较大。企业应找出 A 产品成本超支的原因，提出进一步降低成本的措施方案。

2. 因素分析法

因素分析法是将某一综合性指标分解为各个相互关联的因素，测定这些因素对综合性指标差异额的影响程度的一种分析方法。在成本分析中采用因素分析法，就是将构成成本的各种因素进行分解，测定各个因素变动对成本计划完成情况的影响程度，并据此对企业的成本计划执行情况进行评价，并提出进一步的改进措施。

采用因素分析法的程序如下：

（1）将要分析的某项经济指标分解为若干个因素的乘积。在分解时应注意，经济指标的组成因素应能够反映形成该项指标差异的内在构成原因，否则，计算的结果就不准确。例如，材料费用指标可分解为产品产量、单位消耗量与单价的乘积，但它不能分解为生产该产品的天数、每天用料量与产品产量的乘积。因为这种构成方式不能全面反映产品材料费用的构成情况。

（2）计算经济指标的实际数与基期数（如计划数、上期数等），从而形成两个指标体系。这两个指标的差额，即实际指标减基期指标的差额，就是所要分析的对象。各因素变动对所要分析的经济指标完成情况影响合计数，应与该分析对象相等。

（3）确定各因素的替代顺序。在确定经济指标因素的组成时，其先后顺序就是分析时的替代顺序。在确定替代顺序时，企业应从各个因素相互依存的关系出发，使分析的结果有助于分清经济责任。替代的顺序一般是先替代数量指标，后替代质量指标；先替代实物量指标，后替代货币量指标；先替代主要指标，后替代次要指标。

（4）计算替代指标。其方法是以基期数为基础，用实际指标体系中的各个因素，逐步地顺序替换。每次用实际数替换基数指标中的一个因素，就可以计算出一个指标。每次替换后，实际数保留下来，有几个因素就替换几次，就可以得出几个指标。企业在替换时要注意替换顺序，应采取连环的方式，不能间断，否则，计算出来的各因素的影响程度之和就不能与经济指标实际数与基期数的差异额（分析对象）相等。

（5）计算各因素变动对经济指标的影响程度。其方法是将每次替代所得到的结果与这一因素替代前的结果进行比较，其差额就是这一因素变动对经济指标的影响程度。

（6）将各因素变动对经济指标影响程度的数额相加，应与该项经济指标实际数与基期数的差额（分析对象）相等。

上述因素分析法的计算过程可用以下公式表示。

设某项经济指标 N 是由 A，B，C 三个因素组成的。在分析时，若是用实际指标与计划指标进行对比，则计划指标（N_0）与实际指标（N_1）的计算公式如下：

$$N_0 = A_0 \times B_0 \times C_0$$
$$N_1 = A_1 \times B_1 \times C_1$$

分析对象为 $N_1 - N_0$ 的差额。

采用因素分析法测定各因素变动对指标 N 的影响程度时，各项计划指标（N_0）、实际指标（N_1）及替代指标（第一次替代指标写作 N_2，第二次替代指标写作 N_3）的计算公式如下：

$$N_0 = A_0 \times B_0 \times C_0 \quad ①$$
$$N_2 = A_1 \times B_0 \times C_0 \quad ②$$
$$N_3 = A_1 \times B_1 \times C_0 \quad ③$$
$$N_1 = A_1 \times B_1 \times C_1 \quad ④$$

各因素变动对指标 N 的影响数额计算公式如下：

A 因素变动造成的影响 $= ② - ① = N_2 - N_0$

B 因素变动造成的影响 $= ③ - ② = N_3 - N_2$

C 因素变动造成的影响 $= ④ - ③ = N_1 - N_3$

将上述三个公式相加，即各因素变动对指标 N 的影响程度，它与分析对象应相等。

【例 5 - 2】某企业生产甲产品，本月产量及其他有关材料费用的资料见表 5 - 4。

表 5 - 4　产量及其他有关资料

项　　目	计划数	实际数
产品产量（件）	250	200
单位产品材料消耗量（千克）	48	50
材料单价（元）	9	10
材料费用（元）	108 000	100 000

解：

分析对象 $= 100\,000 - 108\,000 = -8\,000$（元）

根据因素分析法的替代原则，材料费用三个因素的替代顺序为产量、单耗、单价。各因素变动对甲产品材料费用实际比计划降低 8 000 元的测定结果如下：

计划材料费用 $= 250 \times 48 \times 9 = 108\,000$（元）　　①

第一次替代 $= 200 \times 48 \times 9 = 86\,400$（元）　　②

第二次替代 $= 200 \times 50 \times 9 = 90\,000$（元）　　③

实际材料费用 $= 200 \times 50 \times 10 = 100\,000$（元）　　④

各因素变动对材料费用降低 8 000 元的影响程度如下：

产量变动对材料费用造成的影响 $= ② - ① = 86\,400 - 108\,000 = -21\,600$（元）

材料单耗变动对材料费用造成的影响 $= ③ - ② = 90\,000 - 86\,400 = 3\,600$（元）

材料单价变动对材料费用造成的影响 $= ④ - ③ = 100\,000 - 90\,000 = 10\,000$（元）

三个因素变动对材料费用的影响程度 $= -21\,600 + 3\,600 + 10\,000 = -8\,000$（元）

上述分析计算时，还可以采用另外一种简化的形式，即差额计算法。差额计算法是利用各个因素的实际数与基期数的差额，直接计算各个因素变动对经济指标的影响程度。以上述

经济指标 N 为例，采用差额计算法时的计算公式如下：

A 因素变动对指标造成的影响 $= (A_1 - A_0) \times B_0 \times C_0$

B 因素变动对指标造成的影响 $= A_1 \times (B_1 - B_0) \times C_0$

C 因素变动对指标造成的影响 $= A_1 \times B_1 \times (C_1 - C_0)$

【例 5 - 3】以例 5 - 2 材料费用的分析资料为基础，采用差额计算法计算各因素变动对材料费用造成的影响。

解：

产量增加对材料费用造成的影响 $= (200 - 250) \times 48 \times 9 = -21\ 600$（元）

材料单耗变动对材料费用造成的影响 $= 200 \times (50 - 48) \times 9 = 3\ 600$（元）

材料单价变动对材料费用造成的影响 $= 200 \times 50 \times (10 - 9) = 10\ 000$（元）

各因素变动对材料费用造成的影响 $= -21\ 600 + 3\ 600 + 10\ 000 = -8\ 000$（元）

两种方法的计算结果相同，但采用差额计算法显然要比第一种方法简化多了。

3. 相关分析法

相关分析法是指在分析某个指标时，将与该指标相关但又不同的指标加以对比，分析其相互关系的一种方法。企业的经济指标之间存在相互联系的依存关系，在这些指标体系中，一个指标发生了变化，受其影响的相关指标也会发生变化。如将利润指标与产品销售成本相比较，计算出成本利润率指标，可以分析企业成本收益水平。再如，产品产量的变化，会引起成本随之发生相应的变化，利用相关分析法找出相关指标之间规律性的联系，从而为企业成本管理服务。

二、产品成本分析

成本是反映企业工作质量的综合性的经济指标，不断降低产品成本，是企业的一项重要任务。企业要不断降低产品成本，就应对成本指标进行分析，寻求降低产品成本的途径，并为企业领导层进行经济预测和决策提供资料。产品成本分析主要应从以下几方面进行：

（一）全部商品产品成本计划完成情况的分析

全部商品产品成本计划完成情况的分析，可分别按产品别分析和按成本项目分析。

1. 按产品别分析

按产品别分析是指按每种产品的成本所进行的分析。在按产品别进行分析时，应计算如下几个指标，即全部商品产品成本降低额和降低率、可比产品成本和不可比产品成本降低额和降低率、每种产品成本的降低额和降低率。成本降低额和降低率的计算公式如下：

$$\text{成本降低额} = \text{按实际产量计算的实际成本} - \text{按实际产量计算的计划成本}$$

$$\text{成本降低率} = \frac{\text{成本降低额}}{\text{按实际产量计算的计划成本}} \times 100\%$$

【例5-4】方达公司本年度生产三种产品，有关产量及单位成本资料见表5-5。

表5-5　产量及单位成本资料

产品名称		实际产量（件）	计划单位成本（元）	实际单位成本（元）
可比产品	甲产品	100	2 000	1 900
	乙产品	120	2 500	2 450
不可比产品	丙产品	150	3 200	3 260

解：

根据上述资料按产品别分析计算企业全部商品产品成本计划完成情况的结果如下：

甲产品成本降低额 $= 100 \times 1\ 900 - 100 \times 2\ 000 = -10\ 000$（元）

甲产品成本降低率 $= \dfrac{-10\ 000}{100 \times 2\ 000} \times 100\% = -5\%$

其余指标计算方法同上，据此可编成全部商品产品成本计划完成情况表（见表5-6）。

表5-6　全部商品产品成本计划完成情况分析表

产品名称		总成本（元）		差异	
		按计划计算	按实际计算	降低额（元）	降低率
可比产品	甲产品	200 000	190 000	-10 000	-5%
	乙产品	300 000	294 000	-6 000	-2%
	合计	500 000	484 000	-16 000	-3.2%
不可比产品	丙产品	480 000	489 000	9 000	1.875%
合计		980 000	973 000	-7 000	-0.714%

2. 按成本项目分析

按成本项目分析是指将按成本项目反映的全部商品产品的实际总成本与按成本项目反映的实际产量计划总成本相比较，计算每个成本项目成本降低额和降低率对总成本的影响，其计算公式如下：

$$\dfrac{\text{某成本项目实际成本}}{\text{比计划成本降低额}} = \dfrac{\text{该成本项目}}{\text{实际成本}} - \dfrac{\text{该成本项目按实际产量}}{\text{计算的计划成本}}$$

$$\dfrac{\text{某成本项目实际成本}}{\text{比计划成本降低率}} = \dfrac{\text{该成本项目实际成本比计划成本降低额}}{\text{该成本项目按实际产量计算的计划成本}} \times 100\%$$

$$\dfrac{\text{某成本项目降低额}}{\text{对总成本的影响}} = \dfrac{\text{该成本项目实际成本比计划成本降低额}}{\text{按实际产量计算的全部商品产品计划成本}} \times 100\%$$

【例5-5】某企业有关商品产品各成本项目资料见表5-5，要求根据表中资料按成本项目分析计算企业全部商品产品成本计划完成情况的结果，见表5-7。

表5-7　全部商品产品成本计划完成情况分析表

成本项目	全部商品产品成本（元）		差异		各成本项目降低额对总成本的影响
	计划	实际	降低额（元）	降低率	
直接材料	588 000	564 340	-23 660	-4.02%	-2.414 3%
燃料及动力	98 000	87 570	-10 430	-10.64%	-1.064 3%
直接人工	147 000	165 410	18 410	12.52%	1.878 6%
制造费用	147 000	155 680	8 680	5.90%	0.885 7%
合计	980 000	973 000	-7 000	-0.714%	-0.714 3%

解：

根据表5-7，计算过程如下：

直接材料项目实际成本比计划成本降低额 = 564 340 - 588 000 = -23 660（元）

$$直接材料项目实际成本比计划成本降低率 = \frac{-23\ 660}{588\ 000} \times 100\% = -4.02\%$$

$$直接材料项目降低额对总成本的影响 = \frac{-23\ 660}{980\ 000} \times 100\% = -2.4143\%$$

其余各项目的计算方法同上。

（二）可比产品成本降低任务完成情况的分析

可比产品是指企业过去生产过并且有着完整的成本资料的产品。计算可比产品成本降低任务的完成情况，可以检查企业成本降低工作的成绩，具有可比性。因而，考核其降低情况具有重要的参考价值。可比产品成本分析包括可比产品成本降低任务的完成情况和变动的原因两方面。可比产品成本降低任务完成情况分析所需各项指标的计算公式为

$$\begin{aligned}\frac{可比产品成本}{实际降低额} &= \sum 实际产量 \times \left(\frac{上年实际}{单位成本} - \frac{本年实际}{单位成本}\right) \\ &= \frac{实际产量按上年实际}{单位成本计算的总成本} - \frac{实际产量按本年实际}{单位成本计算的总成本}\end{aligned}$$

$$\begin{aligned}\frac{可比产品成本}{计划降低额} &= \sum 计划产量 \times \left(\frac{上年实际}{单位成本} - \frac{本年计划}{单位成本}\right) \\ &= \frac{计划产量按上年实际}{单位成本计算总成本} - \frac{计划产量按本年计划}{单位成本计算的总成本}\end{aligned}$$

$$\frac{可比产品成本}{实际降低率} = \frac{可比产品成本实际降低额}{实际产量按上年实际单位成本计算的总成本} \times 100\%$$

$$\frac{可比产品成本}{计划降低率} = \frac{可比产品成本计划降低额}{计划产量按上年实际单位成本计算的总成本} \times 100\%$$

分析对象：

降低额 = 可比产品成本实际降低额 − 可比产品成本计划降低额

降低率 = 可比产品成本实际降低率 − 可比产品成本计划降低率

各因素变动对可比产品成本降低任务完成情况的影响，主要有产品单位成本、产品品种构成、产品产量等。

1. 产品单位成本变动的影响

计算可比产品成本计划降低额是根据本年计划单位成本和上年实际单位成本进行比较计算的；可比产品成本实际降低额则是根据本年实际单位成本和上年实际单位成本进行计算的。这样，若本年实际单位成本发生变动，必然会引起可比产品成本降低额和降低率的变动。

2. 产品品种构成变动的影响

品种构成是指各种产品数量在全部产品数量总和中所占的比重，由于各种产品的实物数量不能简单相加，所以，在进行可比产品成本分析时，企业一般是用某产品的成本占全部产品成本的比重作为产品品种构成进行分析。其计算公式如下：

$$\text{某产品的品种构成} = \sum \frac{\text{某产品的产量} \times \text{该产品上年（计划或实际）单位成本}}{\text{某产品的产量} \times \text{该产品上年（计划或实际）单位成本}} \times 100\%$$

当企业生产两种以上产品时，若各种产品的实际产量与计划产量不是同比例地增减，则会引起品种构成的变动。在企业生产的多种产品中，每种产品成本降低幅度是不一样的，有的还可能超支。若企业增加成本降低幅度大的产品的生产比重，或降低成本降低幅度小的产品的生产比重，则可比产品平均降低率和降低额就会提高；反之，成本降低率和降低额就会下降。所以，产品品种构成的变动，同时影响成本降低额和成本降低率。

3. 产品产量变动的影响

计算可比产品成本降低任务，是用可比产品的计划产量，分别乘以该产品上年实际单位成本和计划单位成本的差额计算的；实际完成情况则是用可比产品实际产量分别乘以该产品上年实际单位成本与本年实际单位成本的差额计算的。从这一计算过程中可以看出，当产品的品种构成和单位成本不变时，产品产量的变动会引起成本降低额发生同比例的变动，但不影响成本降低率。所以，单纯产量的变动仅影响成本降低额，不影响成本降低率。

【例 5−6】顺达公司本年度生产甲、乙、丙三种产品，有关资料见表 5−8。

表 5−8　产品产量及单位成本资料

产品名称	产量（件）		单位成本（元）		
	计划	实际	上年实际	本年计划	本年实际
甲	100	120	1 200	1 150	1 100
乙	150	200	850	830	810
丙	200	210	630	615	610

解：

根据上述资料对可比产品成本降低任务完成情况进行分析，其结果如下：

（1）可比产品成本计划降低任务的计算结果见表5-9。

表5-9　可比产品成本计划降低任务　　　　　　　　金额单位：元

可比产品	计划产量（件）	单位成本		总成本		降低任务	
		上年	计划	上年	计划	降低额	降低率
甲	100	1 200	1 150	120 000	115 000	500	4.17%
乙	150	850	830	127 500	124 500	3 000	2.35%
丙	200	630	615	126 000	123 000	3 000	2.38%
合计	—	—	—	373 500	362 500	11 000	2.945%

（2）可比产品成本实际完成情况见表5-10。

表5-10　可比产品成本实际完成情况　　　　　　　　单位：元

可比产品	实际产量	单位成本			总成本			完成情况	
		上年	计划	实际	上年	计划	实际	降低额	降低率
甲	120	1 200	1 150	1 100	144 000	138 000	132 000	12 000	8.333%
乙	200	850	830	810	170 000	166 000	162 000	8 000	4.706%
丙	210	630	615	610	132 300	129 150	128 100	4 200	3.175%
合计	—	—	—	—	446 300	433 150	422 100	24 200	5.422%

根据上述资料，可计算出分析的对象：

降低率 = 5.422% - 2.945% = 2.477%

降低额 = 24 200 - 11 000 = 13 200（元）

（3）采用因素分析法计算可比产品成本降低任务完成情况的过程见表5-11。

表5-11　可比产品成本降低任务完成情况分析表

影响因素				计算方法	
顺序	产量	品种构成	单位成本	降低额	降低率
（1）	计划	计划	计划	计划降低额 11 000 元	计划降低率 2.945%

续表

	影响因素			计 算 方 法	
顺序	产量	品种构成	单位成本	降低额	降低率
（2）	实际	计划	计划	实际产量的 上年总成本 ×计划降低率 ＝446 300×2.945%＝13 144（元）	计划降低率2.945%
（3）	实际	实际	计划	实际产量的 ＿ 实际产量的 上年总成本 计划总成本 ＝446 300－433 150＝13 150（元）	$\dfrac{本步骤的降低额}{实际产量的上年总成本}\times$ 100% $=\dfrac{13\ 150}{446\ 300}\times100\%$ ＝2.946%
（4）	实际	实际	实际	实际降低额24 200元	实际降低率5.422%
各因素的影响： （2）－（1）产量因素影响 （3）－（2）品种构成因素影响 （4）－（3）单位成本因素影响				13 144－11 000＝2 144（元） 13 150－13 144＝6（元） 24 200－13 150＝11 050（元）	2.946%－2.945%＝0.001% 5.422%－2.946%＝2.476%
合计				13 200元	2.477%

分析可比产品成本降低任务的完成情况，除了可采用上述因素分析法外，还可采用余额推算法。其计算过程如下：

（1）单位成本变动对成本降低额、降低率影响的计算。

单纯单位成本变动对成本降低额和降低率影响的计算公式如下：

对成本降低额影响＝实际产量的计划总成本－实际产量的实际总成本

$$＝433\ 150－422\ 210＝11\ 050（元）$$

对降低率的影响＝$\dfrac{单位成本变动对降低额的影响额}{实际产量的上年总成本}\times100\%$

$$=\dfrac{11\ 050}{446\ 300}\times100\%＝2.476\%$$

（2）计算品种构成变动对成本降低额、降低率的影响。

由于在影响可比产品成本降低率的三个因素中，只有单位成本和品种构成两个因素的变动对成本降低率有影响，所以，在总的降低率中扣除单位成本变动影响的降低率的余额，就是品种构成变动对成本降低率的影响。其计算公式如下：

$$\begin{aligned}\frac{对降低率}{的\ \ 影\ \ 响} &= \frac{分析对象}{的降低率} - \frac{单位成本变动对}{降低率影响百分比}\\ &= 2.477\% - 2.476\% = 0.001\%\end{aligned}$$

$$\begin{aligned}\frac{对降低额}{的\ \ 影\ \ 响} &= \frac{实际产量的}{上年总成本} \times \frac{品\ 种\ 构\ 成\ 变\ 动\ 对}{降低率影响的百分比}\\ &= 446\ 300 \times 0.001\% = 5\ （元）\end{aligned}$$

（3）计算产品产量变动对成本降低额的影响。

产量变动只对降低额有影响，对降低率没有影响。在总的降低额中，扣除受单位成本、品种构成变动影响的余额，即产量变动对成本降低额的影响。其计算公式如下：

$$\begin{aligned}\frac{对降低额}{的\ \ 影\ \ 响} &= \frac{分析对象}{降\ 低\ 额} - \frac{品种构成变动对}{降\ 低\ 额\ 的\ 影\ 响} - \frac{单位成本变动对}{降\ 低\ 额\ 的\ 影\ 响}\\ &= 13\ 200 - 11\ 050 - 5 = 2\ 145\ （元）\end{aligned}$$

根据上述计算结果，我们可列表 5-12 说明各因素变动对成本降低额、降低率的影响。

表 5-12　各因素变动对成本降低额、降低率的影响

项　　目	降低额（元）	降低率
产量变动的影响	2 145	—
品种构成变动的影响	5	-0.001%
单位成本变动的影响	11 050	-2.476%
合计	-13 200	-2.477%

上述两种计算结果应当一致（由于保留小数的原因，两种方法的计算结果有尾差）。

（三）主要产品单位成本分析

对全部商品产品成本计划完成情况进行总括分析后，企业还应对主要产品的单位成本进行具体分析，从而确定成本升降的原因，提出进一步改进的措施。产品单位成本分析一般是先将产品单位成本的实际数与计划等指标进行比较，计算其差异额和差异率，然后，在此基础上分析各主要成本项目产生差异的原因。

1. 分析直接材料项目

单位材料费用受材料耗用量和材料价格两个因素影响。其计算公式如下：

$$单位产品材料费用 = 单位产品材料消耗量 \times 材料单价$$

各因素变动对材料费用影响的计算公式如下：

$$\frac{材料耗用量变动对}{单位\ 成\ 本\ 的\ 影\ 响} = \sum\left[\left(\frac{材料实际}{单位耗用量} - \frac{材料计划}{单位耗用量}\right) \times 材料计划单价\right]$$

$$\frac{材料价格变动对}{单位\ 成\ 本\ 的\ 影\ 响} = \sum\left[\left(材料实际单价 - 材料计划单价\right) \times \frac{材料\ 实际}{单位耗用量}\right]$$

【例 5 - 7】某企业生产甲产品，材料项目的有关资料见表 5 - 13。

表 5 - 13　材料项目的有关资料

材料名称	计量单位	单位耗用量		材料单价（元）		材料成本（元）		差异（元）
		计划	实际	计划	实际	计划	实际	
A	千克	120	125	62	65	7 440	8 125	685
B	千克	80	75	30	28	2 400	2 100	-300
C	千克	60	62	42	46	2 520	2 852	332
合计	—	—	—	—	—	12 360	13 077	717

$$\begin{aligned}材料耗用量变动对单位成本的影响 &= (125-120)\times62 + (75-80)\times30 + (62-60)\times42 \\ &= 35 - 150 + 84 = 244（元）\end{aligned}$$

$$\begin{aligned}材料价格变动对单位成本的影响 &= (65-62)\times125 + (28-30)\times75 + (46-42)\times62 \\ &= 375 - 150 + 248 = 473（元）\end{aligned}$$

$$各种因素变动对直接材料费用的影响 = 244 + 473 = 717（元）$$

在纺织、冶金、化工等企业，产品生产过程中使用多种原材料，这时，企业需根据产品的特点、工艺规程的要求，将各种材料按一定的比例配料投入使用。每种材料消耗量占材料总消耗量的比例，称为材料配比。在各种材料单价不同的情况下，改变材料的配比也会影响产品的单位成本。这时，材料项目的分析，就受材料消耗量、价格和材料配比三个因素的影响。其具体计算公式如下：

$$单位产品材料消耗总量变动对单位成本的影响 = \left(\begin{array}{c}单位产品材料\\实际总耗用量\end{array} - \begin{array}{c}单位产品材料\\计划总消耗量\end{array}\right) \times \begin{array}{c}计划配比的材料\\平均计划单价\end{array}$$

$$材料配比变动对单位成本的影响 = \left(\begin{array}{c}实际配比的材料\\平均计划单价\end{array} - \begin{array}{c}计划配比的材料\\平均计划单价\end{array}\right) \times \begin{array}{c}单位产品材料\\实际总消耗量\end{array}$$

$$材料价格变动对单位成本的影响 = \sum[(材料实际单价 - 材料计划单价) \times 材料实际单位耗用量]$$

$$计划配比的材料平均计划单价 = \frac{\sum(各种材料计划消耗量 \times 材料的计划单价)}{材料计划总消耗量}$$

$$实际配比的材料平均计划单价 = \frac{\sum(各种材料实际消耗量 \times 材料的计划单价)}{材料实际总消耗量}$$

【例 5 - 8】某企业生产甲产品，材料项目的有关资料见表 5 - 14。

表5－14　材料项目有关资料表

材料名称	计划				实际				差异（元）
	耗用量（千克）	配比	单价（元）	成本（元）	耗用量（千克）	配比	单价（元）	成本（元）	
A	320	40%	100	32 000	294	37%	102	29 988	－2 012
B	200	25%	80	16 000	210	26%	81	17 010	1 010
C	120	15%	60	7 200	168	21%	55	9 240	2 040
D	160	20%	40	6 400	126	16%	35	4 410	－1 990
合计	800	100%	—	61 600	798	100%	—	60 648	－952

解：

分析对象 $= 60\ 648 - 61\ 600 = -952$（元）

$$\frac{\text{计划配比的材料}}{\text{平均计划单价}} = \frac{61\ 600}{800} = 77（元）$$

$$\frac{\text{实际配比的材料}}{\text{平均计划单价}} = \frac{294 \times 100 + 210 \times 80 + 168 \times 60 + 126 \times 40}{798} = 76.842（元）$$

$$\frac{\text{单位产品材料消耗总量}}{\text{变动对单位成本的影响}} = (798 - 800) \times 77 = -154（元）$$

$$\frac{\text{材料配比变动对}}{\text{单位成本的影响}} = (76.842 - 77) \times 798 = -126（元）$$

$$\frac{\text{材料价格变动对}}{\text{单位成本的影响}} = (102 - 100) \times 294 + (81 - 80) \times 210 + (55 - 60) \times 168 +$$

$$(35 - 40) \times 126 = -672（元）$$

各因素变动对单位成本影响的金额 $= -154 - 126 - 672 = -952$（元）

2. 直接工资项目的分析

直接工资项目的分析主要是对产品单位成本中生产工人的工资升降情况的分析。在企业采用计时工资制度的情况下，若只生产一种产品，生产工人的工资可直接计入产品成本。单位产品生产工人工资的多少取决于生产工人工资总额和产品产量。其计算公式如下：

$$\frac{\text{单 位 产 品}}{\text{成本中的工资}} = \frac{\text{生产工人工资总额}}{\text{产品产量}}$$

生产工人工资总额和产品产量变动对单位成本中工资额的影响的计算公式如下：

$$\frac{\text{产量变动对单位产品}}{\text{成本中工资的影响}} = \frac{\text{生产工人工资计划总额}}{\text{产品实际产量}} - \frac{\text{生产工人工资计划总额}}{\text{产品计划产量}}$$

$$\frac{\text{生产工人工资总额变动对}}{\text{单位产品成本中工资的影响}} = \frac{\text{生产工人工资实际总额}}{\text{产品实际产量}} - \frac{\text{生产工人工资计划总额}}{\text{产品实际产量}}$$

【例5－9】某企业生产一种产品，有关资料见表5－15。

表 5 - 15　产品产量和工资资料

项　目	计划	实际	差异
生产工人工资总额（元）	80 000	89 600	9 600
产品产量（件）	320	350	30
单位产品生产工人工资（元）	250	256	6

分析对象 = 256 - 250 = 6（元）

解：

根据上述资料计算产量和生产工人工资总额变动对单位产品成本中工资的影响的结果如下：

$$产量变动对单位产品成本中工资的影响 = \frac{80\ 000}{350} - \frac{80\ 000}{320} = -21.43（元）$$

$$生产工人工资总额变动对单位产品成本中工资的影响 = \frac{89\ 600}{350} - \frac{80\ 000}{350} = 27.43（元）$$

各因素变动对单位产品中工资的影响 = -21.43 + 27.43 = 6（元）

在生产多种产品的企业里，生产工人工资一般不能直接计入某种产品成本，而是采用一定的标准分配计入。若采用生产工时为标准进行分配，其计算公式如下：

$$单位产品成本中生产工人的工资 = 单位产品生产工时 × 小时工资率$$

单位产品成本的高低受生产单位产品的生产工时（效率指标）和小时费用率（分配率指标）两个因素的影响，各因素变动的影响的计算公式如下：

效率差异 = （单位产品实际工时 - 单位产品计划工时）× 计划小时工资率

分配率差异 = （实际小时工资率 - 计划小时工资率）× 单位产品实际工时

【例 5 - 10】 某企业生产多种产品，其中甲产品的有关资料见表 5 - 16。

表 5 - 16　工时及工资资料

项　目	计划	实际	差异
小时工资率（元/小时）	4	4.5	0.5
单位产品工时（小时）	100	95	-5
单位产品工资（元）	400	427.50	27.50

分析对象 = 427.50 - 400 = 27.50（元）

解：

根据上述资料计算效率差异和分配率差异变动对单位成本中工资项目的影响结果如下：

效率差异的影响 = （95 - 100）× 4 = -20（元）

分配率差异的影响 = （4.5 - 4）× 95 = 47.50（元）

各因素变动对单位产品成本中工资费用的影响 = -20 + 47.50 = 27.50（元）

3. 分析制造费用项目

在生产一种产品的企业里，单位产品成本中的制造费用是按实物量分配的：

$$单位产品成本中制造费用 = \frac{制造费用总额}{产品产量}$$

这样，影响单位产品成本中的制造费用数额的因素包括制造费用总额和产品产量。这两个因素变动对制造费用额的影响程度的计算公式如下：

$$产量变动的影响 = \frac{制造费用计划数额}{产品实际产量} - \frac{制造费用计划数额}{产品计划产量}$$

$$\frac{制造费用总额}{变动的影响} = \frac{制造费用实际数额}{产品实际产量} - \frac{制造费用计划数额}{产品实际产量}$$

生产多种产品的企业一般将制造费用按生产工时的比例进行分配。其计算公式如下：

$$\frac{单位产品成本中}{制造费用数额} = \frac{单位产品}{生产工时} × \frac{制造费用}{分配率}$$

这样，单位产品中制造费用数额受单位产品消耗的生产工时（效率指标）和制造费用分配率两个因素的影响。这两个因素的影响程度的计算公式如下：

$$\frac{效率差异}{影响} = \left(\frac{实际单位}{产品工时} - \frac{计划单位}{产品工时}\right) × \frac{计划制造费用}{分配率}$$

$$\frac{制造费用分配}{率变动的影响} = \left(\frac{实际制造费用}{分配率} - \frac{计划制造费用}{分配率}\right) × \frac{实际单位}{产品工时}$$

【例 5 - 11】某企业生产多种产品，其中甲产品有关资料见表 5 - 17。

表 5 - 17　工时及制造费用资料

项　目	计划	实际	差异
单位产品工时（小时）	50	45	-5
制造费用分配率	25%	23%	2%
单位产品制造费用（元）	12.50	10.35	-2.15

解：

根据上述资料，效率差异和制造费用分配率差异变动对单位成本中制造费用影响的计算结果如下：

分析对象 = 10.35 - 12.50 = -2.15（元）

效率差异的影响 = （45 - 50）× 25% = -1.25（元）

制造费用分配率差异的影响 = （23% - 25%）× 45 = -0.9（元）

各因素变动对制造费用的影响 = -1.25 - 0.9 = -2.15（元）

三、降低成本措施分析

在进行成本分析时，通过一系列的分析方法，企业可以确定各因素变动对成本计划完成情况的影响，并且能计算出哪些成本项目发生了差异。如果企业成本计划编制得相对准确，实际成本与计划成本的差异就较小。如果实际成本与计划成本的差异额较大，企业就应对降低成本的措施进行分析，以便进一步揭示成本升降的原因。在计划年度里，企业为了完成成本计划任务，保证目标利润的实现，通常采取一些降低成本的措施。分析降低成本措施，就是要分析企业采取的各种降低成本的措施对成本计划完成的影响程度。分析的主要内容包括产品结构和工艺改革对成本的影响、生产组织措施对成本的影响、其他措施对成本的影响等。

（一）产品结构和工艺改革对成本影响的分析

在产品生产过程中，为了降低产品成本，在保证产品性能、质量、用途等条件不变的情况下，企业可对产品的结构和工艺过程进行改革，如对结构较复杂的产品进行简化，取消一些不必要的功能；在材料选择上，用价值低的材料代替价值高的材料，用国产材料代替进口材料等；在生产工艺上进行改革，采用新的工艺，缩短加工时间和工序等。采取上述各种措施后，在产品的性能、质量、用途不变或稍有改变而用途不变的情况下，产品成本将有较大幅度的降低。

（二）生产组织措施对成本影响的分析

生产组织措施属于企业管理方面的问题。生产组织措施搞得较好的企业，应对人力、物力、财力实行科学的管理，通过科学的管理，促使企业在生产过程中以较少的消耗、较低的成本，取得较大的经济效益。为了降低成本所采取的生产组织措施一般包括人员的合理安排、材料的最佳套裁方案、投产的最佳批量、生产的合理调度等。

（三）其他措施对成本影响的分析

降低成本的措施除了对产品结构和工艺改革、合理的生产组织措施外，还包括其他一些措施，如对产品成本中较大的费用项目、差异额较大的项目进行重点分析，以寻求降低成本的途径。由于这些项目的费用及差异额较大，若使它们降低，则这会对成本计划降低任务的完成情况产生较大的影响。例如，若企业的产品成本中材料费用占有最大的比例，则企业应将其作为分析的重点。影响材料费用高低的因素主要有价格和消耗量。若经过分析认为材料费用的超支主要是受价格因素的影响，则企业应对其作进一步的分析。如果企业生产用的材料中，有一部分是自制的，则企业应将自制的成本与外购的成本进行比较分析，得出是自制合适还是外购合适的结论。这在一定程度上可以使材料成本降低。

四、技术经济指标对单位成本影响的分析

技术经济指标的分析是指技术经济指标的变动对单位产品成本的影响。技术经济指标变动对成本影响的分析主要包括如下几方面：

（一）原材料利用率变动对单位成本影响的分析

原材料利用率是用来反映原材料利用程度的指标。该指标越高，表明材料的利用程度越高，产品成本则可随之降低。有关指标的计算公式如下：

$$原材料利用率 = \frac{某产品合格品产量}{生产该产品所耗用原材料总量} \times 100\%$$

$$原材料利用率变动对单位成本的影响 = \left(\frac{计划原材料利用率}{实际原材料利用率} - 1\right) \times 单位产品成本中计划原材料所占的比重$$

【例5-12】某企业生产甲产品，有关资料见表5-18。

表5-18　甲产品有关资料

项 目	计划	实际	差异
产品产量（千克）	800	800	0
原材料耗用总量（千克）	1 000	950	-50
原材料利用率	80%	84.21%	4.21%
直接材料总成本（元）	2 000	1 900	-100
产品总成本（元）	6 000	5 900	-100
产品单位成本（元）	7.50	7.375	-0.125

根据表5-18中资料，计算原材料利用率变动对单位成本的影响如下：

$$原材料利用率变动对单位成本的影响 = \left(\frac{80\%}{84.21\%} - 1\right) \times \frac{2.50}{7.50} \times 100\% = -1.67\%$$

（二）劳动生产率变动对单位成本影响的分析

在一般情况下，劳动生产率不断提高，平均工资也应随之增长，但平均工资的增度速度不应超过劳动生产率的增长速度，只有如此，才能使单位产品成本不断降低。劳动生产率变动对产品成本的影响的计算公式如下：

$$劳动生产率变动对单位产品成本的影响 = \left(\frac{1 + 平均工资增长的百分比}{1 + 劳动生产率增长的百分比} - 1\right) \times 计划单位产品成本中生产工人工资所占的百分比$$

$$\frac{劳动生产率}{增长百分比} = \frac{单位产品本年实际工时 - 单位产品计划工时}{单位产品计划工时} \times 100\%$$

$$\frac{平\ 均\ 工\ 资}{增长百分比} = \frac{本年实际小时工资率 - 计划小时工资率}{计划小时工资率} \times 100\%$$

如果企业生产多种产品，每种产品所应负担的生产工人工资费用一般是按工时的比例分配的，这样，单位产品成本中的工资费用则受工时和小时工资率两个因素的影响。这时，劳动生产率变动对单位产品成本的影响的计算公式如下：

$$\begin{array}{c}劳\ 动\ 生\ 产\ 率\\变\ 动\ 对\ 单\ 位\\产品成本的影响\end{array} = \left[\left(1 + \frac{小时工资率}{增减百分比}\right) \times \left(1 + \frac{单位产品}{工时增减}{百\ 分\ 比}\right) - 1\right] \times \begin{array}{c}计划单位产品\\成本中生产工人\\工资所占的比重\end{array}$$

【例5-13】某企业生产的甲产品有关资料见表5-19。

表5-19　甲产品成本有关资料

项　　目	计划	实际	差异
单位产品工时（小时）	100	95	-5
小时工资率（元/小时）	0.80	0.85	0.05
单位产品工资成本（元）	80	80.75	0.75
工资占成本比重	15%	—	—

根据上述资料，计算的劳动生产率变动对单位产品成本的影响结果如下：

$$\frac{劳动生产率}{增长百分比} = \frac{95 - 100}{100} \times 100\% = 5\%$$

$$\frac{平\ 均\ 工\ 资}{增长百分比} = \frac{0.85 - 0.80}{0.80} \times 100\% = 6.25\%$$

$$\frac{劳动生产率变动对}{单位产品成本的影响} = \left[\left(1 + \frac{0.05}{0.80}\right) \times \left(1 + \frac{-5}{100}\right) - 1\right] \times 15\% = 0.14\%$$

（三）产品质量变动对产品单位成本影响的分析

在产品分为不同等级的情况下，各等级产品数量的变动也会影响产品的单位成本。等级产品平均质量水平以等级系数表示，等级系数高表明折合为一级品的产量多，这样，等级产品的单位成本就相应地降低了。产品质量变动对单位成本的影响的计算公式如下：

$$\frac{产品质量变动对}{单位成本的影响} = \left(\frac{计划等级系数}{实际等级系数} - 1\right) \times 100\%$$

$$等级系数 = \frac{各等级品折合成一级品产量之和}{各等级品产量之和}$$

【例5-14】某企业生产甲产品，各等级产品有关资料见表5-20。

表5-20 各等级产品产量及成本资料

产品等级	单价（元）	折合率	产量（件）		折合成一级品产量（件）		成本（元）	
			计划	实际	计划	实际	计划	实际
一	100	1%	2 000	2 100	2 000	2 100	—	—
二	90	0.9%	800	750	720	675	—	—
三	60	0.6%	500	600	300	360	—	—
合计	—	—	3 300	3 450	3 020	3 135	264 000	276 000

解：

根据上述资料计算的产品质量变动对单位成本的影响结果如下：

$$\frac{计\quad划}{等级系数} = \frac{3\,020}{3\,300} = 0.915\,15$$

$$\frac{实\quad际}{等级系数} = \frac{3\,135}{3\,450} = 0.908\,69$$

$$\frac{产品质量变动对}{单位成本的影响} = \left(\frac{0.91515}{0.90869} - 1\right) \times 100\% = 0.7109\%$$

在产品不分等级的情况下，产品质量变动对单位成本的影响可按废品率进行计算，即废品率越高，产品成本就越高。降低废品率，就可以降低产品成本。其计算公式如下：

$$\frac{废品率变动对}{单位成本的影响} = \left[\frac{\dfrac{实际废品率}{1-实际废品率}}{\dfrac{计划废品率}{1-计划废品率}} - 1\right] \times \frac{计划单位成本中}{废品损失的比重}$$

$$\frac{计划单位成本中}{废品损失的比重} = \frac{合格品单位成本 - 总产量的单位成本}{合格品单位成本}$$

【例5-15】某企业有关合格品和废品资料见表5-21。

表5-21 合格品及废品资料

项　　目	计划	实际
总产量（件）	150	200
其中：合格品（件）	135	190
废品（件）	15	10
合格品率	90%	95%

续表

项　　目	计划	实际
废品率	10	5
产品总成本（元）	5 625	7 500
废品残值（元）	225	150
合格品成本（元）	5 400	7 350
总产量单位成本（元）	37.50	37.50
合格品单位成本（元）	40	38.68

根据上述资料，废率变动对单位成本影响的计算如下：

$$\frac{\text{计划单位成本中}}{\text{废品损失的比重}} = \frac{40 - 37.50}{40} \times 100\% = 6.25\%$$

$$\frac{\text{废品率变动对}}{\text{单位成本的影响}} = \left[\frac{\dfrac{5\%}{1-5\%}}{\dfrac{10\%}{1-10\%}} - 1 \right] \times 6.25\% = -3.3\%$$

（四）产品产量变动对产品单位成本影响的分析

在生产费用按其与产品产量的关系划分为固定费用和变动费用的情况下，随着产量的增加，固定费用总额虽不变，单位产品成本中的固定费用却随之成比例减少，反之亦然。而单位产品的变动费用则不发生变化。因此，产量变动对单位产品成本的影响主要与固定费用有关，其影响程度的计算公式如下：

$$\frac{\text{产量变动对单位}}{\text{产品成本的影响程度}} = \left(\frac{1}{\text{产量计划完成率}} - 1 \right) \times \frac{\text{计划单位产品成本中}}{\text{固定费用所占百分比}}$$

【例5-16】某企业甲产品有关资料见表5-22。

表5-22　甲产品产量及成本资料

项目	产量（件）		单位成本（元）		总成本（元）	
	计划	实际	计划	实际	计划	实际
变动费用	—	—	10	10	30 000	33 000
固定费用	—	—	2.97	2.70	8 910	8 910
合计	3 000	3 300	12.97	12.70	38 910	41 910

解：

根据上述资料，产量变动对单位产品成本的影响程度计算如下：

$$产量变动对单位产品成本的影响程度 = \left(\frac{1}{\frac{3\ 300}{3\ 000}} - 1 \right) \times \frac{2.97}{12.97} \times 100\% = -2.08\%$$

五、其他成本分析

成本分析除了可按上述各节所述进行全厂性的成本分析外，还可采取其他几种组织方式，这些方式包括车间成本分析、班组成本分析、厂际成本分析和成本分析会议等。

（一）车间成本分析

对车间成本计划的执行情况及其结果的分析，称为车间成本分析。企业的产品是由车间生产的，车间是生产费用发生的主要地点，其成本水平的高低对成本计划执行的结果影响很大。企业车间成本分析主要包括以下几方面：

1. 考核各车间成本计划的执行结果

企业除了按产品类别编制成本计划外，为了考核各个车间的成本情况，实行厂内的经济核算，还要分别编制各个车间的成本计划。其分析对象也是将实际成本与计划成本进行对比。在进行比较分析时，企业应剔除一些车间不能控制的不可比的因素（如材料的价格、厂内的劳务结算价格等），从而分析车间主观因素对成本计划执行结果的影响。

2. 分析影响车间成本计划的因素及其形成原因

在计算各车间成本计划执行结果的基础上，企业还应分析影响车间成本计划的因素及其形成原因。在进行车间分析时，当然可以采用前几节介绍的全厂成本分析中的一些方法。但由于车间是产品生产的基层单位，所以，车间成本分析可比全厂成本分析更详细、具体，指标及因素分解可更细致一些。

3. 分清各车间的经济责任

在分析了实际成本与计划成本的差额后，企业应分清各车间的经济责任，以便采取相应的奖惩措施。产生车间成本差异的原因很多，有的是车间本身工作的结果，如材料消耗量等；当然也有其他车间和部门的因素，如材料价格、其他车间转入的半成品和劳务的价格等。这时，企业应对由各车间、部门负担的差异额进行相互结转，从而确定应由各车间负担的差异额。

4. 提出改进的措施

对在车间成本分析时提出的问题及产生差异的原因，企业应采取相应的措施加以改进，进一步巩固取得的成绩，使车间成本进一步降低。

（二）班组成本分析

班组成本分析是对生产班组的生产经营活动进行记录，从而算出成本升降的数额并分析其产生原因的过程。班组成本分析可由班组兼职的工人负责。班组成本分析的内容应根据班组的特点和经济核算的特点进行，主要对班组能控制的生产消耗量进行分析。有的班组还可对其所生产的产品成本进行分析。

（三）厂际成本分析

在进行成本分析时，企业不仅要根据自身的有关成本资料进行分析，还应进行横向分析，即与同行业其他企业的成本资料进行对比分析，吸取其他企业的先进经验，弥补本企业的不足，采取相应的措施，降低本企业的成本。由于各企业的规模、产品等具体情况不同，所以进行厂际间的成本分析主要是进行单位成本的对比分析。

（四）成本分析会议

成本分析会议是通过召开会议的形式对成本进行分析，寻求降低成本的措施的方式。成本分析会议可由领导、专业人员和有关的职工群众参加。采用成本分析会议的形式，可以集思广益，发现通过技术分析方法不能找出的问题，收到良好的效果。所以，成本分析会议是动员群众参与成本管理，实现领导检查和群众监督相结合、专业分析和群众分析相结合的一种重要形式。

成本分析会议可分为厂际成本分析会议和厂内成本分析会议两种形式。其中，厂际成本分析会议可由企业的主管部门召开，组织同类型企业参加，对同类产品的成本进行分析，并相互交流降低成本的措施和经验。厂内成本分析会议可分为全厂成本分析会议、车间成本分析会议和班组成本分析会议等形式。全厂成本分析会议一般每季度召开一次；车间成本分析会议可以定期或不定期地召开；班组成本分析会议一般也是不定期地召开，可以在班前或班后召开。为了开好成本分析会议，专业人员应做好充分的准备，每次会议都应有明确的目的，并且应准备好相关的数据，提出问题及其解决问题的措施方案。参加会议的人员应有广泛的代表性。对于成本分析会议提出的问题及改进的措施，相关人员应进行整理，提出具体的措施意见，并具体落实到每个单位和个人。同时，企业隔一段时间还应对成本分析会议中提出的问题、措施的改进情况进行检查，使成本分析会议提出的各种措施得到落实。

第三节 成 本 考 核

一、成本考核的意义和原则

（一）成本考核的意义

成本考核是指定期通过成本指标的对比分析，对目标成本的实现情况和成本计划指标的完成结果进行的全面审核、评价。它是成本会计职能的重要组成部分。为了监督和评价各部门、各单位成本计划的完成情况，促使其履行有关经济责任，保证目标成本的实现，企业应建立定期的成本考核制度。成本考核作为成本会计的重要职能之一，对于降低成本、提高成本工作水平具有十分重要的意义。

1. 评价企业生产成本计划的完成情况

成本作为资产的耗费，目的是生产适销对路的产品，通过销售产品获得补偿并赚取利润。而受市场环境、企业产品市场份额以及产品市场价格等条件的限制，企业一定时期内的销售收入是一个限定的常量，而成本在很大程度上是一个企业可控制的变量。成本计划的完成和超额完成，标志着目标成本的实现，从而意味着目标利润的实现。对实际成本与计划成本或目标成本的比较评价，也是对利润实现情况及原因的分析评价。

2. 评价有关财经纪律和管理制度的执行情况

为了进行国民经济的宏观调控管理，提供国家所需要的宏观决策参考依据，国家规定了成本开支范围、费用开支标准等。通过成本考核，一方面，国家可以检查各项成本制度的执行情况，保证成本核算与成本管理的合法性；另一方面，企业内部制定的有关成本工作制度，也有赖于成本考核的检查与评价，从中总结经验，提高成绩，并发现管理制度中的弱点和不足，以便及时采取有效措施，更新管理制度，提高管理水平。

3. 激励责任中心与全体员工的积极性

责任中心是指与其经济决策密切相关的、责权利相结合的部门。其主要特点是决策权的大小与其经济责任的范围相适应，经济责任的大小又与对工作业绩的评价相联系，从而与其经济利益相联系。划分责任中心，是现代企业管理中分权管理模式的灵活体现，为充分调动各级、各部门的积极性和创造性提供了广阔的舞台。根据企业授权的范围不同，责任中心又分为收入中心、成本（费用）中心、利润中心和投资中心。收入中心一般是企业的销售部门，只对收入负责，不对成本负责，但对部分销售费用有一定的责任；成本中心只对其可控成本负责；利润中心、投资中心既对收入负责，又对成本负责。可见，各个责任中心部门与成本有着千丝万缕的联系，虽然成本考核的重点是对成本中心的责任成本的考核，但成本考核可以评价各责任中心对当期经济效益的贡献，使企业树立全员成本管理意识，使各个责任单位和责任人员从成本考核的奖惩制度中看到自身的经济利益，增强降低成本的责任心，激励其降低成本的积极性和创造性，为增收节支作出更大的贡献。

（二）成本考核的原则

1. 以国家的政策法令为依据

为了协调国家、集体、个人三者之间的关系，国家根据经济运行的客观规律制定了相应的政策法令，给企业等提供了一个按照客观规律办事的界限。违反了国家的政策法令，也就违反了经济规律的起码要求。因此，企业以及企业内部成本考核必须以国家的政策法令为依据，对企业的经营活动及成本指标的完成情况进行全面的评价。

2. 以企业的计划为标准

企业的成本计划，是根据国家计划并结合企业实际情况制订的。它是全体职工奋斗的目标，也是各个部门和环节工作的标准。因此，企业及企业内部成本考核必须以计划为标准。当然，企业在制订计划时，不可能考虑到所有可能发生的脱离计划的因素。在这种情况下，企业可以通过分析，分清主观原因和客观原因。对于不利的客观因素，企业还要分析经过主观努力是否能加以排除。

3. 以完整可靠的资料、指标为基础

成本考核的资料、指标必须完整可靠。资料不全面，指标不可靠，考核也就失去了依据。因此，企业在进行成本考核前，必须对成本资料及其计算指标进行全面的检查和审计，而后才能作出恰如其分的考核评价。

4. 以提高经济效益为目标

全面成本管理的最终目的是获得最佳投入产出比，也就是最大限度地提高经济效益。对促使产品成本下降的单位或个人，企业应给予肯定和奖励；否则，企业要使之承担相应的经济责任。只有考核合理，功过分明，才能为降低产品成本、提高经济效益不断开拓新途径。

二、成本考核的范围和指标

（一）成本考核的范围

长期以来，在计划经济体制下，国家对企业考核的成本指标主要有商品产品计划总成本与可比产品成本降低额和降低率。在市场经济条件下，国家不再对企业的成本指标进行考核。作为企业管理的重要组成部分，成本管理指标由企业内部制定并进行考核。

企业内部的成本考核，可根据企业下达的分级、分工、分人的成本计划指标进行。对于生产车间，企业可考核车间产品成本计划和可比产品成本降低指标的完成情况，还可进一步分产品逐个进行考核。对于班组，企业主要考核其材料、工时、工具等消耗定额的完成情况。对于职能部门，企业主要考核归口管理的费用指标完成情况。实行成本责任制的企业要对分工管理的责任成本及成本超支的责任负责，用分工管理的责任成本进行考核。

责任成本是指特定的责任中心所发生的耗费。当将企业的经济责任层层落实到各责任中心后，企业就需要对各责任中心所发生的耗费进行核算，以正确反映各责任中心的经营业绩，这种以责任中心为对象进行归集的成本称为责任成本。

为了正确计算责任成本，企业必须先将成本按已确定的经济责权分管范围分为可控成本和不可控成本。划分可控成本和不可控成本，是计算责任成本的先决条件。责任成本的归集必须以可控性为原则，这是责任成本最主要的特点。所谓可控成本和不可控成本是相对而言的，是指产品在生产过程中所发生的耗费能否为特定的责任中心所控制。可控成本应符合三个条件：第一，能在事前知道将发生什么耗费；第二，能在事中发生偏差时加以调节；第三，能在事后计量其耗费。三者都具备则为可控成本，缺一则为不可控成本。任何责任中心的责任成本必须是该中心的可控成本。每个责任中心在计划期开始前编制的责任预算、平时对责任成本实际发生数额的记录以及所编制的工作业绩报告，都以该中心的可控成本为限。一个责任中心的责任成本，应包括该责任中心本身归集的可控成本，由其他责任中心按责任归属转来的、应由该中心负责的成本以及下属各责任中心的责任成本。

责任成本与产品成本是企业的两种不同成本核算组织体系，它们有时一致，有时则不一致。责任成本按责任者归类，即按成本的可控性归类；产品成本则按产品的对象来归集。两者之间的关系可用表 5 – 23 表示。

表 5 – 23　责任成本与产品成本的归集模式

品种	责 任 中 心				产品成本
	甲	乙	丙		
A	料工费　+	料工费　+	料工费	=	A 产品成本
	+	+	+		
B	料工费　+	料工费　+	料工费	=	B 产品成本
	+	+	+		
C	料工费　+	料工费　+	料工费	=	C 产品成本
	‖	‖	‖		
责任成本	甲责任成本	乙责任成本	丙责任成本	=	总成本

（二）成本考核的指标

成本考核要求责任者对所控制的成本负责，同时与奖惩制度相结合，调动各级、各部门、每位员工降低成本的积极性。成本考核要求按成本责任单位进行成本核算与分析企业。若要具有较高的成本计划水平、成本核算水平和成本分析水平，关键问题之一是制定成本考核指标。产品的计划成本或目标成本制定完成后，企业应进行归口分级管理，层层分解至每一个有关部门和人员，明确其经济责任与经济利益，定期考核兑现。成本考核的指标，既有价值指标，也有实物指标；既有数量指标，也有质量指标；既有单项指标，也有综合指标。

1. 实物指标和价值指标

实物指标是从使用价值的角度，按照其自然计量单位来表示的指标，如消耗钢材采用吨或千克，消耗包装物采用箱或只等。价值指标是以货币为统一尺度表现的指标，如生产费用、产品成本、材料成本、办公费等。在成本指标中，实物指标是基础（班组、机台成本核算多用实物指标），价值指标是一种综合性指标。企业考核成本指标的完成情况，需要把实物指标和价值指标结合起来。

2. 数量指标和质量指标

数量指标是反映一定时期某一方面工作数量的指标，如产量、生产费用、总成本等。质量指标是反映一定时期工作质量或相对水平的指标，如单位成本、产值生产费用率，商品产品成本率、可比产品成本降低率等。将数量指标和质量指标相结合，企业才能全面认识成本变化的规律。

3. 单项指标和综合指标

单项指标是反映成本变化中一个侧面的指标，如某种产品的单位成本等。综合指标是总括反映成本的指标，如全部生产费用、商品产品总成本、可比产品成本降低率等。单项指标是基础，综合指标是对单项指标的概括和总结。

三、成本考核的方法和评价

（一）成本考核的方法

1. 传统成本考核方法的内容

传统成本考核指标主要是可比产品成本计划完成情况指标。其基本公式为

$$\text{全部可比产品成本计划降低率} = 1 - \frac{\text{各种产品本期计划单位成本} \times \text{本期计划产量}}{\text{各种产品上期实际单位成本} \times \text{本期计划产量}} \times 100\%$$

$$\text{全部可比产品成本计划降低额} = \text{各种产品上期实际单位成本} \times \text{本期计划产量} - \text{各种产品本期计划单位成本} \times \text{本期计划产量}$$

$$\text{全部可比产品成本实际降低率} = 1 - \frac{\text{各种产品本期实际单位成本} \times \text{本期实际产量}}{\text{各种产品上期实际单位成本} \times \text{本期实际产量}} \times 100\%$$

$$\text{全部可比产品成本实际降低额} = \text{各种产品上期实际单位成本} \times \text{本期实际产量} - \text{各种产品本期实际单位成本} \times \text{本期实际产量}$$

2. 现代成本考核方法的内容

现代成本管理的理论和方法对传统的成本考核内容进行了较大的改革，主要是围绕责任成本设立成本考核指标，其主要内容包括行业内部考核指标和企业内部责任成本考核指标。

（1）行业内部考核指标。随着市场经济的建立和完善，虽然国家不再直接考核企业的成本水平，但行业之间的成本考核评比还是有必要的。其指标包括：

$$\text{成本降低率} = \frac{\text{标准总成本} - \text{实际总成本}}{\text{标准总成本}} \times 100\%$$

其中：

　　标准总成本 = 报告期产品产量 × 标准单位成本

　　实际总成本 = 报告期产品产量 × 报告期实际单位成本

$$\text{销售收入成本率} = \frac{\text{报告期销售成本总额}}{\text{报告期销售收入总额}} \times 100\%$$

（2）企业内部责任成本考核指标。

$$责任成本差异率 = \frac{责任成本差异额}{标准责任成本总额} \times 100\%$$

其中的责任成本差异额，是指实际责任成本与标准责任成本的差异。

$$责任成本降低率 = \frac{本期责任成本降低额}{上期责任成本总额} \times 100\%$$

（二）成本考核的评价

1. 传统成本考核方法的评价

在计划经济体制下，可比产品成本降低率指标对于加强国家对国有企业的成本管理，发挥职工降低成本的积极性，在企业间进行有效的成本比较、成本竞赛，促进企业以至行业降低成本，曾起过积极的作用。但随着这一指标运行时间的延长，其缺陷也日益暴露出来，主要表现为：

（1）缺乏全面性。可比产品成本降低率，主要是就可比产品而言的，不能反映全部产品成本计划的完成情况。同时，随着科学技术的不断进步，尤其是随着市场经济体制的逐步建立和完善，新产品层出不穷，可比产品占全部产品的比重将呈下降趋势，这一指标的全面性和代表性更不具说服力。

（2）缺乏准确性。由于企业产品分为可比产品与不可比产品两部分，有的企业在进行产品成本计算时有意将应由可比产品成本负担的费用计入不可比产品成本，人为降低可比产品成本，以达到可比产品成本降低率的目标，使得可比产品成本考核的准确性受到很大影响。

（3）缺乏一致性。计划成本是以全部产品为基础制定的。考核产品成本计划完成情况，应涵盖可比产品与不可比产品。而可比产品成本降低率只考核可比产品成本计划的完成情况，缺乏与计划成本口径的一致性。

（4）缺乏科学性。在一定产量范围内，各报告期中有一部分成本是不随产量变化而变化、保持相对稳定不变的。可比产品成本计划完成情况以成本总额为考核对象，不区分固定成本与变动成本。此外，该指标不能反映品种结构变化对成本升降的影响，显然有失科学性、合理性。

（5）缺乏公正性。可比产品成本降低率以上年度实际成本为比较基础，采用环比方法，造成先进企业完成计划指标的难度越来越大，后进企业则较容易实现计划指标的情况。可见这一指标具有"鞭打快牛"的弊端，使得各企业不是在同一起跑线上赛跑，有失公平。

2. 成本考核的综合评价

针对上述传统成本考核方法的缺陷，我国学术界提出了围绕责任成本设立成本考核指标的观点，与传统考核方法相比，具有全面性、适用性和有效性。但我们认为，成本考核还应包括成本岗位工作考核，引入成本否决制的基本思想，与奖惩密切结合起来，以充分体现成本考核的时代性和先进性。

（1）成本岗位工作考核。

这是会计工作达标考核标准的一部分，是对成本核算和管理人员的工作内容、工作状况、工作方式、工作态度及工作业绩的综合评价。该项制度采取考核评分的形式，每个岗位以 100 分为满分，达到 70 分以上为达标及格，不足 70 分为不及格。格式见表 5 – 24。

表 5 – 24 成本岗位考核标准

序号	考 核 标 准	评分标准
1	预提费用，划清在产品成本和产成品成本的界限，不得虚报可比产品成本降低额。凡是制度规定不得列入成本的开支，不得计入产品成本	10
2	积极会同有关部门建立健全各项原始记录、定额管理和计量验收制度，正确计算成本，为加强成本管理提供可靠依据	5
3	正确组织成本核算，及时归集与分配生产费用，组织审查、汇总产品生产成本，按时编报成本报表，进行成本费用的分析和考核	15
4	负责预提费用、待摊费用、递延资产、材料成本差异的分配及核算	7
5	负责成本费用开支的事前审核，严格控制成本、费用开支，确保成本计划的完成	8
6	按照费用指标进行核算和管理，定期考核各单位费用指标的完成情况	7
7	按照下达的生产资金定额，及时掌握各生产单位生产资金的占用情况，并进行全厂的在产品管理	8
8	开展目标成本管理和质量成本管理，将已确定的各项指标分解落实到有关生产单位	9
9	组织在产品、自制半成品核算与半成品稽核工作，建立在产品明细账，对库存自制半成品进行定期盘点，发现盈亏，查明原因，及时处理	10
10	经常深入车间等生产单位，解决车间成本管理中的问题，协调车间之间、处室（科室）之间有关成本计算问题	7
11	定期组织各车间成本员互相检查成本核算工作，发现问题时及时以书面形式向企业领导或总会计师报告，每半年进行一次互检	8
12	保管好各种会计凭证、报表、账簿及有关成本计算资料，防止丢失或损坏，按月装订好会计凭证及报表、账簿，定期全数归档	6

（2）成本否决制与成本考核。

成本否决是企业为了求得自身的不断发展而采取的一种旨在制约、促进生产经营管理，提高经济效益的手段。其主要内容和特点表现为：其一，成本否决存在于生产经营的全过程，贯穿于成本预测、决策、计划、核算、分析等过程，涉及产品的设计、决策、生产、销售等各个环节，包括时间上、空间上的前馈控制、过程控制、反馈控制。其二，成本否决是一个动态循环过程，否决生产成本，涉及原材料成本；否决原材料成本，涉及原材料的采购成本；否决原材料的采购成本，涉及采购计划及其实施……从再生产过程来看，否决销售，涉及生产；否决生产，涉及供应……从企业各个部门及有关人员的职责的完成情况上考核其工作业绩，从供、产、销的衔接及其制约上评价成本的升降情况，有助于促使企业走上良性循环的轨道。其三，成本否决是一个自我调节的过程：在产品决策阶段，通过认真、科学的论证，选择具有竞争力的产品，使其机会成本降到最低；在产品设计阶段，利用价值工程等理论和方法，使产品的功能与其价值相匹配，使其达到优化，消除成本管理的"先天不足"问题；在材料采购阶段，除控制采购费用外，尽量选择功能相当、价格相对偏低的代用材料，控制材料采购成本；在生产阶段，通过生产工艺过程和产品结构的分析，严格定额管理，运用价值工程进行进一步管理控制；在销售阶段，加强包装、运输、销售费用管理；在售后服务阶段，加强产品服务管理，提高售后服务队伍的职业道德和业务素质，降低外部故障成本，改善企业形象。

成本否决制的诞生和运用，在生产经营管理的控制过程中起到了激励、约束、导向的作用，形成了成本控制中心的权威地位，强化了企业全员的成本意识，有效地解决了成本控制中条块分割、纵横制约的问题，打破了财务部门独家管成本的现状，使技术和经济相结合，生产、技术、物资、劳资等方面的管理与价值管理真正结合。它一方面将大批技术人员纳入成本管理行列，另一方面将大批财务会计人员引入生产技术领域，形成了纵横交错的成本管理网络。它设立"成本降低奖"，使责权利密切结合，突出了成本控制的地位，解决了成本综合考核、综合奖励的问题，硬化了控制手段，扩大了责任成本的视野，完善了责任成本控制，开阔了责任成本考核的思路。

复习思考题

1. 成本报表的种类有哪些？成本报表的编制要求有哪些？成本报表在成本管理中有什么作用？

2. 什么是商品产品成本表？该表的结构如何？如何编制？

3. 什么是主要产品成本表？该表的结构如何？如何编制？

4. 什么是成本分析？成本分析一般包括哪些内容？

5. 在实际工作中通常采用的成本分析方法有哪些？什么是对比分析法？如何进行分析？

6. 什么是因素分析法？因素分析法的程序如何？采用因素分析法进行成本分析时，替代顺序应如何确定？

7. 如何进行全部商品产品成本计划完成情况的分析？如何进行可比产品成本降低任务完成情况的分析？

8. 影响可比产品成本降低任务完成情况的因素有哪些？各因素对降低额和降低率的影响如何？

9. 为什么要进行成本考核？成本考核的原则包括哪些内容？成本考核的指标有哪些？传统成本考核方法的缺陷有哪些？

第六章　作业成本管理

通过本章学习，学生应熟悉作业成本管理的概念，了解作业成本管理产生的动因，掌握作业成本管理的内容，掌握作业成本法的核算原理并能灵活应用，掌握作业成本法与传统成本核算的不同，明确作业成本管理与传统成本管理的区别，了解作业成本管理的实施以及适时生产制度的基本思想。

第一节　作业成本管理概述

一、作业成本管理的产生及动因

作业成本管理（Activity-based Costing Management，简称 ABCM）围绕着作业进行，其管理理念已经延伸至成本管理的各个环节，是一种全新的成本管理方法。

（一）作业成本管理的产生及发展

作业成本管理建立在分析作业成本核算结果的基础上，是对作业成本计算的延伸和拓展。1990 年罗菲（Raffish）和托尼（Tourney）提出了关于作业成本管理的十字模型，见图 6-1。

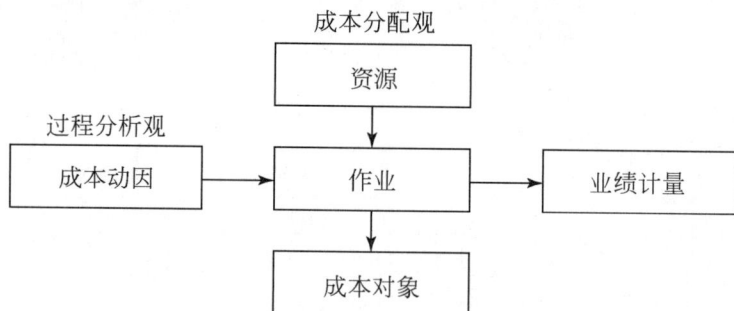

图 6-1　作业成本管理十字模型

该模型从纵向上看反映了作业成本计算的思想，从横向上看揭示了作业成本管理的思想，整体分析以作业成本计算为基础，以作业为核心，以成本动因及业绩分析为重点，标志着作业成本管理的诞生。

然而，在十字模型的基础上，理论与实务研究中基于作业的探讨不断拓展。20世纪90年代中后期以来，随着作业成本管理在越来越多的企业成功应用，人们越来越认识到作业理念为企业加强内部管理提供了很好的基础，于是基于作业信息进行预算管理、生产管理、内部价值评估以及进行盈利分析等的理论与实务探讨著作纷纷涌现，从而拓展了作业成本管理的范畴，使作业管理理念由最初的单纯成本控制延伸到决策、规划、业绩评价等领域。但总体来看，人们进行作业管理一直是围绕着成本管理进行的，而这种管理远远超越了传统成本管理的理念和深度。

（二）作业成本管理产生的动因

作业成本管理顺应时代的发展需要，针对传统成本管理的缺陷而产生，其具体产生原因如下：

1. 传统成本管理基础面临挑战

为了达到有效进行成本决策与成本控制等目的，传统成本管理以成本性态分析为基础，依据成本与业务量之间的依存关系，将全部成本分为变动成本和固定成本两大类。这种分析与劳动密集型的生产方式相适应。

然而，进入20世纪70年代，以计算机技术为代表的高科技广泛应用于企业，随着计算机辅助设计技术、计算机辅助制造技术和计算机一体化制造系统等的推广，企业的生产日益自动化和程序化，由此导致企业的制造环境和制造工艺明显变化，生产方式逐渐由劳动密集型向技术密集型转化。在这种情况下，单纯地依据成本与业务量之间的关系分析成本已不能满足成本管理的需要，因为从长期来看，固定成本并非固定不变的，而变动成本也并非全部随业务量的变动呈正比例变动，这种变动与业务活动量基础（如订货次数等）而非业务量本身直接相关，因此需要重新诠释成本管理的基础。

2. 传统成本核算结果扭曲

20世纪70年代以后，由于计算机技术的广泛应用，一方面，产品成本中的间接费用比重急剧增长，而直接人工比重则相对下降。从西方的许多企业来看，1970年以前间接费用比重仅为直接人工成本的50%～60%；到了1970年以后，很多企业的间接费用已增加为直接人工成本的400%～500%，而直接人工成本在产品成本中的比重仅为10%～20%。另一方面，间接费用的构成更加繁杂。例如，制造费用属于间接费用，从我国目前的规定来看，制造费用的明细项目就有十几项，这些费用发生的原因也是多种多样的。

传统制造费用的分配方法是：以直接人工工时或机器工时或直接人工成本作为分配标准，只计算一个分配率，依据单一分配标准，将制造费用分配给各产品。过去企业生产属于劳动密集型条件下的生产，制造费用所占成本比重不大，因此管理者只重视对直接材料、直接人工等直接成本的计算和控制，相对而言，对制造费用的计算和控制关注较少。因此，传统制造费用的分配方法与过去的生产条件及环境是相适应的。但随着企业生产条件和工艺的明显改变，随着制造费用比重的明显增长，仍以单一数量为基础分配制造费用就显得不合时宜。在高度自动化的生产条件下，有些制造费用与数量的关系较为紧密，而大部分的制造费用与数量没有必然的联系，在这种情况下，仍采用单一的分配率分配制造费用就会使制造费用的分配不准确。

另外，过去在劳动密集型生产条件下，企业追求规模经济效益，产品品种较少，通常的生产方式是大批量生产；而在技术密集型生产条件下，生产较为灵活，生产品种呈多样化趋势，生产变为小批量生产。按照传统制造费用分配方法来分配费用，会使生产数量多的产品承担较多的制造费用，而生产数量少的产品承担较少的制造费用，这与事实不符。事实上，在技术密集型生产条件下，大批量生产产品的设计和加工程序一般较为简单，容易生产；而小批量产品的设计和加工程序通常较为复杂，不容易生产。在这种情况下，分配制造费用时，前者应少些，而后者应相对较多。

显然，采用传统的制造费用分配方法分配制造费用，无论从费用分配率来看，还是从费用分配过程来看，都会由于制造费用分配不准确而使产品成本失去真实性，从而造成成本信息严重失真，这不利于企业进行正确的决策。传统成本核算方法需要变革。

3. 传统成本管理观念面临挑战

在劳动密集型生产条件下，市场属于卖方市场，企业只关注产品的生产过程，追求规模经济效益，而无须注重对客户需求的研究。因此，传统经营条件下的成本管理观念是，只要生产过程能够降低各成本项目的成本，就可以达到降低产品成本的目的。

而在新的经营条件下，随着全球经济一体化的出现，市场不再是卖方市场而变为买方市场，人们对产品的要求越来越"个性化"，这意味着产品的需要日益多样化，老产品的淘汰速度加快。在这种情况下，企业开始从客户的角度出发，灵活变动生产线，以满足客户对多样化产品的需要。与此同时，企业的成本管理观念发生了质的变化。人们发现，并非企业所有的活动都能增加企业的价值，有些活动是客户必需的；有些活动即使发生了也不能增加企业的价值。因此，降低产品成本最有效的途径是消除这些无效的活动。如果将企业看成一个由若干个作业构成的前后有序的作业链，这个作业链可以通过消除非增值作业而得到优化。新的成本管理理念对传统成本管理理念提出了挑战。

二、作业成本管理的相关概念

经过西方会计界多年来的研究和探索，作业成本管理已基本形成了一套较为完整的概念体系。

（一）作业、作业链、价值链

作业是指企业生产经营过程中各项独立并相互联系的最基本的活动。作业贯穿于产品生产经营的全过程，从产品设计开始，经过物料供应、生产工艺的各个环节，直至产品的发运销售。在这一过程中，每个环节、每道工序都可以视为一项作业，如产品设计、订单处理、采购、储存等。

作业链是指企业为了满足顾客需要而设立的一系列前后有序的作业的集合体。作业链的设计与建立以顾客为出发点，作业链分析有助于消除不增加企业价值的作业，从而达到降低产品成本的目的。

价值链概念有广义和狭义之分。广义的价值链是指各项独立活动集合的价值表现。它既可以表现在企业的内部，也可以表现在企业的外部。狭义的价值链仅局限于企业内部，从这个角度看，价值链是指企业作业链的价值表现。企业生产经营中的各项作业有序进行，各项作业的转移同时伴随着价值的转移，最终产品是全部作业的集合，同时也表现为全部作业的价值集合。从这点来看，作业链的形成过程也就是价值链的形成过程。要想改进价值链，必须改进作业链。而作业链的完善，是从基于价值的价值链分析开始的。

（二）资源、成本

资源是指企业生产经营过程中初始形态上的各种劳动耗费。它是支持作业成本、费用的来源，也可以视为一定期间为了生产产品或提供服务而发生的各类成本、费用的项目，或者是作业执行过程中所需要花费的代价。企业的资源可能包括时间、材料、占地空间、设备、技术和其他有价值的物力。通常企业财务部门编制的预算可以比较清楚地列示各种资源项目。例如，发出订货单是采购部门的一项作业，那么相应办公场地的折旧、采购人员的工资和附加费、电话费、办公费等都是订货作业的资源费用。制造行业中典型的资源项目一般有：原材料费用、辅助材料费用、燃料费用、动力费用、工资及福利费、折旧费、办公费、修理费、运输费等。

作业成本中的成本是指对资源的消耗，而不是为获取资源发生的支出。此概念与传统概念最大的不同在于明确了消耗的对象。事实上，其消耗对象是有限的，而不是无限的，其目的是计量资源消耗的水平，而不是反映支出水平的增减变动。这种界定一是有助于管理人员分析资源的利用状况，二是有助于管理人员的正确决策。

（三）成本动因、成本库、作业中心

成本动因亦称成本驱动因素，是指导致成本发生的事项或活动。它决定着成本的产生，并可作为分配成本的标准。成本动因具有隐蔽性，它深藏在成本发生的过程中而不易被识别。成本动因必须与成本的发生具有相关性，另外成本动因本身还应具有可计量性。

成本动因按其在作业成本中体现的分配性质不同，可以分为资源动因和作业动因两类。资源动因反映作业量与资源消耗之间的因果关系。这类成本动因发生在各种资源消耗向相应作业中心分配的过程中，它是将资源成本分配到作业中心的分配标准。资源动因与最终产品的产量没有直接的关系。作业动因反映产品产量与作业成本之间的因果关系。这类成本动因发生在各作业中心将归集的作业成本向各产品分配的过程中，是作业成本的分配标准。

成本库是指按同一作业动因，将各种资源消耗项目归集在一起的成本类别，即相同成本动因的作业成本集。成本库的建立把间接费用的分配与产生这些费用的动因联系起来，不同成本库选择不同成本动因作为分配标准。显然，成本库中所汇集的成本可以相同的作业动因为标准，将其成本分配给各产品或劳务。

作业中心是一系列相互联系、能够实现某种特定功能的作业集合。例如在原材料采购作业中，材料采购、材料检验、材料入库、材料仓储保管等都是相互联系的，且都可以归类于材料处理作业中心。作业中心与成本库密切相关，成本库归集的成本常常是作业中心的成本，因此很多人将作业中心与成本库等同看待。

三、作业成本管理的含义及理论依据

作业成本管理突破了传统成本管理的观念，深入作业层面进行分析，是一种全新的成本管理方法。

（一）作业成本管理的含义

作业成本管理是指以提升企业价值为目的，通过对作业链的不断改进和不断优化，从而使企业获得竞争优势的一种成本管理方法。

从作业成本管理的概念中不难看出，作业成本管理围绕着作业进行，其目标是优化作业链。如果实务中的企业能够采取一切措施不断消除不增加企业价值的作业，就可以提升企业的竞争力，进而增加企业的价值。因此作业成本管理服务于企业目标，其先进的管理思想不仅适用于企业单位，也适用于事业单位。

（二）作业成本管理的理论依据

作业成本管理有其坚实的理论依据，即认为现代企业是一个为最终满足客户需要而设计的一系列作业的集合体，各种作业有序地前后衔接，联结成一个整体，最终为企业的外部客户服务。这为优化作业链奠定了基础。

从性质来看作业有两类，一类是不能缺少的增值作业，另一类是可有可无的非增值作业。非增值作业之所以能够消除，是因为它在作业链中是多余的；而非增值作业被消除后，企业的成本自然就会显著下降。因此可以说，优化作业链是降低成本的有效途径，分析作业链、控制与改进作业链是作业成本管理的核心。

四、作业成本管理的内容及其与传统成本管理的区别

作业成本管理实质上是将作业理念用于成本管理的各个环节，涉及的内容较为宽泛，与传统成本管理也有着显著的不同。

（一）作业成本管理的内容

作业成本管理以作业成本核算为前提，以分析客户需求为出发点，以作业分析为核心，以不断寻求成本的改进为目标。其具体内容如下：

1. 实施作业成本法

要进行作业成本管理，企业必须首先采用作业成本法。作业成本法即作业成本计算，它是实施作业成本管理的前提。作业成本管理认为，只有实施作业成本法，才能提高产品成本计算的准确性，才能避免传统成本核算结果的扭曲。作业成本法不仅是作业成本管理的首要环节，而且是作业成本管理产生的初衷。

2. 分析客户的需求

因为企业的作业链同时表现为价值链，而企业的价值最终通过客户愿意支付的价格实现，因此，企业在进行作业分析时，应以分析客户的需求为出发点。企业应通过客户意向调查等方式，了解客户对企业产品性能、质量、外观等的要求，了解客户的偏好，了解客户的动向，从而使企业的产品能够满足客户的要求，进而达到稳定老客户、不断挖掘新客户、拓展市场的目的。

3. 分析盈利能力

企业本质上是逐利的，要做到盈亏心中有数，就必须首先明确产品或生产线等是否具有盈利能力，而这种分析必然会涉及产品成本。盈利能力分析下的产品或生产线成本采用的是广义的产品或生产线成本，它不仅包括狭义的产品成本（作业成本法下的产品成本，包括料、工、费三项），而且包括传统会计核算中的三项期间成本：管理费用、销售费用和财务费用。只有建立在广义产品成本概念基础上的盈利分析才能满足决策的需要。

4. 进行作业价值分析

从作业管理的角度看，企业的生产经营过程是由各项独立并相互联系的作业构成的。各项作业按一定顺序先后有序地进行，形成各种作业价值。伴随着各项作业的依次完成，这些价值也实现了转移。要提高企业的价值，必须对作业进行价值分析，价值分析应围绕着狭义产品成本核算展开，最终需要确认增值作业。

5. 分析作业预算执行的结果

企业应定期将作业执行的实际结果与作业预算进行对比，分析作业成本水平及作业的利用效果，只有这样，才可以及时发现问题，采取措施，从而达到降低成本、合理配置企业资源的目的。进行此类分析的前提是编制合理、可行的作业预算。

6. 采用适时生产制度

要消除非增值作业，最有效的方法是采用适时生产制度。适时生产制度从生产周转角度变革企业的生产布局、生产的安排方式，虽然成本投入较高，但优化作业链的效果显著，是一种最为理想的成本管理方法。

7. 全方位采取措施改善企业的生产经营

要优化作业链，可以采用的方法多种多样。除了采用适时生产制度外，企业还可以从其他角度采取措施，其目的是消除非增值作业，尽量提高增值作业的利用效率，进而达到不断改善生产经营、确保低成本竞争优势的最终目的。

（二）作业成本管理与传统成本管理的区别

作业成本管理深入作业层面，是对传统成本管理的全新变革，与传统成本管理有着显著的不同，主要区别如下：

1. 成本管理的对象不同

传统成本管理以产品为对象，紧紧围绕着产品进行核算、决策、控制等；而作业成本管理以作业为基础，紧紧围绕着作业进行核算、决策、控制等，其对象较传统的对象更加细化。

2. 成本管理的基础不同

传统成本管理以成本性态分析为基础，将所有的成本区分为固定成本和变动成本两大类；而作业成本管理以作业成本法为前提。作业成本法按照业务活动量将作业细分为单位层作业、批量层作业、产品层作业和公司层作业，由此将所有的成本划分为短期变动成本（单位层作业属于短期变动成本）、长期变动成本（包括批量层作业和产品层作业）和固定成本（公司层作业属于固定成本）三类。这种依据成本和成本动因之间依存关系区分的成本即成本性态分析的新解释，也是进行作业成本管理的基础。

3. 研究的范畴不同

传统成本管理研究范畴仅限于企业内部的供产销分析；而作业成本管理进行作业链分析，常常将分析的视角延伸至供应商和客户，甚至竞争对手。显然作业成本管理的研究范畴广于传统成本管理的研究范畴。

4. 成本管理的性质不同

传统成本管理一直将管理的视野局限于企业的内部，从未站在客户角度进行成本管理，其管理不具有战略性；而作业成本管理站在有助于企业长期发展的角度，以分析客户需求为出发点，深入作业层面进行作业价值分析，它属于战略管理不可缺少的一个组成部分，具有战略性。

5. 成本核算的范畴不同

传统的成本管理以狭义产品成本核算为基点，信息不够精细，有时无法确认产品或生产线等的盈利能力；而作业成本管理将产品成本核算范畴拓展到期间成本，这样的计算结果更有助于正确作出经营决策，属于精细化的成本核算。

6. 分析的内容不同

传统成本管理仅仅从成本项目角度进行分析，不具有深入性；而作业成本管理以作业为基础，从资源动因、作业动因、作业链等角度进行价值分析，具有深入性。

7. 成本改进的侧重点不同

传统成本管理的着眼点在于成本本身而非产品生产时间，它研究如何采取有效措施降低某项较高的成本；而作业成本管理为消除非增值作业，常常采用先进的方法，如适时制、全面质量管理等，这些方法的采用大大缩短了产品的生产时间，其成本改进的视角较传统视角要宽，改进的侧重点明显不同。

第二节　作业成本管理的核算前提

一、作业成本法的内涵及程序

作业成本法（Activity-based Costing，简称 ABC）是进行作业成本管理的前提，它针对传统间接费用（主要指制造费用）分配的缺陷而产生，是一种基于作业的产品成本核算方法。

（一）作业成本法的内涵

作业成本法是指以作业为中间桥梁，以作业中心为间接费用的归集对象，最终分配并计算产品成本的一种成本核算方法。它的理论依据是：作业消耗资源，产品消耗作业。也就是说，生产导致作业的发生，作业消耗资源并导致成本的发生，产品消耗作业。这也是作业成本法的核算原则。

（二）作业成本法的程序

依据核算原则，作业成本法的具体计算程序如下：

1. 划分作业并建立作业中心

企业的经营活动是由一系列作业构成的，而作业中心是归集成本与分配成本的单元，作业成本计算由此形成了以作业中心为核心的账户体系。

一个企业的生产经营范围越大，复杂程度越高，形成的作业数量就越多。列示全部的作业不仅无助于信息的及时提供，反而会导致作业成本法的实施受阻，因为这会导致实施成本增高，不符合成本效益原则的应用要求。因此，企业有必要对众多的活动作必要的筛选。在作业识别时，企业只需识别主要作业，而对各类细小的作业加以归类，筛选作业时可以针对过程设问以寻求合并与改善的可能。

划分作业中心也应该坚持成本与效益原则。划分过粗，不容易落实责任；划分过细，虽然可以提供更多的信息，但不一定有用。作业中心必须具有相同的成本动因。在实际工作中，作业中心可以小到一项作业，大到多项作业的集合。企业应结合实际予以确定，但作业中心不宜太多。

2. 确认和计量各类资源耗费

资源是企业从事各项作业所必需的经济要素，它包括货币资源、材料资源、人力资源、动力资源和厂房设备资源等。计算作业成本应首先根据资源动因确认和计量资源的耗费。

3. 归集作业成本

作业中心是资源的归集对象，企业在确认和计量各项资源耗费的基础上，可以根据资源动因，将各类资源归集到各作业中心。

4. 计算作业成本分配率

企业可以作业动因为分配标准，计算各作业中心的作业成本分配率。计算公式如下：

$$作业成本分配率 = \frac{某作业中心所归集的成本总额}{该作业中心的作业动因总数} \times 100\%$$

5. 确定产品成本

根据各产品记录的作业动因数，首先按照作业成本分配率分配各项作业成本到每一个产品，然后汇总其他成本项目，就可以确定每一种产品的产品总成本。相关的计算公式如下：

$$某产品成本 = \sum \frac{产品中某项作业的}{成本动因量} \times \frac{相应作业}{成本分配率} + 直接成本$$

二、作业成本法程序的应用

从上述计算步骤中可以看出，作业成本法需要区分直接成本和间接成本，凡直接成本可以直接计入某项产品成本，最典型的直接成本是直接材料项目，而间接成本需要按照资源—作业中心—产品这一顺序进行确认、计量和分配。

【例6-1】假定某企业生产甲、乙两种产品，两种产品都没有在产品。该企业通过对作业的归并，共设立五个作业中心：生产订单、机器调整准备、机器运行、设备维护、质量检验。各作业中心的资源耗费已分配完毕。各作业中心的相关资料及其他资料见表6-1、表6-2。

表6-1　资料

项　目	甲产品	乙产品
产量（件）	10 000	1 500
单位产品直接人工工时（元/件）	4	5
单位产品机器小时（小时/件）	2	3
直接材料成本（元）	250 000	30 000
直接人工成本（元）	150 000	72 000
制造费用（元）	857 500	

表 6-2 制造费用作业明细

作业中心	作业动因	作业动因数		作业成本（元）
		甲产品	乙产品	
生产订单	订单份数	8 份	16 份	48 000
机器调整准备	调整次数	2 000 次	500 次	26 250
机器运行	机器小时	20 000 小时	4 500 小时	637 000
设备维护	直接人工工时	40 000 小时	7 500 小时	85 500
质量检验	检验次数	20 次	30 次	60 750

要求：分别按作业成本法和完全成本法（传统成本计算方法）计算甲、乙两种产品的单位成本。

解：

依据题意，直接材料、直接人工属于直接成本，制造费用属于间接成本。

在作业成本法下：

首先按照作业动因，将各作业中心归集的作业成本分配给各产品，见表 6-3。

表 6-3 作业成本分配表

作业中心	作业动因数			作业成本（元）	分配率	分配作业成本	
	甲产品	乙产品	合计			甲产品（元）	乙产品（元）
①	②	③	④=②+③	⑤	⑥=⑤/④	⑦=②×⑥	⑧=③×⑥
生产订单	8 份	16 份	24 份	48 000	2 000	16 000	32 000
机器调整准备	2 000 次	500 次	2 500 次	26 250	10. 5	21 000	5 250
机器运行	20 000 小时	4 500 小时	24 500 小时	637 000	26	520 000	117 000
设备维护	40 000 小时	7 500 小时	47 500 小时	85 500	1. 8	72 000	13 500
质量检验	20 次	30 次	50 次	60 750	1 215	24 300	36 450
合计				857 500		653 300	204 200

然后分别计算甲、乙两种产品的单位成本：

$$单位产品成本_甲 = \frac{250\ 000}{10\ 000} + \frac{150\ 000}{10\ 000} + \frac{653\ 300}{10\ 000} = 105.33（元）$$

$$单位产品成本_乙 = \frac{30\ 000}{1\ 500} + \frac{72\ 000}{1\ 500} + \frac{204\ 200}{1\ 500} = 204.13（元）$$

在完全成本法下：

首先以机器小时为标准分配制造费用：

$$制造费用分配率 = \frac{857\ 500}{24\ 500} \times 100\% = 3\ 500\%$$

$$制造费用_{甲} = 20\ 000 \times 35 = 700\ 000 \ （元）$$

$$制造费用_{乙} = 4\ 500 \times 35 = 157\ 500 \ （元）$$

然后分别计算甲、乙两种产品的单位成本：

$$单位产品成本_{甲} = \frac{250\ 000}{10\ 000} + \frac{150\ 000}{10\ 000} + \frac{700\ 000}{10\ 000} = 110 \ （元）$$

$$单位产品成本_{乙} = \frac{30\ 000}{1\ 500} + \frac{27\ 000}{1\ 500} + \frac{157\ 500}{1\ 500} = 143 \ （元）$$

上述实例假设资源已经归集到各作业中心，为了全面反映作业成本计算的全貌，下面再以一个较为全面的实例说明作业成本法原理的应用。

【例 6－2】 假定某加工企业生产加工 A、B 两种产品，采用作业成本法计算产品成本。A、B 产品的生产工艺过程基本相同，A 为标准产品，每批产量高；B 为非标准产品，每批产量低。该企业经过分析，确认作业中心为七个，包括产品设计、订单处理、粗加工、精加工、精加工机器调整、产品检验和一般管理。2017 年某月的具体资料如下：

（1）本月该企业生产 A 产品 8 批，共计 25 000 件；生产 B 产品 160 批，共计 1 500 件。

（2）A 产品每件消耗直接材料 2 元；B 产品每件消耗直接材料 3 元。

（3）产品设计作业是由计算机辅助设计系统完成的，该系统能提供 850 个机时。本月用于 A 产品设计机时数为 400 机时，用于 B 产品设计机时数为 320 机时。

（4）本月有能力处理订单 1 000 份，实际处理订单 850 份。其中处理 A 产品订单 600 份，处理 B 产品订单 250 份。

（5）粗加工机器共 6 台，每月全部机器可以运转 1 000 机时。本月实际运转了 840 机时，其中加工 A 产品每件需要 1.8 分钟，共计 750 小时 $\left(25\ 000 \times \dfrac{1.8}{60}\right)$；加工 B 产品每件需要 3.6 分钟，共计 90 小时 $\left(1\ 500 \times \dfrac{3.6}{60}\right)$。由于该类机器调整十分简单，所需时间很短，因此不必作为一项单独的作业处理。

（6）精加工共有机器 6 台，每月全部机器可以运转 1 250 机时。由于精加工要求的精度很高，因此调整机器所需时间较长，本月生产 A 产品调整了 50 次，每次调整需要 12 分钟，共用了 10 机时 $\left(50 \times \dfrac{12}{60}\right)$；生产 B 产品调整了 160 次，每次调整需要 15 分钟，共用了 40 机时 $\left(160 \times \dfrac{15}{60}\right)$。除此之外，加工 A 产品每件需要 2.4 分钟，共用了 1 000 机时 $\left(25\ 000 \times \dfrac{2.4}{60}\right)$；加工 B 产品每件需要 1.5 分钟，共用了 37.5 机时 $\left(1\ 500 \times \dfrac{1.5}{60}\right)$。

（7）每月产品检验能力为 900 件，本月实际每批检验 A 产品 15 件，共检验了 120 件；B 产品每批检验 4 件，共检验了 640 件。

（8）本月生产 A、B 两种产品的资源耗费情况如下：工资 35 800 元，水费 4 080 元，电费 7 360 元，折旧费 68 600 元，办公费 4 790 元。

要求：分别计算 A、B 产品的单位成本。

解：

依据题意，只有直接材料属于直接成本。

第一步，以所给各项资源动因为标准，将各项资源成本分配给各作业中心，并编制企业资源耗费分配表，见表 6-4。需要说明的是，由于精加工和精加工机器调整两项作业联系十分紧密，因此这里先将其视为一体看待，并以此归集各项资源成本。

表 6-4　企业资源耗费分配表

资源项目	产品设计	订单处理	粗加工	精加工和机器调整	产品检验	一般管理	合计
工资：							
职工人数	4	1	8	6	3	2	
每人平均工资（元）	2 000	1 000	1 400	1 600	1 200	1 200	
工资成本（元）	8 000	1 000	11 200	9 600	3 600	2 400	35 800
水：							
用水吨数	300	150	500	450	380	260	
每吨水价格（元）	2	2	2	2	2	2	
水费（元）	600	300	1 000	900	760	520	4 080
电：							
用电度数	3 500	800	5 000	6 400	1 200	1 500	
每度电价格（元）	0.4	0.4	0.4	0.4	0.4	0.4	
电费（元）	1 400	320	2 000	2 560	480	600	7 360
折旧费（元）	13 000	4 000	18 000	21 000	7 000	5 600	68 600
办公费（元）	800	600	540	700	950	1 200	4 790
作业成本（元）	23 800	6 220	32 740	34 760	12 790	10 320	120 630

第二步，依据发生的机器小时数，确定精加工和精加工机器调整两项作业的作业成本。本月实际发生精加工机器调整时数共计 50 机时（10＋40），占可供利用时数的 4%$\left(\frac{50}{1\,250}\times100\%\right)$，则精加工时数占 96%。具体内容见表 6-5。

表 6 - 5　精加工与精加工机器调整作业成本分配表　　　　单位：元

作业	比重	工资	水费	电费	折旧费	办公费	合计
成本	100%	9 600	900	2 560	21 000	700	34 760
精加工机器调整	4%	384	36	102.4	840	28	1 390.4
精加工	96%	9 216	864	2457.6	20 160	672	33 369.6

第三步，确定各作业中心的作业动因。产品设计的作业动因是计算机机时；订单处理的作业动因是订单处理的份数；粗加工和精加工的作业动因都是开动机器时数；精加工机器调整的作业动因是机器调整次数；产品检验的作业动因是检验产品的件数；一般管理作业较为复杂，无法准确确定其成本动因。

第四步，根据作业动因分配作业成本。依据各作业中心归集的作业成本，将其以作业动因为基础分配给产品 A 和产品 B。作业中心成本分配表见表 6 - 6。需要说明的是，由于一般管理作业的作业动因无法确定，因此我们按相关产品分入的其他作业成本合计值作为其分配标准进行分配。

表 6 - 6　作业中心成本分配表　　　　单位：元

作业	作业成本	实际耗用成本动因数			分配率	分配成本	
		A 产品	B 产品	合计		A 产品	B 产品[1]
	①	②	③	④ = ② + ③	⑥ = ① ÷ ④	⑦ = ② × ⑥	⑧ = ③ × ⑥
产品设计	23 800	400	320	720	33.06	13 224	10 576
订单处理	6 220	600	250	850	7.32	4 392	1 828
粗加工	32 740	750	90	840	38.98	29 235	3 505
精加工	33 369.6	1 000	37.5	1 037.5	32.16	32 160	1 209.6
机器调整	1 390.4	10	40	50	27.808	278.08	1 112.32
产品检验	12 790	120	640	760	16.83	2 019.6	10 770.4
一般管理[2]	10 320	—	—	—	—	7 606.43	2 713.07
合计	120 630					88 915.11	31 714.39

① 由于分配率除不尽，为保持⑦ + ⑧ = ①的结果，具体计算时⑧ = ① - ⑦。

② 一般管理成本分配如下：

A 产品所分摊的作业成本 = 13 224 + 4 392 + 29 235 + 32 160 + 278.08 + 2 019.6 = 81 308.68（元）

B 产品所分摊的作业成本 = 10 576 + 1 828 + 3 505 + 1 209.6 + 1 112.32 + 10 770.4 = 29 001.32（元）

$$分配率 = \frac{10\ 320}{81\ 308.68 + 29\ 001.32} \times 100\% = 9.355\%$$

A 分摊一般管理成本 = 81 308.68 × 0.093 55 = 7 606.43（元）

B 分摊一般管理成本 = 29 001.32 × 0.093 55 = 2 713.07（元）

第五步，计算 A、B 产品的单位成本：

$$单位产品成本_A = 2 + \frac{88\ 915.11}{25\ 000} = 5.56（元）$$

$$单位产品成本_B = 3 + \frac{31\ 714.39}{1\ 500} = 24.14（元）$$

三、作业成本法与传统成本核算方法的比较

作业成本法和完全成本法虽然都是计算产品成本的方法，但存在显著的区别，主要表现在以下几方面：

（一）成本计算的理论依据不同

传统成本计算理论认为，产品耗费资源，资源的耗费水平可以通过成本项目归集反映，其耗费的数额随着产品产量的增长而增长。显然，在这种理论观点指导下，与间接费用联系最紧密的是产品产量，因此完全成本法常常依据直接人工工时、机器小时、材料耗用量等数量标准来分配间接费用。而作业成本法认为，产品产量与资源的耗费没有直接的联系，与资源耗费直接相连的是作业，作业是连接资源与最终产品的中间桥梁，即作业耗费资源，产品耗费作业的理论观点。在这种理论观点指导下，作业的种类是多种多样的，与间接费用直接相连的并非单一数量标准，因此间接费用的分配就不能按统一的数量标准进行。

（二）成本计算的对象不同

传统成本计算主要以产品为成本计算对象，从而形成了以产品为核心的成本计算体系；而作业成本法以作业为最基本的成本计算对象，产品成本的确定通过作业分配得以反映，从而形成了以作业为核心的成本计算体系。

（三）费用的分配依据不同

传统成本计算以单一的数量为依据分配间接费用；而作业成本法关注各项活动的驱动因素，因此按成本动因分配间接费用。由于成本动因的表现形式多样，包括数量的和非数量的成本动因，由此导致间接费用的分配依据有多个。表 6 - 1 明显地说明了这一点。

（四）提供的信息不同

传统成本计算只按单一的标准分配间接费用，因此计算的产品成本不够准确，这样不利于管理者的正确决策；而作业成本法按多个分配标准分配间接费用，因此计算的产品成本相对准确，所提供的信息有助于管理者的正确决策。例 6 - 1 的计算结果表明，传统成本计算法下计算的甲产品单位成本为 110 元，比作业成本法下的单位成本多了 4.67 元（110 - 105.33）；乙产品与之相反，它的单位成本为 143 元，比作业成本法下的单位成本

少了 61.13 元（204.13 - 143）。原因在于甲产品的产量高，生产过程相对简单，而乙产品的产量低，生产过程复杂。在这种情况下，采用单一的数量标准分配制造费用，会使传统成本计算法下甲产品分摊的制造费用比作业成本计算法下甲产品分摊的制造费用偏高；而乙产品恰恰相反，分摊的制造费用偏低。显然作业成本法下采用多种分配标准分配制造费用更为合理，以此计算的产品单位成本更为精确，所提供的产品成本信息更为真实。

第三节　作业成本管理的实施

作业成本管理的实施围绕其内容展开，分析客户的需求可以结合企业具体情况进行，这里主要说明其他内容的实施。

一、进行产品盈利能力分析

作业成本管理下的广义产品成本核算具有灵活性，既可以每一个产品为对象，也可以某一条生产线为对象，还可以某一订单为对象。具体设立的分析对象取决于管理决策的需要，企业分析盈利能力时应根据盈利分析对象来确定产品成本核算对象。传统成本核算将管理费用、销售费用、财务费用作为期间费用处理，由当期的收入全额扣除。事实上，这三项费用并不都是服务于产品整体的共同费用，有些是和特定的订单、产品、生产线等相联系的，在这种情况下，全部将其作为期间费用处理就不合理，计算的结果就会扭曲。作业成本管理要求真实地反映期间费用，将成本核算拓展到整个企业价值链。凡直接费用应直接计入特定的成本核算对象，凡间接费用应选择最相关的动因对其进行分配，从而使基于核算对象的盈利分析真实可信，并能帮助管理者正确地进行产品结构决策。

【例 6 - 3】某化妆品生产厂的护肤品生产线在 8 月生产并销售了两种产品——洗面奶和润肤霜，这两种产品分属两个品牌——美颜牌和名媛牌，相关的资料如表 6 - 7 所示。

表 6 - 7　资　　料

项　　目	洗面奶		润肤霜	
	美颜牌	名媛牌	美颜牌	名媛牌
单价（元）	15	5	40	15
销售量（件）	1 000	300	1 200	200
单位生产成本（元）	6	7	20	10

美颜牌属于新开发的品牌，公司目前投入了较大的促销费用；而名媛牌则是市场上比较成熟的品牌，主要面对的是中老年顾客。当月发生的品牌维持费用为 10 000 元，其中新产品投入

90%。假设不考虑其他的销售和管理费用，表6-8列示了该护肤品生产线的经营业绩。

表6-8　护肤品生产线8月的业绩报告　　　　　　　　　　单位：元

项　目	洗面奶	润肤霜	合计
营业收入	16 500	51 000	67 500
营业成本	8 100	26 000	34 100
营业毛利	8 400	25 000	33 400
销售及管理费用			10 000
利润总额			23 400

要求：从作业成本管理的角度分析该护肤品生产线的经营业绩。

解：

如果站在作业成本管理的角度，企业就应该以品牌为计算对象，对发生的品牌维持费用进行分配，计算品牌的成本并分析其获利能力，具体编制的业绩报告见表6-9。

表6-9　护肤品生产线8月的业绩报告（基于作业成本管理）　　　　　单位：元

项　目	美颜牌		名媛牌		合计
	洗面奶	润肤霜	洗面奶	润肤霜	
营业收入	15 000	48 000	1 500	3 000	67 500
营业成本	6 000	24 000	2 100	2 000	34 100
营业毛利	9 000	24 000	-600	1 000	33 400
销售和管理费用	9 000		1 000		10 000
利润总额	24 000		-600		23 400

比较表6-8和表6-9，在传统核算法下，总体来看生产线是盈利的，但看不出品牌的盈亏状态；作业成本管理则真实地揭示了品牌的盈亏状态，这为管理者的决策提供了有力的数据支撑。

二、进行作业价值分析

所谓作业价值分析，是指以客户需求为出发点，对作业形成的原因、确认与计量以及产品成本形成的作业动因展开的全面分析。作业价值分析的具体内容包括：资源动因价值分析、作业动因价值分析、作业链的联结价值分析和增值作业的确认四方面。

（一）资源动因价值分析

对于作业驱动资源成本的耗用，资源动因可以反映作业量与资源耗费之间的因果关系。

进行资源动因价值分析，要求以客户的需求为出发点，通过对有关作业进行判别分析，形成有关资源动因是否合理和作业消耗资源成本高低是否适宜等项评价结论。

在作业成本计算中，作业中心是归集成本与分配成本的单元，资源动因分析首先应分析作业中心的划分是否合理，其划分应本着"成本效益原则"，划分不能过粗，也不能过细，要确保相同的作业中心具有相同的作业动因。要做到这一点，相关人员必须熟悉从设计、试制、生产、储备、销售、运输到客户使用的全部流程，并在此基础上，确认产品生产各个环节应发生的每一项作业。只有具有相同动因的作业才可以合并为同质的作业中心，否则不能合并。

生产经营离不开资源，为确保成本计算的精确性，企业必须正确地将各项资源消耗成本分配给各作业中心，这项工作的前提条件是合理选择资源动因的分配标准。在现实工作中，资源动因必须使作业量与资源消耗之间存在因果关系，如人工成本的资源动因是人工小时，材料费用的资源动因是材料消耗数量，机器设备的资源动因是机器小时；而房屋建筑物折旧费的资源动因则是房屋建筑物的使用面积。表 6 - 10 列示了美国电话电报公司的新河谷厂将各种资源成本分配给作业中心时所选择的多种资源动因，可供借鉴。

企业在分析作业所耗资源成本高低时，应在明确资源成本动因的基础上分析所耗资源的利用效率。如果某项作业是必需的，而且所耗资源少，完成效率高，企业就可将其归属于高效作业；否则，企业就应将其归属于低效作业。

企业在具体分析作业所耗资源成本时，可以开展以下问题的调查与分析：完成该项作业花费了多少时间？需要多少人？作业时间可以缩短吗？作业人数可以减少吗？可否用廉价的材料代替昂贵的材料？可否改变生产工艺？可否提高材料及机器设备的利用率？可否降低能源消耗？

表 6 - 10　美国电话电报公司新河谷厂的资源动因①

资　源	资 源 动 因
人事	营业部工人人数
仓库	营业部消耗的挑选整理次数
工程师	在营业部或为营业部工作的时间
材料管理	在营业部或为营业部工作的时间
会计	在营业部或为营业部工作的时间
研究开发	为产品而开发的新型号码
质量	在营业部或为营业部工作的时间
公用事业	场地大小

① 布洛切，等. 成本管理：战略与概论. 王斌，潘爱香，陈焱，译. 北京：华夏出版社，2002：103。

除此之外，企业还应对间接影响资源消耗的相关问题进行调查与分析，包括：职工对工作环境、劳动条件及待遇满意吗？职工是否有工作热情？职工是否献计献策？等等。

具体确认资源利用效率高低时，企业可以将本期的作业水平与上期的作业水平或历史上最好的作业水平或同行业先进作业水平等进行比较，以便进行直观的判断与确认。

（二）作业动因价值分析

因为产品消耗作业，所以作业动因应当反映产品产量与作业成本之间的因果关系。作业动因价值分析是以客户的需求为出发点，对产品成本驱动因素的合理性进行的分析。在实际工作中，为明确产品产量与作业成本之间的因果关系，以便于揭示产品成本水平的高低，企业可以将作业按其等级不同进行分类。作业按其等级不同可以分为单位层作业、批量层作业、产品层作业和公司层作业四种类型。

1. 单位层作业

单位层作业是指作业动因随单位产品数量变动而呈比例变动的作业，如直接材料、直接人工等。这类作业的作业动因是机器小时、人工工时等。

2. 批量层作业

批量层作业是指作业动因随批别的变动而呈比例变动的作业，如机器调整、产品检验等。这类作业的作业动因是生产批次、检验次数等，它们与产品的产量变动无关。

3. 产品层作业

产品层作业是指为满足客户的需要，作业动因随特定产品种类的变动而呈比例变动的作业，如产品设计、产品介绍等。这类作业的作业动因通常与正在生产的产品产量、生产批量无关，而与企业总体规划中的特定产品相联系。

4. 公司层作业

公司层作业是指为企业整体服务，与企业整体管理水平有关的作业，如人事管理、一般管理等。这类作业通常与企业的整体能力形成有关，故有人将其称为生产能力层作业。

不同种类的作业具有不同的特点，所采取的成本控制措施也不同。因为单位层作业的成本高低与产品产量呈正比例变动，所以企业应从单位额的角度考虑降低其成本；而批量层作业的成本与批数的变动有关，企业要降低这类成本，只能设法减少作业的批数；产品层作业的成本常常与市场开发有关，而公司层作业成本则大多与企业的生产能力相联系，因此对于这两类作业成本，企业在削减成本时应特别慎重，以免影响市场规模扩大或降低企业生产能力。

正确划分作业动因对产品成本计算的精确性至关重要。在实际工作中，由于作业动因的隐蔽性较强，所以不容易判定。表6-11列示了约翰·迪尔组件厂的作业动因，可供大家学习与借鉴参考。

表 6 – 11 约翰·迪尔组件厂的作业动因①

作　　业	作业等级	作业动因
材料采购	单位层	材料成本
直接人工供应	单位层	直接人工成本
机器运行	单位层	机器小时
调整准备	批量层	调整小时
生产指令	批量层	指令单份数
材料整理	批量层	卸货次数
零部件管理	产品层	零部件数量
一般行政管理	公司层	增值额

（三）作业链的联结价值分析

开展资源动因价值分析与作业动因价值分析，重在分析各项作业存在的必然性、成本动因的合理性以及利用的效率性。企业进行作业价值分析，仅对单项作业进行分析是不够的，还应对各项作业的协调状况进行分析，即对作业链的联结进行价值分析。

在实际工作中，即使所有单项作业的利用效率较高，也不意味着作业之间的相互协调一定就好，因为各项作业彼此独立，独立的范畴往往具有人为因素，作业链的联结不如意也是常常发生的。在现实企业生产经营中，作业与作业之间有时存在重叠现象，即某一独立作业的内容与另一相连的作业内容部分重复；作业与作业之间的断开也时常发生，现实作业链的联结状况见图 6 – 2。

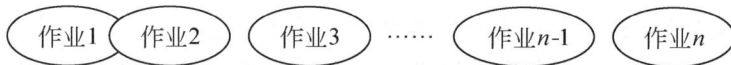

图 6 – 2 现实作业链中各项作业联结状况图示

在实际工作中，企业应尽量消除作业链的重复与断开之处，使其转化为理想的作业链。

理想的作业链应是作业与作业之间环环相连，没有断开和重叠现象，作业之间的等待或延误最小，作业与作业之间的重复内容不存在。其作业链的联结状况见图 6 – 3。

图 6 – 3 理想作业链中各项作业联结状况图示

---

① 库珀，卡普兰. 成本管理系统设计：教程与案例. 王立彦，高展，卢景琦，等，译. 大连：东北财经大学出版社，2003：265。

（四）增值作业的确认

进行资源动因价值分析、作业动因价值分析和作业链的联结分析，旨在区分增值作业与非增值作业，判定增值作业的效用性。

增值作业是指满足客户需求所必需的作业。对于此类作业，客户愿意支付其价格，如生产工艺中的各项作业。企业必须保持增值作业，不能消除，否则会降低企业的价值。

非增值作业是指客户不需要而不能形成价值增值的作业。此类作业为企业的过剩作业，客户不愿意支付其价格，在不降低产品质量、企业价值的前提下可以消除。

增值作业与非增值作业的判断标准是，如果去掉某项作业，仍然能够为客户提供与以前同样的效果，则该项作业为非增值作业，否则为增值作业。

在理想状态下，企业生产经营过程中只有产品设计、产品加工、产品交付为增值作业。常见的非增值作业则包括：存货中的存储、整理和搬运；生产中的待料停工以及机器维修停工；因质量问题出现的返修、重复检测；等等。但在实际工作中，如果要彻底消除这些非增值作业，企业必须进行流程再造，打破现有的生产组织体系，按制造单元组织生产，从而实现零存货、零缺陷的目标。然而，由于这种变革的成本代价非常昂贵，可能大部分企业无法做到，在这种情况下，企业可以维持原有体系，将适时制的管理理念应用于经营过程，尽可能地将非增值作业的数量降到最低。

增值作业的确定应结合企业的现实生产条件来确定。如通用汽车集团要降低零部件的外购成本，认为其零部件供应商的非增值作业有：过量生产，过量库存，移动，过多的生产步骤，等待，返工，设备闲置，空间闲置，生产顾客不需要的产品。

需要注意的是，在实际工作中，如果详细划分企业的每一个作业，作业种类将多达上百种或更多，要想对这些作业逐一进行价值分析并判定其增值作业的效率高低是不可能的，也是没有必要的。合理的做法是，对那些相对于顾客较为重要的作业展开价值分析。因为企业80%的成本通常是由20%的作业引起的，企业应对作业按其成本大小排列，凡排列在前面的作业就是应分析的重点作业，而对于排列在后、对成本影响不大的作业则可以不分析。

三、分析评价作业执行的水平

建立在作业成本法前提下的作业成本管理，要控制作业成本需要编制作业预算，并要求对作业预算的执行结果进行分析评价。

（一）编制作业预算

编制作业预算与实际作业成本的计算十分相似，所不同的是作业分配过程中涉及的数量和价格与成本动因相关，而且这些数额是预计值而不是实际值。在实际工作中，编制作业预算应当以作业中心为核心。

按照预算制定的生产环境不同，作业预算可分为理想预算和现实预算两类。

理想作业预算是以企业现有的生产技术和经营管理水平处于最佳状态为基础制定的最低作业成本。这种理想状态要求企业生产过程中没有非增值作业，资源消耗无浪费，各类职工素质较高、技能娴熟，操作中不存在废品损失和停工现象，机器按照约定的生产能力满负荷运转等。显然，依据此编制的预算，虽然先进，但可行性不大，一般难以实现，因此在实际工作中不会被采用。

编制理想作业预算的目的在于为企业提供一个理想的目标，以便揭示企业实际作业成本与理想作业成本的距离，即作业成本下降的潜力，明确企业未来奋斗的方向。

现实作业预算是在企业正常有效的经营条件下，以下一期改进作业后应该发生的资源消耗量、资源预计价格和预计生产经营能力为基础制定的作业成本。正常有效的经营条件是指将生产经营中的一些难以避免的非增值作业，如一定量的废品、停工损失、一定的存储等也计算在内。依据此制定的作业预算既具有先进性，也具有可行性，因此，企业在实际工作中应定期（如一年）编制此种预算。

（二）分析评价

在作业成本管理中，作业执行水平的分析评价是指按照一定方法对作业执行的实际结果进行的分析评价。企业全面、有效地评价作业水平，一方面可以借助于作业预算，另一方面还可以编制约定能力预算，因此应在此基础上，进行作业的综合分析评价。

1. 利用作业预算进行分析评价

将作业预算的实际执行结果与其预算相比较，就可以揭示出实际脱离预算的差额。如果实际值大于预算值，说明作业成本超支，为不利差异，在这种情况下，企业应分析作业差异产生的原因。如果实际值小于预算值，说明作业成本节约，为有利差异，这是企业期望的结果。但如果节约差很大，则企业应反思预算制定的标准是否过时。如果标准过时，则企业应及时修订标准。

具体分析时，对于短期变动成本和长期变动成本，企业可以采用传统的变动成本差异的分析方法，即分别计算各项目的价格差异和数量差异，因为它们十分相似；对于综合性变动成本，由于其与企业整体管理水平相关，作业动因通常较难确定，短期内具有不变性，企业可以仿照固定成本的思路分析，但分解的因素可能不同。

为了更深入地分析作业中心成本，除进行成本动因差异分析外，企业还应在借助各类作业动因分析差异的基础上，分析各作业中心的资源消耗状况。在分析时，对于非专属的资源成本，分析方法类似于短期变动成本的分析；对于专属成本，企业可以直接比较，以揭示差异，并直接分析差异出现的原因。

2. 利用约定能力预算进行分析评价

在作业管理中，编制约定能力预算的目的是分析企业资源的利用程度。

约定能力预算是指在企业现有资源得到充分利用条件下的数量预算，如按照说明书中的规定，机器正常运转每月可以提供的机器小时数；在正常情况下，订单处理作业中心每月可以处理的订单份数、检验作业中心每月的常规检验次数等。

显然，这种预算既不同于理想作业预算，也不同于现实作业预算，它是指在某项资源充分利用的前提下可以提供的总量；另外这种预算并不涉及所有的作业中心，因为有些作业中心的作业动因并没有约定的能力，如公司层作业、单位层作业中的直接材料等。

用现实作业预算中的价格标准乘以约定能力预算，就可以计算出约定能力条件下的预计成本总额。

企业的作业按其利用程度不同可以分为提供作业、已消耗作业和未消耗作业三种类型。其中，提供作业就是约定能力预算值，它是指在正常条件下，现有资源充分利用时的作业水平；已消耗作业是指企业生产经营过程中实际发生的作业水平；未消耗作业是指提供作业与已消耗作业的差额。显然，通过对某种具体的作业类型进行分析评价，企业可以发现该种作业中哪些已经得到充分利用，哪些被闲置，从而有助于企业资源的合理配置，以便提高资源的总体利用效果。

3. 进行综合评价

在实际工作中，利用作业预算进行分析评价、利用约定能力预算进行分析评价，并不是孤立进行的，二者应与实际作业执行的结果相结合，通过编制作业分析报告进行综合评价。

作业分析报告主要包括两项内容：一是反映作业的等级，二是反映作业的利用程度。作业分析报告的标准格式见表6-12。

显然，依据作业分析报告，企业就可以从作业等级和作业利用程度两个层面进行作业成本的综合分析评价。

表6-12　作业成本及资源利用情况分析报告　　　　　　单位：元

项目＼作业	提供的作业量	预计价格标准	约定能力成本预算	预算成本	实际成本	成本差异	未消耗能力成本	资源利用率
（甲）栏	①	②	③	④	⑤	⑥	⑦	⑧
单位层作业 ……								
批量层作业 ……								
产品层作业 ……								
公司层作业 ……								
合计								

注：③ = ① × ②；⑥ = ⑤ - ④；⑦ = ③ - ⑤；⑧ = $\frac{⑤}{③}$ × 100%。

四、采用适时生产制度

适时生产制度（Just-in-time Production System，简称 JIT）即适时生产系统或称准时生产制度，最先产生于 20 世纪 70 年代的日本丰田汽车公司，随后在西方经济发达国家得到了广泛应用，20 世纪 90 年代初传入我国并得到推广应用。适时生产制度是一种彻底消除非增值作业的有效方法，但其需要企业具备一定的条件。

（一）适时生产制度的基本思想

适时生产制度的基本思想是，以顾客（市场）为起点，根据市场需求来组织生产和供货，实施拉动式的生产管理，即逆着生产工序，由顾客需求开始，按照订单—产成品—组件—配件—零件和原材料—供应商的顺序，由后向前，逐个向前推进，上道工序提供的正好是下道工序所需要的，且时间上不早不迟，数量上不多不少，恰好满足顾客的需要。其控制理念是，存货是一种浪费，应该消除从产品设计到产品销售各个环节的一切浪费；其控制目标是，实现零存货和零缺陷，缩短生产时间，全面提高生产及经营效率。

（二）适时生产制度与传统生产制度的区别

适时生产制度是一种全新的管理方式，与传统生产制度相比具有显著的不同，这种不同主要表现在以下几方面：

1. 生产特征不同

传统生产制度下的生产是一种生产工序由前向后推动的生产方式。它是从一份由生产进度表决定的工作单开始的，先由原材料仓库向第一道工序供应原材料，把它们加工成在产品、半成品，然后把在产品、半成品送到下一道工序或者转入半成品库成为存货，如此由前向后顺序推移，直至最终完成全部生产工序，转入产成品库，等待对外发运销售的生产方式。显然，在传统的推动式生产方式下，前面的生产工序居于主导地位，后面的生产工序只是被动地接受前一道生产工序转移下来的加工对象并继续完成。这种生产特征的显著缺陷是，不可避免地产生工序之间的大量的在产品或半成品存货。

适时生产制度则与传统生产制度不同，其生产是一种由后向前拉动的生产方式。企业需要以顾客订单所提出的有关产品数量、质量和交货时间等特定要求作为组织生产的出发点，生产的前阶段按生产的后阶段要求来安排生产并进行加工。供应商也需要按照第一道工序的要求，及时将原材料、外购零部件送到生产现场，直接交付使用。显然，适时制下的拉动式生产方式，强调供应商、生产各道工序、各个环节之间紧密的协调配合，要求适时交货、适时生产、适时供应，由此生产过程中无须建立原材料、外购件的库存储备，在产品存货几乎消除，从而实现"零存货"目标。

2. 生产设备布局不同

在传统生产制度下，各类生产设备是按照职能安排的，即把所有能完成一项职能的机器设备安排在一起。例如，凡是进行粗加工的机器都安排在粗加工车间，凡是进行精加工的机器都安排在精加工车间。在这种生产设备布局下，每一台机器都可以生产不同种类的产品，每一个产品的最终完成都需要经过若干个步骤或若干个工序的连续加工。其显著缺陷是，工序之间必须设立半成品存货，以备下道工序加工时领用。

适时生产制度与之不同，各类生产设备按照产品生产流程布局，即建立制造单元。制造单元即生产中心，也可以看成生产车间，是按产品类型设立的，凡同类产品生产所需的不同设备都汇集在同一个制造单元中。如果一个企业有 n 种产品，理论上应设置 n 个生产中心，不过，由于生产场所的限制，类似的产品可由同一生产中心来生产。显然，在适时生产制度下，每一个制造单元类似于一个小工厂，加工各工序之间的同类产品无须等待，也无须在产品库存，在产品只停留在流水线上。

3. 各生产中心管理人员的关注点不同

在传统生产制度下，各生产中心的管理人员总是力图最大化地利用生产设备与人工，因此关注的重点是机器设备和人工的利用率，为了不让机器与工人空闲，常常满负荷安排本生产中心的生产，结果在提高生产工序效率的同时，增加了该生产中心的在产品或产成品的库存。

适时生产制度与之不同，各生产中心的管理人员按照后一道工序的订单组织生产，为了保证适时交货，而关注产品的生产质量。因为他们深知，只要有一个环节出现废品或次品，就会影响产品的及时送出，就会影响企业的信誉，甚至失去客户，因此他们力求做到"零缺陷"。与此同时，他们绝不允许在产品入库，因为这样会影响生产的进度。

4. 订货方式不同

在传统生产制度下，订货的过程是：往往先由原材料供应商报价，然后生产商根据自身所掌握的数据以及报价的高低进行选择决策。而原材料供应商为了防止生产商的生产变动给自己造成损失，常常通过与生产商签订严格的协议来约束生产商的行为。这种订货方式虽然有利于供应商，但不利于生产商，生产商一方面不能根据市场需求状况的变动及时调整生产计划，另一方面需要花费人力、物力管理预购的存货。

适时生产制度与之不同，订货的过程是：首先由生产商提出要求，供应商则按照生产商的要求及时供货，订货价格须得到双方的认可。这样生产商由被动变主动，供应商必须按照生产商第一道工序的要求及时、主动供货，从而避免原材料库存，供应商成为生产商的合作伙伴，其关系相对稳定。

5. 投料方式不同

在传统生产制度下，原材料的投放是由计划决定的，前道工序的生产状况不受后道工序的制约，相反后道工序却取决于前道工序的在产品完成状况，为了保证生产的正常进行，各道工序都设有大量的库存。

适时生产制度与之不同，其投料方式是按需投放。适时制推行"看板生产"，成功地解决了存货投放时间点和投放量的问题。所谓"看板生产"，就是要求生产线的各道工序只在必要的时候按必需的产品生产指标提供必要的相关产品数量，后道工序的需要量制约前道工序的生产量。这样使得每道工序的生产量与需要量保持一致，从而尽量地减少了在产品的库存量，提高了生产效率并降低了储存成本，基本实现了"零存货"的管理目标。

（三）适时生产制度的实施要求

不是所有的企业都可以实现理想状态下的适时生产，适时生产的理想状态要求达到"零存货""零缺陷"。要实现此状态，必须满足一定的要求，这些要求包括：基本要求、外部环境要求和内部环境要求。

1. 基本要求

适时生产制度要求各环节、各工序协调一致、相互配合，因此基本要求有两个，一是全员参与，二是均衡化生产。所谓均衡化生产，是将生产批量缩小，并将不同产品以混合方式生产。均衡化生产的目标是均衡利用生产能力，逐步实现与顾客需求的同步化。例如，某公司在某月需制造甲产品 60 件、乙产品 120 件。传统生产方式一般是先生产 60 件甲产品，再依次生产 120 件乙产品，而均衡化生产则要求每种产品平均地在该月内生产出来，即在连续生产的 3 件产品中有 1 件甲产品及 2 件乙产品，将这种产品连续重复 60 次来达成该月所要求的 180 件产品。均衡化生产不仅可维持甲、乙产品持续供应市场上的需求，而且大大降低了存货水平，同时也能稳定地控制各个生产过程相关作业。

2. 外部环境要求

适时生产制度的显著特征是在有顾客需求时才进行生产，在生产需要时才购进原料，为此必须确保适时交货与适时供货，这实际上对实施适时生产制度的外部环境提出了要求。具体要求体现在以下三点：

（1）具有吸引力的产品。在适时生产制度下，企业是按需组织生产的。如果要使生产连续不断地进行，企业需要不断地开拓市场，而市场占有率的拓展与企业的产品直接相关，这要求企业产品的差异化特征较为明显。要做到这一点，企业必须拥有一支较强的项目研发团队，从而不断开发新产品。只有这样，企业才能不断吸引客户、发展客户、稳定客源。

（2）良好的运输保障。适时生产制度对交通运输有着极高的要求。企业要保证原料供应不中断，需要对交通的便利程度进行科学的估计，确保运输工具及装运条件等不出问题。这些必须事先合理规划，以便确保运输过程准确无误。

（3）稳定的供应商。在适时生产制度下，要做到适时供货，对供应商的要求也很高。供应商必须保证信誉，不出废品和次品。要做到这一点，企业必须确定合理的供应商选择标准，并与达到标准者签订长期供货合同，从而使供应商具有稳定感和责任感。由此来看，为了保证供货持续不断，企业应维持固定的供应商，供应商家数不能太多，只有这样才能形成长期合作伙伴关系。

3. 内部环境要求

在适时生产制度下实现拉动式生产方式，对企业的内部环境有着较高的要求。具体要求如下：

（1）变革生产布局。按照制造单元组织生产是实施适时生产制度的一个前提条件，要消除存货，传统的生产布局是无法实现的。传统布局客观上要求设置中间半成品库，因为生产并非是均衡化生产；而制造单元下的生产，汇集了同类产品的所有机器设备，半成品的转移完全无须库存，而这种生产布局的变革需要投入较大的资金量。

（2）有效地进行预防性设备维护。在适时生产制度下，停工是绝不允许出现的，这就要求企业在生产前进行设备维护，将一切隐患消除在萌芽状态。否则，生产中的停工会影响适时生产的进度和交货时间。

（3）拥有多技能的工人。在传统生产方式下，每一个工人只需熟练开动一台或几台机器就可以了。但在适时生产制度下，这还不够。在适时生产制度下，生产一种产品的设备汇集在一个制造单元，生产工人必须掌握各种机器的操作，因此企业必须事先培训生产工人，使其成为具有多种技能的工人。

（4）拥有满足客户需求的多功能机器设备。现今的客户对同一个产品的要求可能大相径庭，要想保持住客户，企业必须具有这种灵活的应对能力。这要求机器设备的功能齐全，具有单件小批的生产能力，从而能够满足这种多样化的客户化的生产需求。

（5）建立良好的企业文化。在适时生产制度下，存货和缺陷产品被视为非增值作业，必须予以消除，这种管理理念应该在整个企业内形成。企业需要对全体员工进行培训，尤其要做到"零缺陷"，必须加大对职工的培训力度，围绕适时生产制度在企业中建立良好的企业文化。

（6）采用先进的信息系统支持。在适时生产制度下，如果要做到企业各部门、各环节包括供应商在内的相互协调一致，采用先进的信息系统做支持是不可缺少的前提条件。只有这样，企业才能应对突发问题，才能确保物料的及时供应、产品的及时交货。

（四）适时生产制度实施中应注意的问题

某企业一旦采用了适时生产制度，实施中需要重视一个问题。适时生产制度虽然要求供产销各个环节在时间上和数量上紧密衔接，提倡"零存货"，但我们必须看到，"零存货"应该是一种存货的控制理念，而不能绝对化。20 世纪 70 年代，由于适时制的极大成功，丰田公司一度把库存压得很低。结果在 80 年代初的一次地震后，当市场需求突然大增时，丰田公司由于不能及时供货而蒙受了损失。此后，丰田公司适度增加了存货。实践证明，在市场稳定的情况下，库存为零的做法在中小企业也许可以实施，但对大公司则是不现实的，因此实际工作中适度的库存是必要的。

五、采取有力措施改善经营

成本管理的最终目的是消除非增值作业，提高增值作业的利用率，使企业的经营不断得到改善。企业要达到此目的，除了采用适时生产制度外，还可以采取以下有效措施：

（一）从供应商和客户角度寻求降低成本

作业分析不能仅局限于企业内部，企业还应将其延伸至供应商和客户。如果发现材料的采购价格过高，企业应考虑帮助供应商改进生产工艺，以降低产品成本。另外从长远来看，企业应缩减供应商的家数，保持与供应商的稳定关系。站在客户的角度，企业应力求降低产品寿命周期成本，尤其是产品售后阶段的成本，这类成本的降低标志着企业产品质量的提高、品牌效应的增强。

（二）改变产品工艺设计

产品工艺决定着产品成本的高低。如果某产品的作业成本较高，而单项作业的资源成本又是合理的，则企业应考虑改进产品工艺，尽量简化产品工艺流程，缩短作业周期。

（三）不断进行技术创新

先进的技术通常可以降低人工成本，提高企业的经营效率，相对降低作业成本。为提高企业价值，企业应不断进行自我技术创新，通过技术开发，使企业的技术水平处于同业的领先地位，以便保持低成本优势。

（四）将产品设计与经济相结合

产品设计属于纯技术问题，通常由技术人员完成，而技术人员只懂技术不懂财务，这与社会发展不相适应。企业要优化作业链，必须注意技术与经济的结合问题。因为产品成本、作业成本的高低取决于产品的设计，如果产品设计先天成本高，无论生产中如何采取措施，成本也无法降低。为避免这一缺陷，要求技术人员既要懂技术，还要了解财务知识，能够站在经济的角度，考虑产品的设计。

（五）合理配置企业资源

如果作业管理分析报告中显示的资源利用率较低，说明企业资源浪费严重，存在人员闲置、机器设备闲置等现象。在这种情况下，企业应进行深入分析。

如果企业的生产能力闲置较多，企业应从以下几方面分析：产品是否适销对路？产品没有销路的原因在哪里？客户喜欢怎样的产品？工人工作是否全力以赴？产品应否转产？

如果闲置的人员较多，应从以下几方面分析：作业中心的人员配备是否合理？应否精减人员？

企业通过对资源配置情况开展分析并采取相应的措施，可以达到合理配置资源的目的。

（六）坚持全面质量管理

从长远来看，质量是企业的生命，企业的品牌效应在很大程度上取决于产品的质量。企业要提高产品质量，必须坚持全面质量管理。

全面质量管理概念在 20 世纪 60 年代就已提出，它是对产品质量的全方位管理。它不仅要求消除生产过程中的废品，而且要求站在客户的角度，提高产品的功能、可靠性、耐用性和服务性。虽然在目前条件下，我国大部分企业不能达到产品"零缺陷"，但多样化的产品功能、产品的持久耐用、优良的售后服务还是可以做到的，这要求企业不断创新技术，不断完善产品功能，不断改进服务质量。海尔集团就是这方面的楷模。海尔集团的售后服务是其他同类厂家无法相比的。周到、耐心、完善的售后服务，是客户忠实于海尔产品的一个重要原因，除此之外，海尔产品的耐用性也使客户折服。

（七）调动全体职工降低成本的积极性

降低成本是企业全体职工的责任和义务。为调动全体职工降低成本的积极性和主动性，企业应实行分权化民主管理，在此基础上，制定目标成本，建立责任预算，实施成本激励机制，从而使责权利有效地结合起来。除此之外，企业应实行标杆制度，了解竞争对手的具体状况，选择最强的竞争对手作为学习的榜样，提高企业资源的利用率。在一定条件下，企业可以实行再造工程，重构企业的作业链，从而使企业保持低成本优势。

复习思考题

1. 如何理解作业成本管理的十字模型？作业成本管理是如何产生的？
2. 什么是作业？什么是作业链？一个企业只有一条作业链吗？
3. 作业成本管理与传统成本管理有何区别？其包括的内容有哪些？
4. 作业成本法的理论依据是什么？其计算程序如何？
5. 作业成本计算与传统成本计算有何不同？
6. 试列举企业实际中的非增值作业和增值作业的实例。
7. 基于作业分析产品的盈利能力与传统盈利能力分析有何不同？
8. 为什么在适时生产制度下可以实现"零存货""零缺陷"？

第七章　质量成本管理

学习目标

通过本章的学习，学生应了解质量成本的意义，掌握质量成本的基本概述，熟悉质量成本核算账户的设置，掌握质量成本核算方法的应用，充分理解质量成本分析方法与质量成本控制。

第一节　产品质量和全面质量管理

一、产品质量

（一）产品质量含义

产品质量的含义很广泛，除了含有实物产品质量之外，还含有无形产品质量，即服务产品质量。产品质量可以是技术的、经济的、社会的、心理的和生理的。广义的产品质量是指国家的有关法规、质量标准以及合同规定的对产品适用性、安全性及其他特性的要求，可以分为产品内在质量和产品外观质量。国际标准化组织制定的国际标准《质量管理和质量保证——术语》（ISO 8402）中，产品质量是指产品"反映实体满足明确和隐含需要的能力和特性的总和"。

通常，人们把反映产品使用目的的各种技术经济参数作为质量特性。质量特性区分了不同产品的不同用途，以满足人们的不同需要。人们就是根据工业产品的这些特性满足社会和人们需要的程度来衡量工业产品质量的优劣的。在商品经济范畴，企业应当依据特定的标准，对产品进行规划、设计、制造、检测、计量、运输、储存、销售、售后服务、生态回收等全程的必要的信息进行披露。

虽然多数情况下我们所说的产品质量是指有形物质产品的产品质量，但实际上，其中还隐含着一些无形的数据库产品的质量，如服务质量等。不同的是，数据库产品的产品质量更需要强调其真实性、准确性、完整性、可行性以及合法性。真实性要求提供的数据库内容应当是客观事实，而不能是编造的、无中生有的；准确性要求数据库生产者或者销售者提供的数据库内容不仅要真实，而且必须是准确无误的；完整性要求所提供的数据库内容应当尽可能全面；可行性要求所提供的数据库应当对内容进行便于用户检索的适当加工，配备合理的检索手段，使数据库适合用户具体环境（数字化环境和非数字化环境）的需要，尽可能提供使用户最大化共享知识信息资源的全面解决方案和知识挖掘与信息处理的手段；合法性要求数据库生产者或者销售者提供的数据库内容合法，不存在违反国家法律的禁止性内容和侵犯他人版权、隐私权等民事权利的内容。

（二）产品质量特征

不同的产品具有不同的特征和特性，其总和便构成了产品质量的内涵。产品质量要求反映了产品的特性和特性满足顾客和其他相关方要求的能力。顾客和其他质量要求往往随时间而变化，与科学技术的不断进步有着密切的关系。这些质量要求可以转化成具有具体指标的特征和特性，通常包括使用性能、安全性、可用性、可靠性、可维修性、经济性等几方面。

1. 产品的使用性能

产品的使用性能是指产品在一定条件下实现预定目的或者规定用途的能力。任何产品都具有其特定的使用目的或者用途。

2. 产品的安全性

产品的安全性是指产品在使用、储运、销售等过程中，保障人体健康和人身、财产安全免受损失的能力。

3. 产品的可靠性

产品的可靠性是指产品在规定条件和规定的时间内完成规定功能的程度和能力。一般可用功能效率、平均寿命、失效率、平均故障时间、平均无故障工作时间等参量评定产品的可靠性。

4. 产品的可维修性

产品的可维修性是指产品发生故障以后能迅速维修、恢复其功能的能力。通常采用平均修复时间等参量表示产品的可维修性。

5. 产品的经济性

产品的经济性是指产品的设计、制造、使用等各方面所付出或所消耗成本的程度，亦包含其可获得经济利益的程度，即投入与产出的效益能力。

（三）产品质量分类

产品质量是指产品因适应社会生产和生活消费需要而具备的特性。它是产品使用价值的具体体现，包括产品内在质量和外观质量两方面。

1. 产品内在质量

产品的内在质量是指产品的内在属性，包括性能、寿命、可靠性、安全性、经济性五方面。

（1）产品性能。产品性能指产品具有适合用户要求的物理、化学或技术性能，如强度、化学成分、纯度、功率、转速等。

（2）产品寿命。产品寿命指产品在正常情况下的使用期限，如房屋的使用年限，电灯、电视机显像管的使用时数，闪光灯的闪光次数等。

（3）产品可靠性。产品可靠性指产品在规定的时间内和规定的条件下使用时不发生故障的特性，如电视机使用无故障、钟表走时精确等。

（4）产品安全性。产品安全性指产品在使用过程中对人身及环境安全的保障程度，如热水器的安全性、啤酒瓶的防爆性、电器产品的导电安全性等。

（5）产品经济性。产品经济性指产品经济寿命周期内总费用的多少，如空调器、冰箱等家电产品的耗电量，汽车的每百千米耗油量等。

2. 产品外观质量

产品的外观质量指产品的外部属性，包括产品的光洁度、造型、色泽、包装等，如自行车的造型、色彩、光洁度等。

产品的内在质量与外观质量特性比较，内在质量是主要的、基本的，只有在保证内在特性的前提下，外观质量才有意义。

（四）产品质量标准

工业产品的质量特性，有一些是可以直接定量的，如钢材的强度、化学成分、硬度、寿命等。它们反映的是这个工业产品的真正质量特性。但是，大部分质量特性是难以定量的，如是否容易操作，是否轻便舒适，是否美观大方等。这就要企业对产品进行综合和个别试验研究，通过确定某些技术参数来间接反映产品的质量特性，国外称为代用质量特性。无论是直接定量的还是间接定量的质量特性，都应准确地反映社会和用户对产品质量特性的客观要求。把反映工业产品质量主要特性的技术经济参数明确规定下来，形成技术文件，就是工业产品质量标准（或称技术标准）。

产品的质量表现为不同的特性，对这些特性的评价会因为人们掌握的尺度不同而有所差异。为了避免主观因素影响，在生产、检验以及评价产品质量时，需要有一个基本的依据、统一的尺度，这就是产品的质量标准。产品的质量标准是根据产品生产的技术要求，对产品的主要的内在质量和外观质量从数量上作出的规定，即对一些主要的技术参数所作的统一规定。它是衡量产品质量高低的基本依据，也是企业生产产品的统一标准。

我国采用的产品质量标准通常有国际标准、国家标准、行业标准和企业标准等。

1. 国际标准

国际标准是指某些国际组织，如国际标准化组织（International Organization for Standardization，简称 ISO）、国际电工委员会（International Electrotechnical Commission，简称 IEC）等规定的质量标准，也可以是某些有较大影响的公司规定并被国际组织所承认的质量标准。积极采用国际标准或国外先进标准是我国当前的一项重要技术经济政策，但不能错误地把某些产品进口检验时取得的技术参数作为国际标准或国外先进标准，这些参数只是分析产品质量的参考资料。

2. 国家标准

国家标准是在全国范围内统一使用的产品质量标准，是主要针对某些重要产品制定的。

3. 行业标准

行业标准（部颁标准），是指在全国的某一行业内统一使用的产品质量标准。

4. 企业标准

企业标准是企业自主制定，并经上级主管部门或标准局审批发布后使用的标准。一切正式批量生产的产品，凡是没有国家标准、部颁标准的，都必须制定企业标准。企业可以制定高于国家标准、部颁标准的产品质量标准，也可以直接采用国际标准、国外先进标准，但企业标准不得与国家标准、部颁标准相抵触。

一般工业产品的质量标准大体可分为七方面：物质方面，如物理性能、化学成分等；操作运行方面，如操作是否方便，运转是否可靠安全等；结构方面，如结构是否轻便，是否便于加工、维护保养和修理等；时间方面，如耐用性（使用寿命）、精度保持性、可靠性等；经济方面，如效率、制造成本、使用费用（油耗、电耗、煤耗）等；外观方面，如外形美观大方，包装质量等；心理、生理方面，如汽车座位的舒适程度、机器开动后的噪声大小等。

把产品实际达到的质量水平与规定的质量标准进行比较，凡是符合或超过标准的产品皆称为合格品，不符合质量标准的则称为不合格品。合格品按其符合质量标准的程度不同，又分为一等品、二等品等。不合格品又包括次品和废品。

（五）产品质量意义

1. 社会意义

提高质量的社会意义，强调质量对社会的深远影响。一方面，质量的社会意义体现在，质量和安全性的费用额占国民生产总值的比重愈来愈高。这笔费用以质量成本的形式增加了制造商的负担。质量问题对于购买者和商人也有强烈的影响，购买者维护和使用产品的费用可能等于或大于利润。另一方面是质量同整个国家生产力水平相关联。产品或服务质量不仅是当代决定企业素质、发展和企业经济实力及竞争优势的关键因素，而且是决定一国竞争能力和经济实力的主要因素。

2. 经济意义

美国质量管理学家朱兰（Juran）博士提出了质量和综合生产率的概念来说明质量的经济意义。传统的生产率概念主要以工厂为主，着重于用"单位资源的投入得到更多产品或服务的产品"。现代的生产率概念则以市场为主，着重于用"单位资源的投入得到更多、更适销、更好的产品或服务的产出"。这二者在经营管理目标、衡量经营管理绩效的单位以及生产率规划的重点等方面有着根本的差别。

3. 提高竞争优势的意义

决定企业竞争优势最重要的因素是质量。质量是为争夺市场而制定的战略中最关键的部分。谁能够用灵活快捷的方式提供用户满意的产品或服务，谁就能赢得市场的竞争优势。研究表明，市场占有率是利润的主要来源。但是，持续的市场占有率主要来自"顾客感觉到的产品或服务的相对质量"的领先地位。"相对"的意思是指和竞争者比较，"可感觉"的意思是站在用户立场上而不是站在生产厂商的立场上看问题。相对的质量是影响一个经营单位长期成就的最重要因素，并且，当研究采取何种方法来维持价值的领先地位时会发现，对市场占有率来说，相对质量的变化比价格的变化具有更大的影响。

质量的市场意义最突出的表现是：市场竞争已经决定性地从价格竞争转向质量竞争。影响用户购买的三因素的排列次序已由价格、质量、交货方式（交货期和地点）变为质量、交货方式、价格。质量已成为决定用户购买的首要因素，质量竞争在某种程度上正在取代价格竞争。

（六）产品质量形成规律

产品质量不应该是单纯检验出来的，也不是宣传出来的，企业如果只是依靠产品出厂前的严格检验来保证出厂产品的质量，可能严重损害企业的经济效益。而且，从某种意义上讲，检验还是对资源的一种浪费。如果只是依靠媒体的宣传广告来塑造企业产品的质量形象，那么当产品质量名不副实的真实面貌被顾客识破后，产品的前途和企业的形象必将毁于一旦。那么，产品的质量能否被认为是生产出来的呢？如果产品设计和开发的创意和市场的实际需求有所偏差，或者产品设计的功能、质量目标的定位不当，或者产品的销售导向及服务不尽如人意，那么即使生产过程完全满足符合性要求，产品仍然不能很好地满足顾客明示和隐含的要求。从顾客的立场来看，这种产品的质量还是不能令其满意。

显然，产品质量是产品实现全过程的结果，产品质量有一个从产生、形成到实现的过程，产品生命周期每一个环节都直接或间接影响产品的质量。产品生命周期可参见图 7－1。

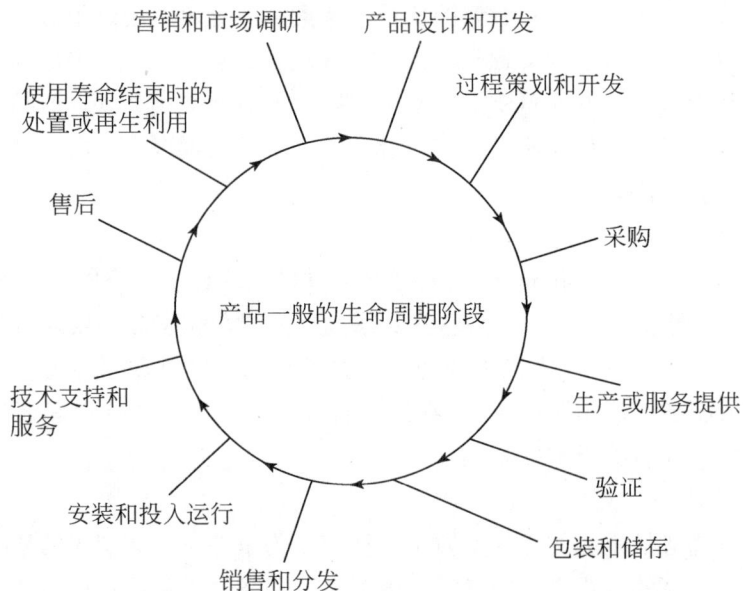

图 7－1　产品生命周期图

为了表述产品质量形成过程中的这种规律性，美国质量管理学家朱兰提出了质量螺旋模型。所谓质量螺旋，是用来表述影响质量的相互作用活动的概念模型，是一条呈螺旋状上升的曲线，它把全过程中各个质量职能按逻辑顺序串联起来，用以表征产品质量形成的整个过程及其规律性，通常被称为"朱兰质量螺旋"或者"质量环"。它大致包括市场调查研究、新产品设计和开发、工艺策划和开发、采购、生产制造、检验、包装和储存、产品销售以及售后服务等重要环节。

产品质量从产生、形成到实现的各个环节都存在相互依存、相互制约、相互促进的关系，并不断循环、周而复始。每经过一次循环，产品质量就提高一步。全面质量管理的理念由此诞生。

二、全面质量管理

在激烈的市场竞争中，质量已成为服务业、制造业及加工业等行业共同关注的焦点。通过全面质量管理，企业可以提高产品质量，增强在市场中的竞争力，同时可以降低产品成本，使企业盈利能力得到增强。因此，对质量成本进行计量和控制有着重大意义。全面质量管理把整个社会带入了讲求质量的新时代，也给成本管理提出了新课题。全面质量管理与传统质量管理相区别的显著标志之一是讲究质量的经济性，即通过探求最佳质量水平来获得最大的经济效益。

质量和成本是一个事物的两个侧面，是使用价值和价值的辩证统一。产品应该物美价廉，物美要求提高产品质量，价廉则要以降低成本为基础，以更好地满足社会需要和提高经济效益。但辩证地分析，物美不一定非要提高成本，降低成本照样可以达到物美。问题是如何使两者协调一致，如何做到技术与经济相结合、质量与成本相结合。不惜工本提高质量，企业将不能长久维持下去；而一味追求降低成本，又不能保证产品质量，将会使企业失去产品信誉，削弱企业的市场竞争力，这样一来，企业同样得不到发展。因此企业必须在质量上下功夫，从而提高企业经济效益。

（一）全面质量管理的含义

全面质量管理（Total Quality Management，简称 TQM）是企业管理现代化、科学化的一项重要内容。它于 20 世纪 60 年代产生于美国，后来在西欧与日本逐渐得到推广与发展。全面质量管理是一种由顾客的需要和期望驱动的管理哲学。它是建立在全员参与基础上的一种管理方法，以质量为中心，应用数理统计方法进行质量控制，使质量管理实现定量化，变产品质量的事后检验为生产过程中的质量控制。其目的在于长期使顾客满意，获得组织成员和社会的利益。好的质量是设计、制造出来的，不是检验出来的；质量管理的实施要求全员参与，并且要以数据为客观依据，要视顾客为上帝，以顾客需求为核心。

全面质量管理是指在社会的推动下，企业中所有部门、所有组织、所有人员都以产品质量为核心，把专业技术、管理技术、数理统计技术集合在一起，建立起一套科学、严密、高效的质量保证体系，控制生产过程中影响质量的因素，以最优质的工作、最经济的办法提供满足用户需要的产品的全部活动。

《质量管理和质量保证——术语》对全面质量管理的定义是：一个组织以质量为中心，以全员参与为基础，目的在于通过让顾客满意和本组织所有成员及社会受益，得到使企业获得长期成功的管理途径。具体来说，全面质量管理具有如下含义：

1. 强烈地关注顾客

从现在和未来的角度来看，顾客已成为企业的衣食父母。"以顾客为中心"的管理模式正逐渐受到企业的高度重视。全面质量管理注重顾客价值，其主导思想就是"顾客的满意和认同是长期赢得市场，创造价值的关键"。为此，全面质量管理要求，企业必须把以顾客为中心的思想贯穿到企业业务流程的管理中，即从市场调查、产品设计、试制、生产、检验、仓储、销售到售后服务的各个环节都应该牢固树立"顾客第一"的思想，不但要生产物美价廉的产品，而且要为顾客做好服务工作，最终让顾客放心、满意。

2. 坚持不断地改进

全面质量管理是一种永远不能满足的承诺，"非常好"是不够的，质量总能得到改进。"没有最好，只有更好"，在这种观念的指导下，企业持续不断地改进产品或服务的质量和可靠性，确保企业获取对手难以模仿的竞争优势。

3. 改进组织中每项工作的质量

全面质量管理采用广义的质量定义。它不仅与最终产品有关，并且与组织如何交货、如何迅速地响应顾客的投诉、如何为客户提供更好的售后服务等有关。

4. 精确地度量

全面质量管理采用统计度量组织作业中的每一个关键变量，然后与标准和基准进行比较以发现问题，追踪问题的根源，从而达到消除问题、提高品质的目的。

5. 向员工授权

全面质量管理吸收生产线上的工人加入改进过程，广泛地采用团队形式作为授权的载体，依靠团队发现和解决问题。

（二）全面质量管理的意义

全面质量管理之所以能够在全球获得广泛的应用与发展，与其自身所实现的功能是密不可分的。全面质量管理能够给企业结构、技术、人员和管理者带来变革，企业通过这些变革来获得竞争优势。总体来说，全面质量管理可以为企业带来如下益处：其一，鼓舞员工的士气，增强质量意识；其二，改善产品设计，增加竞争优势；其三，加速生产流程，缩短库存周转时间，缩短总运转周期，提高生产率；其四，降低现场维修成本，减少责任事故，减少经营亏损；其五，改进产品售后服务，提高市场的接受程度，使顾客完全满意；其六，提高产品质量，降低质量所需的成本，最大限度获取利润，追求企业成功。

（三）全面质量管理的特点

全面质量管理具有很多特点，但其显著特点包括：其一，拓宽管理跨度，增进组织纵向交流；其二，减少劳动分工，促进跨职能团队合作；其三，实行防检结合、以预防为主的方针，强调企业活动的可测度和可审核性；其四，最大限度地向下委派权利和职责，确保对顾客需求的变化作出迅速而持续的反应；其五，优化资源利用，降低各个环节的生产成本；其六，追求质量效益，实施名牌战略，获取长期竞争优势；其七，焦点从技术手段转向组织管理，强调职责的重要性；其八，不断对员工实施培训，营造持续改进的文化，塑造不断学习、改进与提高的文化氛围。

（四）全面质量管理的内容

进行全面质量管理必须要做到"三全"：其一，内容与方法的全面性。不仅要着眼于产品的质量，而且要注重形成产品的工作质量。注重采用多种方法和技术，包括科学的组织管理工作、各种专业技术、数理统计方法、成本分析、售后服务等。其二，全过程控制。对市场调查、研究开发、设计、生产准备、采购、生产制造、包装、检验、储存、运输、销售、为用户服务等全过程都进行质量管理。其三，全员性。企业全体人员包括领导人员、工程技术人员、管理人员和工人等都参加质量管理，并对产品质量各负其责。这也是全面质量管理的三个主要特点。

全面质量管理过程的全面性，决定了全面质量管理的内容应当包括设计过程、制造过程、辅助过程、使用过程的质量管理。全面质量管理的全过程控制内容见图7-2。

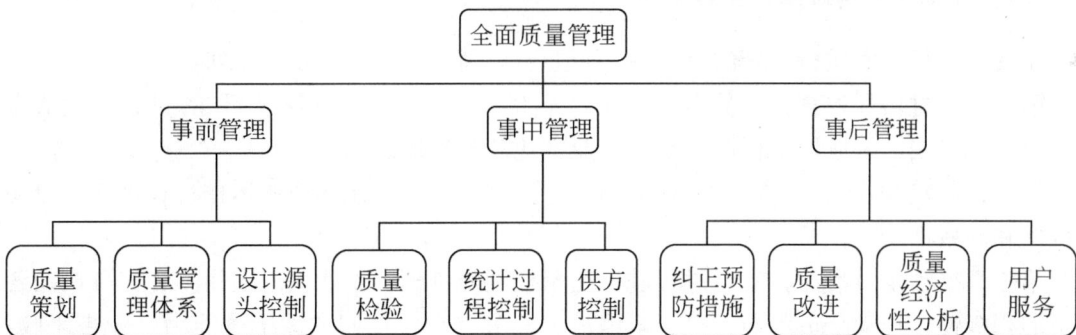

图 7-2　全面质量管理的内容

1. 事前管理：设计过程质量管理的内容

产品设计过程的质量管理是全面质量管理的首要环节。这里所指的设计过程，包括市场调查、产品设计、工艺准备、试制和鉴定等过程（产品正式投产前的全部技术准备过程）。主要工作内容包括：通过市场调查研究，根据用户要求、科技情报与企业的经营目标，制定产品质量目标；组织有销售、使用、科研、设计、工艺、制度和质量管理等多部门参加的审查和验证，确定适合的设计方案；保证技术文件的质量；做好标准化的审查工作；督促遵守设计试制的工作程序，等等。

2. 事中管理：制造过程质量管理的内容

制造过程，是指对产品直接进行加工的过程。它是产品质量形成的基础，是企业质量管理的基本环节。它的基本任务是保证产品的制造质量，建立一个能够稳定生产合格品和优质品的生产系统。主要工作内容包括：组织质量检验工作；组织和促进文明生产；组织质量分析，掌握质量动态；组织工序的质量控制，建立管理点；等等。事中管理除了包括制造过程的质量管理，还应包含辅助过程质量管理。

辅助过程，是指为保证制造过程正常进行而提供各种物资技术条件的过程。其包括物资采购供应、动力生产、设备维修、工具制造、仓库保管、运输服务等。其主要内容有：做好物资采购供应（包括外协准备）的质量管理，保证采购质量，严格检查验收入库物资，按质、按量、按期提供生产所需要的各种物资（包括原材料、辅助材料、燃料等）；组织好设备维修工作，保持设备良好的技术状态；做好工具制造和供应的质量管理工作；等等。另外，企业物资采购的质量管理将日益重要。

3. 事后管理：使用过程质量管理的内容

使用过程是考验产品实际质量的过程，它是企业内部质量管理的继续，也是全面质量管理的出发点和落脚点。这一过程质量管理的基本任务是提高服务质量（包括售前服务和售后服务），保证产品的实际使用效果，不断促使企业研究和改进产品质量。其主要的工作内容有：开展技术服务工作，处理出厂产品质量问题；调查产品使用效果和用户要求。

（五）全面质量管理推行步骤

在具体推行全面质量管理的过程中，企业可以通过以下几个步骤来实施：

第一，通过培训教育，培养企业员工"质量第一"和"顾客第一"的思想，营造良好的企业文化氛围，采取切实行动，改变企业文化和管理形态。

第二，制定企业人、事、物及环境的各种标准，这样才能在企业运作过程中衡量资源的有效性和高效性。

第三，推动全员参与，对全过程进行质量控制与管理。企业应以人为本，充分调动各级人员的积极性，推动全员参与。只有全体员工充分参与，他们的才干才能为企业带来收益，才能够真正实现对企业全过程进行质量控制与管理，并且确保企业在推行全面质量管理的过程中，采用系统化的方法进行管理。做好计量工作也很重要。计量工作包括测试、化验、分析、检测等，是保证计量的量值准确和统一，确保技术标准的贯彻执行的重要方法和手段。

第四，做好质量信息工作。企业应当根据自身的需要建立相应的信息系统，并建立相应的数据库。

第五，建立质量责任制，设立专门质量管理机构。全面质量管理的推行，需要企业员工自上而下的严格执行。

第二节 质量成本的内容及核算

一、质量成本的内容

质量成本概念有一个产生、发展和完善过程，这一过程与质量管理有着密切的关系。首先提出质量成本概念的是美国人阿曼德·费根堡姆（Armand V. Feigenbaum），他主张把质量预防费用和检验费用与产品不合要求所造成的厂内损失和厂外损失纳入综合考虑范围，他最早把质量成本概念运用于实践。目前，这一概念在各国企业的全面质量管理中仍被普遍借鉴。

从发展的眼光定义质量成本，质量成本可以概括为企业为了保证和提高产品质量而支付的一切费用以及因没有达到质量标准而产生的一切损失之和。质量成本是全面质量管理的重要内容，是企业内部成本管理的重要方面，是产品成本的构成部分。质量成本一般包括预防成本、鉴定成本、内部故障成本、外部故障成本四项内容。

（一）预防成本

预防成本是指为了防止生产不合格产品而发生的成本。这类成本一般都发生在生产之前，而且这一类成本若发生，往往使故障成本下降。预防成本又细分如下：其一，质量培训费，指为达到质量要求，提高人员素质，对有关人员进行质量意识、质量管理、检测技术、操作水平等培训所支付的费用；其二，质量工作费，指为预防、保证和控制产品质量，开展质量管理所发生的办公费和宣传费，为搜集情报、制定质量标准、编制手册、质量计划、开展质量小组活动、工序能力研究和质量审核等所支付的费用；其三，产品评审费，指新产品设计、研究阶段对设计方案评价、试制、产品质量的评审所发生的费用；其四，质量奖励费，指为改进和保证产品质量而支付的各种奖励，如质量小组成果奖、产品更新换代创优奖及有关质量的合理化建议奖等；其五，工资及福利费，指质量管理科室和车间从事专职质量管理人员的工资及福利费；其六，质量改进措施费，指建立质量体系，提高产品及工作质量，改变产品设计，调整工艺，开展工序控制，进行技术改进等的措施费用（属于成本开支范围）等。

（二）鉴定成本

鉴定成本是指为检查和评定材料在产品或产成品等是否达到规定的质量标准所发生的费用。企业支出此类成本，是希望在生产过程中能够尽快发现不符合质量标准的产品，避免损失延续下去。显然，此类成本的发生也可减少故障成本。鉴定成本又可细分如下：其一，检测实验费，指对进厂的材料和外购件、配套件、工具、量具以及生产过程中半成品、在产品及产成品，按质量标准进行检测、试验和设备维修、校正所发生的费用；其二，办公费，指为检验、试验所发生的办公费用；其三，检验设备折旧费及修理费，指用于质量检测的设备折旧及大修理费；其四，工资及福利费，指专职检验计量人员的工资及福利费等。

（三）内部故障成本

内部故障成本是指产品出厂前因不符合规定的质量要求所发生的费用。这类成本一般与企业的废品、次品数量成正比。内部故障成本又可细分如下：其一，返修损失，指对不合格的产成品、半成品及在产品进行修复所使用的材料费、人工费；其二，废品损失，指无法修复或在经济上不值得修复的在产品、半成品及产成品报废而造成的净损失；其三，产品降级损失，指产品外表或局部达不到质量标准却不影响主要性能而降级处理的损失；其四，停工损失，指质量事故所引起的停工损失；其五，事故分析处理费，指对质量问题进行分析处理而发生的直接损失等。

（四）外部故障成本

外部故障成本是指产品出厂后因未达到规定的质量要求所发生的各种费用或损失。此类成本又可细分如下：其一，索赔费用，指产品出厂后，由于质量缺陷而赔偿用户的费用；其二，退货损失，指产品出厂后，由于质量问题造成的退货、换货所发生的损失；其三，产品降价损失，指产品出厂后，因低于质量标准而降价造成的损失；其四，保修费，指根据合同规定或在保修期内为用户提供修理服务所发生的费用；其五，诉讼费，指用户认为产品质量低劣，提出申请，要求索赔，企业为处理申诉所支付的费用。

通过质量成本构成对比表（见表7-1），我们可以进一步了解中国机械行业与美国业界质量成本内容的异同。

表7-1　质量成本构成对比表

对比项目	中国机械行业	美国机械行业
预防费用	1. 培训费 2. 质量工作费 3. 产品评审费 4. 质量奖励费 5. 工资及附加费 6. 质量改进措施费	1. 质量计划工作费 2. 新品评定费 3. 培训费 4. 工序控制费 5. 收集分析质量数据费 6. 汇报质量的费用 7. 质量改进计划执行费

续表

对比项目	中国机械行业	美国机械行业
鉴定费用	1. 检查测试费用 2. 零件工序检验费 3. 特殊检验费 4. 成品检验费 5. 目标鉴定费 6. 检测设备评检费 7. 人工费用	1. 来料检验 2. 检验和试验费用 3. 保证试验设备精确性费用 4. 消耗的材料和劳动 5. 存货付价费用
内部损失费用	1. 返修复检费 2. 废品损失 3. 车间"三包"损失 4. 产品降级损失 5. 工作失误损失 6. 停工损失 7. 事故分析处理	1. 废品损失 2. 返工损失 3. 复试损失 4. 停工损失 5. 产量损失 6. 处理费用
外部损失费用	1. 索赔损失 2. 退货损失 3. 折价损失 4. 修保损失 5. 用户建议费	1. 申诉管理费 2. 退货损失 3. 保修费用 4. 折让费用

二、质量成本的核算

质量成本核算是指以货币的形式综合反映企业质量管理活动的状况和成效，是企业质量成本管理的重要内容。质量成本核算应按产品形成的全过程，对发生的预防成本、鉴定成本、内部故障成本和外部故障成本等质量成本进行货币形态的计量。质量成本核算一般可以先由各核算单位进行，然后由企业财务部门进行统一核算。企业在进行质量成本核算时，既要利用现代会计制度，又不能干扰企业会计系统的正常运作，要按规定的工作程序对相关的科目进行分解、还原、归集。

（一）质量成本核算的账户设置

进行质量成本核算，可以正确反映质量成本预算的执行情况，有助于进行全面质量管理。质量成本核算还是进行质量成本报告与质量成本分析的前提和基础。但鉴于目前我国统一会计制度中没有专门核算质量成本的会计科目，只有在账务处理上采取一些变通措施。目前，有以下两种最常见的做法可供选择：

1. 单轨制

单轨制类似于以往的"废品损失"核算，而又不完全相同。从会计处理步骤上，其归集与结转相类似，但核算内容不尽相同。单轨制是在原有的会计科目表中增设质量成本一级科目，然后在它的下面设置预防成本、鉴定成本、内部故障成本和外部故障成本四个二级科目；各二级科目下还可按具体内容设置明细科目，也应同时设立相应的总分类账和明细表，即质量成本总分类账、质量成本预提费用明细账、质量成本鉴定费用明细账、质量成本内部损失费用明细账、质量成本外部损失费用明细账，从而把质量成本的核算与正常的会计核算结合在一起。单轨制最大的问题是与现行会计制度不相容，会计期末无法在资产负债表和损益表中进行反映。为了解决这个问题，质量成本应在生产成本、管理费用和营业费用等科目中进行分配。

2. 双轨制

双轨制即把质量成本的核算和正常的会计核算截然分开，单独设置质量成本的账外记录。质量成本数据来源于记录质量成本数据的有关原始凭证，主要指发生在一个报告期内的相关质量费用。具体来说，预防成本数据由质量管理部门及检验、产品开发、工艺等有关部门根据费用凭证进行统计；鉴别成本数据由检验和开发部门根据检验、试验的费用凭证进行统计；内部质量损失成本数据由检验部门和车间根据废品报告和生产返工等有关凭证统计；外部质量损失成本数据由市场、销售服务等部门根据客户的反馈信息进行统计。各质量成本控制网点单独核算相关质量费用。然后，各质量成本控制网点根据核算结果定期编制质量成本数据统计表（见表7-2），作为考评该网点业绩的依据。

表7-2　质量成本数据统计表

年　月

单位：元

项　目		质量成本汇总					费用合计
		一车间	二车间	三车间	检验科	销售科	
内部故障成本	废品损失						
	返修工时损失						
	停机工时损失						
	……						
	合计						

续表

项　　目		质量成本汇总					费用合计
		一车间	二车间	三车间	检验科	销售科	
外部故障成本	索赔费用						
	退货损失						
	保修费用						
	……						
	合计						
……							

（二）单轨制下质量成本的核算

目前，企业会计准则规定用于核算产品成本的成本费用类科目有生产成本和制造费用，而为了对质量成本所发生的费用进行单独考核，需另设一个质量成本科目进行核算。这样，目前会计制度中成本类科目生产成本中的废品损失、返修损失，制造费用中的检测试验费、办公费、检验人员工资，损益类科目管理费用中的质量工作费、质量培训费，销售费用中的索赔费用、退货损失、保修费用等，都应该汇集在质量成本科目中。质量成本科目借方反映质量费用的发生额，贷方反映分配转出数。当质量费用发生时，先汇集在质量成本科目，再根据质量成本科目汇集的费用编制质量成本报表，最后将质量成本的内容分别转往有关科目。单轨制下质量成本的核算程序见图7-3。

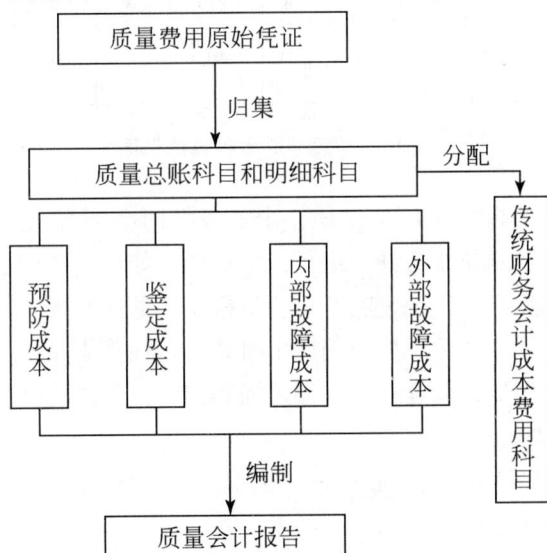

图7-3　质量成本核算程序图

质量费用发生后,财务部门根据各分厂、处室传送来的质量成本信息等原始凭证,编制记账凭证,借记质量成本科目,贷记有关账户。月份终了,财务部门根据质量成本科目各明细项目编制质量成本表后,再贷记质量成本科目,将质量成本所核算的各项费用分别结转至成本费用等有关科目。

编出质量成本表后,企业应将质量成本的有关项目分配于产品成本中,并在此基础上进行质量成本分析,形成质量成本分析报告。质量成本分析报告可以包括对质量成本构成的分析及改进建议、对质量成本趋势的分析及改进建议、对质量成本效益的分析及改进建议、与质量成本目标的比较和差距分析等。

(三) 双轨制下质量成本的核算

1. 建立质量成本核算体系

具体工作包括:在企业内部按照质量管理工作内容及提高经济效益的要求,建立质量成本会计核算与管理的网点;制订质量成本计划及管理目标,决定控制、核算和检查的方法;明确核算范围,设计切实可行的内部原始记录,规定凭证的传递程序;由企业的全面质量管理办公室及财务科对各核算网点及时传递成本信息。

质量成本核算体系见图7-4。

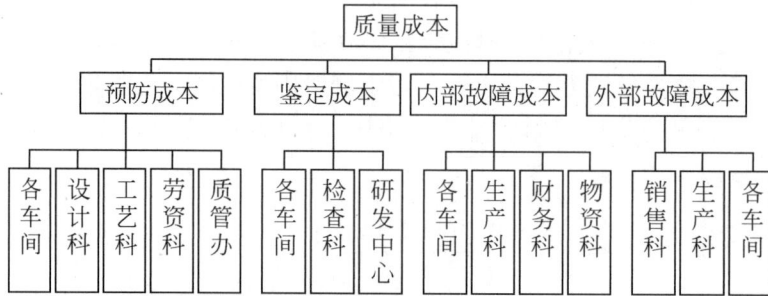

图7-4 质量成本核算体系图

质量成本的各个项目要按照不同的性质,由财务部门会同有关业务部门制定各种原始凭证,按照费用内容要求,填制原始凭证,进行会计处理。如在生产中出现返修品时,相关人员就要填写返修品通知单。生产中出现废品经检验员检验,若证实无法修复,并决定按废品处理时,相关人员就要填写废品通知单,按照消耗工时和材料核算废品损失。因质量原因造成停工损失时,检查员应会同定额员、调度员等作停工损失记录,并进行停工损失核算。

2. 编制质量成本报表

为了反映企业某特定时期的质量成本构成情况,财务部门应于期末汇总编制质量成本报表。质量成本报表的主要作用有:

第一,利用质量成本表提供的信息,有利于正确处理产品质量与产品成本、经济效益三者的关系。

第二，利用质量成本表提供的信息，有利于分析质量成本各构成项目之间的内在联系，实现质量成本总体控制最优化。

第三，利用质量成本表提供的信息，可提高企业全面质量管理水平。

第四，利用质量成本表提供的信息，有利于分析和考核质量成本管理的责任，推动企业内部经济责任制执行。

第三节　质量成本的控制和分析

一、质量成本的控制

（一）质量成本控制的意义

质量成本控制就是依据质量成本目标，对质量成本形成过程中的一切消耗进行严格的计算和审核，揭示偏差，及时纠正，实现预期的质量成本目标，并进而采取措施，不断降低质量成本。质量成本控制是保证各项质量成本经营活动达到计划效果的手段，是质量成本管理的重要环节之一。因此，加强质量成本控制具有十分重要的意义。

首先，质量成本控制是质量成本管理的重要手段。质量成本管理包括质量成本的预测、计划、控制、核算、分析和考核等环节。在这些环节中，质量成本的预测和计划为质量成本控制提供了依据。而质量成本控制既要保证质量成本目标的实现，又要渗透到质量成本预测和计划之中。现代经营管理中的质量成本控制，着眼于质量成本形成的全过程。其次，质量成本控制是推进企业全面改善质量管理和经营管理的动力。企业的全面质量管理水平对产品的质量成本水平有直接影响。实行质量成本控制，要求建立相应的控制标准和控制制度，并加强各项管理工作，以保证质量成本控制的有效进行。因此，实行质量成本控制，能够推动企业质量经营管理工作的改进。最后，质量成本控制是建立和健全厂内经济责任制的重要条件，而厂内经济责任体制又是实行质量成本控制的重要保证。实行质量成本控制，需要将质量成本指标层层分解落实到企业内各个部门和各个环节，要求各部门、各环节对质量成本指标承担相应的经济责任。因此，实行质量成本控制，可以促使职工主动节约消耗，降低质量成本，促使各部门、各环节经济责任制的建立和完善，从而保证质量成本控制的顺利进行。

（二）质量成本的日常控制

质量成本日常控制的内容主要包括：

1. 建立质量成本控制系统，确定质量成本控制网点

质量成本控制系统就是企业以保证和提高产品质量及控制质量成本为目标，按照系统论、控制论、信息论的观点和方法，将产品质量及其成本形成全过程中各环节的质量职能组织起来而形成的一个有明确职责和权限、互相协调、互相促进的有机整体。质量成本控制系

统是在质量保证系统和成本控制系统结合的基础上建立起来的，其基本内容主要包括：确定明确的质量成本目标；按照产品质量成本产生和形成的全过程，规定企业有关部门在控制质量成本方面所应承担的职责和应有的权利；建立高效灵敏的质量成本信息反馈系统；建立质量成本管理部门；实现质量成本管理业务标准化和程序化等。通过建立质量成本控制系统，建立起从班组到分厂、处室的组织机构，建立质量成本核算和控制网点。

2. 建立质量成本分级控制和归口控制的责任制度

为了调动全体职工对质量成本控制的积极性，企业应在质量责任制和成本核算责任制的基础上建立质量成本控制责任制，明确各级组织（厂部、分厂、班组等）和各归口的职能管理部门（如财务、生产、技术、销售、物资、设备等）在质量成本控制方面的责任和权利。因此，企业应将质量成本计划目标按其性质和内容进行层层分解，逐级落实到各个分厂、班组和职能处室，实行分级归口控制。一般来说，预防成本由质量管理部门归口控制，并分解落实到各有关部门（如技术、工艺、分厂等）控制。鉴定成本由质量检验部门归口控制，并分解落实到有关小组或个人。厂内损失由总工程师通过质量管理部门归口控制，并分解落实到各分厂、班组和有关处室。厂外损失由销售部门归口控制，并分解落实当有关班组。质量总成本由总会计师通过财务部门归口控制，并分解落实到有关职能部门。各个归口职能部门，既要完成其他部门分配下达本部门的各项费用指标，也要负责完成厂部下达的归口指标，并进一步将归口管理的指标分解下达到有关执行单位和部门，即质量成本核算网点。这样就形成一个左右相连、纵横交错的全厂质量成本控制体系。

3. 建立高效灵敏的质量成本信息反馈系统

质量成本信息就是质量成本形成全过程中发生的各种信息。这些信息是进行质量成本控制的"神经枢纽系统"，是一切质量成本控制活动的依据。质量成本控制就是通过质量成本信息反馈来实行调节功能的。因此，企业必须建立一套高效灵敏的质量成本信息反馈系统。

质量成本反馈就是在质量成本控制系统的各个环节之间反向输送的情报。质量成本信息反馈按其来源以及信息流转的范围可分为厂内反馈和厂外反馈两大部分。

厂内反馈是指企业内部质量成本信息的反馈流转，如生产制造过程向设计试验过程所作的质量成本反馈，生产制造过程的后道工序向前道工序所作的质量成本反馈等。厂外反馈是指产品进入流通领域或使用过程后，市场或用户根据产品使用过程的质量成本情况提供的反馈。这两个反馈在统一的质量成本控制系统内循环运动，不断推动企业工作质量和产品质量的提高以及质量成本的优化。因此，建立和健全质量成本信息反馈系统，就是建立质量成本控制系统的重要支柱。

（三）全过程的质量成本控制系统

质量成本包括质量管理成本（预防成本、鉴定成本）和质量故障成本。通过质量成本核算和分析，在两者比例关系的变化上可以反映质量活动的效果。一般表现为产品质量提高，质量故障成本下降。只有质量故障成本下降，才能表明产品质量提高。因此，在质量成本核算中，企业应重点加强对故障成本的核算和控制。管理成本支出的多少，仍取决于故障成本的降低与否，能促使故障成本降低的支出是可取的，否则是不可取的。产品质量要达到质量标准，必须靠产品形成全过程的各个环节的支持，即设计、工艺、生产准备、生产制造以及产品保管、销售等都要对产品质量负责。哪个环节出了问题，都要影响产品质量，因此企业必须进行全过程的质量成本控制。

1. 产品设计阶段的质量成本控制

产品设计阶段即为产品正式投产前的技术准备阶段，这一阶段的成本控制有两方面的内容。一是设计阶段本身发生的费用，包括：设计规划成本，如调研费用、结构组合费用、条件审查费用、鉴定评审费用等；技术管理成本，如技术管理、情报管理、设计管理等费用。这一部分费用从性质来看属于产品的设计成本，同时又是为确保产品质量而必须支付的费用，所以属于质量成本组成内容，亦称设计阶段的质量管理成本；二是设计阶段因设计出现问题而造成的停产、返工等损失，称设计故障成本。这一部分损失在设计阶段进行控制。企业通过对产品设计的论证、评审、试制、试验等措施，使设计方案科学合理，避免投产后因设计方案问题造成损失。

2. 材料采购、消耗的质量成本控制

从买方的角度来看，供应商质量成本可分为显见成本和隐含成本。买方容易鉴别的为显见成本，并可将责任划归具体的供应商，如接受检验工作的有关费用就是显见成本。然而，隐含成本不能那么直观地由买方鉴别。如为处理采购品的缺陷而花费的工作时间就是隐含成本。控制供应商质量成本应该从材料的验收标准开始，制定一系列工作规范，从而降低购入材料的故障成本。初次检查后，企业还可通过定期访问重新检查、审核，对供应商进行监督。在生产期间，买方进行定期审核，有助于促进卖方维持预先检查时具有的质量体系。保持买方和卖方人员之间的紧密接触也是预防和及时纠正缺陷不可缺少的措施。

企业对材料消耗的质量成本也要予以控制。材料消耗占产品成本的比重很大，降低材料消耗并对材料消耗前的质量方面进行管理，也是质量成本控制的重要方面。材料既有级别、型号的不同，也有品位的差别。企业产品如能用二级材料生产就可满足用户对质量提出的要求，就不必用一级材料。在实际工作中，企业往往由于使用了"质量过剩"的原材料造成先天性的消耗材料量大、价高、成本高，这就需要企业把对材料消耗的质量成本控制和价值工程的科学方法结合起来。

3. 对产品生产工艺及工艺装备质量成本控制

产品工艺及工艺装备状况对质量成本有极其重要的影响。企业在生产中，要做到用最合理的工艺及工艺装备是很困难的，总会有一些不合理的、浪费的和不稳定的环节。因此，对一些设计比较匆忙的生产线和比较复杂的制造工艺、生产成本较高的工序及工段，企业要特别注意加强质量成本管理，研究分析工艺线路、工艺作业、工艺装备对成本的影响。

4. 生产制造过程质量成本控制

其主要考核质量故障成本，包括控制废品损失、返修损失和停工损失。废品损失的汇集与分配，应在质量成本中的内部故障成本下进行核算，可分为不可修复废品的废品损失和可修复废品的修复费用。对于不可修复废品的废品损失，主要指计算截至报废时已发生的废品成本，然后扣除残值和应收的赔偿款，计算出废品净损失。该损失可按实际费用计算，也可按定额费用计算。按废品所耗实际费用计算时，由于废品报废以前发生的各项费用是与合格品一起计算的，因此，企业需要对废品报废以前与合格品一起汇集的各项费用采用适当的分配方法进行分配，从而计算出废品的实际成本，将之从生产成本中扣除，作为内部故障成本中的废品损失。计算公式如下：

$$质量故障成本 = 料费损失 - 残值 + 工费损失 + 外单位转来应由本单位承担的损失$$

对这一部分废品损失进行控制，企业应从技术上加强管理，尽量安排技术水平高的工人进行生产，并加强考核和检验。对于可修复废品的损失，企业主要计算修复费用部分。可修复废品返修前发生的费用不是废品损失，应归在生产成本中，不必转出；对于返修发生的修复费用，企业在成本计算中应单独计算并加以控制。对于因质量事故造成的停工损失，企业也要进行预见性的控制，即事先要做好预防措施，从而使上下工序之间不致因质量问题停工。

5. 销售过程质量成本控制

销售过程质量成本控制是指产品完工入库后对保管、发运以及用户使用的整个过程的成本控制。此处的质量成本主要指"三包"损失，即销售后用户在使用中发生的质量问题，应由本厂承担修、退、换的经济损失。"三包"损失发生后，企业要分析原因，分清经济责任，按经济责任转移承担"三包"损失。

以上从五方面分析了质量成本的控制，其中主要一环是责任的判定和质量经济损失的赔付。

二、质量成本的分析

质量成本分析是指，通过分析质量成本的构成比例、质量成本变动趋势以及产品质量对经济效益的影响程度等，找出影响质量成本的关键因素，主要为质量改进提供信息，指出改进方向，降低产品成本。因此，质量成本分析是质量成本管理的核心内容。进行企业产品质量成本分析，需要建立企业产品质量成本数学模型，步骤如下：其一，找出与质量有关的成本因素（如退货、运输、报废、损耗、检验、人员、间接物料、品牌美誉度等）；其二，量化以上成本因素；其三，找出它们与总产品质量成本的关系和权重；其四，根据各成本因素进行分析，看主要的问题在哪里，从而找到更多的改善企业产品质量成本的方法。

质量成本分析一般包括以下内容：质量成本构成分析、质量成本变化情况（趋势）分析、质量成本效益分析、质量成本与其他相关指标对比分析、目标质量成本完成情况分析、质量成本灵敏度分析等。

（一）质量成本构成分析

随着社会生活质量需求的迅速变化和日益多样化，如何保证产品的质量指标符合市场质量需要，成为一个越来越重要的问题。应当指出，故障成本与预防成本和鉴定成本的性质是不同的，故障成本表示的是一种浪费，一种真正的损失，它不能带来任何经济利益；而预防成本和鉴定成本则是为了减少损失而花费的费用，是一种经济上的开支，可以带来经济效益。质量成本水平分析必须深入质量成本构成要素之中，即从质量成本总额中各因素所占比重来分析质量成本构成及其变化。

1. 质量成本平衡点分析

质量成本平衡点应由企业自身特点所决定。一般情况下，其一，多品种小批量生产模式中，故障损失费 > 质量保持费；其二，大批量生产模式中，故障损失费 < 质量保持费。

质量成本构成要素之间应保持如下关系：当内部损失成本上升时，应增加预防成本，采取预防措施；当外部损失成本上升时，应增加鉴定成本，加强检验；当内外损失成本均上升时，应增加预防及鉴定成本。

如果设预防成本为 C_1，鉴定成本为 C_2，故障成本为 C_3（包括内部损失成本和外部损失成本），则质量成本平衡点为：

$$C_1 + C_2 = C_3$$

当增加 C_1 和 C_2 时，C_3 应降低。

质量成本平衡点见图 7 - 5。

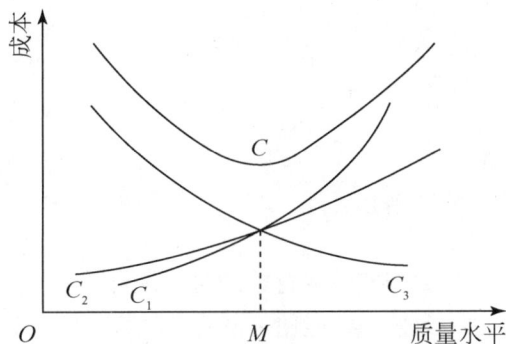

图 7 - 5　质量成本平衡点分析

图 7 - 5 中，C_1 为预防成本曲线，C_2 为鉴定成本曲线，C_3 为故障成本曲线。当产品质量为100% 不合格时，其预防费用为零。随着质量升高，预防、鉴定费用逐渐增高；当质量为100% 合格时，预防成本、鉴定成本最高。故障成本曲线 C_3 的变化规律是：当产品质量较低时，故障成本较大；当质量提高到100% 合格时，故障成本为零。C 为总成本曲线，任何一点的总成本均为 C_1、C_2、C_3 之和。当质量水平较低或较高时，总成本都比较高；当质量处于平衡点时，质量成本最低。在 M 点或 M 点附近区域，总成本最低，它就是最佳质量水平。

质量成本中几部分的比例构成关系到质量成本能否合理支出。美国质量管理专家哈灵顿（Harrington）认为，一般商品的质量成本的合适构成比例大约是：预防成本为本10%，鉴定成本为25%，内部故障成本为57%，外部故障成本为8%。这种降低外部故障成本的设想反映了发达商品经济条件下市场机制约束作用的有效性，反映了企业经营者具有很强的质量意识和消费者观念。这种较低的外部故障成本，对于增强企业的市场竞争力尤其质量竞争力是有利的。

2. 内部损失成本的分析

主要分析内容如下：其一，分析内部损失成本的主要构成因素；其二，用图示的方法，明确各类产品、各个工序的内部损失额等。

3. 外部损失成本的分析

主要分析内容如下：其一，分析外部损失成本的主要来源；其二，分析并评估外部损失成本带来的无形损失等。

（二）质量成本趋势分析

企业质量成本总额应与上期、去年同期进行绝对数额的比较。若质量成本总额较高，企业应分析主要升高科目及原因，提出改进建议。

质量成本本身并不能为管理部门提供足够的资料，以至于无法使它与其经营成本得到同样的重视。因此，企业还必须通过一些基数与质量成本对比，从不同角度说明经营情况。这些基数有：工时基数、成本基数、销售基数和单位基数。它们的计算公式如下：

$$工时基数 = \frac{内部故障成本}{直接工时}$$

$$成本基数 = \frac{总损失成本}{制造成本}$$

$$销售基数 = \frac{总质量成本}{净销售额}$$

$$单位基数 = \frac{试验和检验费用}{产品数量}$$

上述公式必须通过期初预测数与实际执行数的对比进行分析，这样才能反映发展趋势。应该注意，只有保持质量基数的一致性，才能使之成为一种好方法。如受到以下因素影响时企业必须对其进行调整：由自动化代替直接工时，由于使用代用材料、方法或工艺而使制造成本有了变化；毛利、售价、运费和市场需要发生变化；产品组成发生变化；上述公式中分子的时间尺度不同于分母的时间尺度。企业比较趋势时，必须了解和考虑这些因素。

（三）质量成本效益分析

质量成本效益分析就是通过分析质量成本与有关指标的关系，反映质量经营的状况及其对质量经济效益的影响，借以说明企业开发质量成本、进行质量成本核算和管理的重要性。

只有最佳的质量水平和最佳的成本水平，才有可能带来最好的经济效益。在实际工作中，企业有时很重视质量而忽视成本，其结果往往是经济效益很差。因为出现高质量的同时可能出现高成本。在产品价格不变的情况下，盈利就会相应减少。反之，企业若一味用牺牲质量的办法追求数量，会导致产品质量低劣，销售困难，必然造成人力、物力损失。这就是说，质量过高或过低都会造成浪费，不能使企业获得良好的经济利益，因此，企业必须探求最佳质量水平。

为了使产品质量和成本达到最佳质量水平，企业就应围绕经营目标分析企业内外各种影响因素。外部的影响因素主要是购买者考虑产品性能、可靠性、可维修性与产品价格之间的关系。内部影响因素就是考虑提高质量与为此所消耗的费用之间的关系。从原则上讲，最佳水平是要达到的必要功能与成本耗费的最佳组合。从这个意义上说，计算质量成本不是目的，其目的在于进行质量成本分析及其效益。企业可以利用销售收入质量成本率进行质量成本效益分析。质量专家通常认为最优的质量成本水平应为销售额的 2% ~4% 。

$$销售收入质量成本率 = \frac{质量成本总额}{销售收入} \times 100\%$$

假设　销售收入质量成本率为 K，当 $K \leqslant 1\%$，质量控制效果较好，可达 6σ 水平；当 $1\% < K \leqslant 5\%$，质量控制效果一般，可达 5.5σ 水平；当 $5\% < K \leqslant 15\%$，质量控制较差，可达 5σ 水平。

图 7 - 6 可以表明质量与收益的关系。

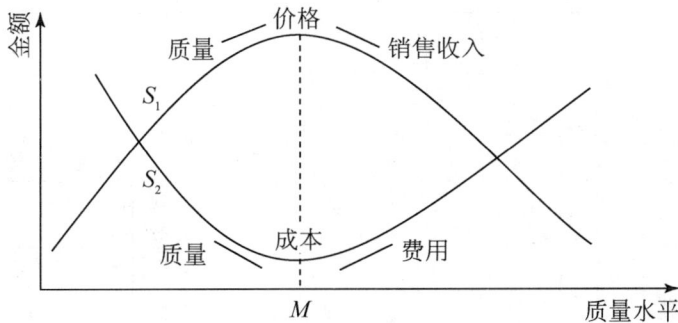

图 7 - 6　质量与收益关系图

图 7 - 6 中，S_1 曲线表示质量—价格—销售收入之间的关系。随着质量的提高，销售量增多，销售收入增加。但当质量提高到一定程度后，价格相对昂贵，销售量将减少，销售收入增长缓慢甚至下降。S_2 曲线为质量—成本—费用曲线。当质量很低时，用户不购买会造成产品积压损失，或用户购买后多会要求索赔，损失大而成本高。随着质量的提高，次品及废品损失减少。降低成本到某一质量水平后，企业要再提高质量，成本将又随着提高。

某一质量水平的利润为销售收入与成本的差值，即 S_1 减去 S_2。在 M 点，差值最大，即利润最高，那么 M 点就是最佳质量水平。

质量成本效益分析还可以借助如下具体指标开展企业之间以及企业内部不同时期、不同品种产品的对比分析：

$$产值质量成本率 = \frac{质量成本总额}{企业总产值} \times 100\%$$

$$销售利润质量成本率 = \frac{质量成本总额}{销售利润总额} \times 100\%$$

$$产品成本质量成本率 = \frac{质量成本总额}{产品成本总额} \times 100\%$$

$$质量成本利润率 = \frac{销售利润总额}{质量成本总额} \times 100\%$$

$$推行质量成本后故障成本降低率 = \frac{推行前故障成本 - 推行后故障成本}{推行前故障成本} \times 100\%$$

$$推行质量成本后废品损失降低率 = \frac{推行前废品净损失 - 推行后废品净损失}{推行前废品净损失} \times 100\%$$

三、质量成本分析举例

（一）质量成本管理系统

A 公司质量信息门户设立见图 7-7。

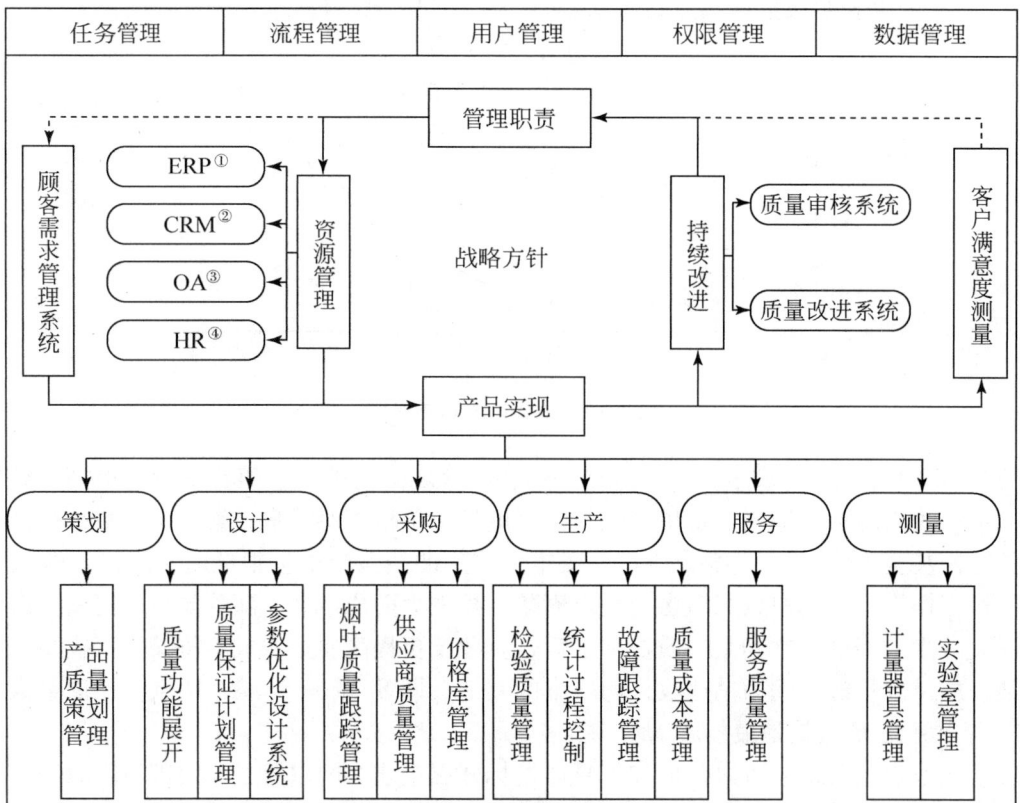

图 7-7　A 公司质量信息门户

---

① ERP，Enterprise Resource Planning，企业资源计划。

② CRM，Customer Relationship Management，客户关系管理。

③ OA，Office Automation，办公自动化。

④ HR，Human Resource，人力资源。

（二）质量成本分析

1. 质量成本构成分析

（1）A公司质量成本构成情况（见表7-3）。

（2）A公司下属B分厂质量成本组成分析。B分厂质量成本超支严重，A公司要求其提供质量成本组成分析，B分厂按质量成本构成提供的质量成本组成图见图7-8。

2. 质量成本指标完成情况分析

具体分析如下：

（1）A公司质量成本指标完成情况的分析。2016年10月A公司产品预算总成本为4 147 500元，实际总成本为3 896 765元，成本降低额为250 735元，成本降低率为6.5%。依据表7-3，A公司质量成本指标比率分析如下：

表7-3　质量成本分析表（A公司）

2016年10月　　　　　　　　　　　　　　　　　　单位：元

质量成本项目		金额	质量成本率	
			占本项	占总额
预防成本	质量管理工作费	1 380	10.43%	0.95%
	质量情报费	854	6.41%	0.58%
	质量培训费	1 875	14.08%	1.28%
	质量技术宣传费	—	—	—
	质量管理活动费	9 198	69.08%	6.28%
	小计	13 316	100.00%	9.08%
鉴定成本	材料检验费	1 154	12.81%	0.79%
	工序质量检查费	7 851	87.19%	5.36%
	小计	9 005	100.00%	6.15%
内部故障成本	返工损失	53 823	49.80%	36.74%
	返修损失	27 999	25.91%	19.11%
	事故分析处理费	1 956	1.81%	1.34%
	停工损失	2 488	2.30%	1.70%
	质量过剩支出	21 813	20.18%	14.89%
	技术超前支出费	—	—	—
	小计	108 079	10.00%	73.76%

质量成本项目		金额	质量成本率	
			占本项	占总额
外部故障成本	回访修理费	4 434	27.57%	3.03%
	劣质材料额外支出	11 648	72.43%	7.95%
	小计	16 082	100.00%	10.98%
质量成本支出额		146 482	100.00%	100.00%

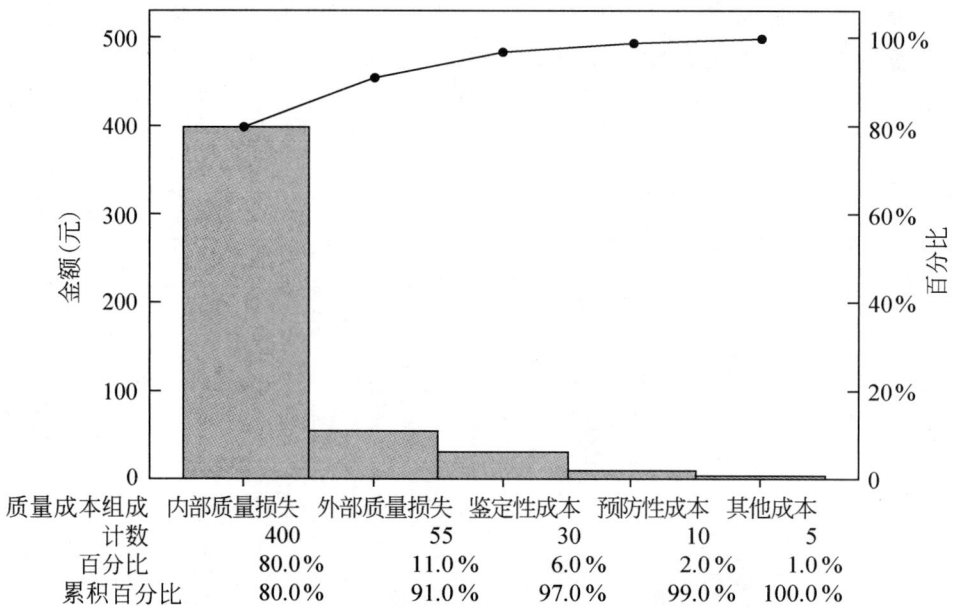

图7-8　A公司B分厂质量成本组成图

$$\frac{质量成本}{实际成本}=\frac{146\ 482}{3\ 896\ 765}\times100\%\ =3.76\%$$

$$\frac{质量成本}{预算成本}=\frac{146\ 482}{4\ 147\ 500}\times100\%\ =3.53\%$$

$$\frac{预防成本}{预算成本}=\frac{13\ 316}{4\ 147\ 500}\times100\%\ =0.32\%$$

$$\frac{鉴定成本}{预算成本}=\frac{9\ 005}{4\ 147\ 500}\times100\%\ =0.22\%$$

$$\frac{内部故障成本}{预算成本}=\frac{108\ 079}{4\ 147\ 500}\times100\%\ =2.61\%$$

$$\frac{外部故障成本}{预算成本}=\frac{16\ 082}{4\ 147\ 500}\times100\%\ =0.39\%$$

（2）质量成本指标完成情况的对比分析。

对比质量成本预算，A公司各分厂质量成本指标实际完成情况都控制在预算范围内，只有下属C分厂质量成本指标完成情况不尽理想，C分厂提交的质量成本指标完成情况对比分析见表7-4。

表7-4　质量成本分析表（A公司C分厂）

2016年10月　　　　　　　　　　　　　　单位：元

项　目	预算数	实际数	差异
预防成本：			
质量工作费	3 000	2 800	-200
质量培训费	2 800	2 950	150
质量奖励费	1 400	1 600	200
产品评审费	2 300	2 400	100
质量改进措施费	1 600	1 550	-50
工资及福利费	5 900	6 000	100
小计	17 000	17 300	300
鉴定成本：			
检测试验费	6 600	6 700	100
工资及福利费	7 600	7 550	-50
办公费	5 000	5 000	0
检验设备折旧费及修理费	3 500	3 700	200
小计	22 700	22 950	250
内部故障成本：			
废品损失	7 000	7 500	500
返修损失	4 300	4 200	-100
停工损失	5 600	5 550	-50
事故分析处理费	2 800	2 900	100
产品降级损失	3 900	3 900	0
小计	23 600	24 050	450
外部故障成本：			
索赔费用	6 000	6 100	100
退货损失	2 300	2 350	50
保修费	1 700	1 700	0

续表

项　目	预算数	实际数	差异
诉讼费	4 500	4 200	-300
产品降价损失	1 600	1 700	100
小计	16 100	16 150	50
质量成本合计	79 400	80 450	1 050

四、质量成本分析报告

（一）质量成本分析报告内容

质量成本分析报告可以包括如下内容：其一，产品合格率统计表；其二，查找本部门产品质量存在的问题，可以用直观图表找出其主要的质量问题；其三，分析产品存在质量问题的原因；其四，总结推广质量提高的先进经验；其五，通过质量分析会，找出差距，提出改进产品质量的建议；其六，质量分析报告应标明报告日期，应有报告人和部门领导签字。

（二）质量成本分析报告重点

质量成本分析可以从人、机、料、法、环、测六大因素，用因果图或报表形式分析质量问题原因。

1. 人

生产过程中出现的装配质量问题，是由于操作员不熟悉装配工艺，或装配工未按工艺规程去做，或工人只顾产量不顾质量，或员工精神不好等原因造成的。

2. 机

使用的胎夹具陈旧，不好用，精度差。

3. 料

采购的零部件质量差。

4. 法

制定的工艺文件不切合实际、难操作，或工人的操作方法不对。

5. 环

环境不好，如光线很暗，空气不好，气温太高或太低，影响员工的工作情绪或体力。

6. 测

测量设施不准确，没有测试设备等。

以某企业采购过程中的质量问题及改进建议为例（见表7-5），强调编写质量成本分析报告，除了定量分析外，还应重点分析质量问题的原因，对症提出改进建议。

表7-5 采购过程质量分析表

		质量问题	处理补救方法	发生的费用
原材料问题	品质方面	原材料性能指标不合格	退货/换货或让步接受	分析检验成本、运输费、联络通信费、停线损失费（材料、设备、人工、利润等）、让步接受的风险成本、物流风险（急调现货或购买别家的高价产品）成本、寻找替代产品或供应商成本
		客户/买方变更规格要求	改善或提高原材料性能、外观等指标，或寻找符合新要求的替代产品	产品修改/更新成本，模具修改/更新成本，寻找替代产品或供应商成本
	交货方面	运输造成的产品损坏	退货/换货或让步接受	材料损失费、运输费、联络通信费、操作处理费、停线损失费（材料、设备、人工、利润等）、让步接受的风险成本
		来料包装破损	退货/换货或让步接受	操作处理费、运输费、联络通信费、让步接受的风险成本
		来料标识破损或缺失	退货/换货或让步接受	操作处理费、运输费、联络通信费、让步接受的风险成本
		卖方发错货	退货/换货或让步接受	分析检验成本、运输费、联络通信费、停线损失费（材料、设备、人工、利润等）、让步接受的风险成本
		来料混装	退货/换货或让步接受	操作处理费、运输费、联络通信费、停线损失费（材料、设备、人工、利润等）、让步接受的风险成本
供应商问题		供应商品质及交货期不确定	找出原因，并针对存在的问题敦促供应商改善工艺、技术、信息系统或管理；寻找替代供应商	买方生产风险成本、物流风险（急调现货或购买别家的高价产品）成本、供应商能力调查分析评估成本、供应商现场考察成本、寻找替代供应商成本
		供应商转产或退出生产	寻找替代供应商	买方生产风险成本、供应商能力调查分析评估成本、供应商现场考察成本、寻找替代供应商成本
		供应商破产	寻找替代供应商	买方生产风险成本、供应商能力调查分析评估成本、供应商现场考察成本、寻找替代供应商成本
		合计		质量问题处理费用总成本

⬚ **复习思考题**

1. 产品质量有何含义？产品质量可以如何分类？
2. 什么是全面质量管理？推行全面质量管理有什么重要意义？
3. 全面质量管理包括哪些内容？
4. 什么是质量成本？质量成本包括哪些内容？
5. 质量成本核算的单轨制和双轨制的区别有哪些？
6. 质量成本报表的作用是什么？
7. 质量成本分析的方法有哪些？
8. 质量成本日常控制要注意哪些问题？

第八章 战略成本管理

学习目标

通过本章学习，学生应了解战略成本管理的概念和意义，了解战略成本预测与决策、战略成本控制，了解战略成本管理制度的维护，熟悉战略成本管理的特点和战略成本计划，掌握战略成本管理业绩评价的步骤和战略成本管理的业绩评价指标，重点掌握战略成本管理的工具，包括战略定位分析、价值链分析和成本动因分析，把握战略定位分析、价值链分析和成本动因分析的实质内容及其对企业成本管理的重要作用，重点掌握企业战略规划。

第一节 战略成本管理概述

一、战略成本管理的内涵

纵观成本管理的发展历史，成本管理经历了不同的发展阶段。从 19 世纪初到 20 世纪初，成本管理以事后分析利用成本信息为主；从 20 世纪初到 40 年代末，成本管理以事中控制成本为主，主要标志是标准成本制度的形成和发展；从 20 世纪 50 年代初到 80 年代末，成本管理以事前控制成本为主，成本管理重点由事中控制、事后计算和分析转移到成本预测、成本决策和成本规划；从 20 世纪 90 年代开始，为了适应科学技术迅速发展和全球竞争带来的挑战，实务界和学术界开始致力于成本管理新理论和新方法的研究，特别是企业战略管理理论与方法的迅速成长，使得成本管理进入了战略成本管理阶段。

"战略"一词源于军事用语，是对战争全局的筹划和指导，泛指重大的、具有全局性的决策谋划。20 世纪 60 年代兴起的战略管理理论将战略思想运用于企业管理以适应愈演愈烈的市场竞争环境。企业战略是为谋求企业未来竞争优势提高而做出的、将对全局产生影响的长期规划。企业战略可以分为企业总体战略、经营单位战略和职能部门战略三个层次。创建企业未来持续发展的竞争优势，要求企业从战略的角度制定竞争战略，有效配置企业的资源，协调企业的各项经营活动。战略管理需要企业若干不同管理部门的支持，成本管理作为企业管理的重要有机组成部分必须适应战略管理对于成本信息的需求。传统成本管理所提供的成本信息已经无法满足战略决策的需要，因此，战略成本管理应运而生。

战略成本管理（Strategic Cost Management，简称 SCM）是战略思想在成本管理中的具体应用，是为了获得和保持企业持久竞争优势而进行的成本分析与管理。进行战略成本管理，不仅要降低成本，更要注重与企业的竞争战略相配合，以保持企业的竞争优势。具体来说，战略成本管理就是适应战略管理的需要，从战略的高度根据企业内外部环境的变化对更广泛的成本实施管理，运用专门方法提供企业本身及其竞争对手的分析资料，提供与材料采购、产品生产、销售、顾客服务等一系列作业活动及决策有关的准确的成本信息，并进行分析与考核，帮助管理者形成和评价企业战略，以有利于企业建立和保持长久的竞争优势。战略成本管理是对传统成本管理的发展，也是企业战略管理系统的重要子系统之一。

二、战略成本管理的意义

成本管理的基本功能定位是为管理者提供成本信息，以帮助管理者利用成本信息进行经营决策。从战略管理的角度看，传统成本管理存在很多缺陷。比如，传统成本管理关注企业内部生产经营活动的价值消耗，很少考虑分析企业外部环境；传统成本管理要求最大限度地减少企业各种经营活动的成本以谋取利润最大化，这与战略管理所要求的形成企业竞争优势的目标不协调。降低成本在任何时候都是不可忽视的，但从竞争战略的角度来看，传统成本管理没有很好地将成本管理与竞争优势相联系，可能使企业丧失好的发展机遇，更谈不上竞争优势的形成；传统成本管理对影响成本的因素分析得不够全面，只重视明显的成本因素，如材料费、人工费和管理费用等，而忽视了隐含的成本因素，如市场开拓、内部结构的调整、企业管理文化等，不能全面揭示企业成本的真正构成，从而会影响决策的正确性。

战略成本管理是适应管理学科的发展及企业内外环境变化而适时发展起来的，具有一定的现实意义。

（一）战略成本管理的形成和发展是现代市场经济和竞争的必然结果

战略成本管理的形成和发展是随着战略管理理论的提出而逐步发展起来的。随着时代变迁，世界范围内的经济环境在各方面都发生了巨大变化，特别是 20 世纪六七十年代以后，企业所处的政治、经济、文化和自然环境与过去相比有了很大的变化，企业间的竞争更加激烈，科学技术迅速发展，从而使企业面临着更加严峻的挑战。其主要表现是：

1. 需求结构发生变化

基本消费品的需求已经饱和，市场由卖方市场转为买方市场，个性化需求提高，顾客更加注重产品质量。

2. 科学技术突飞猛进

科技的发展促进了企业生产技术的提高和设备的更新，促进了先进制造工艺的发展。同时，信息技术的发展改变了企业的内部制造环境。

3. 全球化竞争日益激烈

企业所面临的外部竞争范围不断扩大，跨国公司大量涌现，使得世界范围的资本流通更加快速，同时，也造就了更加激烈的竞争环境和更大的经营风险。这些变化给企业的生存带来了前所未有的挑战，企业要生存和发展，就要采取更加有效的管理方式，战略管理应运而生。正是战略管理的产生，使得战略成为企业的核心，而成本是战略的关键，战略成本管理就自然形成了。成本是决定企业在竞争中能否取得份额以及占有多少份额的关键因素，而影响竞争成本的核心是企业的战略成本而非传统的经营成本。因此，战略成本管理理论和实务的不断发展完善对于经济的发展特别是成本管理工作具有重要意义。

（二）战略成本管理是对传统成本管理理论的重大飞跃

战略成本管理理论最早于 20 世纪 80 年代由英国学者西蒙提出，美国学者迈克尔·波特在《竞争战略》和《竞争优势》两书中列专章探讨"成本优势"。在迈克尔·波特研究的基础上，美国学者杰克·桑克等于 1993 年出版了专著《战略成本管理》，使战略成本管理更加具体化。传统的成本管理理论仅仅局限于成本核算，没有真正实现管理的职能。战略成本管理融合了先进的管理理论和方法，注重综合管理学、系统学、运筹学、经济学等学科的知识技能，应用先进的管理方法，如价值链分析、成本动因分析、竞争环境分析等，将成本信息贯穿于战略管理的整个循环过程之中，通过对企业成本结构、成本行为的全面了解、控制与改善，谋求企业的长期竞争优势。因此，可以说战略成本管理理论是个开放的系统理论，它适应战略管理的需要，侧重于不同方面的成本管理，同时注意与现代管理学紧密地结合，应用先进的管理方法和技术手段以提供相关的成本信息。战略成本管理理论已经形成了完整的系统结构，并且在不断发展，对于成本管理理论的发展以及管理学等相关学科的发展都有重要的理论意义。

（三）战略成本管理有利于更新成本管理的观念

按照传统的成本管理理念，成本管理的目标就是降低成本，节约是企业降低成本的主要手段。应当说，节约作为成本管理的一种手段是不容置疑的，但它不应当是唯一的手段。现代成本管理的目标应当是以尽可能少的成本开支获得尽可能多的使用价值，从而为获得经济利益提供一个良好的基础。从战略成本管理的角度来分析成本管理的这一目标，可以说成本降低是有一定条件和限度的，在某些情况下控制成本费用，可能会导致产品质量和企业效益下降。但是，如果企业能够以较低的成本升幅获得更高的使用价值，那自然可以大大提高企业的经济效益，这是一种可取的战略。企业能否取得竞争优势，取决于其能否做到"以同样的成本为顾客提供更优的使用价值"或"以较低的成本提供相同的使用价值"。企业采用何种成本战略，取决于企业整个经营战略和竞争战略，成本管理必须为整个企业的经营管理服务，而不只是局限于一味追求成本降低。

（四）战略成本管理的有效实施有利于改善和加强企业经营管理

战略成本管理是企业战略管理顺利实施的基石。应用战略成本管理有助于企业从战略的角度把握企业的成本管理，避免只顾短期利益，一味以低成本来决定各项决策的短期行为。采用战略定位分析、价值链分析及成本动因分析等多种战略管理方法，将企业成本管理从仅限于企业内部扩展到企业外部，利用不同的成本管理重点来支持企业不同的竞争战略。这样，战略成本管理能够提供更加有利于企业未来发展和战略决策的包括竞争对手和企业自身整个产品生命周期的不同阶段的成本信息，有利于管理者随时掌握企业的优势和劣势，并制定适合企业保持竞争优势的竞争战略。

另外，从我国企业所进行的成本管理改革现状来看，大多数企业没有真正领悟战略成本管理思想和方法的精髓，以致大多数企业仍然保留传统成本管理的方式，没有真正地实施战略成本管理，使企业已经制定的战略目标难以实现。因此，研究和实施战略成本管理对于我国企业管理方式和手段的革新具有重大的现实意义。

三、战略成本管理的目标

战略成本管理是基于战略管理思想建立起来的管理系统。从系统论的观点来说，其内容、方法以及管理的重点都不是一成不变的，它要为适应企业不同时期、不同层次的战略定位而有所改变。目标是系统运作的方向和所希望实现的结果，正确的目标是系统良性运行的前提。企业战略成本管理的目标是企业实施战略成本管理活动预期所要达到的目的，是战略成本管理系统的核心。战略成本管理的目标由战略成本管理的环境决定，并且对战略成本管理系统的其他要素具有指导和制约作用。因此，明确战略成本管理的目标是正确执行和完善战略成本管理系统的前提和基础。

战略成本管理是战略高度的成本管理，所以，企业规划战略成本管理的目标就不能脱离两个重要的层面：一是战略层面，二是成本管理层面。从这两个层面考虑，战略成本管理的目标应包括以下内容：

（一）战略成本管理的目标要服从于战略管理的目标

企业的战略成本管理是战略管理的子系统，是服务于战略管理需要的。战略管理的目标是企业通过战略管理所要实现的结果，可以说是企业的使命。生存、发展、获利是一般企业目标的概述，在激烈的市场竞争环境下要实现企业的目标，归根结底取决于企业自身是否有与众不同的竞争优势。实施战略管理无非就是从战略的角度管理企业的经营和发展，为企业目标的实现创造竞争优势。战略成本管理作为战略管理的决策支持系统，其各项活动的开展都要有助于战略管理目标的实现，也就是说，它要通过成本管理的基本功能达到保持并创建企业的竞争优势的目标。

（二）战略成本管理目标本质上要体现成本管理的职能

战略成本管理是随着时代的变革和企业竞争环境的变化以及战略管理理论的发展应用而产生和发展起来的，它不是对传统成本管理的全盘否定，而是在传统成本管理的基础上引入战略的思想，拓展成本管理的时间和空间范围，是为适应战略管理的需要而对传统成本管理的发展和完善。所以，作为成本管理系统，进行成本管理工作仍然是战略成本管理的基本职能，成本管理所要达到的目标也就是战略成本管理的基本和首要目标。成本管理就是对企业与发生成本有关的各项活动进行成本信息的反映和管理，以提供与决策相关的成本信息。战略成本管理的目标不仅是提供传统成本管理所提供的战术意义上的成本信息，更重要的是提供战略意义上的与决策相关的成本信息，以帮助企业管理者进行战略决策。可见，战略成本管理系统的基本目标就是为决策者提供有用的战略性成本信息，体现了成本管理的基本职能。

（三）追求创建维持成本持续降低的成本结构和环境

尽管战略成本管理已确定的某项决策可能会带来暂时的成本提高，但成本的提高是以企业竞争力的建立和维持为结果的。那么，与传统成本管理追求成本降低的目标相比较，战略成本管理更注重放弃短期利益，而代之以从长期的角度来营造有利于未来时期内成本持续降低的成本结构和环境。

总之，战略成本管理的目标就是通过提供与决策相关的战术和战略方面的成本信息，来协助管理者进行正确的战略决策，以促进企业竞争优势的形成和成本持续降低环境的建立，从而实现企业的战略目标。

四、战略成本管理的特点

相对于传统成本管理系统关注企业内部活动而忽视企业外部活动、关注日常经营管理而忽视战略管理等弊端，战略成本管理适应了战略管理的需要，对传统成本管理进行了变革和完善。因此，战略成本管理具有不同于传统成本管理的特征。

（一）战略成本管理重视战略目标，具有长期性

战略成本管理立足于培育、维持和提高企业的竞争优势，为企业长远的战略目标服务。战略成本管理在创建企业竞争优势的目标的指导下进行成本管理活动，着眼于长期的企业目标，与传统成本管理不注重企业未来发展的短期战术性管理完全不同。例如，企业进行人工成本管理，按"降低成本"的标准衡量，企业适宜雇用年龄相对较大、技术熟练程度较高的员工以便降低人工成本；但以"成本优势"的标准衡量，企业适宜从长远利益出发雇用相对年轻、文化程度较高的员工，利用学习曲线，可以获得较长时期的成本优势。

（二）战略成本管理重视企业与外部环境的关系，具有外向性

传统成本管理主要根据企业内部经营管理的状况，为企业管理层提供单一的成本信息，在企业内部各项活动中寻找降低成本的方法和途径，不研究分析企业的外部价值链，是一个封闭的内部决策管理系统。而战略成本管理将成本管理的重点延伸到企业外部，扩充成本管理在时间上和空间上的范围。在时间上，将传统成本管理只注重产品生产阶段的成本管理扩展到注重对产品整个生命周期的成本管理；在空间上，将企业内部成本管理向前延伸至供应商、向后延伸至销售商或者消费者。企业与供应商、企业与顾客、企业与竞争对手的关系均构成企业生存发展的外部环境，这些外部环境都直接或间接影响企业的成本水平和成本结构。因此，战略成本管理拓展了成本管理的时空范围，将有利于企业根据外部环境的变化调整自身的竞争战略，并通过改善与外部环境的关系达到优化成本结构、降低成本水平的目的。

（三）战略成本管理重视竞争优势的建立，具有竞争性

战略成本管理是在考虑企业竞争优势的基础上进行的成本管理，重点关注企业的成本行为。其注重分析成本管理对企业竞争地位和竞争优势的影响，在帮助企业决策者正确确定企业竞争战略的同时，辅之以与之相对应的成本管理战略。而传统成本管理往往只考虑成本的降低，对降低成本给企业竞争地位带来的影响方面却考虑甚少，这样势必造成企业的决策者为了一时的成本降低而放弃企业竞争地位的确立，更难谈到建立企业的竞争优势了。因此，可以看出，战略成本管理通过改革传统成本管理单纯降低成本的弊端，将成本降低定位于企业竞争优势建立的基础上。这不仅充分体现了战略管理的思想，实现了成本管理理念的完善和发展，而更重要的是揭示出战略成本管理是企业在日益激烈的市场竞争环境中得以生存和发展的利器。

（四）战略成本管理重视企业生命周期的不同阶段，具有动态性

系统论的观点揭示出系统不是一成不变的，而是根据不同阶段的环境变化要求而动态变化的。战略成本管理作为一个管理系统也体现了其动态性的特征。企业的竞争战略是根据企业内外部环境的变化而间歇调整的，从管理科学的系统性出发，为了保证战略实施的有效性，不同的战略要与不同的管理控制系统相互映衬，这也正是作为管理控制系统之一的战略成本管理系统必须与具体的竞争战略相结合的逻辑所在。不同的战略选择需要不同的成本分析和成本管理方法，这也就形成了特定竞争战略下的成本管理战略。在企业所确立的不同竞争战略的要求下，战略成本管理的侧重点也会有所变化。例如，在成本领先的竞争战略下，企业成本管理的重点是从产品设计到生产的各个阶段，尤其是企业与供应商和销售商的联系方面，挖掘降低成本的潜力，以实现和维持行业内的成本优势；而在产品差异化的竞争战略下，企业成本管理的重点则在产品的设计阶段，更加注重产品的功能分析和顾客的个性化需求。

当企业处于不同发展阶段时，其必然要采取不同的战略管理目标，其成本管理的重点也会有差异。例如，将一个处于发展期的企业与处于成熟期的企业进行比较，前者可能注重营销战略以迅速占领市场，这样的企业组织结构比较简单，成本管理工作可能不会受到重视；而处于成熟期的企业已经得到了稳定发展，面对的是成熟的市场，很难通过提高销售份额增加利润，这样的企业除了要注重新产品的研发以求生存和发展，同时必须注重加强成本管理，提升成本竞争优势。

（五）战略成本管理提供的成本信息具有多样性和全面性

从战略的角度看，成本管理可以分为战术层面和战略层面的成本管理。传统成本管理属于战术层面的成本管理，注重对企业日常生产经营管理所产生的实际成本信息的核算和分析利用，提供的成本信息有一定的局限性。战略成本管理为了满足战略管理目标对成本信息的需求，要求从多方面来提供战略性成本信息，不仅要提供反映企业内部生产经营管理方面的日常成本资料，更要分析和掌握政府部门、金融机构、产业政策、法律规范、供应商、客户以及竞争对手等各方面对企业未来成本行为产生的影响；不仅需要提供货币性的成本信息，还需要提供顾客满意度等非货币性成本信息；不仅需要提供历史成本信息，更需要提供预测的和即时的成本信息。

第二节 战略成本管理的工具

战略成本管理以战略管理理论为基础，在传统成本管理的基础上进行了功能拓展。它利用一系列分析方法，为企业的成本管理提供了战略上的方向。战略成本管理的工具包括战略定位分析、价值链分析和战略成本动因分析。它们之间存在一定的关系：首先，通过内部价值链分析，企业可以清楚地认识到企业内部的哪些活动是必不可缺的，哪些活动使得企业产品更能吸引消费者，哪些活动对企业的盈利能力影响最大；通过外部价值链分析，企业可以认识到其所处行业中各环节的盈利能力，将企业置于整个行业的角度来考虑其成本问题。其次，战略定位分析可以帮助企业在充分了解自身状况后确定经营发展战略，并为企业成本管理提供方向。最后，进行战略成本动因分析，可以帮助企业将成本的发生与控制，与企业的长期发展目标结合起来，从引发成本的根本原因入手，采取措施以降低成本。以下将具体说明战略成本管理的具体方法。

一、战略定位分析

能够选择恰当的竞争战略是一个企业成功的重要前提。战略定位分析，就是采用各种不同的方法对企业的内外部环境进行分析，帮助企业选择适合自己所处行业特征及自身特点的竞争战略。

（一） 战略定位分析与战略成本管理

从战略成本管理的角度看，战略定位分析就是对企业的战略环境进行分析，确定所要采取的竞争战略，从而明确成本管理的方向和重点，建立与企业战略管理相适应的成本管理战略。战略定位分析是战略成本管理的重要有效工具之一。

战略定位分析能够使战略成本管理在管理方法、管理重点、分析方法上与企业的战略管理相配合，更加有利于保持战略成本管理随企业战略变化而变化的动态特征。成本管理是企业获取竞争优势的有效途径，因此，企业基本的竞争战略几乎都是在成本方面做文章，运用战略定位分析方法可以使成本管理工作对建立和保持企业竞争优势发挥最大的效应。只有进行战略定位分析，确定应采取的战略，企业才能针对特定的战略，对成本管理的具体方法进行功能运用和创新。不同的战略定位产生不同的企业战略，就需要不同的成本分析观和成本管理方法，由此确立的战略成本管理运行机制也会存在较大的差异。

（二） 战略定位分析的方法

企业进行战略成本定位分析应该考虑环境因素。确定战略定位的关键是客观地认识企业所面临的竞争环境，其中包括宏观层面的经济、政治、法律环境等，市场层面的行业发展状况、竞争者的优势、供应商和销售商的议价能力以及企业自身的核心竞争力、内部优势、劣势等。因此，战略定位分析的方法就是通过对战略环境的调查分析，明确企业自身在竞争市场中所拥有的机会、威胁和企业本身的优势和劣势，确定企业的竞争战略。战略定位分析的方法包括以下三种：

1. 五种力量分析法

美国学者迈克尔·波特强调竞争环境分析对战略定位的重要性。由于环境因素是多方面和错综复杂的，因而不可能也没有必要对所有的环境因素进行分析。迈克尔·波特认为，在进行行业环境分析中应重点评价五种力量，这些力量决定着行业的潜在盈利水平。其具体内容如下：

（1） 现有企业间的竞争。对现有企业间的竞争进行分析，有助于人们了解各企业的竞争方式，了解企业通过价格竞争与非价格竞争来取得优于竞争者的经营绩效的具体方式和竞争强度。非价格竞争主要采取产品创新、广告推销、售后服务等方式。决定企业间竞争强度的因素有很多，主要包括市场需求的缓慢增长或下降，行业所需的高固定成本，不可预测的、多样化的竞争者的加入，行业内部的低转移成本，强势品牌的建立，经济周期对行业产生的重大影响以及其他一些重大事件。

（2） 新竞争者进入市场的障碍。新竞争者加入本行业，会加大企业间的竞争程度。新竞争者进入市场的数量和速度，在很大程度上取决于其进入市场的障碍。进入障碍多而且短期内难以克服，市场竞争强度的增长就会比较平稳；反之，市场竞争强度的增长则比较激烈。新竞争者进入市场的障碍主要包括其进入的资金成本、品牌成熟度、专利技术、规模经济、学习曲线等。

（3）购买者议价的力量。购买者或顾客力量的强弱对行业的盈利水平具有决定性的影响。购买者议价力量强，上游企业的利润就会减少。购买者或顾客力量的强弱又取决于购买者的数量、购买者的集中化程度、购买者的利润、购买者的忠实度和购买者的转移成本等因素。

（4）供应商议价的力量。与购买者议价的力量相同，供应商议价力量的强弱也直接影响到行业的盈利水平。力量强大的供应商，可以借助其强有力的议价地位提高产品的销售价格，从行业中转移更多的利润。供应商拥有的议价力量主要是：产品供应由几家大公司支配，集中供货程度较高；供应商不必同其他销往该行业的替代品供应商竞争；供应商的产品功能及产品质量差异比较大或能形成较高的转移成本，使购买者很难转换供应商。

（5）替代品的威胁。替代品威胁会对行业竞争力产生潜在的影响。产业经济学通常根据产品来定义行业，并在行业范围内来研究竞争。但是从战略管理的角度看，竞争不再局限于行业内部，无论行业内部还是行业之间，很多企业都在参与生产替代品的竞争。替代品的威胁主要来自三方面：一是有许多相同的有效降低成本的方法能满足相同顾客的需要；二是顾客转向替代品只需承担很小的转移成本；三是顾客对价格非常敏感，而替代品的价格又很低。

对以上五种竞争力量进行分析可以帮助企业正确分析市场环境，确立有效的企业战略。如果企业确立的战略能够防御这五种竞争力量，企业就能够有效面对竞争压力，从而建立持久的竞争优势，并通过实施战略不断发展壮大。

2. PEST 分析法

P、E、S、T 分别是政治（Politics）、经济（Economics）、社会（Society）、技术（Technology）的英文缩写。PEST 分析方法主要用于对企业外部宏观环境的分析。宏观环境对企业战略定位的影响主要表现在对企业所处行业结构及未来发展趋势的影响方面。运用这一分析方法进行战略定位分析，首先要考虑哪些环境因素对企业未来发展具有重大影响；然后把这些因素分别按政治、经济、社会、技术四方面进行分类，并分析它们对企业发展的长远影响，从而正确制定企业所要采取的竞争战略。

政治因素主要是指各种相关法律法规、国家宏观经济政策、企业与政府的关系、贸易协定、税收政策等；经济因素指经济周期、货币政策、利率、行业投资规模等；社会因素包括人口的数量和质量，人们的生活习惯、价值观念、对工作和休闲的态度、团队合作精神等；技术因素包括政府对研究的投入和支持、新技术的发明和传播速度、劳动方式的改变、劳动生产率的提高等。

企业运用 PEST 分析法可以有层次、分类型地搜集调查对本企业影响较大的环境因素，并结合其对企业未来发展的影响进行分析，更好地进行战略定位，实现企业的战略目标。

3. SWOT 分析法

S、W、O、T 是优势（Strength）、弱点（Weakness）、机会（Opportunity）、威胁

（Threat）的英文缩写。SWOT分析法是一种比较综合的战略定位分析的方法，主要是通过对企业面临的外部机会和威胁以及企业自身的优势和劣势的列举和分析，帮助企业准确地进行战略定位。

SWOT分析法先系统确认企业各项经营业务面临的优势、弱势、机会和威胁要素，并据此选择经营业务的战略方法，其理论基础是有效的战略应该能最大限度地利用业务优势和环境机会，同时使业务弱势和环境威胁降到最低。SWOT分析法将企业面临的外部机会和威胁与企业内部具有的优势和弱势进行对比，得出四种不同组合方式，进而形成四种不同的战略供企业选择，即优势—机会战略（SO）、弱点—机会（WO）战略、优势—威胁（ST）战略和弱点—威胁（WT）战略。这四种战略分别以四个区域表示，见图8-1。

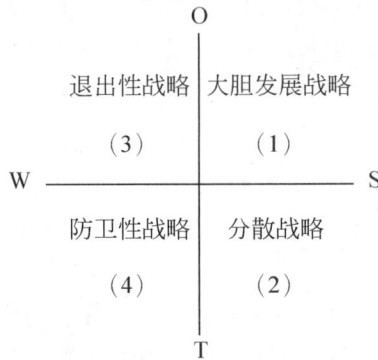

图8-1　不同的企业战略

对图8-1中四种战略说明如下：

（1）SO：大胆发展战略。SO是最理想的战略组合。在这种战略下，企业既面临许多的机会，又拥有较多方面的优势，可以大胆发展。任何管理者都希望企业处于这样一种状况，即能够利用自己的优势抓住外部的大量机会，从而形成有利的竞争战略。

（2）ST：分散战略。ST是企业利用优势回避或减轻企业外部威胁的战略。在这种情况下，企业采用分散战略，一种对策是利用自己的优势在其他产品和市场上谋取发展机会，另一种对策是尽量以企业的优势把外部威胁对企业的影响降到最低。

（3）WO：退出性战略。WO是内部业务具有较大的市场机会，同时企业内部弱势也较明显时适用的战略。在这种情况下，企业应重点减轻自己的弱势，同时注意利用大量的市场机会。

（4）WT：防卫性战略。WT是最不理想的组合。在这种组合下，企业内部存在弱势，而企业外部又面临着强大的市场威胁，因此，企业时时面临着被兼并、被收购或者破产的风险，应采用防卫性战略。

应当说明的是，上述战略定位分析方法的分析结果只显示出了企业的可选战略，并不一定就是最佳战略。

（三）企业的竞争战略

迈克尔·波特将企业所面临的行业环境概括为五大竞争力量，即现有企业间的竞争、新进入者的障碍、购买者议价的力量、供应商议价的力量、替代品的威胁。迈克尔·波特认为，在与这五种竞争力量的抗争中，蕴含着以下三种成功型业务竞争的战略思想：成本领先战略、差异化战略和目标集聚战略。

1. 成本领先战略

成本领先战略是指企业通过加强内部成本控制，在研究开发、生产、销售、服务和广告等领域内把成本降低到最低限度，成为行业中的成本领先者的战略。在这种战略指导下，企业的目标是要成为其产业中的低成本生产（服务）商，也就是在提供的产品（或服务）的功能、质量差别不大的条件下，通过努力降低成本来取得竞争优势。

为了达到成本领先的战略目标，企业在各方面都要高度重视成本因素，尽管也不能忽视质量、服务等，但贯穿于整个战略中的主题是使成本低于竞争对手。实施成本领先战略对企业成本管理的要求是最严格的，通过战略成本管理来配合这一战略的实施是最合适的。保持成本领先的竞争优势，不仅要求企业在成本管理的组织方面具备严格的成本控制、详尽的控制报告、合理完善的责任考核制度和激励制度，而且更要注重获得这一竞争优势的途径。从战略成本管理的角度考虑，要获得成本优势，公司价值链上的累计成本必须低于竞争对手的累计成本，有两个途径可以达到这个目的：一是利用比竞争对手更有效的管理价值链活动控制成本驱动因素；二是改造公司的价值链，即进行价值链重构以省略或者跨越一些高成本的价值链活动。

2. 差异化战略

差异领先战略要求企业就客户广泛重视的一些方面在产业内独树一帜，或在成本差距难以进一步扩大的情况下，生产比竞争对手功能更强、质量更优、服务更好的产品以显示经营差异。简单来讲，就是企业要提供与众不同的产品和服务，满足顾客的特殊需求。企业如能获得差异领先的地位，就可以得到溢价的报酬，即获得超常收益，并且该溢价超过了为差异化付出的额外成本，从而使企业成为产业中收益高于平均水平的佼佼者。

实施差异化战略不代表可以忽视对成本的管理，其与成本领先战略的区别在于对成本管理的重点有所不同，它必须取得相对于竞争者等价或者近似价的成本，在不影响差异化的领域内降低成本。从战略成本管理的角度，企业可以通过分析整个价值链的各个环节的活动来创造差异化，比如影响公司终端产品的质量或者性能的采购活动、产品的研究设计活动、产品制造活动、产品销售和顾客服务活动等。

3. 目标集聚战略

目标集聚战略是主攻某个特定的顾客群、某种产品系列的一个细分区段或某一个细分市场，以取得在某个目标市场上的竞争优势。这一战略与上述两个基本竞争战略不同，成本领先战略和差异化战略都是面向全行业，在整个行业的范围内进行管理活动；而目标集聚战略是集中企业有限的资源，以更高的效率、更好的效果为某一特定战略对象服务，从而超过服务于更广阔范围的竞争对手。目标集聚战略有两种形式，成本领先目标集聚战略寻求在特定目标市场上的成本优势，差异领先目标集聚战略则追求特定目标市场上的差异优势。

实施目标集聚战略的关键是选好战略目标，既可以在目标市场中形成产品的差异化，也可以在为该目标市场的专门服务中降低成本，形成成本优势；或者兼顾差异化与成本领先两项优势。战略成本管理则根据不同的选择而有所侧重。

二、价值链分析

（一）价值链的含义及分类

1. 价值链的含义

企业生产经营管理活动的运行是有成本的，成本是一种有目的的价值牺牲，它直接或间接地表现为企业资金的耗费。按照马克思的成本价格理论，有效的劳动耗费包括物化劳动耗费和活劳动耗费，它们最终要转化为产品或劳务的价值。对于企业来说，其生产经营管理活动要发生各种耗费，消耗企业的资源，形成企业的成本，而其最终产品（包括提供的劳务）被社会所接受就意味着其价值得到了实现，成本得到了补偿。因此，企业的生产经营活动既表现为成本的耗费过程，又表现为价值的创造过程。这样，我们可以把企业的生产经营管理活动理解为价值活动，那么成本管理也就可以理解为对价值活动的管理。

如果将企业的生产经营管理活动按照业务活动的内在关系进行合理串联，就会出现一条作业链。作业要消耗资源，作业活动也是价值活动，因此，企业的作业链同时也是价值链。价值链就是将企业的生产经营管理活动按照业务活动的内在逻辑关系进行合理串联而形成的作业链。

价值链最早由迈克尔·波特提出，他将价值链描述成一个企业用以"设计、生产、销售、交货以及维护其产品"的内部过程或作业。约翰·桑克（John Shank）和戈文德瑞亚（V. Gowindarajan）加对价值链概念进行了拓展，认为企业的价值链包括价值生产活动的整个过程，而企业则是价值生产过程整个系列中的一个部分，也就是用战略的眼光将价值链延伸，不仅包括企业的内部价值链，还包括企业的外部价值链，如企业与供应商、企业与购买商、企业与竞争对手等方面。企业经营管理所要应用的价值链不仅包括给企业创造价值的各项紧密联系的价值活动，而且包括各个价值活动之间联系的"节点"。

2. 价值链的分类

将企业经营管理活动各单元作为全部价值活动中的环节，并以一个独立的企业为参照物来对价值链进行分类，可以把价值链分为企业内部价值链和企业外部价值链两类。

（1）企业内部价值链。

企业内部价值链是指企业内部为顾客创造价值的各项活动。按照现代作业管理的观念，企业内部的价值活动可以分为两类：基本作业和支持作业。我们可以通过图示来直观地描述企业的各项内部价值活动，见图 8-2。

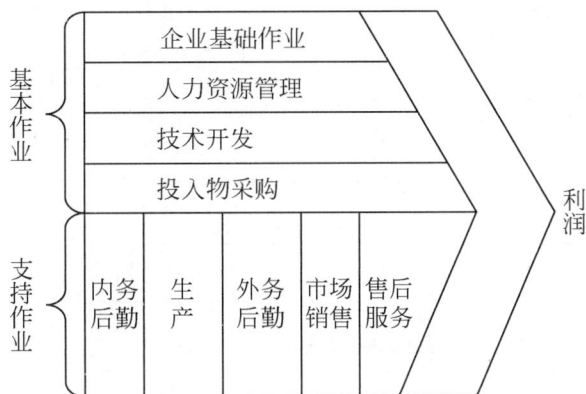

图 8 - 2　企业的内部价值链

企业各项作业活动是创造满足顾客需求产品的基础，它们在创造价值的同时也要发生一定的消耗。当企业生产的产品在市场上得到了消费者的认可，实现了其价值的时候，其花费的成本也得到了补偿，利润（总价值与从事各项作业活动的总成本之差）便产生了。从图 8 - 2 中可以清楚地看到，企业的各项价值活动不是独立的，而是相互依存的，共同为创造价值发挥作用。任何一项价值活动的发生都会对价值链中的其他价值活动产生直接或间接的影响。同时，企业内部价值链可以划分为三个层次，即企业整体的价值链、各业务单元的价值链和业务单元内部的价值链。

（2）企业外部价值链。

企业外部价值链是指与企业具有紧密联系的外部行为主体的价值活动。在从最初的原始材料到最后向顾客提供产品的整个价值活动之中，大多数情况下企业只从事其中一部分活动。这样，对于企业来说，就存在着处于企业之外但与企业所从事的经营活动相关的价值活动，即企业的外部价值链。企业的外部价值链包括行业价值链、供应商价值链、客户价值链、竞争对手价值链等。

行业价值链是指从最初原材料的采集和加工直到最终产品进入个体消费者手中被消费掉的全部价值活动。行业价值链的建立和运行一般需要多个企业共同协作才能完成。处在行业价值链中的每一个企业对价值链中的其他企业都会产生直接或间接的影响。供应商价值链是指那些为本企业提供商品物资的企业的各种价值活动。客户价值链是指那些从本企业购买商品的企业的各种价值活动。竞争对手价值链是指与本企业生产同样产品的企业的各种价值活动。我们可以用图示来直观地描述企业外部价值链，见图 8 - 3。

图 8 - 3 为鸡肉食品加工的全部行业价值链。其中，以肉鸡加工厂为中心来说明企业外部价值链中的销售商价值链和购买商价值链，联结①和联结②是企业的价值链活动和上游供应商及下游购买商的价值链活动的关联。

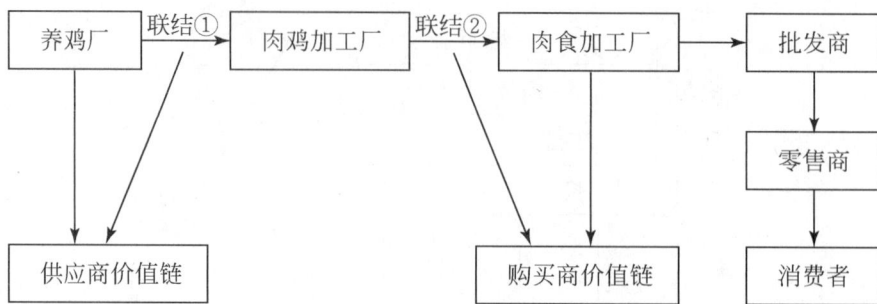

图8-3　企业的外部价值链

（二）价值链分析的意义

价值链分析是战略成本管理的有效方法之一，是指通过对企业内外部价值链的每一项价值活动及各项价值活动之间的联系的分析，区分增值作业和非增值作业，分析联系点对价值活动的影响，为企业选择竞争战略和维持竞争优势提供及时的决策信息。

传统成本管理关注企业内部价值链的分析，其分析范围局限于企业内部，重点是产品制造环节。从战略成本管理的角度看，其存在的主要缺陷是：在采购之后开始成本管理，失去了同上游供应商合作的机会，不利于企业低成本供应商优势的形成；以产品售出作为成本管理的终点，失去了同下游购买商进行合作的机会，影响了购买商的价值链，增加了最终消费者的购买成本，从而影响本企业产品的市场竞争力；不考虑竞争对手的成本情况，没有从行业价值链的角度出发，分析供应商、本企业、购买商和消费者之间的战略合作关系，没有很好地寻求降低成本的途径。通过价值链分析，企业可以确认本企业的价值活动有哪些，分布状态如何，确认其在整个行业价值链中的位置，通过对本企业价值活动所耗成本与产品价值的比较来确定其发生的合理性，进而决定是否应对其进行改进。而且，企业通过对竞争对手的价值链分析，可以了解本企业的成本现状，分析本企业是否存在竞争优势或劣势，从而进行改进。因此，进行价值链分析对消除成本劣势和创造成本优势起着非常重要的作用，可以有效地克服传统成本管理的弊端。在战略成本管理中运用价值链分析具有深刻的意义：

1. 对行业价值链进行分析，明确成本管理重点

通过对行业价值链的分析，企业可以明确本企业在行业中所处的位置，并根据行业所处的生命周期阶段来决定本企业所应采取的竞争战略，进而明确成本管理的重点。同时，企业可以更加清楚地了解本企业所面对的众多供应商和购买商的情况。

2. 对供应商和购买商的价值链进行分析，确定企业的整合战略

通过对供应商和购买商价值链的分析，企业可以利用与上下游企业价值链的关系建立战略联盟共同获益，或者直接寻求整合方式，再造企业价值链。整合，是指企业兼并或者自己投入资金建立企业的原上下游企业所从事的业务，即从本企业现有的业务领域出发，向行业价值链的两端延伸，直至原材料供应和面向普通消费者销售产品。整合包括前向整合和后向

整合。其中，后向整合是指企业将业务范围扩展到目前为其提供原材料的上游企业，比如肉食加工厂自行建立养鸡厂、养牛厂等，以摆脱对原供应商的依赖。前向整合是指企业将业务范围扩展到现有产品的营销领域，建立自己的市场营销体系，即兼并位于企业下游的企业，使企业可以直接接近消费者，及时了解市场需求。价值链分析可以为企业以整合方式降低成本是否可行提供决策依据。

3. 利用管理供应商、购买商价值链和企业价值链之间的联系形成低成本优势

企业同供应商密切合作，可以保证及时供货，从而降低企业存货的采购成本和仓储成本，以达到企业与供应商双方的"双赢"，而不是双方利益的博弈，即企业的所得就是供应商的所失。因此，企业通过管理企业价值链与购买商价值链之间的联系，可以消除不增值作业，从而寻找降低成本的双赢机会。例如，葡萄酒酿造商在将葡萄酒销售给经销商时，如果不是直接销售分装成瓶的葡萄酒，而是销售大桶的葡萄酒，那么既可以保证葡萄酒的品质（橡树桶是高品质葡萄酒的最佳储存容器），并减少葡萄酒酿造商的产品包装成本，又可以使经销商能够随时根据市场需求选择灵活的销售方式：不仅可以销售瓶装酒，还可以销售小规格桶装酒，也可以将瓶装酒储存一定时间（可以进一步提高酒的品质）后再销售，从而达到"双赢"的效果。法国著名葡萄酒生产商博瓦塞家族酒庄已采用塑料瓶代替传统的玻璃瓶葡萄酒包装，不仅携带方便，让消费者可以随时随地享受美酒，还能够很好地保持葡萄酒的品质，这一做法也值得其他经销商学习。

4. 对竞争对手的价值链进行分析，实现低成本战略

对竞争对手的价值链进行分析，可以了解竞争对手的成本情况，客观评价企业在所处行业中的成本优势和劣势，进而确定能取得竞争优势的竞争战略，通过向成本标杆学习，改进成本现状，降低成本。

5. 对企业内部价值链进行分析，实现低成本战略

对企业内部价值链进行分析，可以确认企业的价值活动有哪些，处于什么样的分布状态，并将每项价值活动所耗费的成本与对产品价值的贡献相比较，确定增值作业与非增值作业，从而采取消除非增值作业或改进非增值作业的战略行动，以降低成本。

（三）企业价值链分析内容及方法

企业价值链分析包括两大方面：一是企业内部价值链分析，即对企业内部若干相互联系的价值活动或作业所进行的分析，包括对各个价值活动及不同价值活动之间联系的分析；二是企业外部价值链分析，这是价值链分析的战略意义之所在，即对企业与供应商、客户、竞争对手乃至整个行业的价值活动之间的联系进行分析。

1. 企业内部价值链分析

进行企业内部价值链分析的前提就是识别企业的若干价值活动。每项价值活动都与顾客价值创造有关，并且是引发资源耗费成本发生的"基本单元"。企业内部各个价值活动之间都是相互影响的，某项价值活动的成本将影响另一项价值活动的成本。因此，进行企业内部

价值链分析，就是通过运用具体的方法对作业进行系统分类，分析消除和改进非增值作业，使企业内部各作业活动相互协调，配合企业的竞争战略提升竞争优势。

与内部价值链管理和分析密切相关的两种先进管理方法——价值工程和作业成本管理，是进行内部价值链分析的主要方法。

（1）价值工程分析。

价值工程又称功能成本分析，就是以最低的总成本可靠地实现产品或作业的必要功能、着重于功能分析的有组织的活动，即对企业价值活动的成本与价值的比较分析。在价值工程分析中，价值在数量上是产品功能和成本的比值；产品功能即消费者使用时所担负的职能。某项功能所实现的价值是根据消费者的评价确定的等级来评价的，其中包括必要、非必要、过剩、不足等几个等级。企业在具体应用价值工程分析时要结合用户评价反馈的信息，科学地确定产品各项功能所应采用的功能系数，并以功能系数为权数为产品打分。产品成本指产品的寿命周期成本，是企业在设计、生产、销售等阶段发生的成本与消费者使用成本之和。价值工程分析方法被重点应用于产品设计阶段，也就是针对企业内部价值链的初始价值活动进行成本分析的方法。

价值工程分析方法的原理完全可以用于企业内部价值链分析的每项价值活动，把每项价值活动为产品价值所作的贡献与该价值活动所消耗的资源进行比较，发现不同价值活动的效率和改善其活动效率的方式，就可以为寻找成本降低的空间提供相关信息。运用价值工程分析法对企业内部价值链进行分析的一个关键问题是为最终产品价值所作的贡献不容易被量化，这是值得探讨的问题。

运用价值工程分析法对企业内部价值链进行分析的基本步骤是：其一，确认价值链中的各项价值活动；其二，确认各项价值活动的成本；其三，评估各项价值活动对顾客满意度的贡献；其四，分析评估各业务单元价值链之间的联系；其五，评估各业务单元价值链的协调性，采取改进行动。比如，简化高成本价值活动的经营，再造业务流程和改进工作惯例，提高生产效率，提高关键活动的效率或者改善企业对价值活动的管理，通过改造价值链来消除某些产生成本但不增加顾客价值的活动，等等。

（2）作业成本管理。

作业成本管理，是指企业利用作业成本计算提供的信息进行作业管理，以达到不断消除浪费、实现持续改善和提高客户价值，并最终实现企业战略目标的一系列活动。作业成本管理实际上就是价值链分析在企业内部成本管理中的应用，它是一种战术管理方法，主要根据产品消耗作业、作业消耗资源的原理对企业的每项作业进行分析。它考察作业变动与顾客价值变动的关系，将作业区分为增值作业和非增值作业，并剔除非增值作业，从而减少不必要成本的发生。

作业成本计算法和作业价值分析法是作业成本管理的基本方法。作业价值分析包括评价作业有效性的资源动因价值分析、判断作业增值性的作业动因价值分析及作业综合分析。对作业进行资源动因价值分析、作业动因价值分析和综合分析的目的就是对作业进行有效地改进。分析作业发生的原因、评价作业价值及有效性的方法贯穿于作业成本管理的整个过程，所以作业价值分析是作业成本管理的基本方法，是确认并消除浪费、降低成本的有效手段。根据作业成本计算法和作业价值分析法提供的有效信息，企业可以优化作业流程，最大限度地减少非增值作业，提高作业完成的效率和质量水平，在设计、供应、生产、销售等环节减少浪费，尽可能降低资源消耗，从而最大限度地降低成本、提高企业效益。

2. 企业外部价值链分析

对企业外部价值链进行分析比对企业内部价值链进行分析更具有战略意义，因此，这也应该是执行战略成本管理的重要内容。下面将重点讲述外部价值链分析的具体内容和方法。

（1）行业价值链分析。

产业经济学通常根据产品来定义行业，任何一个企业都可以根据自己所提供的产品定位出自己所在的行业，并在行业范围内研究竞争战略。企业生产的每个最终产品都是由最初的原材料投入直至到达最终消费者手中的若干价值活动所构成的。产业价值链中的企业一般可以分为上游企业（供应商）、本企业和主要竞争者、下游企业（购买商）。产业价值链分析就是将某一经营企业的上游企业、下游企业和同业竞争者列出，并对主要供应商、购买商和竞争对手的价值链进行分析，从建立成本竞争优势的角度出发，确定企业整合战略。

同一个行业包含众多的企业，它们从事不同的价值活动，或者同一部分的价值活动由若干个企业来组织，每个企业似乎都是独立存在的。但是，从战略的角度对这个行业的若干价值活动所组成的价值链进行分析，有助于发现各个价值活动之间都存在着联结，它们是相互影响和制约的统一体。所以，进行行业价值链分析，就是找到企业在行业中所处的位置，了解企业的上下游企业与企业的联系，并找到与自己从事相同价值活动的竞争对手的对比优势。

（2）客户价值链分析。

客户属于企业的下游企业，是购买企业产品的中间商或者最终消费者。分析客户（购买商）价值链及其与本企业价值链之间的联系，有助于同客户建立战略合作伙伴关系，形成稳定的销售渠道，不断扩大企业产品的市场份额，从而增强企业产品的市场竞争力。

直接销售产品给最终消费者的企业，可以通过了解消费者使用产品的方式和周期来降低企业的销售和售后服务成本。如对于使用方法和操作程序复杂的产品，企业可以开展上门指导等服务方式，节约由于用户操作不当造成的维修成本。对于下游客户是分销商的企业来说，进行客户价值链分析，一方面可以使其了解客户的销售活动和需求状况，合理安排交货的时间、数量和品种，以避免盲目生产造成的库存积压成本；另一方面可以使其通过与分销商建立战略联盟或者直接通过整合的方式来避免中间交易成本和销售费用。

对客户价值链及其与企业价值链之间的联系进行分析的具体做法是：其一，了解企业产品最终消费者的购买能力；其二，分析客户的盈利水平；其三，评估客户价值链及其与企业价值链之间的联系的合理性；其四，采取战略改进行动，比如帮助购买商改善价值链，以节约其经营成本，从而降低最终消费者的购买成本，或采用最经济的联系方式，达成购买商价值链与企业价值链的合理连接，或者通过前向整合兼并购买商，以增强企业的成本竞争优势。

（3）供应商价值链分析。

对供应商价值链进行分析也就是对企业的上游企业的价值链进行分析，这对于企业避免发生一些不必要的成本是非常有作用的。对供应商价值链及其与企业价值链之间的联系进行分析，主要目的是同供应商建立战略合作伙伴关系，寻求企业成本持续降低的机会。

对供应商价值链及其与企业价值链之间的联系进行分析的程序是：其一，了解供应商的盈利水平。其二，分析评估供应商价值链及其与企业价值链之间联系的合理性。其三，采取战略改进行动。例如，企业了解供应商的生产流程，可以帮助供应商改变产品设计，帮助供应商进行价值链再造，节约其产品的生产成本，从而节约企业对原料的初步加工成本；通过与供应商的信息沟通来协调进货时间和批量甚至产品包装和运输的方式，避免企业因为急用、积压或者不适当的包装方式带来的额外时间、人力和资金成本；同供应商进行谈判，降低采购成本；实现供应商价值链与企业价值链的合理连接；更换供应商或对供应商实施兼并，以增强企业的成本竞争优势等。

（4）竞争对手价值链分析。

战略成本管理的精髓就是从战略大局的角度来评价企业，进而建立企业的竞争优势，对于竞争对手价值链的分析更说明了战略的意义。对竞争对手的价值链进行分析，就是将竞争对手价值链同本企业的价值链分析结果进行比较，明确企业的成本竞争优势或劣势，以采取战略改进行动，从而消除成本劣势，创造成本优势。

竞争对手价值链分析的程序是：其一，了解竞争对手的成本情况。其二，评估竞争对手价值链的合理性。其三，分析本企业与竞争对手相比较的成本优势或劣势。其四，采取消除成本劣势、创造成本优势的战略行动。例如，企业利用对竞争对手价值链分析所得的信息，将其应用到本企业的价值链中，学习竞争对手如何采购原材料、如何培训员工、如何安排生产、如何进行质量控制等。

企业对竞争对手进行价值链分析，可以通过对比分析和了解本企业相对于竞争对手的成本优势和劣势，使本企业能有的放矢地建立自己的竞争优势。同时，在分析竞争对手价值链的过程中，企业会发现比本企业同一指标更先进的水平，那么企业就可以以此为标准来建立标杆，并以此衡量和改进自身的活动。但是，对于企业竞争对手的价值链分析尚存在一定的障碍，如无法全面了解竞争对手价值链的情况。对此，企业可以调查竞争对手的上下游企业，了解其生产和销售活动，也可以通过对其产品的分析大致了解其产品的设计和生产状况。因此，各种渠道的调查和学习，有助于企业基本掌握对本企业有价值的信息。

三、成本动因分析

（一）成本动因的概念与种类

1. 成本动因的概念

成本动因是指成本的驱动因素，即导致企业成本发生的各种因素。成本动因是作业成本管理的核心概念，作业成本管理出现以后，人们将成本管理的重点转向了作业，通过对作业的分析寻找成本发生的原因和降低成本的措施。在企业的价值链上紧密联系的每一项价值活动都要消耗资源发生成本，成本动因可以反映成本发生的原因，以了解企业的成本结构，加强成本控制。

在传统成本管理中，企业往往将产量或与其相关联的指标（如生产工时、机器工时、材料成本等）作为唯一的成本驱动因素对费用和成本进行分配，在制造费用在全部成本中所占比重不大的情况下基本可以正确地反映成本消耗状况。随着时代的变迁和高新技术的发展，生产自动化逐步实现。特别是在一些高科技企业，制造费用在成本总额中的比重大大提高，而且许多制造费用并不是单一地与产品产量相关，其构成内容复杂，一些重要的制造费用并不受产品产量或与其相关联的指标影响。在这种环境下，再沿用传统的费用分配方法，以产量作为唯一的驱动因素进行费用分配，就会造成成本信息的扭曲，高估或低估产品成本，从而影响成本管理的效果。企业高估产品成本，会有被竞争者抢占市场的风险，因为高估成本会使管理者作出不当决策，使企业丧失降低售价以阻止竞争者进入其市场并仍能获利的机会。作业成本法的适时产生，弥补了传统成本管理的缺陷。在作业成本法下，企业可以将活动划分为若干作业，并利用不同的成本动因来归集分配成本。成本动因首先用于在各作业中心内部成本库之间分配资源，然后用于在各产品之间分配成本库。作业成本法的重点是解决了费用的正确归集和合理分配问题。而且，作业成本计算系统一方面把资源的消耗（成本）和作业联系起来，进而把作业和产品联系起来；另一方面把企业内部系列作业提供给顾客的累积的价值和企业的收入（顾客的认同价值）联系起来。这可以正确描述提供给顾客的最终价值的形成过程（由价值链体现）和各种资源耗用的真实过程和数量（体现在作业链中），从而促进企业生产经营各环节协调一致，为实现企业战略目标提供条件。

2. 成本动因的种类

作业成本法下的成本动因可以是产品产量、机器台时、原材料的运送次数、采购单数量、质量检验次数等。这里的成本动因是居于企业内部的可以量化的成本驱动因素，是战术意义上的成本动因，即存在于企业日常生产经营过程的各种作业之中。随着战略成本管理的发展，企业面临着拓宽自己的战略视角，从战略意义上去考察每个与成本发生相关的因素，也就是本部分要重点介绍和研究的战略成本动因。战略成本动因分析是战略成本管理的又一个有效的工具，它有利于从战略的高度配合企业的竞争战略，为企业明确战略成本管理的重点并保持竞争优势提供切实可行的信息支持。

因此，我们可以将成本动因可分为两个层次：一是战术层次的与企业的具体生产作业相关的成本动因，如原材料的运送次数、采购单数量、质量检验次数、作业量等。二是战略层次上的成本动因。战略成本动因，是从战略上对企业的成本结构产生长期影响的成本驱动因素。战略成本动因是与企业战略联系更加紧密，与战术性成本动因相比，它具有对产品成本影响更长期、更持久、更深远并且一旦形成就难以改变的特点。战略性成本动因又可分为结构性成本动因和执行性成本动因两大类。

结构性成本动因是指与组织企业基础经济结构和决定企业成本态势相关的成本驱动因素，通常包括：其一，企业规模，指企业在生产、研究开发、制造和市场开发等方面的投资规模；其二，业务范围，指企业价值链的纵向长度和横向宽度，前者与业务范围有关，后者与规模相关；其三，学习与溢出，指内部工作熟练程度的积累和从外部寻找的学习利益，通常与作业活动的重复次数相关；其四，技术，指企业在每一个价值链活动中所运用的技术处理方式；其五，多样性，指企业提供给客户的产品、服务的种类；其六，厂址选择，指企业所处的地理位置和外部环境等。

执行性成本动因是指与企业执行作业程序相关的成本驱动因素，通常包括：其一，劳动力参与，即员工对企业生产经营活动的投入的向心力；其二，全面质量管理，一个组织以质量为中心，以全员参与为基础，目的在于通过让顾客满意和本组织所有成员及社会受益而达到长期成功的管理途径；其三，生产能力利用，指企业规模即企业能力（含员工、设备和管理能力）的利用和发挥；其四，联系，指企业与供应商、客户关系的开发以及企业内部价值链的各个环节的协调程度等；其五，产品外观，包括产品设计风格、规格和样式等；其六，厂内布局，指企业内部的布局方式。

（二）成本动因分析与战略成本管理

在价值链分析和战略定位分析的基础上，已经确定了企业的成本管理战略。但是，为了进一步明确成本管理的重点，企业还要找到成本的驱动因素，以便控制成本，实现战略目标。成本动因分析可以满足战略成本管理的这一要求，不仅能够很好地揭示成本的驱动因素，而且可以指出企业应该采取怎样的方法来控制这些因素，以达到战略成本管理的目标，维持企业持久的竞争优势。

成本动因可以分为两大类，成本动因分析也包括两个层面。其一是战术成本动因分析，它是在企业生产经营范围内，对已经发生或正在发生的成本费用根据科学的成本动因进行分配和分析。战术层面成本动因分析的深刻意义在于提供更加准确的成本信息并找到可以改善或降低成本的关键因素。但是，战术层面成本动因分析的视野仅仅局限于成本降低这样一个弹性很小的范围内。其二是战略成本动因分析，它超出了传统成本分析的狭隘范围（企业内部、责任中心）和少量因素（产量、产品制造成本要素），而以更广阔、与战略相结合的方式来分析成本。

战略成本动因对成本的影响比重更大，可塑性也大。依据战略成本动因分析进行成本管理，可以有效控制企业日常生产经营中大量潜在的成本问题。结构性成本动因分析就是分析企业规模、业务范围、经验、技术、多样性和厂址选择等成本驱动因素对价值链活动成本的直接影响以及它们之间的相互作用对价值链活动成本的影响，最终可归纳为一个"选择"问题，即企业采用什么规模和业务范围，如何设定目标和总结学习经验，如何选择技术和产品的多样性等。这种选择能够决定企业安排何种合理的基础经济结构才有利于形成企业竞争优势。执行性成本动因分析则是在企业基础经济结构既定的条件下，要求从战略成本管理的角度来强化企业的劳动力参与、全面质量管理、生产能力的利用、工厂布局的效率性、联系等方面的作业安排，提高各种生产执行性因素的能动性并优化它们之间的组合，从而使价值链活动达到最优化，进而降低价值链总成本，为战略成本管理目标的实现提供效率保证。

（三）成本动因分析的内容与方法

对于战术层面成本动因的分析属于作业管理的范畴，我们已经在内部价值链分析中有所涉及，这里我们主要介绍战略成本动因分析的具体内容与方法。

1. 结构性成本动因分析

结构性成本动因分析是从影响企业成本的关键因素入手，以企业的基础经济结构的战略选择为重点进行的战略成本分析。结构性成本动因分析要求从战略成本管理的角度来选择企业的规模、业务范围、经验、技术、多样性和厂址等，它要研究的问题是如何通过对企业基础经济结构的合理安排，以有利于企业成本竞争优势的形成。

结构性成本动因影响企业基础经济结构的确定，并决定企业的成本结构。这些成本动因的形成需要较长的时间，而且一旦形成就很难改变，其对企业成本的影响是持久的。这些成本动因一般发生在生产之前，其确定必须慎重；这些成本动因不仅影响产品成本，还会对企业产品质量、管理组织等方面产生重大影响，并决定着企业能否形成竞争优势。因此，企业必须在事前进行评估分析，以其对成本的影响为切入点，与企业竞争战略相结合，考察其对竞争优势的影响。

（1）企业规模。

企业规模主要通过规模经济效应来对成本产生影响。这种影响包括积极影响和消极影响两方面，可以分别称为规模经济和规模不经济。

规模经济是指在价值链活动规模较大时，作业活动的效率提高或作业活动的成本可按较大规模的业务量分摊，从而使单位成本降低。规模经济对企业价值活动成本的作用主要表现为：其一，规模经济的更大业务量增加了分摊无形成本的能力，固定总成本不变但单位产品分摊的成本减少；其二，规模经济使支持该活动所需要的基础设施或间接费用的增长低于其扩大的比例；其三，有利于发挥专业化协作的优势，获得专业化协作的低成本效益；其四，有利于提高效率和积累经验，形成成本竞争优势。

企业规模过度扩张会导致规模不经济：一方面，当企业规模扩张超过一定临界点时，固定成本不再固定，反而会随着规模扩大而上升，使得产品单位成本不仅不下降，反而上升，导致规模报酬递减。另一方面，在企业规模扩张出现有利影响的同时，也会带来生产复杂性化、管理层增加等不利影响，使得管理成本增大。当这种不利影响超过规模扩大所带来的有利影响时，就会导致规模不经济。

在实践中，规模经济和规模不经济的事例都存在。因此，当企业通过规模分析，试图以规模经济为主要成本动因取得竞争优势时，其必须注意和防范规模不经济。以下两点值得注意：一是要对市场进行充分分析。如果扩充的市场规模足以容纳规模扩张带来的产量扩充，则规模经济是有效的；反之，当市场无法支持这种规模扩张时，就会出现产品的滞销，造成账面成本降低而实际利润下降的现象。二是分析竞争对手的行为。如果竞争对手也是通过规模经济来建立成本优势的，那么这就有可能导致整个行业生产能力过剩，进一步加剧行业内的竞争强度，从而造成规模不经济的后果。

（2）业务范围。

业务范围的扩展也称为纵向整合，包括前向整合和后向整合（本章已经介绍了企业整合的分类，即前向整合和后向整合）。纵向整合通过对企业业务范围的扩展以及沟通、协调和控制的改善，能够为企业带来低成本。具体表现为：其一，企业通过后向整合可以减少对供应商的依赖程度，使得企业能够经受来自原料市场的异常变动的影响，并能减少交易成本和采购成本。其二，通过前向整合建立自己的营销体系，可以减少对销售商的依赖而直接面对消费者，减少不必要的中间联系环节，既可节省销售成本，又可以快速了解消费者对于企业产品的要求，便于及时改进产品质量、性能等，从而取得和保持长久的竞争优势。

整合可以提高企业的竞争地位，但是，整合过度也会给企业带来一些负面影响，使企业的成本提高，竞争力下降。主要表现为：其一，整合一般都需要大量的资金投入，如果没有经过细致的成本效益分析预测或者出现意外情况，比如市场容量下降、企业所从事的行业因特殊事件开始处于衰落期等，企业会遇到很大的风险。其二，企业整合的途径包括并购相关企业或者自己建立新的机构，这样就会因组织机构扩大、管理复杂程度提高、组织弹性下降而使企业在竞争中缺乏经营灵活性，增大经营风险，甚至可能出现整合以后成本不仅不降低反而上升的情况，比如企业整合后的材料自制成本高于原材料的市场售价。其三，企业的整合战略对供应商和客户的利益会产生一定的影响，企业整合程度过高可能引起企业同供应商或客户关系的恶化，不利于企业的长远发展。

因此，企业运用整合战略时必须综合考虑整合可能带来的优势和负面影响，对所要整合的业务范围及程度进行详细的分析，包括整合后对企业成本的影响、整合后发展的后劲以及对于企业竞争地位的影响等方面。企业要根据市场的变化，及时做出实施整合或者解除整合的决策。

（3）学习与溢出。

企业开展某项活动的成本可能会因为经验和学习的积累而下降，这就是学习曲线对于企业成本的影响。经验和学习包括内部积累和外部学习。

所谓内部积累，就是企业员工通过反复的工作学会了如何更有效地完成工作任务和使用新的技术。根据经济学经验曲线的解释，职工通过工作中积累的经验和各种培训丰富了他们的技术水平，或者通过实践探索，找到了改进零配件或产品生产流程的方法，实现了在干中学的效应，会大大降低企业的成本，提高竞争优势。所谓外部学习，就是从企业外部学习，寻找一些有价值的学习利益。比如企业可以了解竞争对手的产品性能和结构，为改进自己的产品提供借鉴；以其他企业的某项业绩或指标为标杆，进行标杆学习；采访供应商和购买商或向竞争对手的退休职员进行咨询以获得他们的经验；等等。通过内部的经验积累和外部学习的利益来提高作业效率，可以使各项价值活动的成本不断降低。处于不同生命周期的企业对学习效应的关注程度是有差别的，企业初建时学习效应表现得突出，而在企业发展成熟阶段则表现得不明显。同样，在萧条阶段，管理人员的工作重点不是放在满足市场需求上，学习的速度会有所加快。

学习的成果可以通过咨询顾问、新闻媒体、前雇员和供应商等渠道从一个企业流到另一个企业，这就是学习的溢出效应。学习的溢出程度会影响企业的学习速度和企业在整个行业中的竞争地位。同时，重要的是学习的溢出会影响企业保持自身特有的竞争优势，只有在没有溢出或者是专有学习的条件下，企业才可能通过学习来实现和保持成本优势。如果学习利益发生外溢，则是在为行业成本的降低作贡献，而对企业自身竞争优势的建立没有帮助。因此，企业的管理者不仅要抓住学习的利益，更要有意识地通过不同方式使经验为企业自身占有，如竭力留住经验丰富的工作人员，尽量避免他们为竞争对手工作，采取一定措施如和职工签订保守企业商业秘密的条约等限制职员传播本企业成本方面的信息，保护企业特有的经验和优势。

（4）技术。

随着知识经济时代的到来，世界正在经受着一场空前的科技革命，先进的技术不断被发明和采用，技术的创新已经毋庸置疑地成为企业建立竞争优势的必备要素。从战略成本管理的角度来说，在产品的设计、生产阶段以及管理方式等方面采用先进的技术方法和手段，可以有效地降低企业的成本，保持企业的竞争优势。我国美菱集团通过科技驱动型成本管理，在"科学技术是第一生产力"的理论指导下，正确处理科技创新与成本管理之间的关系，坚持以科技创新为动力，大力推进企业成本管理组织、方法、手段的科技化，采用新技术、新工艺、新材料，广泛调动每一个员工的积极性，拓展成本管理空间，在激烈的市场竞争中获得有利的竞争优势。前几年，在全国家电行业平均利润下降30%的情况下，美菱集团却取得了销售额增长12%，利润增长4.2%的业绩。可见，技术作为成本驱动因素对于企业在激烈的市场竞争中建立和保持竞争优势有着不可低估的作用，应该引起企业管理者的高度重视。

中国电信经过十几年的高速发展，积累了一大批了解本地市场、熟悉通信设备管理、技术能力较高的专业技术人员。中国电信是高技术型企业，其发展离不开高级人才的引入和培养。为了保持技术领先，中国电信必须不断加大人力成本的投入，打造一支管理有序、执行有力的专业化的高素质员工队伍，促进员工价值与企业价值共同成长。随着科技的发展，人们对于电信产品的要求越来越高。中国电信已建成一批技术一流的专业实验室和技术中心，经过多年的持续投资，将之发展为专业齐全、装备先进和网络化的技术实验室，包括新业务、数据多媒体、网络安全和移动技术等重点实验室。中国电信的科技可以说达到了领先的地位，保持其成本领先地位的技术变革能为企业带来持久的成本优势。同时，中国电信还应该在加强网络质量、维护电信产品稳定性方面有更多的投入，以满足客户的要求，维持其市场份额。

（5）多样性。

多样性是指以产品满足顾客需求为目的的一个结构性成本动因。多样性的出现源于顾客的多元化需求。企业为了满足顾客的要求，保持或增加市场份额，就必须使自己的产品具有广泛的适应性。当然，多样性一方面能够给企业带来竞争优势，另一方面也会加大企业生产的技术难度和资源投入，成本相对升高，从而影响企业的战略目标。中国电信不仅提供"用户间信息传递"的基本业务以及语音信箱、声讯业务等简单的增值信息服务，而且随着大量的数据信息服务如互联网服务、网上银行、网上游戏、网上办公、移动彩票、移动导航等的出现和应用推广，转换了原来只承担"信息传递服务"的角色，成为可以提供各种信息业务的信息服务商，业务范围得到很大的扩充和丰富，服务内容的改变形成了新的电信产业价值链。一方面，经营项目的多样化为企业带来了更多的顾客群，提高了市场占有率，使企业获得了更多的附加值，但另一方面也增加了资金投入。所以，企业需要对多样性这一成本动因进行利弊分析。

（6）厂址选择。

厂址选择即企业所处的地理位置选择，它是战略决策中的一项重要内容。厂址的确定将会对企业成本产生长期甚至难以改变的影响。企业所处的地理位置可以通过若干方式来影响成本：首先，它将对企业未来成本改善造成约束性影响。比如企业厂址选择在远离原料供应商和购买商的地方，那么即使企业拥有先进的管理经验和技术也难以降低较高的进料成本和运输成本，造成企业经营的先天性缺陷。其次，将会对企业各种经营成本产生影响。在企业经营国际化日益普及的今天，不同国家的工资水平、税率甚至气候条件等都应该是企业选择厂址时应该考虑的重要因素。比如，许多发达国家选择在我国建立大规模人工作业的加工工厂，就是利用我国人力成本较低的条件来降低其经营成本。

厂址选择几乎对企业各种价值活动的成本都具有一定的影响，如运输费、人工费、税金、租金等。而且，企业所处位置的交通便利程度以及可利用的基础设施的状况也会对经营成本产生影响。据了解，2007 年落户大连开发区的美国英特尔公司是改革开放以来东北地区引进的规模较大的外商独资企业，其投资规模达到 25 亿美元。英特尔公司是全球最大的半导体芯片制造商，成立于 1968 年，具有 30 多年创新产品和领导市场的历史。该公司在落户大连开发区之前，非常重视厂址选择问题，曾对大连整个地区和大连开发区的相关情况作了大量的调查研究，调查的内容涉及许多方面，如政府的宏观政策、出入境管理、大连市的空气污染指数等环保方面的信息、供电能力、燃气的供给能力、供水能力、污水处理能力、交通、电信服务、劳动保障、人力资源、教育、气象、现有机场吞吐量等口岸方面的信息等。可见，厂址选择对企业的影响程度之大。

2. 执行性成本动因分析

结构性成本动因分析通过对企业基础经济结构的合理安排研究，以有利于企业成本竞争优势的形成，这种战略性分析是企业成本管理战略至关重要的一步，但是，也不能忽视对执行性成本动因的分析。执行性成本动因分析是在结构性成本动因确定以后对企业的基本作业程序的详细规划，是对企业既定战略选择下成本管理战略的细化。在结构性成本动因分析的前提下，根据执行性成本动因分析的结果确定成本改善的重点，更有利于企业确立竞争优势。

执行性成本动因分析强调劳动力参与、全面质量管理、生产能力利用、工厂布局的效率性、产品外观、联系等。劳动力的全员参与，是企业可以长期、持续地降低成本的重要保证；全面质量管理，要求企业在整个生产经营过程中都贯彻质量成本控制的理念；生产能力利用与厂内布局都是为提高作业效率而采取的必要措施；产品外观一般要结合技术和成本的因素加以考虑；加强价值链各环节之间的联系，可以实现对成本的全过程控制。

（1）劳动力参与。

企业员工是执行企业各项作业活动的主体，他们的工作态度对企业成本管理战略的实施有着重要影响。企业的各项价值活动都要分摊成本，而员工的思想和行为是保证企业成本不断降低的重要因素。劳动力参与的多少及责任感程度对企业成本管理的影响是非常明显的，如果企业上下人人都有节约成本的意识，并以降低成本为己任，那么企业成本管理的效果自然就会好，企业的竞争地位也必然会提高；反之，如果人人都认为成本管理与己无关，工作中随意浪费现象严重，那么，企业的成本管理工作就会变成无源之水，企业就会处于竞争劣势地位。因此，战略成本管理要强调全员参与，建立各种激励制度鼓励全体员工参与成本管理，培养员工以厂为家的归属感和荣誉感，在培育企业文化的同时注重培育企业的成本管理文化。例如中国电信就很注重强化薪酬激励的导向作用，针对不同类别岗位特征建立差异化薪酬方案，不断完善提成制、竞标制、协议工资制、虚拟股权激励机制等灵活多样的薪酬分配制度，使得成本控制的思想深入人心，促使员工在工作中自动提高工作效率和服务质量，从而节约成本。

（2）全面质量管理。

质量与成本关系密切，企业产品价值的实现和对成本的补偿取决于最终消费者对于企业产品的肯定，而质量是决定消费者如何评价产品的主要因素。因此，在稳定提高质量的同时来降低成本是战略成本管理必须遵循的原则。在产品的设计、生产、检验等各种价值活动中都存在着质量成本的驱动因素，比如企业在设计阶段就会特别注意影响产品质量的零部件的质量或者结构，如果采用质量较高的零部件就会提高产品的质量，但同时也可能要求企业投入相对高的成本，这就涉及对质量提高和成本增加之间的矛盾的协调。企业追求成本的持续降低应当以保证产品质量为前提，如果不顾产品质量单纯追求成本降低目标，就会损害顾客的利益，使企业的市场变小、竞争地位下降；反过来，如果企业过于强调产品质量的提高，而不考虑成本的承受能力和顾客的接受程度，也会使企业的市场变小、竞争地位下降。据报道，2010年日本丰田汽车因踏板问题而陷入"召回门"，并将为此付出约135亿元人民币的代价，就是决策层为追求低成本而使产品设计出现一定缺陷产生的直接后果。为此，企业要在战略成本管理过程中充分分析质量成本动因，从质量和成本两个层面来定位企业应该采取的战略，既保证企业产品质量和用户利益，又要从企业价值活动成本高低的实际情况出发，寻找降低成本的有利时机。

（3）生产能力利用率。

生产能力利用率可以通过影响企业的固定成本来影响企业的成本水平。由于固定成本在相关范围内保持不变，提高生产能力利用率就可以提高产品产量，使分摊到单位产品的固定成本降低，从而可以降低企业产品单位成本，实现规模经济效应。但是，生产能力利用率有时可能要受季节性、周期性和供需变化的影响。我们不能以企业某个时期的生产能力利用率来分析它对成本的驱动作用，而应以整个经营周期的正常利用水平为基础来分析生产能力利用率。对固定成本占成本比重较大的企业来说，生产能力利用率的变化对成本的影响更为明显，这类企业更要重视这一成本驱动因素的改善。企业提高其生产能力利用率有多种途径，比如可以争取为那些能够使企业生产能力处于最高水平的客户提供服务；为其产品寻找在销售淡季时的其他用途；与企业内部有不同季节性生产特点的业务单元合作来提高生产能力，等等。

应当说明的是，生产能力利用率的提高不会无限制地降低企业产品成本。因为固定成本只是在一定业务量范围内保持不变，超过一定界限后，固定成本也会提高；另外，我们也要注意企业增加的产量是否可以被市场接受，如果提高了生产能力利用率，成本下降了，却产生了大量的库存积压，那么不仅不会达到降低成本、提高利润的目的，反而会影响企业的正常发展。

（4）联系。

联系是价值链的重要组成部分，是指企业内部各个价值活动之间的相互影响和制约的关系以及企业与外部价值链中的上下游企业之间的关系。如前所述，企业价值链分为企业内部价值链的联系和企业与供应商或购买商价值链的联系。我们就从企业内部和外部两方面来阐述联系作为成本驱动因素是如何影响企业成本水平的。首先，企业内部的各种价值活动会影响产品成本。无论是从企业生产流程角度考虑，还是从消耗资源发生成本角度来考虑，企业内部的各种价值活动都不是孤立的，而是互相影响、互相作用的。例如，企业在生产活动中加大对质量的管理和投入就会减少产品的售后服务活动的成本；企业在产品设计阶段充分考虑成本节约因素就会节约生产成本乃至销售成本。因此，针对企业内部联系的分析来尽量协调各种价值活动的关系，可以提高作业效率，降低成本。其次，企业与外部供应商和购买商的联系对企业成本的发生有着重要作用。企业可以通过了解供应商的业务流程，帮助供应商改善价值链，使其更适合本企业要求的产品性能或者采购方式等，从而降低供应商和企业的成本，达到"双赢"；企业也可以加强和改善同购买商的联系，与他们建立联盟，这不仅有利于降低企业的销售成本，而且有利于了解最前沿消费者的需求信息，节省亲自进行市场调研的费用。例如某企业对在不同地区购买其产品的分销商为销售其产品所花费的广告费用实行一律报销的制度，而且给予成绩突出的销售商参与公司分红的奖励，这样不仅提高了销售额，而且和分销商们建立了利益共同体，使他们为了提高分红而提高销量、节约成本，可谓一举两得。

（5）产品外观。

产品外观是指产品的设计风格、规格和样式的效果。企业设计产品外观时，需要从技术水平、市场需求和成本水平等多方面进行综合考虑。

（6）厂内布局。

厂内布局是指厂内布局的效率。分析这一成本动因，要求企业按照现代工厂的科学布局方法合理布局，以便提高作业效率，配合企业实现战略成本管理的目标。

第三节 战略成本管理的实施

战略成本管理是企业战略管理的重要支持系统。要阐述战略成本管理的实施就不能脱离战略管理的程序，战略成本管理只有配合战略管理才能为企业战略目标的实现提供信息支持。企业战略管理具体可分为战略规划、战略实施和战略评价三个阶段，与之相配合的企业战略成本管理的实施可以分为战略成本的预测与决策、战略成本计划与控制、战略成本绩效评价三个阶段。战略成本管理在实施的不同阶段能够提供必要的、及时的成本信息，以协调支持企业战略管理。下面我们将根据战略管理各阶段所对应的战略成本管理的步骤来说明战略成本管理的具体实施。

一、战略规划、战略成本预测与决策

（一）战略规划

企业进行战略管理的重要前提就是确定自己的战略目标，并进行战略定位分析，开展战略规划，选择适合自己战略发展的竞争战略，以取得竞争优势。企业的战略规划是企业实施战略管理的开端，必须充分考虑企业所处的内外部环境的变化，并科学地估计未来环境变化的趋势，以确定适合企业长期发展战略的竞争战略方案。

进行战略规划的目的是决定企业拟采取的竞争战略。企业竞争战略可以分为三个层次，即企业总体竞争战略、企业一般竞争战略和企业具体业务竞争战略。

1. 企业总体竞争战略

企业总体竞争战略是由企业所处行业环境及所从事的经营业务生命周期的不同发展阶段决定的。企业确定的总体竞争战略一般有三种：其一，发展型战略。发展型战略强调充分利用企业外部的机会，避开威胁，充分利用企业内部的资源，以求得企业的发展。这一战略的特点是投入大量资源，扩大产销规模，提高现有产品的市场占有率或研发新产品并开辟新市场，这是一种以现有战略为起点向更高水平、更大规模发动进攻的竞争态势，如企业产品的市场发展战略、多元化经营战略、企业联合战略以及国际化经营战略等都属于发展型战略。其二，稳定型战略。稳定型战略强调投入少量或中等程度的资源，保持现有产销规模和市场占有率，稳定和巩固现有竞争地位。比如无增长和微增长战略属于稳定型战略。其三，防御型战略。该战略是指当企业面临外部和内部环境的不利影响时，要采取撤退措施，以抵制住竞争对手的进攻，保住企业的生存空间，以便转移经营方向或积蓄力量重新发展。比如调整紧缩战略、转让归并战略及清理战略都属于防御型战略。

2. 企业一般竞争战略

企业一般竞争战略是指迈克尔·波特根据五种竞争力量分析所提出的三种基本战略，即低成本战略、差异化战略、目标集聚战略。企业一般竞争战略强调的是企业应从哪些方面获取竞争优势。这三种战略的具体内容已经在前面阐述过，这里不再赘述。

3. 企业具体业务竞争战略

从价值链的角度看，企业具体业务战略是企业各业务单元所采取的配合企业实现战略目标的具体战略。即把企业已经确定的总体战略和一般战略的指导思想具体落实到各个业务单元的具体层面上，从而形成具体业务战略，如产品开发战略、生产流程战略、销售战略、人力资源管理战略等。

企业任何一个业务单元战略的确定，都要考虑其与企业总体战略和一般竞争战略的相互配合，以确保其有利于企业总体战略和一般竞争战略目标的实现。以产品开发战略为例，当进行是否开发新产品的战略决策时，企业必然要考虑本企业所处的发展阶段和相应所确定的总体战略，如果总体战略是发展型战略，就会作出开发新产品的战略决策，并对新产品的功能、成本、价格、顾客群等进行分析；如果企业总体战略是稳定型战略，则只能投入少量的资源进行新产品研发；如果企业总体战略是防御型战略，则不会投入新的资源用于新产品的研发。再从企业一般战略来看，如果拟采取低成本战略，企业就会在产品开发战略中强调成本的作用，千方百计降低成本；如果打算采取产品差异化战略，企业就会在产品开发中强调功能的先进性；如果准备选择目标集聚战略，企业就会针对特定的顾客群或特定的市场区域开展工作，取得竞争优势。

企业实施战略管理的重点是明确正确的目标和规划，而要制定适合企业长远发展的战略规划需要大量的决策信息的支持，其中包括前面已经提到的战略定位分析工具所提供的信息。这些信息帮助企业了解自己所处行业的发展状况以及自己和竞争对手相比较的优势和劣势，使企业在总体战略和一般战略的选择中能够得到充分的信息支持；同时，由于企业的任何经济活动都会涉及成本问题，所以提供未来成本信息的战略成本预测与战略成本决策信息系统则是企业必须充分考虑并用以进行战略规划的主要信息支持系统。

（二）战略成本预测

1. 战略成本预测的定义

成本预测是指运用一定的科学方法，对未来成本水平及其变化趋势作出科学的估计。企业通过成本预测，掌握未来的成本水平及其变动趋势，有助于减少决策的盲目性，使管理者合理选择最优方案，从而作出正确决策。战略成本预测是成本预测理论与战略管理理论的相互结合，是成本预测方法和理论在战略成本管理中的应用。

战略成本预测是以企业历史成本资料、现实成本管理能力和未来竞争环境的变化为依据，利用现代预测理论和技术方法，对企业为实现某一特定战略而选择的一种或几种业务战略的未来的成本水平进行合理的测算，确定与企业战略相对应的成本水平，借以评价企业战略的可行性，从而为战略成本管理服务的活动。战略成本预测与战术成本预测虽然都是在预测理论基础上进行的成本预测，但是存在着许多不同：首先，战略成本预测期更长，面临的不确定因素较多，预测结果的准确性和可靠性相对低；其次，战略成本预测大多采用定性分析的方法，一般是根据未来环境变化的估计，确定影响企业某一战略的若干重要的成本因素的变化趋势，得出几种备选方案供决策者选择。

2. 战略成本预测的程序

战略成本预测的一般程序是：其一，确定进行成本预测的价值活动。企业经营活动是由若干不同的价值活动构成的，企业的战略成本预测是在企业已经确定基本的竞争战略框架的基础之上展开的，也就是以能够支持企业战略框架建立的某几个价值活动或具体业务战略为预测对象，并对这些具体战略未来的成本行为进行预测。其二，选择恰当的预测方法。战略成本预测大多采用定性预测的方法，但还要辅之以必要的定量预测方法。而且针对不同的预测对象，预测方法也会有所不同。其三，搜集预测所需要的成本信息。战略成本预测所需要的大量信息都要有利于未来环境的确定，因此，对于一切有利于判断未来环境发展方向和判断企业某项业务战略的信息，企业都要认真搜集，尽量保持信息准确。其四，确定预测结果。企业应通过所获取的预测信息，运用定性及定量的方法，找出对企业未来成本水平有较大影响的因素的发展趋势，得出预测结果。

（三）战略成本决策

1. 战略成本决策的定义

战略成本决策是在战略成本预测的基础上进行的，战略成本预测和战略成本决策共同为企业战略规划提供决策信息，战略成本决策工作开展的好坏关系到企业战略选择的正确与否。战略成本决策是成本决策理论与战略决策理论的有机结合。从广义上来理解，成本决策是指从提高企业经济利益的目标出发，将成本指标的高低与经济效益的大小联系起来考虑，从各种可行的方案中选择一个最佳的经营方案。战略成本决策是在战略成本预测的基础上，根据对企业内外部环境的分析，在保证企业战略目标实现的各个备选方案中，选择运行成本较低的方案。

战略成本决策不同于战术成本决策。首先，决策服务对象不同。战略成本决策服务于企业战略规划，为企业作出正确的战略选择提供成本信息依据。战术成本决策服务于企业日常生产经营决策，是在企业成本计划执行过程中，为降低成本发生对各种措施作出的选择。其次，决策方法不同。战略成本决策是在战略成本预测的基础上，根据对企业内外部环境的分析，在保证企业战略目标实现的各个备选方案中对运行成本较低的方案作出战略选择的过程。战略成本决策注重企业的长期发展，与企业战略相联系，因此，其采用的方法更加偏重于对企业未来竞争地位的影响，而且大部分是建立在定性预测成本信息基础上的分析。战术成本决策则注重企业短期发展，并且多数是针对具体的某项措施进行定量的相关成本分析。

2. 战略成本决策的方法

战略成本决策是对企业战略的选择提供成本决策信息，因此，它的任务就是对战略成本预测中所预测到的与某一战略的未来发展相关的成本因素，运用一定的方法进行分析决策，以选择有利于企业战略目标实现的战略方案。但是，由于战略成本决策需要分析的大部分成本信息都是定性的，成本信息精确度相对较低，因此，要采用特殊的决策方法。

如果确定的某一战略无法实施，就只能是没有实际意义的"纸上谈兵"。但是，即使是一个适当的战略，如果未得到有效的实施，也会导致战略的失败；反之，一个并不算很好的战略，如果实施得当，也可能变成一个成功的战略。因此，从某种意义上说，战略的实施比战略的制定更重要也更困难。而且，在战略实施过程中，企业会遇到无法预料到的突发危机、无法控制的外部环境变化、没有主要实施任务和实施活动等许多问题。因此，战略管理必须具备完善的信息支持系统，并建立有效的战略计划系统和合理的控制系统。战略成本管理系统是企业战略管理的重要子系统，战略成本管理实施过程中的战略成本计划和战略成本控制是否能够有效开展对战略管理目标的实现有着重大的意义。

二、战略成本计划

战略成本计划是企业为实现其战略目标，在企业战略成本决策的基础上，根据特定战略确定的对企业未来成本管理目标和成本管理行动的规划。战略成本计划是战略成本管理作为战略管理的支持系统而在成本计划方面配合战略计划而形成的，是企业未来成本活动的基本方向和衡量成本管理业绩的主要标准。从本质上说，战略成本计划是一种长期成本计划，是对成本计划时间跨度的拓展，并且在很大程度上与企业重要资源的投入和回收的周期是一致的。战略成本计划的时间跨度与企业战略计划的时间跨度基本上是一致的，一般为 5 ~ 10 年。

（一）战略成本计划的意义

任何管理工作都要事先进行计划，无计划的管理就是无意义的或盲目的、流于形式的管理。计划管理不是一种管理创新，但是对于管理目标的实现具有重大的意义。战略计划和控制是战略实施的关键，而成本因素是企业建立竞争战略和赢得竞争优势的关键，因此，通过编制战略成本计划用于指导和约束企业的成本行为将是实现战略管理目标的有效保证。其重要意义在于以下方面：

（1）战略成本计划是战略成本决策的具体化，是实施企业战略的行动指南。

编制战略成本计划是战略成本决策的具体化，是企业战略实施过程中最有效的行动指南。战略成本决策为企业战略目标的实现提供了可执行的竞争战略，但是在战略实施过程中企业必须通过编制战略成本计划来具体指导企业的各项成本行动，使得资源分配比较合理、各部门的行动比较协调，发挥目标指导和行为约束的作用，从而使战略成本决策结果具体化，最终实现企业战略目标。

（2）战略成本计划有利于制定战略成本控制标准，从而顺利实施企业战略。

编制战略成本计划有利于制定战略成本控制的标准和依据，使战略实施工作得以顺利进行。战略实施是由战略计划和战略控制两部分活动组成的，实施战略成本计划和战略成本控制的目的是更好地为战略实施提供成本方面的信息，二者都是不可或缺的部分。按照战略成本管理的逻辑顺序，先有战略成本计划，后有战略成本控制，编制战略成本计划可以为战略成本控制提供可参考的标准，可以使战略成本管理的实施得以有序进行。

（3）战略成本计划有利于企业根据未来环境变化适时调整业务活动。

编制战略成本计划有利于企业更好地根据未来环境的变化对企业的业务活动进行适应性的安排和指导，能够有效地避免在战略实施过程中遇到无法应付的意外状况或无法继续实施战略的风险。科学合理、适应性强的战略成本计划对于顺利实施战略管理和实现企业战略目标有十分重要的意义。

（二）战略成本计划的内容

任何两种不同战略的实施都会对企业资源的配置有不同的要求，这里的资源包括人力资源、财力资源和物力资源。比如企业通过战略规划所定位的是低成本战略，那么企业在实施该战略时，就要求各个部门和各项价值活动都尽量地节约成本，并且把财力用于可以实现低成本战略的整合战略，或者用于扩大生产规模，实现规模经济；而如果企业确定的是差异化战略，那么，虽然成本管理很重要，但与低成本战略相比，成本也不应摆在最重要的位置。企业实施的产品开发战略要求投入大量的人力和财力以开发独具特色的产品，而成本的短期提高是为了得到更高价值补偿或者建立企业的竞争优势。可见，在不同的战略下，对于资源的分配和对成本的管理标准是不同的，这也就是战略成本计划所要反映的两项主要内容：一是如何分配资源以配合企业战略的实施，充分满足企业战略优势建立的需要，协调各项价值活动以实现战略目标；二是确定评价影响企业战略实现的若干价值活动的成本驱动因素，并规定必要的成本标准，以反映评价战略实施活动的成败。

（三）战略成本计划编制的原则

战略成本计划的编制质量涉及企业未来较长时期的资源配置和各种价值活动的成本行为，关系到企业的战略能否顺利实施。因此，企业战略成本计划虽然是在战略成本决策的基础之上进行的，可以初步保证战略方向的正确性，但是对实施效果有重大的影响。实践是检验战略成本计划编制是否合理的最佳标准。为了最大限度地适应企业未来环境的变化，更好地实现计划效果，编制战略成本计划需要遵循以下原则：

1. 全面性原则

这一原则要求在编制战略成本计划时从两方面尽量扩大计划的范围：一方面是影响企业长期成本行为的成本因素，应尽量全面考虑，为尽可能多的成本因素设定计划水平；另一方面是应将企业的各项价值活动尽量全面地纳入战略成本计划的范围，同时对重要的价值活动有所突出和侧重。

2. 协调性原则

战略成本计划包括企业的总体计划和各个职能部门计划两个层次，但是这两个层次的计划应该统一于同一个目标，即企业战略成本管理目标。企业各个职能部门的计划是企业总体战略的具体化，企业的总体计划为它们的编制提供框架和基本要求。协调性原则就是要求这两个层次的企业战略成本计划的制订协调统一，更重要的是各个职能部门的计划要协调统一，不能只顾局部利益而忽视整体的战略目标，妨碍战略目标的实现。

3. 灵活性原则

因为企业战略成本计划是长期的成本计划，外界环境的不断变化并不一定会完全按照预期的设想去发展，这就要求企业的战略成本计划在编制时要有一定的弹性，能够灵活适应环境的变化。同时，在战略成本计划的实施过程中，战略成本计划也不应是一成不变的，要根据环境的变化灵活地修订和补充战略成本计划的内容，使得战略成本计划与实际的成本管理环境相结合，才能使战略成本计划真正成为企业各项成本活动的指南，真正地实施企业战略，实现战略管理目标。

4. 连续性原则

企业战略成本计划的实施需要通过连续紧密的年度成本规划的编制和执行来实现。战略成本计划是概括性的、指导性的、具有很大弹性的长期计划，只有连贯的年度计划才能具体地、详尽地反映它的各项指标和目标，使计划在规定的时间内完成。因此，编制相互衔接、相互协调的年度成本计划，能够充分体现出战略成本计划的连贯性并保证其顺利实现。

（四）战略成本计划编制的步骤

战略成本计划是一种长期成本计划，其编制步骤如下：

1. 确定编制主体

无论是企业的总体战略成本计划还是各个职能部门的具体计划，都要安排好编制计划的部门设置、人员的配备。这样不仅可以在编制计划初期进行周密的组织和协调，使得计划更具有操作性，而且可以使企业其他人员了解到战略成本计划的重要性，并可以在战略计划的执行过程中由负责编制的组织和人员及时进行适当的修订和整理。

2. 明确战略成本计划的编制内容和期限

战略成本计划的编制内容前已述及，战略成本计划的编制期限根据实际情况而定，时间跨度一般为 5 ~ 10 年。

3. 确定编制对象

相关人员要明确所要制订的是企业的总体计划还是各个职能部门的计划，并注意其编制的逻辑顺序。

4. 制订各项业务活动的成本计划指标

这指要制订与企业战略实施有关的各项业务活动的成本计划指标及其目标水平，企业总体战略计划一定要与企业战略相适应，而企业各职能部门的战略计划要以总体计划的基本要求为指导，严格制定每个成本指标的标准。

5. 审批战略成本计划

战略成本计划要由决策部门负责审查和批准，并将确定的成本计划落实到各个管理层，尽量落实到企业的每一成员。

（五）战略成本计划的实施

战略成本计划的实施涉及企业资源的配置及其与年度成本计划的协调两方面。

战略成本计划实施的重要内容之一是解决企业资源的配置问题，它要求按照年度成本计划所确定的工作重点进行资源配置，以使企业资源发挥最大的效应。成功的战略成本计划应首先保证企业重要价值活动所需要的资源供给。战略成本计划所要解决的资源配置问题包括企业级的资源规划和企业内部业务层的资源规划。前者是将企业资源在组织的不同业务分部或地区分部之间进行分配；后者主要是依据价值链分析方法确认对整个企业战略影响最大的价值活动并据以优先配置资源。

战略成本计划的实施也需要通过编制年度成本规划并保持年度成本计划目标与战略成本计划目标的一致性来完成。年度成本计划反映了企业资源配置的要求，是进行成本控制的重要标准，突出了企业、企业分部和各职能部门成本工作的重点。年度成本规划对企业大部分活动都会产生影响，所以，年度成本规划既要与企业战略成本计划保持一致，也要与各职能部门成本计划目标保持一致，从而增加实现企业战略成本管理目标的可能性。年度成本规划应合理明确、可度量，并附有相应的奖罚规定等。

三、战略成本控制

（一）战略成本控制与战略成本计划

战略成本控制是对战略成本计划的延续，是对战略成本计划有组织、有领导地实施，即按照战略成本计划确定的方向、内容和目标，建立一套反映战略计划目标水平的实施标准，并对偏离战略成本控制标准的活动进行纠正，对不符合企业内外部环境的战略成本计划进行调整和修订，以保证战略成本管理目标的顺利实现。

（二）战略成本控制的特点

战略成本控制的特点包括以下两方面：

1. 战略成本控制是一个动态的管理系统

战略成本控制是一个动态的管理系统，是一种长期的管理活动。一方面，战略成本控制系统根据战略成本计划的要求确定评价标准，对企业实际的成本活动进行监控，使企业各项活动在计划的轨道内运行，对偏离计划的行为进行反映和控制；另一方面，它根据企业内外部环境的变化，针对计划不适应实际的情况及时进行纠正和补充，使得计划确立的评价标准更具有指导作用，从而有利于战略目标的实现。

2. 战略成本控制是全面性的综合管理

战略成本控制是以资源配置为核心的全面性的综合管理。战略成本计划根据企业的战略需要对企业资源配置进行适当的安排，战略成本控制根据这一安排的指导和标准，密切配合企业的战略目标，对企业的一切资源在企业各个部门之间的有效配置进行综合管理，以保证各部门业务活动的协调一致和企业战略目标的实现。

（三）战略成本控制系统的开发和运行

战略成本控制系统由确定控制标准、衡量实际活动和纠正错误措施三部分组成。

首先，确定控制标准，这是以战略成本计划为依据的，这个控制标准是战略成本计划实施中对成本行为的规范，是衡量实际工作是否达到预期目标的手段。因此，确定科学合理的控制标准直接关系到控制工作开展的好坏，既要考虑到同战略计划的一致性，又要考虑保证企业内部资源和管理体系的要求，不能太高或太低，以充分有效地发挥其控制功能和调动员工的积极性为标准。其次，衡量实际情况，是利用已经设定的控制标准对各项活动的实际成本行为进行分析，借以发现问题，为及时纠正偏差的措施提供信息支持。企业要安排专门的人员采取抽样调查、资料分析等方法从事这项工作。这一活动可以充分反映战略成本控制的动态特征。最后，战略成本控制系统要对计划执行过程中的错误活动及时纠正，实施纠正错误措施。一方面，企业根据控制标准考察成本活动，并及时根据控制标准和分析结果指出活动实施过程的差错，分析差错产生原因并予以改正；另一方面，企业根据内外部环境的变化，对计划和控制标准进行调整，使其与更好的竞争环境和战略目标相一致。

战略成本控制系统的有效运行需要相应的组织支持，并且需要全员的积极配合与参与。建立适当的控制程序对于促进控制工作的实际推行也有必要的辅助作用。

第四节　战略成本管理的业绩评价

实施战略成本管理将对企业成本管理行为产生持久的影响。为了了解战略成本管理的各项活动是否产生了应有的管理效果，企业需要采用一定的方法对战略成本管理的业绩进行评价。

一、战略成本管理业绩评价概述

(一) 企业业绩评价和战略经营业绩评价

评价是指人们为了达到一定目的,运用特定的指标和标准,采取特定的方法,对人或事物作出价值判断的认识过程。业绩反映的是人们从事某项活动所取得的成绩或成果。企业业绩评价就是评价主体运用特定的方法,结合科学的评价指标和评价标准对拟评价对象的管理业绩作出客观、公正的价值判断的过程。企业业绩评价是企业所有者对于企业经营者管理业绩的考核和激励的过程。

传统的企业经营业绩评价系统基本上是由一些基于企业财务报表的财务指标组成的,如盈利能力、偿债能力等,大多数考察局限于企业内部的生产经营。而随着企业经营环境的变化,传统单一的经营业绩评价体系已经不能适应新经济时代企业生存和发展的需求,在激烈的市场竞争中,企业需要的是不断创新以保持竞争优势。战略经营业绩评价扩展了企业业绩评价的范围,将包括企业外部和企业内部、财务指标和非财务指标、定性和定量的分析指标和方法等都纳入评价体系,从战略高度对企业的经营业绩进行评价。这将更加有利于企业战略目标的实现,及时反馈信息,从而有利于企业及时进行战略调整。

(二) 战略成本管理业绩评价

战略成本管理是企业战略管理的子系统,对企业战略管理活动的业绩进行评价自然要包括对成本管理活动的评价。战略成本管理业绩评价是企业业绩评价的一部分,战略成本管理业绩评价和战略成本预测与决策、战略成本计划与控制共同构成战略成本管理完整的动态的实施系统。因此,战略成本管理业绩评价是结合企业战略的实施,以战略成本计划目标水平和控制标准为依据,运用财务与非财务指标,采用定性和定量分析相结合的方法,对战略成本管理的各项活动业绩进行动态的衡量,考察其完成程度并及时反馈信息的一种价值判断过程。战略成本管理业绩评价的主体是企业最高管理当局或受其委托的战略管理部门,战略成本管理业绩评价的客体是战略成本计划与控制的实施对象,进行业绩评价的依据是战略成本计划目标水平和控制标准。

二、战略成本管理业绩评价的步骤

(一) 确定业绩评价对象

评价对象是实施业绩评价行为的客体,它是由业绩评价主体的需要所决定的。传统的成本管理评价主体从战术管理立场出发,重点在于对企业日常生产经营活动的管理,将企业内部经营单位划分为成本中心、收入中心、利润中心和投资中心四个类型作为业绩评价的对象，并对成本管理实践活动起到了较好的推动和指导作用。但是，战略成本管理已经取代了传统的成本管理。它是适应新的经济环境而配合企业战略管理对企业成本进行的管理，是由配合战略选择的战略成本预测与决策以及配合战略实施的战略成本计划与控制两项主要活动构成的。因此，传统成本管理的上述业绩评价对象就显得不够全面，不能满足战略成本管理业绩评价的需要。为了更好地与战略管理系统相连接，更好地考核战略成本管理对战略目标实现的贡献情况，我们可以将企业战略成本管理业绩评价对象划分为两方面：一是以从事战略成本预测和决策的战略经营单位为核心评价战略成本决策的业绩；二是以执行成本计划的各个职能部门为核心评价战略成本计划与控制的业绩。

（二）确定业绩评价目标

不同的业绩评价目标对于所决定应用的评价指标和评价方法都有一定的影响。战略成本管理业绩评价的总体目标就是了解已经实施的业务活动结果对实现企业战略目标的贡献程度，并以此作为对实施者进行奖惩的依据；同时能够及时反馈信息，以便企业制定或调整今后的战略。那么，针对上述两个不同评价对象的具体评价目标应当是：第一，对于从事战略成本预测与决策活动的战略经营单位，能够判断其对企业战略选择的成本导向作用是否恰当和有所贡献；第二，对于执行战略成本计划与控制的内部各职能部门，主要分析评议计划执行结果的好坏以及对战略目标实现的贡献程度。

（三）设定评价指标

评价指标是指为评价目标和评价主体的需求而设计的、以指标形式体现的、能反映评价对象特征的因素。传统的成本管理评价指标体系是建立在企业以降低成本为主要途径来增加利润的经营原则基础之上的，因此，评价指标主要是可以反映企业成本降低程度的财务指标。然而，战略成本管理以建立企业持久的竞争优势为经营目标，以对企业竞争优势的建立有作用为标准来管理企业的成本行为。所以，对战略经营单位来说，其需要分析影响战略成功的关键因素，依据这些因素的变化来衡量企业竞争力的改变，将影响企业战略实现的关键因素的定量或定性分析指标作为战略经营单位的业绩评价指标。例如，企业可通过对企业市场占有率的考察来评价企业战略成本决策的结果是否有利于战略的实现；对企业内部各职能部门来说，其评价指标主要是围绕成本计划的执行和完成情况调整确定的，企业可以以各执行部门的生产效率、产品质量等指标来评价其完成计划的情况和对战略目标的积极或消极影响。

（四）选择评价标准

评价标准是判断评价对象业绩优劣的基准。评价标准在一定的社会经济条件下产生，随着社会的不断进步、经济的不断发展以及外部环境的不断变化，评价的目标和范围会发生变化，作为价值判断尺度的评价标准也会发生变化。评价标准是发展变化的，但是在某个特定的时间和范围内，评价标准应当具有相对的稳定性。对于战略经营单位来说，业绩评价主要是对其战略成本决策效果进行评判，评价的主要指标是围绕企业竞争地位的变化而设定的，一般可以竞争对手的相关指标为评价标准。对于企业内部各职能部门来说，评价标准主要应当是年度成本计划。

（五）收集评价信息

企业的信息包括财务信息与非财务信息、历史资料信息与预测信息及企业内部信息与外部信息等。是否能够及时获得与评价对象有关的准确评价信息是决定业绩评价是否客观、公正的关键。因此，建立良好的信息输出系统，并能够正确地理解、处理信息是评价业绩的重要步骤。企业可以通过建立日常报告制度及时收集战略成本管理业绩评价信息，或者根据具体评价对象的需要，通过市场调查、定期访问客户等方式获得评价指标所需要的具有针对性的信息。在日常报告制度中，企业应明确各种评价指标的计量方法、原始数据产生报告方法等问题。

（六）进行评价，得出结论

形成评价结论的过程就是对评价对象进行价值判断的过程，即对评价对象作出是否有价值、有什么价值、价值多大的判断。评价主体通过对收集到的评价信息的整理、分析，针对不同的指标，应用不同的评价标准，进而得出被评价主体和被评价对象都能接受的客观结论。对企业战略成本管理业绩进行评价，一方面，将企业在关键成功因素方面的量化指标同竞争对手的相应指标进行比较，判断企业的竞争地位，衡量企业战略的实现程度，进而确认战略成本决策所引起的结果在哪些方面有利于企业战略的确立和实现，同时对不利的影响进行修正；另一方面，将企业内部执行部门的各种指标与计划相比较，分析有利和不利差异，并确定产生差异的原因，这样既有利于扩大有利差异、缩小不利差异，又便于提供对责任人进行奖罚的依据。

（七）编制业绩评价报告

编制并使用业绩评价报告，有利于有效发挥业绩评价系统的作用。业绩评价报告是反映企业战略成本管理业绩的评价程序、方法、标准、结论及结论分析等的书面资料。只有编制战略成本管理业绩评价报告，才能使企业各个部门、每个成员了解有关企业战略成本管理的执行情况以及未来的努力方向，这样更有利于战略成本管理的全面推行，符合战略成本管理要求全员参与、各个职能部门通力合作的指导思想。战略成本业绩评价报告要求有统一的格式，并且具备清晰性、可理解性及前瞻性。

三、战略成本管理的业绩评价指标

（一）反映竞争能力变化的指标

实施战略成本管理的目标就是建立和保持企业的竞争优势，实现企业的战略目标。因此，反映企业竞争能力变化的指标可以有效地评价企业战略成本决策和战略成本实施的结果。在激烈的竞争环境里，企业可以利用市场占有率、客户满意度以及技术创新力等指标来评价企业竞争力的大小及变化。

1. 市场占有率

企业竞争力是市场占有率的函数，市场占有率（本期企业某种产品的销售额与本期该种产品的销售总额之比）越高，越表明企业具有较大的市场优势和较强的适应市场的能力。市场占有率的提高表明企业可以提供比竞争对手更有价值的产品，表明企业的竞争力得到了提高。利用规模经济可以降低企业产品成本，但是，利用规模经济要以企业相应的市场容量为前提。因此，市场占有率的提高和企业规模经济效应的实现是互为条件、互相驱动的。

2. 客户满意度

客户满意度是客户对企业所提供产品或者服务的满意程度。反映客户满意度的指标主要包括交货时间、产品质量、客户使用成本、产品售后服务四方面。为了尽量量化指标，企业可以用产品及时交货率（本期产品及时交货的次数与本期产品交货的总次数之比）指标反映及时交货的程度；用产品的合格率（本期合格产品产量与本期全部产品产量之比）和达标率（本期产品达标数量与本期全部产品产量之比）等指标反映产品的质量；用售出产品故障排除及时率（售出产品故障及时排除次数与售出产品发生故障次数之比）来反映售后服务对企业竞争地位的影响等。评价顾客满意度可以反馈企业产品的销售业绩。只有当顾客对本企业产品满意时，他们才会购买本企业的产品。

3. 技术创新力

技术创新力是当代企业获取持久的竞争优势和核心竞争力所应具备的能力。核心竞争力的形成要求企业按照客户或者市场的需求不断地推出新产品。这里可以用新产品设计的时间、成本、功能等方面的指标来综合反映技术创新对企业竞争地位的影响。例如，企业可以用研究开发费用率（本期开发费用与本期销售收入总额之比）体现企业在新产品开发上的投入及增长状况，说明企业的研究开发规模；用成本降低研究开发费用率（用于降低成本的研究开发费用与本期销售收入之比）反映企业用于产品成本降低和改善方面研究开发费用的投入规模等。增强技术创新力可以提高企业的竞争地位，而且有利于企业快速地适应市场变化，比竞争对手更及时地调整战略，从而保持持久的竞争优势。

（二）反映生产流程效率的指标

生产流程的效率反映了企业的生产能力，也反映了企业生产过程的成本水平。产品成本可以综合反映生产流程效率的高低，可以说，生产流程中的任何问题最终都会通过产品成本指标反映出来。衡量生产流程效率的指标包括反映产品生产效率的指标和机器设备运作效率的指标。

产品生产效率指标包括产品生命周期率（产品加工时间与生产时间之比）和质量效益率（质量收入与质量成本之比）。产品生产效率会影响产品交货期，交货期越短，表明企业生产流程效率越高，生产流程的应变能力越强。质量效益率影响产品质量，反映生产流程中质量控制工作的业绩。产品质量越好，产品越容易被客户接受，市场份额才会增大。机器设备运作效率指标主要是生产能力利用率（某种产品本期实际产量与机器设备所能提供生产量之比）。设计企业生产流程效率指标，可以较好地反映企业战略成本计划与控制阶段的实际成本，并反映同成本计划和控制标准相比较的变动和差异，有效地从产品质量、生产效率等方面提高产品质量、降低产品成本，提高竞争力。

（三）反映资产运营效率的指标

战略成本管理的实施，需要有效地配置企业资源，协调企业各职能部门的活动，提高资产的运营效率，降低企业营运成本。对资产运营效率指标的评价可以很好地反映企业战略成本管理实施中的业绩。企业可以设置总资产周转率和存货周转率指标来反映资产运营效率。

总资产周转率（销售收入与平均总资产之比）反映企业现有生产能力的利用状况。总资产周转率越高，说明企业生产能力的利用情况越好。存货周转率（销售成本与平均存货之比）反映存货的多少及其流转效率情况。存货周转率越高，表明企业存货管理得越好。从科学管理的角度来讲，任何存货的形成对于企业而言都是浪费，都会增加企业的运营成本。如果总资产周转率和存货周转率这两项指标较高，则表明企业比较有效地利用了有限的资源，并有效地降低了营运资本。

（四）反映成本管理效益的指标

企业生产经营活动必须所得大于所费，才能实现盈利。战略成本管理追求企业竞争地位的保持和持续降低成本的能力，仍然需要依据利润增长与费用的关系来评价企业战略成本管理的效益。企业可以设定成本费用利润率和总资产报酬率指标来衡量反映成本管理效益。

成本费用利润率（利润总额与成本费用总额之比）表示每一元的成本投入所创造的利润。总资产报酬率（总利润与平均总资产之比）表示每一元的资产所产生的利润回报。这两个指标从成本管理对利润的贡献这一角度来评价企业成本管理的业绩。由于利润指标会受很多因素的影响，因此，企业在使用这些指标评价成本管理效益时要特别注意管理者短期经营行为对利润的影响，这些指标适用于评价短期成本管理对利润的贡献。

第五节　战略成本管理制度的维护

　　战略成本管理是一个先进的成本管理系统，能够为企业战略管理提供及时、准确、相关的成本信息，是实现企业战略目标的必要支持系统。顺利开展企业战略成本管理，除了要有完善的管理体系、完备的科学方法之外，还需要用规范的制度对实施战略成本管理的行为加以约束。企业应当制定切实可行的规章制度进行管理，任何人违反了制度都要受到处罚。制度就是行为规则，规则就要公开、公平、公正。完善的战略成本管理制度应包括成本核算规程制度、成本责任制度、成本控制制度、成本分析制度、成本信息反馈制度等。建立健全战略成本管理制度并不断地对其进行维护，是有效地实施战略成本管理的必要保证。

　　战略成本管理制度的维护包含两个含义。一方面是对企业组织进行规范及对企业人员进行宣传和教育，促使这些组织保证和规范制度的实施，并使相关人员积极主动地配合制度的执行；另一方面是适应企业内外部环境的变化，不间断地修订制度，使其更规范、更有利于促进企业战略成本管理的顺利实施。

一、战略成本管理制度的外部维护

　　1. 创建企业成本管理文化

　　企业成本管理文化作为企业文化的一部分，对于成本管理制度的贯彻有着重要的维护作用。我们知道，一种价值观念或者原则长期融入企业的各项经营政策之中并且得到长期坚持，就可得到企业管理层和员工们的认可，从而形成企业的一种文化。成本管理文化就是企业推行的成本价值观的具体反映。比如，对成本管理重要性的认识、对成本领先优势的信心、成本节约意识等，可以作为一种意识形态指导企业的成本管理行为。可见，创建良好的企业成本管理文化可以使战略成本管理制度得到企业上上下下的拥护和支持，使员工们不再把制度的贯彻看作一种束缚，而是主观能动地去维护制度。

　　2. 全员参与战略成本管理

　　企业战略成本管理不仅是成本管理人员的工作，它涉及企业的各个职能部门和所有员工。企业要有效地实施战略成本管理，就要调动企业全体员工参与成本管理的积极性，通过必要的宣传和讲解，使不同组织的管理者和全体成员了解战略成本管理制度对他们的约束力，并通过一定的激励机制调动他们参与的积极性，这样可以有效地实施制度，从而维护制度的实施，做到全员参与战略成本管理。

二、战略成本管理制度本身的维护

　　由于企业所处的内外部环境是不断变化的，企业必须前瞻性地预测所处环境的变化，并适当改变企业的竞争战略，才能保持持久的竞争优势。战略成本管理作为企业战略管理的主要管理子系统，也必须根据战略的改变而对成本管理重点和目标作出适当的调整。因此，战略成本管理制度作为一个开放的系统，要适时根据战略成本管理的要求作出修订和补充。尤其是在当今企业外部环境剧烈变化的情况下，企业必须时刻注意环境的变化，并及时对管理制度进行必要的维护，以适应管理的需要。

复习思考题

1. 什么是战略成本管理？实施战略成本管理有什么重要意义？

2. 战略成本管理有什么主要特点？

3. 什么是战略定位分析？战略定位分析的方法有哪些？其主要内容各是什么？

4. 什么是成本领先战略？什么是差异化战略？什么是目标集聚战略？

5. 什么是价值链分析？价值链分析的意义是什么？如何进行企业内部价值链和企业外部价值链分析？

6. 什么是成本动因？什么是结构性成本动因和执行性成本动因？其主要内容各是什么？

7. 企业竞争战略可以分为哪三个层次？其主要内容各是什么？

8. 战略成本计划的主要内容是什么？如何实施战略成本计划？

9. 战略成本管理业绩评价的主要指标有哪些？

第九章　成本管理专题

学习目标

通过对本章的学习，学生应了解环境成本、技术成本、企业社会成本的基本概念，掌握环境成本的计量方法、产品设计成本和工艺设计成本的管理方法，了解基准管理和持续改进的成本管理中的应用，了解降低成本的意义、成本提高的因素以及降低成本的途径等，掌握成本持续降低对策的选择，熟练掌握生产车间现场降低成本的方法和通过成本设计来降低成本的方法。

第一节　资本成本管理

一、资本成本管理概述

资本成本是成本管理中不可缺少的参数之一，它既与资本决策密切相关，又与业绩评价相关，在成本管理中不容忽视。

（一）资本成本的本质及概念

资本是商品经济条件下的一种特殊商品。资本成本是资本所有权与资本使用权相分离而产生的一个成本概念，它反映这一特殊商品在两权分离条件下的代价。

1. 资本成本的本质

当资本所有权与使用权发生分离后，资本的所有者让渡资本使用权，必然要求得到一定的回报，此时，资本成本表现为投资者要求的最低报酬率；资本使用者因使用资本必须支付一定的成本费用，即为取得资本所愿意付出的代价。显然，资本成本既是筹资者为获得资本所必须支付的最低价格，又是投资者提供资本所要求的最低报酬率。在这个意义上讲，筹资价格与最低投资报酬率是资本的获得者和使用者对同一资本基于两个不同角度的不同理解，其本质是一致的，因此，在实际工作中经常出现这两个术语交替使用或相互替换的现象。从计量的角度来看，我们既可以从筹资角度计量，也可以从投资角度计量，当然基于不同角度计量的值是不一样的，但决策本身不具有精确性，因此这种结果是允许的。

由于资本成本是在资本所有者让渡资本过程中形成的，因此资本成本反映资本所有者的要求。站在资本所有者的角度，让渡资本等于将今天的现金变成索取未来现金的权利。而这种索取权是有偿的，它一方面要求按让渡资金时间的长短进行补偿，另一方面要求对将现实现金转化为未来不确定现金的不确定性进行补偿，即要求时间价值和风险价值的补偿。因此，从确认和计量角度看，资本成本实质由两部分内容构成，一是对时间因素的补偿，二是对风险因素的补偿，即由资金时间价值和风险报酬构成。

2. 资本成本的概念

所谓资本成本是指企业为筹集和使用资本而付出的代价，也是投资者进行投资所要求的最低报酬率。从筹资角度看，资本成本即取得和应用资本过程中所支付的成本费用，包括资本的筹集费用和使用费用两部分内容。

资本筹集费用是指在资本筹集过程中支付的各项费用，如向银行支付的借款手续费，因发行债券和股票而支付的印刷费、广告宣传费、代理发行费、律师费、公证费、资信评估费等。资本使用费用是指企业因使用资本而向资本提供者支付的费用，如向债权人支付的利息、向股东支付的股利以及向投资者分配的利润等。

（二）资本成本的表现形式及种类

1. 资本成本的表现形式

资本成本可以用绝对数表示，也可以用相对数表示。成本管理中运用资本成本的作用主要是对不同资本备选方案进行比较决策。由于不同资本方案的资本成本总额不具有可比性，因此为了便于分析和比较，成本管理分析中常常采用资本成本的相对数表示，称为资本成本率。但由于人们观念中的资本成本一直与资本成本率画等号，因此成本管理中的资本成本虽然具有相对数与绝对数的双重表现形式，但实际上用于方案比较时采用的都是相对数，称为资本成本。也就是说，资本决策中的资本成本即资本成本率，它是一个比率。

2. 资本成本的种类

资本成本形式多样，按其用途可以划分为单项资本成本、综合资本成本和边际资本成本三种形式。

（1）单项资本成本。单项资本成本是指某种筹资方式的资本成本。筹资方式有短期筹资方式和长期筹资方式。而资本成本管理中涉及的筹资决策建立在投资决策的基础上，投资决策一般解决的是长期资产投资问题。按照资金的管理方式，长期资产的资本来源应该由长期筹资补充，因此成本管理中的资本成本通常指的是长期筹资方式的单项资本成本，包括长期借款资本成本、长期债券资本成本、普通股资本成本、优先股资本成本、留存收益资本成本。

（2）综合资本成本。综合资本成本是指以单项筹资方式的资本成本为基础，以各种不同筹资方式的资本占资本总额的比重为权数而计算的加权平均值。该值既可以反映企业整体的资本成本水平，也可以反映项目的资本成本水平，还可以反映某筹资方案的资本成本水平。

（3）边际资本成本。边际资本成本是指资本每增加一个单位而增加的成本。它是企业追加筹资时的加权平均资本成本。实务中，不同筹资规模下的资本成本是不同的，通常资本成本会随着筹资规模的增长而增长，而不同筹资规模下的总资本由通过不同方式筹得的资本所构成，因此追加筹资时的边际资本成本与综合资本成本的本质相同，都是加权平均资本成本，所不同的是边际资本成本反映的是新增资本的加权平均资本成本水平，而综合资本成本反映的是现有资本水平或某项目、某筹资方案的加权平均资本成本水平。

（三）资本成本与企业筹资和投资的关系及与业绩评价的关系

资本成本虽然属于成本概念范畴，但它与一般的成本不同，它既可以是现实的资金耗费，也可以是面向未来的资金耗费，因此在账簿中不像产品成本那样单独反映，但在资本决策和业绩评价中常常被采用。

1. 资本成本与企业筹资和投资的关系

实务中的筹资活动通常受到特定动机的驱使，概括而言，筹资活动来自于投资需求，也就是说，没有投资决定就不会有筹资活动的发生。这里的投资可以是对内投资，也可以是对外投资，无论何种形式的投资，都离不开资金的支持。

从表面上看，一个企业的创立与发展，筹资是第一位的，如果没有资金支持，一切都会变得没有意义。事实上，投资才是第一位的。当一个良好项目出现时，人们才会想到项目的实现形式，可能是通过创立公司形式实现，也可能是通过合作形式实现，之后才会表现为资本的取得。但人们往往直接感觉到的是创业者和发展中的企业为筹资而忙碌的过程，因为对于创业者和发展中的企业来说，其自身的资金毕竟有限，常常需要对外筹资，而这种筹资会为人们所感知；但项目决策与之不同，项目决策是对内的，出于竞争考虑，是不会对外公开的，因此从外部的感知来讲，筹资是第一位的，事实上，这是一种错误的感觉。

企业进行项目投资决策时，必须将投资项目未来的预期年平均报酬率与企业要求的最低报酬率（资本成本）进行比较，只有前者大于后者，才能作出项目投资的决策，否则，连筹资的本利都不能偿还的项目是不可能被采纳的。这就要求财务人员在开展筹资活动之前，不仅对未来的投资收益作一个较为可靠的预测，对资本成本也要有一个可靠的预测。

企业的投资一旦决定，等于确定了筹资的需要总量，之后就需要在不同筹资方式之间进行选择。因为不同筹资方式的资本的成本水平是不同的，有高有低，企业需要在规避财务风险和获得财务杠杆利益之间作出选择。在这种情况下，就需要企业计算每一个单项资本成本的水平并结合财务结构的安全性进行筹资决策。

资本成本与企业筹资、投资的关系见图9-1。

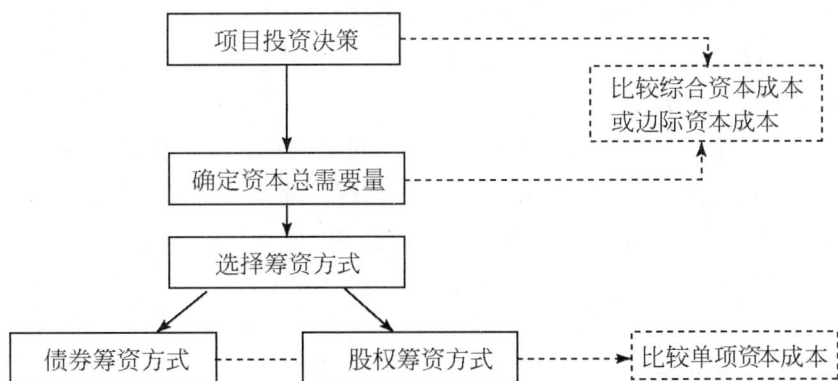

图 9 – 1 资本成本与企业投资、筹资的关系

2. 资本成本与业绩评价的关系

人们在成本管理过程中发现，资本成本不仅与投资和筹资的关系密切，而且与业绩评价的关系也非常密切。

资本成本是企业使用资本应获得收益的最低界限，企业要想维持简单再生产，就必须保证企业使用资本的收益率高于其资本成本。因此，一定时期资本成本的高低不仅反映了企业的成本管理水平，还可用于衡量企业的经营业绩。如果企业的实际收益率低于资本成本，则说明其经营不利，企业应积极采取降低成本措施，挖掘降低资本成本的潜力。

随着社会的不断进步，企业目标也在不断发展，进入 20 世纪 90 年代后，追求企业价值最大化的目标代替了利润最大化观点。企业价值最大化的目标要求既关注股东利益也关注经营者利益，而能够促使所有者利益与经营者利益相结合的方法就是经济增加值。计算经济增加值必须考虑资本成本，从而使资本成本在新的业绩评价体系中处于核心地位。显然，资本成本计算的正确与否，对于能否有效地激励经营者起着至关重要的作用。

（四）资本成本管理的概念及任务

1. 资本成本管理的概念

所谓资本成本管理，是指围绕着资本成本应用过程所进行的管理。成本管理的职能包括成本的核算、预测、决策、计划、控制、评价等。资本成本可以反映筹资的代价，因此，利息等可能会贯穿成本管理的始终。但从资本成本的应用来看，起着关键作用的是投资决策、筹资决策与业绩评价，因此企业应格外关注资本成本在这几方面的应用。

2. 资本成本管理的任务

决策的正确与否直接关系到一个企业能否生存与发展，而资本成本直接服务于资本决策，因此搞好资本成本管理十分重要。资本成本管理的主要任务如下：

（1）科学估算单项资本成本。单项资本成本反映的是特定筹资方式的资本成本水平，它是确定综合资本成本和边际资本成本的依据。单项资本成本估算失误，就会导致综合资本成本或边际资本成本的估算失误，进而导致投资决策和筹资决策的失误。而投资决策关乎企业的发展方向，一旦失误就可能会给企业带来致命的损失。因此，企业必须采用科学的方法，正确估算单项资本成本。

（2）科学应用资本成本。资本成本主要应用于投资决策、筹资决策和业绩评价。从资本成本的决策原理和业绩评价原理来看，这十分容易理解，但实际应用中由于环境不同、影响因素不同，不同的企业可能围绕着基本原理而各具特色，因此企业应在透彻理解基本原理的基础上科学分析、灵活应用。

二、资本成本的计量

资本成本的高低直接影响投资决策、筹资决策以及业绩评价的结果，因此正确估算资本成本是管理好资本成本应做的首要工作。

（一）资本成本计量的一般模型及程序

虽然不同筹资方式的资本成本各不相同，但其计量的原理具有一致性，根据一般计量模型，可以明确资本成本计量的程序。

1. 资本成本计量的一般模型

从理论上讲，资本成本是筹资净额与预计未来各期资本现金流出量现值相等时的折现率。按照理论内涵计算资本成本较为复杂，需要采用逐次测试法和插值法求值。为了简化计算，我们通常假定资本的使用期限较长，而且各年支付的资本使用费用相等。资本成本简化前提下的计算公式如下：

$$资本成本 = \frac{资本使用费用}{筹资总额 \times (1 - 筹资费用率)}$$

上述模型说明，资本成本是资本使用费用占筹资净额的比率，这是一个被经常使用的计量形式。

2. 资本成本计量的程序

如果从筹资角度计量资本成本，由于综合资本成本和边际资本成本以单项资本成本为基础，因此计量单项资本成本是第一位的；而比较综合资本成本和边际资本成本，由于综合资本成本能够反映企业现有总资本的资本成本水平，因此它应该发生在边际资本成本之前。因此资本成本的计量程序是：其一，计量单项资本成本；其二，计量综合资本成本；其三，计量边际资本成本。

（二）基于投资角度的资本成本计量

由于资本成本可以从投资和筹资两个不同角度对其进行解释，因此计量资本成本可以投资为出发点进行分析确定。

通常从投资角度确定的资本成本不需要计量单项资本成本，而是直接反映项目的资本成本水平，因此确定的值应该体现的是综合资本成本。一般采用的方法有以下三种：直接确定法、类比确定法和计分确定法。

1. 直接确定法

直接确定法，顾名思义是直接以某一比率作为项目资本成本的一种方法。一般可以选用的直接比率有以下几种：

（1）行业平均资金收益率。该比率通常由国家或行业主管部门定期公布，企业如果能获取此方面的信息，可以此作为项目的资本成本。

（2）机会成本。应该说任何一项投资都存在机会成本，即资金不投资于特定的项目，则会获得其他的投资收益。在这种情况下，企业可以项目作参照，分析并确定机会成本。当有多个项目可供选择时，放弃项目的预计投资收益率就是项目的资本成本；如果对独立项目进行评价，有时市场利率也可以作为项目的资本成本。

（3）股权的必要收益率。当项目的系统风险已知时，系统风险对所有的企业来说都是相同的，此时企业可以借助于 β 系数预测项目的必要收益率。

（4）企业的资本成本。如果用企业现有的资本成本水平作为项目的资本成本，要求的前提条件有两个：一是拟进行投资的项目必须与企业历史上的投资项目具有相同的风险；二是企业的财务政策不会因为新的投资活动而受到影响。

2. 类比确定法

类比法是在市场上寻找与之类似的投资项目，以类似完工项目的实际投资收益率为基础，并结合实际情况调整后作为项目资本成本的一种方法。此法应用的前提是能够找到类似的项目，否则不能用。例如某公司准备投资兴建购物中心，市场上已有的同等规模、同样地段的购物中心的投资收益率一般为16%，则该公司可以16%为参照，并结合未来市场变化趋势及本购物中的特点等进行修正，从而确定资本成本。

3. 计分确定法

计分确定法是对投资项目的未来影响因素通过计分确定风险级别，并以此确定资本成本的一种方法。这种方法一般由专家根据历史资料和对未来市场的预测先分因素进行打分，然后依据一定的风险等级标准确定风险折现率，再加上无风险报酬率，就是所确定的项目资本成本。

（三）基于筹资角度的资本成本计量

从筹资角度来看，企业必须依据资本成本计量程序依次确定各类资本成本。

1. 单项资本成本的计量

资本成本的简化模型属于单项资本成本的计量模型，该模型将资本筹集过程中发生的费用在筹集资本时一次性扣除，资本使用费用则是确定资本成本的主体。资本就取得性质来看无外乎两种——股权资本和债权资本，因此企业应区分并确定以下两类资本成本的计量。

（1）债权资本成本的计量。

债权资本包括长期借款和长期债券，这两类资本的共同特点是：资本的使用费用表现的是每年固定的利息支付。按照税法规定，利息可以在所得税前列支，这样就使得利息具有抵减所得税的作用。也就是说，使用债权资本的真正代价是：借款利息×（1−所得税率）。两类负债的资本成本计量模型如下：

$$长期借款资本成本 = \frac{借款利息率 \times (1 - 所得税率)}{1 - 借款筹资费用率}$$

$$债券资本成本 = \frac{债券面值 \times 票面利率 \times (1 - 所得税率)}{债券筹资总额 \times (1 - 债券筹资费用率)}$$

（2）股权资本成本的计量。

股权资本筹资方式包括优先股、普通股和留存收益三种。优先股虽然属于股票的一种，但它兼有债券和普通股的双重性质。与债券相同，利用优先股筹资需要向投资者定期支付股息，但优先股与债券最大的不同在于，优先股属于永久性资本，不需要还本，另外所支付的股利必须在所得税后支付，因此优先股的股息不具有抵减所得税的效应。优先股资本成本的计量模型如下：

$$\frac{优先股}{资本成本} = \frac{优先股年股息}{按发行价格或市场价格计算的筹资总额 \times (1 - 筹资费用率)}$$

从留存收益来看，留存收益由企业税后未分配利润形成，从表面上看，企业使用这部分资本并没有付出任何代价，其实并非如此。因为，留存收益实质上归企业股东所有，普通股股东将这部分资本留存于企业，相当于普通股股东对企业追加了投资，自然要求获得与购买普通股股票一样的投资回报。因此留存收益资本成本的计算与普通股资本成本的确定方法相同，唯一不同的是没有发行成本，因此不考虑筹资费用率。

这里将普通股和留存收益合在一起考虑。普通股与优先股不同，普通股的各年股利具有变动性，因此，直接依据资本成本简化模型确定普通股的资本成本较为困难。只能在一些假定情况下确定普通股的资本成本。常常采用的普通股资本成本确定方法有以下三种：股利固定增长法、资本资产定价模型法和债券收益加风险报酬率法。

第一，股利固定增长法。股利固定增长法假定普通股股东长期持有股票，且股票的现金股利以固定的年增长率递增。普通股资本成本的相关计量模型如下：

$$\frac{普通股}{资本成本} = \frac{预计年末股利}{按发行价或市价计算的筹资总额 \times (1 - 筹资费用率)} + \frac{股利逐年}{增长率}$$

或

$$= \frac{预计年末每股股利}{每股发行价格或每股市价 \times (1 - 筹资费用率)} + \frac{股利逐年}{增长率}$$

$$\frac{留存收益}{资本成本} = \frac{预计年末股利}{按发行价或市价计算的筹资总额} + \frac{股利逐年}{增长率}$$

或

$$= \frac{预计年末股利}{每股发行价格或每股市价} + \frac{股利逐年}{增长率}$$

第二，资本资产定价模型法。资本资产定价模型法是利用资本资产定价模型来确定普通股资本成本的一种方法。资本资产定价模型是确定普通股投资必要收益率的一种著名方法，而普通股的资本成本实质是股东进行股票投资所要求的收益率，因此可以用资本资产定价模型来表示资本成本。在此法下，普通股和留存收益的资本成本取得一致，计量模型如下：

$$\text{普通股资本成本或} \atop \text{留存收益资本成本} = {\text{无风险} \atop \text{报酬率}} + \beta\,\text{系数} \times \left({\text{证券市场的} \atop \text{平均报酬率}} - {\text{无风险} \atop \text{报酬率}} \right)$$

式中的 β 系数可以从公共咨询机构或从相关部门定期公布的数据中获得，或以公司历史风险收益为基础或以预测的风险收益为基础，由本公司加以确定。

第三，债券收益加风险报酬率法。债券收益加风险报酬率法是在企业发行的长期债券利率的基础上加上一定的风险报酬率来确定普通股资本成本的一种方法。由于普通股股东的投资风险大于债券投资者的投资风险，因此，普通股股东要求得到的收益率会高于债券持有者的收益率。普通股和留存收益的资本成本的计量公式如下：

$$\text{普通股资本成本或} \atop \text{留存收益资本成本} = {\text{长期债券} \atop \text{收益率}} + {\text{普通股风险高于债券} \atop \text{所要求的风险报酬率}}$$

该公式的难点在于普通股要求超过债券收益率的风险补偿率，实务中通常凭经验估算该值，一般认为，某公司普通股风险报酬率会高于该公司发行债券利息率的 4%~6%。

第四，三种方法的比较应用。上述三种方法从计算来看都比较简单，容易理解，但其计算结果不同。实务中为了确保普通股及留存收益资本成本预测的相对准确，如果条件允许，可以先按三种不同方法估算资本成本，然后取其算术平均值作为最终估算的资本成本。

从其适用范围来看，上述三种方法具有一定的差异。由于股利固定增长法假定普通股预期未来的现金股利逐年增长，因此此法只适用于上市公司每年发放现金股利的情况，否则不能采用；资本资产定价模型法建立在资本市场充分有效的基础上，模型比较严密，但由于证券市场的平均报酬率只能来自于证券市场的测算，因此此法适用于上市公司，包括没有发放现金股利的上市公司和发放现金股利的上市公司；债券收益加风险报酬率法的主观判断色彩相当浓厚，可能误差较大，但这种方法的适用性较强，不仅适用于上市公司，也适用于非上市公司。

2. 综合资本成本的计量

由于受风险等多种因素的制约，每一个企业都不可能只利用一种筹资方式筹集资本，常常是债权资本与股权资本同时应用，此时就需要计算综合资本成本。综合资本成本是建立在不同筹资方式资本成本基础上的加权平均值，如果以 K_W 代表综合资本成本，以 W_j 代表不同筹资方式的资本总额占总资本的比重，以 K_j 代表不同筹资方式的资本成本，其计量模型如下：

$$K_W = \sum_{j=1}^{n} W_j K_j$$

其中：

$$\text{不同筹资方式的资本} \atop \text{总额占总资本的比重} = {\text{不同筹资方式资本总额} \over \text{总资本}} \times 100\%$$

式中的 W_j 为权数，其取值有三种：账面价值、市场价值和目标价值。这三种权数没有优劣之分，实务中可以以确保预测的准确性为原则，选择与其最相适宜的权数。

3. 边际资本成本的计量

通常企业无法以某一固定的资本成本筹集到无限的资本，当其筹集的资本超过一定的限度时，原来的资本成本就会增加，在这种情况下就需要计算边际资本成本。边际资本成本的计量模型如下：

$$边际资本成本 = \sum \frac{不同筹资总额范围内}{特定筹资方式的资本成本} \times \frac{特定筹资方式的}{资\ 本\ 比\ 重}$$

计算边际资本成本时，一般假定企业当前的资本结构（资本比重）是一个较为适宜的资本结构，并且企业想继续维持；如果资本结构不理想，企业就需要在追加筹资时考虑调整，将其调整为较优的资本结构。在资本结构理想的前提下，计算边际资本成本的步骤如下：

（1）确定筹资总额分界点。筹资总额分界点是指依据某一特定筹资方式确定的筹资分界点和相应的目标资本结构计算的需要筹集的总资本。计算公式如下：

$$筹资总额分界点 = \frac{某特定筹资方式资本成本未变动前的筹资额}{该筹资方式的资本比重}$$

（2）排序筹集总资本的范围。企业筹资方式的多样性会导致计算的筹资总额分界点出现多个值，进而导致多个总资本范围的出现，在这种情况下，就需要对筹资总额按从小到大的顺序排序。

（3）计算不同筹资总额范围的边际资本成本。将排序后的筹资总额与边际资本成本的计量模型相结合，就可以计算出不同筹资范围的边际资本成本。

三、资本成本在成本管理中的应用

资本成本的计量模型虽然已经确定，但实务中的影响因素多种多样，因此企业应该在把握其基本模型的基础上灵活应用。

（一）资本成本在筹资中的应用

1. 综合资本成本基本模型的应用

综合资本成本的计算通常伴随着单项资本成本的计算，因此企业应在熟悉单项资本成本计量的基础上掌握综合资本成本的计算。

【例 9 – 1】假定远东公司目前账面资本是 1 000 万元，其中债券 400 万元、优先股 150 万元、普通股 400 万元、留存收益 50 万元。远东公司发行面值 1 000 元，票面利率为 12%，期限为 10 年，每年年末付息一次的公司债券，债券平价发行，筹资费率为 3%；发行面值 100 元的优先股，规定的年股息率为 14%，该优先股按溢价发行，发行价为每股 120 元，筹资费率为发行价的 4%；发行普通股的每股面值为 1 元，发行价格为每股 10 元，发行成本为每股市价的 5% ，预计第一年的年末股利为 1.2 元，股利每年固定按 3% 的比例递增。假定该公司适用的所得税率为 25% 。要求：计算不同筹资方式的资本成本和企业的资本成本。

解：

$$债券的资本成本 = \frac{12\% \times (1 - 25\%)}{1 - 3\%} = 9.28\%$$

$$优先股的资本成本 = \frac{100 \times 14\%}{120 \times (1 - 4\%)} = 12.15\%$$

$$普通股的资本成本 = \frac{1.2}{10 \times (1 - 5\%)} + 3\% = 15.63\%$$

$$留存收益资本成本 = \frac{1.2}{10} + 3\% = 15\%$$

$$企业的资本成本 = 9.28\% \times 40\% + 12.15\% \times 15\% + 15.63\% \times 40\% + 15\% \times 5\%$$
$$= 12.54\%$$

2. 基本模型的灵活应用

应用一：资本成本的基本模型可以用于很多方面，应用最为广泛的是进行不同筹资方案的比较。如果一个企业的投资已定，意味着筹资总量已定，此时企业需要确定投资所需资本的来源。若有几个筹资方案可供选择，且不考虑其他因素的影响，企业就可以依据基本模型计算不同筹资方案的单项资本成本和综合资本成本，比较综合资本成本的计算结果，取其最低者为应该选择的筹资方案。

应用二：实务中，如果一个企业认为其现有的资本结构是最优的资本结构，新增投资必须保持这一结构，在这种情况下，企业就需要利用边际资本成本原理，预测新增资本的筹资限额及资本成本的变动情况。

【例 9 - 2】 某公司目前的资本结构较为合理：负债为 40% ，股权资本为 60% 。预计下年度可实现净利润 66 000 元，公司将保持 50% 的股息支付率政策，公司借款利率为 8% 。现行股票市场价格为每股 50 元，上期股息支付额为每股 1.85 元，预计股息增长率为 8% ，如果发行新股，预计新股筹资费率为 15% 。公司适用的所得税率为 25% ，下年度投资时首先考虑留存收益，其次才考虑发行新股，若该公司拟保持目前的资本结构不变。要求：确定新增资本为多少时该公司需要发行新股及发行新股的资本成本。

解：

当该公司用尽留存收益时就会发行新股，因此留存收益是确定筹资总额分界点的基础。

$$筹资总额分界点 = \frac{66\,000 \times (1 - 50\%)}{60\%} = 55\,000 \ （元）$$

发行新股前的资本成本：

$$留存收益资本成本 = \frac{1.85 \times 1.08}{50} + 8\% = 12\%$$

$$边际资本成本 = 30\% \times 8\% \times (1 - 40\%) + 12\% \times 70\% = 9.84\%$$

发行新股后的资本成本：

$$发行新股的资本成本 = \frac{1.85 \times 1.08}{50 \times (1 - 15\%)} + 8\% = 12.7\%$$

$$边际资本成本 = 30\% \times 8\% \times (1 - 40\%) + 12.7\% \times 70\% = 10.33\%$$

计算结果表明，如果筹资总额低于 55 000 元，不用发行新股，其资本成本为 9.84%；如果筹资总额高于 55 000 元，就必须发行新股，其资本成本上升到 10.33%。

（二）资本成本在投资中的应用

应用一：在投资决策中，西方人更愿意从投资者角度看资本成本，而且认为资本成本的实质是机会成本，此时的机会成本绝非虚幻的成本，它是实实在在的。如果站在这个角度理解，机会成本代表折现率，企业一定要选择好机会成本，否则折现率的不同将直接影响现值的计算结果。

【例 9 - 3】某公司有 A、B 两个项目，A 项目的预计投资报酬率是 10%，B 项目的预计投资报酬率是 12%。该公司为如期进行投资，与银行达成了贷款协议，借款 200 万元，利率为 8%。要求：

（1）如果该公司最终选择了 B 项目，分析 B 项目的资本成本；

（2）如果该公司有 A、B、C、D 四个备选项目，C、D 项目的预计投资报酬率分别为 16%、18%，若 D 项目被最终确定为投资对象时，分析 D 项目的资本成本。

解：

在第一种情况下，B 项目的资本成本不是贷款利率 8%，应当是被放弃的 A 项目的投资报酬率，即 10%。

在第二种情况下，若选择 D 项目，其资本成本应当是被放弃项目中预计投资报酬率水平最高项目的报酬率，在这里应当是 16%，而不是 10% 或者 12%。

应用二：实务中，由于资本资产定价模型较为科学严密，因此企业常常结合债务资本来估算资本成本。

【例 9 - 4】假设某公司为一上市公司，目前的 β 系数为 2，负债资本成本为 8%，负债与股本的比例为 4:6。公司正在考虑实施一个 β 系数为 2.5 的新投资项目，如果该公司将 70% 的资本用于其他资产，平均 β 系数为 2，30% 的资本用于新项目的投资。市场上的无风险利率为 6%，市场投资组合的收益率为 10%，所得税率为 25%。要求：计算资本成本的变动情况。

解：

首先计算该公司目前的综合资本成本：

$$股权资本成本 = 6\% + 2 \times (10\% - 6\%) = 14\%$$

$$综合资本成本 = 0.4 \times 8\% \times (1 - 25\%) + 0.6 \times 14\% = 10.8\%$$

然后计算新增项目的综合资本成本：

$$加权平均 \beta 系数 = 0.7 \times 2 + 0.3 \times 2.5 = 2.15$$

股权资本成本 = 6% + 2. 15 × (10% − 6%) = 14.6%

综合资本成本 = 0. 4 × 8% × (1 − 25%) + 0.6 × 14.6% = 11.16%

计算结果表明，实施新项目后，企业的资本成本由 10.8% 上升到 11.16%，这种计算的假定条件是，假定新项目的债务成本与筹资结构没有变动。

（三）资本成本在业绩评价中的应用

目前经济增加值在一些企业得到应用，经济增加值常常被作为奖励经理人的依据，也是评价企业业绩高低的一个关键指标。经济增加值不同于会计利润，它是一个经济利润。计算经济增加值不仅扣除了债权的资本成本，而且扣除了股权的资本成本，相关的计算公式如下：

经济增加值 = 息前税后利润 − 使用的全部资本 × 资本成本

上述公式中的资本成本为综合资本成本。计算出的经济增加值如果为正数，说明企业创造了价值，否则降低了企业价值。实务中，依据经济增加值的基本公式，企业可以结合实际灵活应用。

第二节　环境成本管理

随着环境问题的日益严重及其对人类经济可持续发展的威胁，人们期望通过各种途径来处理环境问题，其中重要的是对企业环境活动进行规范。但现行会计制度在这一方面不能发挥应有的作用，由此引发了一种新的会计制度——环境会计的产生。在可持续发展目标的指引之下，环境会计把企业的环境活动和经济活动相结合，使得会计信息的披露更为完整和更具有相关性。由于环境会计特殊的核算对象，它不仅在基本前提方面与现行会计有所不同，并且对各个会计要素尤其是环境成本的确认和计量与现行会计也有所不同。

一、环境成本管理概述

（一）环境成本的产生与发展

尽管世界各国对环境污染问题予以了足够重视，并相继提出了可持续发展战略，但目前看来，治理步伐显然跟不上环境破坏速度，再加上短期经济利益的驱动，环境污染尤其是工业企业的污染问题丝毫没有减弱的迹象，反而有继续恶化的可能。因此，现实呼吁设计一种新的会计制度，以对企业环境活动进行有效规范。因此，环境会计的重要性逐渐在全球范围内获得重视，这也促进了学术界对环境会计制度建立和实施的研究。环境会计的思想渊源可以追溯到福利经济学的创始人 A. C. 庇古（Arthur Cecil Pigou），在其 1920 年出版的《福利经济学》一书中，提出应当根据污染所造成的危害对排污者征税，即庇古税。环境会计的研究始于 20 世纪 70 年代早期，以 1971 年 F. A. 比蒙斯（F. A. Beams）撰写的《控制污染的社会成本转换研究》和 1973 年 J. T. 马林（J. T. Marlin）的文章《污染的会计问题》为代表，揭开了环境会计研究的序幕。

1987 年世界环境与发展委员会发表了《我们共同的未来》（又称《布伦特兰报告》），该报告首次提出"可持续发展"的定义。1992 年 6 月联合国历史上一次空前的"地球首脑会议"——联合国环境与发展大会在巴西的里约热内卢召开，《里约宣言》《21 世纪议程》和《森林问题原则声明》三个框架文件在会上得到一致通过。从 20 世纪 90 年代开始，有大量的文献和报告探讨环境会计问题。如 1992 年联合国提出"环境与经济综合核算体系"；1993 年的《国民经济核算体系》增加了环境核算的附属框架；H. T. 奥德姆（H. T. Odum）1996 年编著了《环境会计》，成为首部环境核算方面的里程碑著作；1998 年 2 月召开的联合国国际会计和报告标准政府间专家工作组（International Standard for Accounting and Report，简称 ISAR）第 15 次会议讨论通过了《环境会计和财务报告的立场公告》，这是第一份环境会计和报告的国际指南。

（二）环境成本的概念和分类

联合国国际会计和报告标准政府间专家工作组第 15 次会议的文件《环境会计和财务报告的立场公告》认为，环境成本是指本着对环境负责的原则，为管理企业活动对环境造成的影响而采取或被要求采取的措施的成本以及企业因执行环境目标和要求所付出的其他成本。环境成本有别于传统会计成本，主要有强制性、突发性、一体性、增长性等特点。

1. 环境成本的定义

环境成本的定义包括以下几方面含义：

（1）环境资源是有价值的。随着环境污染的加剧，人们的环保意识不断增强，认识到了原本认为取之不尽、用之不竭的环境资源，如森林、矿产、水、大气等，均会随着人类的盲目使用和开采而枯竭。要使环境资源不枯竭，就要进行保护和再生，就需要投入，而投入则涉及价值和计价问题，因此，本书将环境资源称为环境资产。

（2）环境资产的使用和损耗，必须由使用的企业支付相应成本和费用，以便公共部门进行全面保护和再生。

（3）环境资产保护和再生不只是政府的责任，在与企业生产经营相关的范围内，也是企业的责任。从短期看，企业对环境资源保护和再生的支出构成了企业环境成本的一部分；从长期看，企业对环境资源的保护和再生支出会改善环境，形成良好的环境资源，这时原来的支出积累形成了企业环境资产，进而可以带来收益。

2. 环境成本的分类方法

目前来看，环境成本分类方法众多，远未达成一致，主要的分类方法有以下几种：

（1）广义与狭义的分类。环境成本按其内涵不同可以分为广义环境成本和狭义环境成本。

（2）加拿大特许会计师协会的分类。加拿大特许会计师协会将环境成本分为环境预防成本、环境维持成本和环境损失成本。

（3）日本环境省的分类。日本环境省将环境成本分为生产领域成本、上游/下游成本、管理活动成本、研发成本、社会活动成本以及环境损害成本。

（4）美国铝制品公司研究的分类。在美国铝制品公司的一项环境成本可研究中，环境成本可依据二重标准进行分类：一是根据与企业现有成本核算系统关系分为显性成本和隐性成本；二是根据是否追溯分为已追溯环境成本和未追溯环境成本。

（5）按照环境成本不同功能分类。根据企业所发生环境成本支出的不同功能，环境成本可分为弥补已发生的环境损失的环境成本、维护环境现状的环境成本、预防将来可能出现的不利环境影响的环境成本。这种分类也可以看作基于环境成本支出动因的分类。

（6）按照环境成本是否由企业承担分类。从单个企业的角度来看，以企业是否承担会计当期所发生的可计量环境成本为标准，环境成本可以划分为内部环境成本和外部环境成本。

（7）按照环境成本驱动因素分类。按照环境成本发生的驱动因素来划分，不外乎有以下两种：一是为达到环境保护法规所强制实施的环境标准所发生的费用；二是在政府实施经济手段保护环境时企业所发生的成本费用。就前者而言，我国的环境标准包括环境质量标准、污染物排放标准、环保基础标准、环保方法标准和环保样品标准。

（8）《环境管理会计国际指南——公开草案》的分类。《环境管理会计国际指南——公开草案》将环境成本分为六大类：其一，产品输出包含的资源成本，指进入有形产品中的能源、材料等成本；其二，非产品输出包含的资源成本，指已经转变成废弃物、排放物的能源、水、原材料的成本；其三，废弃物和排放物控制成本，指废弃物和排放物处理和处置成本、环境损害恢复成本、受害人补偿成本及环保法规所要求支付的控制成本；其四，预防性环境管理成本，指预防性环境管理活动成本，这些活动包括绿色采购、供应链环境管理、清洁生产、生产者社会责任履行等；其五，研发成本，指环境问题相关项目的研究与开发费用，如原材料潜在毒性研究费用、研发有效率能源产品的费用及可提升环保效率的设备改造费用；其六，不确定性成本，指与不确定性环境问题相关的成本，包括因环境污染造成的生产力降低成本、潜在环境负债成本等。

二、环境成本的核算

选择环境成本核算方法是环境成本核算过程中的重要环节。除现有核算方法如制造成本法、作业成本法外，企业还可以采用一些特殊的成本核算方法，如生命周期成本法和完全成本法。这些核算方法的选择并不是互相排斥的，比如作业成本法和生命周期成本法就可以一起使用。

在环境成本核算方法中，生命周期成本法从产品的生命周期角度出发，把产品整个生命周期中的成本都考虑在内，克服了传统成本制度下企业仅考虑产品生产过程中发生环境成本的缺点，补充计算了潜在成本，使得产品成本信息更为准确完整。尽管采用生命周期成本法计算的产品成本的可靠性较弱，但由于这种方法能够及时地提供更为完全的环境成本信息，有利于企业产品的正确定价，并且可以使企业按照既定环境管理战略来有效管理环境成本，所以它是较为理想的环境成本核算方法。同时，在环境成本会计系统设计和运行之初，企业采用作业成本法也比较可行，至少可以使企业管理层对企业整体上的环境管理活动影响的广度和重要性有所认识，并确认那些应该引起环境管理注意的产品和服务以及相应的成本，也可以将环境成本纳入风险管理以及某些产品和服务的定价。

（一）环境成本的确认

环境成本与传统企业成本相比，具有不确定性，但我们仍能根据相关法律或文件进行推定。在目前的会计制度体系中，在责权发生制原则下，环境成本应满足以下两个条件：

1. 导致环境成本的事项确已发生

导致环境成本的事项确已发生是确认环境成本的首要条件。确定环境成本事项的发生，关键是看此项支出是否与环境相关，并且，此项支出能否导致企业或公司的资产减少或者负债增加，最终导致所有者权益减少。在此，我们必须分清环境成本与环境资产。根据划分收益性支出与资本性支出原则，建议凡是受益期在五年以上、能形成有形或无形资产的支出均应计入环境资产，如支出后营造的森林，空气及水的净化。反之，受益期在五年以内、一年以上的环境支出，应列入长期待摊费用—环境支出；受益或在一年以内的环境支出则直接列入当年环境成本。

2. 环境成本的金额能够合理计量或合理估计

环境成本的内容涉及比较广泛，如上所述，《环境管理会计国际指南——公开草案》将环境成本分为六大类：其一，产品输出包含的资源成本；其二，非产品输出包含的资源成本；其三，废弃物和排放物控制成本；其四，预防性环境管理成本；其五，研发成本；其六，不确定性成本。

环境成本的金额能不能合理计量或合理估计是确认环境成本的第二个条件。有些支出的发生能够确认，并且可以量化。比如，对于采矿企业所产生的矿渣及矿坑污染，每年需支付相应的回填、覆土、绿化的支出，这就很容易确认和计量。但有些与环境相关的成本一时不能确切地予以计量，对此我们可以采用定性或定量的方法，予以合理地估计。例如水污染、空气污染的治理成本和费用，在治理完成之前无法准确计量，只能根据小范围治理或其他企业治理的成本费用进行合理估计。

同样道理，我们应当遵循责权发生制的原则，分清当期成本与非当期成本，合理确定当期成本。我们还要区分环境成本与环境负债（尤其是或有环境负债）。例如过度开采地下水可能导致水位下降，进而使使用水的成本上升、周围地面及道路开裂、房屋受损，这就属于或有环境负债，不能计入环境成本；由于以前的污染治理而需支付的金额属于环境负债，不应直接计入环境成本。

（二）环境成本的会计处理及环境成本报告

1. 环境成本的会计处理

为了强化环境意识，企业应单独设立环境成本会计科目，并按上述环境成本的内容设置六个明细账。该科目属损益类会计科目，其借方登记当期发生的环境成本支出以及分配计入本期的环境成本。平时借方余额反映企业本期实际的环境成本，期末，该科目借方数全部从其贷方转入本年利润会计科目，结转后无余额。

2. 环境成本报告

环境成本应在相应的财务会计、统计核算和环境业绩报告中加以披露。以下列出公司环境成本表的样本以供参考（见表9-1）。

表9-1　××公司环境成本表

环境领域 环境相关成本种类	空气气候	废水	废弃物	土　壤 地表水	其他	总和
产品的原材料采购成本						
非营利组织的原材料采购成本						
原材料						
包装物						
辅助材料						
经营性材料						
能源						
水						
非营利组织的原材料处理成本						
小计						
废弃物、排放物控制成本						
设备折旧						
经营性材料和服务						
内部员工						
佣金、税收和罚款						
小计						
预防性环境管理成本						
环境管理的外部服务						
环境保护的内部员工						

环境领域 环境相关成本种类	空气气候	废水	废弃物	土 壤 地表水	其他	总和
小计						
研发成本						
不确定性成本						
环境相关的成本总额						
环境相关的收益总额						
环境相关的成本与收益总额						

注：公司与环境相关的成本与收益总额数据以百分比表示。

第三节 技术成本管理

一、产品设计成本管理

（一）产品设计成本管理的内容和分类

产品设计是否科学、合理，在很大程度上决定了产品的生产技术、质量水平和成本消耗，也关系着产品的生产和使用的技术经济效果。产品设计成本管理就是根据技术、工艺、装备、质量、性能、功用等方面的各种不同设计方案，核算和预测新产品在正式投产后可能达到的不同成本水平。它是对新产品开发和老产品改造进行可行性分析的重要组成部分，目的在于论证产品设计的经济性、有效性和可行性。

产品设计成本的内容包括材料（原材料、辅料、外协件、配套件）、人工费用（工资及外加工劳务费）、专项费用、燃料动力费用、固定费用（管理费用、制造费用等）和销售费用等。

产品设计成本按设计范围和内容划分可分为总体设计成本、部件设计成本和零件设计成本，其中，总体设计成本又可细分为成套项目总体设计成本和单台产品设计成本；按与产品产量关系划分可分为固定成本与变动成本；按产品生命周期划分可分为制造成本与使用成本；按工作阶段和性质划分可分为设计成本和工艺成本；等等。

（二）产品设计成本的估算方法

产品设计是指从确定产品设计任务书起到确定产品结构为止的一系列技术工作的准备和管理，是产品开发的重要环节，是产品生产过程的开始。首先，产品设计成本管理的关键是对各种产品设计成本的方案进行经济分析，以便从中选出最优的设计方案。其次是对产品设计成本进行估算，在确定方案可行性的基础上，由企业会计人员和工程技术人员一起考察分析相关产品的工艺特点、原材料耗费、消费者需求等，运用价值工程等方法优化设计方案，以达到控制设计成本的目的。在实际工作中，主要内容是计量、确定各个方案的预期成本效益，比较分析其优劣，以寻找最优方案。首先是进行项目投资决策，估计投资项目的预期现金量。评价时使用的指标一般是考虑货币时间价值因素的指标即贴现指标，如净现值、内含报酬率等，或者是不考虑货币时间价值的指标，如回收期、收益率等。其次是对产品的设计成本进行估算，通常可采用以下方法：

1. 比例法

比例法是将产品的成本大体上分成材料成本、人工费用、制造费用三部分，分别确定各项成本占总成本的比重，然后测算产品的设计成本。比例法一般适用于有同类产品设计成本资料的产品设计成本的估算。

采用比例法估算产品设计成本的一般公式是

$$某种产品设计成本 = \frac{该产品估计材料费用（或人工成本）}{同类产品成本中材料费用（或人工成本）所占比重}$$

2. 估算法

估算法是根据新产品设计方案所发生的成本，直接概算该种产品的成本。估算法主要适用于对没有或缺乏同类产品资料的全新产品进行设计时的估算，其具体计算公式为

$$\frac{某种产品}{设计成本} = \frac{该\ 产\ 品}{材料成本} + \frac{该\ 产\ 品}{人工成本} + \frac{该\ 产\ 品}{制造费用}$$

产品设计工作必须严格遵循"三段设计"程序，其具体内容如下：

（1）技术任务书。技术任务书是在产品初步设计阶段，由设计部门向上级对计划任务书提出体现产品合理设计方案的改进性和推荐性意见的文件。经上级批准后，技术任务书成为产品技术设计的依据。其目的在于正确地确定产品最佳总体设计方案、主要技术性能参数、工作原理、系统和主体结构。技术任务书由设计员负责编写。对其编号内容和程序有如下规定：

① 设计依据（根据具体情况可以包括一个或数个内容）。主要内容有：第一，部、省安排的重点任务，即说明安排的内容及文件号；第二，国内外技术情报，即在产品的性能和实用性方面赶超国内外先进水平或在产品品种方面填补国内"空白"；第三，市场经济情报，即在产品的形态、样式（新颖性）等方面满足用户要求，适应市场需要，具有竞争能力；第四，企业产品开发长远规划和年度技术组织措施计划，包括详述规划的有关内容，并说明现在进行设计在时机上的必要性。

② 产品用途及使用范围。

③ 对计划任务书提出有关修改和改进意见。

④ 基本参数及主要技术性能指标。

⑤ 总体布局及主要部件结构叙述。用简略画法勾出产品基本外形、轮廓尺寸及主要部件的布局位置，并叙述主要部件的结构。

⑥ 产品工作原理及系统。用简略画法勾出产品的原理图、系统图，并加以说明。

⑦ 国内外同类产品的水平分析比较。列出国内外同类型产品主要技术性能、规格、结构、特征一览表，并作详细的比较说明。

⑧ 标准化综合要求。应符合产品系列标准和其他现行技术标准情况，列出应贯彻标准的目标与范围，提出贯彻标准的技术组织措施；新产品预期达到的标准化系数；列出推荐采用的标准件、通用件清单，提出一定范围内的标准件、通用件系数指标；对材料和元器件的标准化要求：列出推荐选用标准材料及外购元器件清单，提出一定范围内的材料标准化系数和外购件系数标准；与国内外同类产品标准化水平对比，提出新产品标准化要求；预测标准化经济效果，包括分析采用标准件、通用件、外购件及贯彻材料标准和选用标准材料后预测的经济效果。

⑨ 关键技术解决办法及关键元器件，特殊材料资源分析。

⑩ 对新产品设计方案进行分析比较。运用价值工程，着重研究确定产品的合理性能（包括消除剩余功能），通过不同结构原理和系统的比较分析，从中选出最佳方案。

⑪ 组织有关方面对新产品设计的方案进行评价。商定设计或改进的方案是否能满足用户的要求和社会发展的需要。

⑫ 叙述产品既满足用户需要又适应本企业发展要求的情况。

⑬ 新产品设计试验，试用周期和经费估算。

（2）技术设计。技术设计的目的，是在已批准的技术任务书的基础上，完成产品的主要计算和主要零部件的设计。

① 完成设计过程中必需的试验研究（新原理结构、材料元件工艺的功能或模具试验），并写出试验研究大纲和试验研究报告。

② 作出产品设计计算书（如对运动、刚度、强度、振动、热变形、电路、液气路、能量转换、能源效率等方面的计算、核算）。

③ 画出产品总体尺寸图、产品主要零部件图，并校准。

④ 运用价值工程，对产品中造价高的、结构复杂的、体态笨重的、数量多的主要零部件的结构、材质精度等选择方案进行成本与功能关系的分析，并编制技术经济分析报告。

⑤ 绘出各种系统原理图（如传动、电气、液气路、连锁保护等系统）。

⑥ 提出特殊元件、外购件、材料清单。

⑦ 对技术任务书的某些内容进行审查和修正。

⑧ 对产品进行可靠性、可维修性分析。

（3）工作图设计。设计工作图的目的，是在技术设计的基础上完成供试制（生产）及随机出厂用的全部工作图样和设计文件。设计者必须严格遵守有关标准规程和指导性文件的规定，设计绘制各项产品工作图。

① 绘制产品零件图、部件装配图和总装配图。具体内容有：第一，零件图：图样格式、视图、投影、比例、尺寸、公差、形位公差、表面粗糙度、表面处理、热处理要求及技术条

件等应符合标准；第二，部件装配图：除保证图样规格外，包括装配、焊接、加工、检验的必要数据和技术要求；第三，总装配图：给出反映产品结构概况，组成部分的总图，总装加工和检验的技术要求，给出总体尺寸。

② 产品零件、标准件明细表，外购件、外协件目录。

③ 产品技术条件包括：技术要求、试验方法、检验规则、包装标志与储运等。

④ 编制试制鉴定大纲、试制鉴定大纲是样品及小批试制的必备技术文件。要求大纲具备以下条件：第一，能考核和考验样品（或小批产品）技术性能的可靠性、安全性，规定各种测试性能的标准方法及产品试验的要求和方法；第二，能考核样品在规定的极限情况下使用的可行性和可靠性；第三，能提供分析产品核心功能指标的基本数据；第四，必须提出工艺、工装、设备、检测手段等与生产要求、质量保证、成本、安全、环保等相适应的要求。

⑤ 编写文件目录和图样目录。具体内容有：第一，文件目录包括：图样目录、明细表、通（借）用件、外购件、标准件汇总表、技术条件、使用说明书、合格证、装箱单、其他；第二，图样目录包括：总装配图、原理图和系统图、部件装配图、零件图、包装物图及包装图、安装图（只用于成套设备）。

⑥ 包装设计图样及文件（含内、外包装及美术装潢和贴布纸等）。

⑦ 随机出厂图样及文件。

⑧ 产品广告宣传图样及文件。

⑨ 标准化审查报告。

标准化审查报告是指产品工作图设计全部完成，工作图样和设计文件经标准化审查后，由标准化部门编写的文件，用于对新设计的产品在标准化、系列化、通用化方面作出总的评价，是产品鉴定的重要文件。标准化审查报告分样品试制标准化审查报告和小批试制标准化审查报告。

（三）产品设计成本的管理

产品设计成本是指企业在进行产品设计时，根据设计方案中规定使用的材料、经过生产工艺过程等计算出来的产品成本。它是一种事前成本，并不是实际成本，也可以说是一种预计成本。美国国防部首例"产品设计成本"是降低成本的成功范例。由于美国军工企业较多，国防部在军火采购上有较大的选择权；同时，国防部由于经费有限，又必须精打细算，不断降低军火采购成本。因此，这些企业采用了"产品设计成本"的管理方法，对产品开发、设计、制造、使用各个阶段发生的成本设定目标值，进行先期成本控制，即在限定的成本条件下进行设计，将降低成本的工作渗透到产品的设计阶段，以此控制军品采购成本，节约国防开支。而在日本，降低成本的模式更进了一步。日本丰田等汽车公司探索出的"成本企划"模式更加系统且更具有成效，成本企划将成本管理视野全面转移到了产品开发、设计阶段，针对目标成本，将价值工程分析方法与成本估算方法结合为一体运用，使降低成本更具有实效性。美国的产品设计成本与日本的成本企划，应当认为是一种较高层次的降低成本方法，它一般应与工艺、工序在源流阶段的革新结合在一起加以实施。

企业在投产新产品前，都要由企业的设计部门进行产品设计。在进行产品设计时，设计部门应设计出产品使用的材料、经过的生产工艺、质量标准等条件。为了对新产品能否投产进行决策，设计部门还应测算该新产品的成本水平。若该产品的成本水平在可接受的范围之内，则可以投产；若不在可接收的范围之内，则应对产品的设计方案进行修改，如减少材料的消耗量、降低使用材料的档次等，经过测算后，使之达到可接受的范围。

目前企业计算产品成本的重点一般是生产过程中发生的实际成本支出，但应当看到，在实际工作中 80% 以上的成本在产品设计时就已经确定了。要降低成本，当期成本的执行情况和现在的成本水平信息都应及时反馈给设计和计划部门，以此来改善产品的设计工作和整个生产操作过程。如果产品设计本身不合理，没有充分利用企业已有的资源，存在一些过剩的功能，就会造成先天的成本缺陷。产品成本水平绝大部分在产品设计阶段就已经确定了，待产品投入生产后再采取措施降低成本，难度就比较大了。因此，产品设计成本强调管理的重心从产品的生产阶段转移到产品的开发设计阶段。

产品设计成本管理要求技术部门的人员增强成本意识，建立成本、质量首先是设计出来的现代成本管理意识。企业要在激烈的市场竞争中取胜，就应加快产品开发设计的速度，加大投入，用新产品、新工艺打开市场，增强企业的竞争能力。产品开发部应对技术开发费用进行核算，在财务部开设专门的账户，不仅要进行总分类核算，还要进行明细核算，即对每一个项目都要进行核算，并且要将其支出与相关效益进行对比。这一方面可以促使产品设计人员增强成本意识，在产品设计时考虑到成本问题；另一方面可以促使产品设计成本降低。在进行成本设计阶段采取的方法主要有源流管理和成本注入。源流管理是指在产品设计乃至开发策划阶段就开始降低成本的活动。源流管理其实只是一种产品观念，引发设计人员对这部分成本的思考。要将观念转化为现实，企业可能不得不增加材料和技术等方面的投入，这部分要上升的成本能否少上升或不上升，或者上升额能否在其他方面改变较少或不改变的领域内得以消化吸收，是源流管理的核心。源流管理的特点在于预防，它使大幅度降低成本成为可能。成本注入是指将成本作为一种特殊部件，其关键在于能否将这种部件的一部分乃至全部删除，删除部分又能否装配到其他更重要的功能上去，即在将原材料、部件等汇集在一起装配产品的同时，也将成本一并装配进去。

成本设计也应采用目标成本法，从设定目标成本到在设计图纸上实现降低成本的活动是成本设计的中心阶段。企业在开发一种新产品时，应首先预测市场可接受的价格，然后确定目标利润，最后倒算出设计成本，并以此作为控制设计成本的依据。采用目标成本进行成本设计时所包括的步骤包括目标成本的设定、目标成本的分解、目标成本的达成等。这是一个循环过程，每一次循环都是对成本的一次挤压。成本设计阶段目标成本设定的主要工具有价值工程、拆卸分析等。

产品设计方案完成后，企业应根据产品的设计图纸和财务部门提供的资料，测算产品设计成本，并同目标成本进行比较。设计成本小于目标成本时，才能批准设计方案的执行，以避免先天性的损失和浪费。在此基础上，企业还必须从技术上、经济上、社会效益上综合分析和评估不同的设计方案，进行设计方案的优选。必要时，企业应进行成本功能分析，以便在投产前有效地控制产品成本，保证从根本上提高成本效益。

建立试验室对新产品进行检验也很重要。企业每投产一项新产品，都应对该新产品进行功能等方面的检验，这一方面可以保证新产品的质量，另一方面可对不同设计方案进行比较，使选择成本最低方案的计划变为可能。设计产品一般需要经过如下四个环节，即设计方案、初步设计、深化设计、加工图设计等。经过这几个步骤之后，产品的设计方案逐步成熟，不但产品的性能等会有较大的改善，而且产品的成本水平也会有较大的降低。在产品设计的不同阶段，企业都应对成本问题进行专题研究。每个阶段都有不同的降低成本的措施，如果这些措施采取得当，相关工作就会取得较好的效果。

1. 产品设计方案阶段

在提出设计方案时，企业的成本管理部门应根据企业总体的成本控制目标、产品的市场销售价格、企业的现有生产能力和生产条件等，向产品的设计部门提出具体的成本控制目标，即要求设计部门将产品的设计成本控制在一定的水平上。

在进行产品设计时，成本管理部门应深入设计部门，对设计人员进行成本管理方面知识的宣传，改变产品设计人员只管设计而忽视成本的现象。如果产品设计人员都来关心成本问题，则他们在设计产品时就会自觉考虑成本问题，从而在开始设计产品时就考虑降低成本的问题，这对日后成本水平的高低有重要的影响。

2. 产品初步设计阶段

企业的产品设计部门应根据成本管理部门提出的成本控制目标进行产品设计。在产品设计时，成本管理部门应积极地予以配合，向设计部门提供新产品所需材料的价格、产品所经过工序每小时的工资及制造费用等资料，以便于产品设计部门在进行产品设计时作为参考，这样在设计时就能大概测算出该产品的设计成本。产品的初步设计是形成产品成本的重要一环，如果初步设计成本较高，在后期采取相应的措施将其降下来是非常困难的。

在进行产品初步设计时，企业应运用价值工程的原理。价值工程的基本思想是进行功能—成本分析。这里所说的价值是指对于特定功能所要求的成本支出是否合适的评判，也称为价值比率。功能是使人们的欲望、效果或效用得以满足的属性，其具体表现是理想成本、目标成本或消费者对产品的评价值等。实施价值工程的过程，就是设法使价值比率提高的过程，或者说是使低价值比率向高价值比率改善的过程。企业采用价值工程进行产品设计时，应根据零部件的重要程度，采用不同的方法：对于重要的零部件、功能大的零部件，应尽量使用较好的材料，以满足其功能要求；而对于次要的零部件，则可使用一般的材料，以避免其功能过剩。在实际运用时，企业可采取零部件功能评价表的方式，对各种零部件在产品中的重要程度进行分析，并将分析的结果运用于不同的设计方案。

3. 产品深化设计阶段

在初步设计方案确定之后，产品设计部门应将之交给有关部门进行论证，其中还应包括成本管理部门所进行的产品成本测算。企业的成本管理部门应对产品设计部门提供的设计方案进行审查，并根据设计方案计算产品的设计成本。在计算产品的设计成本时，企业的成本管理部门应根据设计方案所规定的材料、工时等资料，计算产品投产后可能发生的成本数。对于计算出来的预计成本，应与企业的计划成本进行对比，看其是否超过计划成本规定的指标。如果符合成本计划的要求，则从成本的角度看，该设计方案是可行的；若超过了成本计划指标，则从成本的角度看，该设计方案需要进行修改。因此，成本管理部门应根据成本管理的要求，对该项设计方案提出意见。

对于不符合成本计划要求的方案或虽然符合成本设计的要求但仍需要改进的设计方案，成本管理部门应根据自己所掌握的情况对设计方案提出改进的意见，如材料使用是否合理，能否使用代用材料替换价格较高的材料，生产工艺过程能否改进，所经过的所有工序是否都是必需的，其中是否有能够改进的环节，等等。由于产品设计部门的人员较少考虑成本问题，所以，成本管理部门应与设计部门沟通，强调成本指标在产品设计工作中的重要性，让产品设计人员了解成本指标对新产品能否投产具有重要的影响。如果新产品的成本指标不能满足要求，则该项产品不能投产。这就会提高产品设计人员降低产品设计成本的积极性。

4. 加工图设计阶段

经过上述三个程序后，产品设计进入了加工图设计阶段，即设计产品生产所经过各道工序的加工方法等。此道工序的关键是产品的加工工时及生产工序设计是否合理。这些项目对成本水平的高低也有重要的影响，如产品的加工工序比较合理，则所花费的各工序的结转费用就少，否则就会增加这方面的费用支出。

制造技术部门负责制定制造工艺。制造技术部门在确定工艺方案后，应开展工艺成本的预测，并进行工艺成本定量分析。同一产品设计往往可以采用几种不同的工艺方案，若想得知究竟哪种方案能同时满足技术和经济性的要求，制造技术部门就要在成本预测和技术评价的基础上，从经济上对各种工艺方案进行比较，从中选择经济合理的方案。制造技术部门应重视工艺成本控制，不仅要重视工艺方案所规定的设备、工艺装备、加工方法和工艺规划能保证产品质量、工作效率达到最高水平，而且要关注工艺成本下降到最低水平，以便对工艺方案作出正确的决策，达到事先控制工艺成本的目的。企业应对技术部门的人员定期进行成本管理相关知识的培训，特别是与技术部门相关的业务培训，使他们明确技术部门在成本管理工作中的作用。产品设计成本的管理是成本管理工作中的一个重要课题，特别是新投产重要产品时，企业应注意进行产品设计成本的管理。一系列的产品设计成本的管理活动可使成本在产品投产前就保持在一个较低的水平上，为日后的成本管理打下良好的基础。

（四）产品设计周期成本

1. 产品设计周期成本的内容

产品设计过程包含四个阶段：概念开发与产品规划阶段、详细设计阶段、小规模生产阶段、增量生产阶段。

（1）概念开发与产品规划阶段。概念开发与产品规划阶段的工作是将有关市场机会、竞争力、技术可行性、生产需求的信息综合起来，确定新产品的框架。这包括新产品的概念设计、目标市场、期望性能的水平、投资需求与财务影响等。在决定是否开发某一新产品之前，企业还可以用小规模实验对概念、观点进行验证，实验可包括样品制作和征求潜在顾客意见等。

（2）详细设计阶段。方案一旦通过，新产品项目便转入详细设计阶段。该阶段的基本活动是产品原型的设计与构造以及商业生产中使用的工具与设备的开发。详细产品工程的核心是"设计—建立—测试"循环。所需的产品与过程都要在概念上定义，而且体现于产品原型中（可在计算机中或以物质实体形式存在），接着应进行产品的模拟使用测试。如果产品原型不能体现期望性能特征，设计人员则应寻求设计改进以弥补这一差异，重复进行"设计—建立—测试"循环。详细产品工程阶段结束以产品的最终设计达到规定的技术要求并签字认可作为标志。

（3）小规模生产阶段。在小规模生产阶段，单个零件已装配在一起，并作为一个系统在工厂内接受测试。在小规模生产阶段，企业应生产一定数量的产品，也应当测试新的或改进的生产过程是否具备商业生产的能力。正是在产品开发的这一阶段，整个系统（设计、详细设计、工具与设备、零部件、装配顺序、生产监理、操作工、技术员）组合在了一起。

（4）增量生产阶段。产品设计的最后一个阶段是增量生产。在增量生产阶段，一开始，企业先在一个相对较低的数量水平上进行生产；当企业对自己（和供应商）的连续生产能力及市场销售产品能力的信心增强时，产量开始增加。

以下是一个典型的产品设计过程图示（见图9-2）。

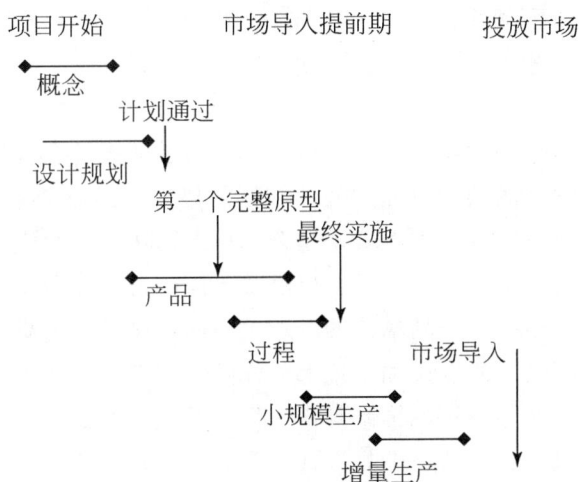

图9-2 产品设计过程图示

2. 产品设计周期成本的意义

目前产品成熟速度越来越快，为了保持在市场上的竞争优势，企业必须加快新产品的开发设计速度，缩短新产品的开发设计周期时间。但实际资料表明，许多企业的设计开发周期往往很长，一般要占到总生产周期的60%，因而成为企业生产经营的"瓶颈"。所以对产品设计周期成本进行研究势在必行。

3. 产品设计周期成本的确定

产品设计过程包含四个阶段，即概念开发与产品规划阶段、详细设计阶段、小规模生产阶段、增量生产阶段。相应的产品设计周期成本也由这四个阶段所发生的成本构成，其中，既包括实际发生的可以核算的成本，如新产品的生产成本，也包括发生但是无法精确计量的成本，如机会成本、因开发失败而损失的时间成本等。因而，产品设计周期成本的确定，既有会计核算也有统计估算，企业应根据自身实际情况，结合历史资料有所取舍，估算出设计周期成本。

4. 产品设计周期成本的控制

如何大力缩短设计开发周期已成为制造企业的一项重要课题。目前已有不少方法可用来缩短新产品的开发设计时间，下面介绍两种主要方法：

（1）提高产品"三化"程度，扩大产品结构继承性。

产品"三化"是指产品系列化、零部件的通用化和标准化。产品系列化是指对使用条件相通、设计依据相同和结构与功能相同的产品将其基本尺寸和参数按一定的规律编排，建立产品系列型谱，以减少产品品种、简化设计。零部件通用化是指在产品系列化的基础上，在不同型号的产品之间扩大通用的零部件。这既可大大减少零部件的品种数，从而减少大量的产品设计工作，又可相应地减少工艺准备，如编制工艺规程、设计制造专用工具等的工作量，因而能极大地缩短生产技术准备周期。零部件品种数的减少还能使制造批量扩大，这又有助于提高生产熟练程度、提高生产效率和保证质量。零部件标准化则是指按国家标准生产零部件，或进一步扩大通用零部件的应用范围，将它们转为工厂标准，从而更多地减少设计和加工制造的工作量，缩短生产技术准备周期。

（2）产品结构模块化设计。

产品结构模块化是另一种简化设计、减少零部件总数的设计合理化措施。它将产品部件按功能特征分解成相对独立的功能单元，并使它们的接口（结合要素形状、尺寸）标准化，使它们成为可以互换、按不同用途加以选用组合的标准模块。这些模块的不同结合，或模块与其他部件的组合，能构成各种变形产品，以满足不同的订货需要。

上述两种措施都是通过扩大产品结构的继承性来简化设计，提高设计工作效率，缩短设计周期；同时，大量利用已有的设计和工艺都已成熟的零部件，能提高产品设计的质量。这些都将给产品的设计、制造、使用和维修等带来显著的经济效益。

除了上述两种方法以外，缩短新产品设计开发时间的技术和方法还包括计算机辅助设计和并行工程等。计算机辅助设计将新产品设计开发过程中的大量烦琐的重复性劳动，如插表、计算、绘图、制表等，交给计算机来处理，从而大大地提高了设计开发工作的效率，缩短了新产品设计开发周期。并行工程则在开发设计新产品时同步地设计产品生命周期的有关过程，力求使产品开发人员在设计阶段就考虑到整个生命周期的所有因素，包括设计、分析、制造、装配、检验、维护、可靠性和成本等。

（五）产品生命周期成本

产品生命周期是从产品的生产者和消费者的角度观察产品而提出的，是一种多视角、全方位的产品生命周期。某种产品从产生到淘汰的整个循环过程，是从创意策划开始，依次经过研制设计、开发生产、消费者购入使用、维修保养、废弃处置的一种循环过程。这样，产品生命周期成本就包含了生产者成本和消费者成本两部分。前者主要包括创意策划、研究设计、生产制造、宣传推销等过程中发生的有关成本，后者主要包括最终消费者购入产品后在使用、维修保养、废弃处理等过程中发生的有关成本。

1. 产品生命周期成本的意义

从生命周期的角度看，研究产品生命周期成本可以带来下面的好处：

第一，尽管每个阶段的收益都达到了最大化或成本都达到了最小化，整个生命周期的利润仍可能达不到最大化。例如，产品标准化设计降低了成本，但牺牲了灵活性。提高价格增加了收益，但也增加了竞争对手。这些都会使整个产品周期的收益下降。

第二，以一种长远的眼光进行决策，能达到较好的长远效果。例如，若考虑生命周期，则多花点精力在设计和开发阶段，将会带来长期的收益。

第三，传统的成本管理支持的是附加价值的概念，换句话说，传统的成本管理系统衡量的仅仅是生产成本或附加价值，而考虑生命周期则支持价值链的概念。

第四，意识到客户的消费成本很重要。营运和支持成本与产品的采购成本之比是客户考虑的一个重要因素，设计产品也要考虑它的低消费成本。

第五，帮助提供好的投资决策信息，这些与长期决策和价值链有关。

2. 产品生命周期成本的内容

经营管理实务中通常所说的生命周期是站在产品的市场角度来说的，即指该产品从进入市场到退出市场的循环过程。然而，就每件产品从形成到消亡的历程而言，它所经历的则是从产品策划、开发设计、生产制造到消费者使用、维修保养、废弃处置的一种循环过程。从这一点上来说，生命周期概念涵盖了生产者的视角和消费者（或者说顾客）的视角。另外，从社会视角来看，如果把整个社会作为一个广义的消费者，环境保护等也对产品成本提出了要求，如废弃处置成本等。

鉴于整个产品成本的生命周期可以区分为与生产者相关和与消费者使用相关两个主要阶段，因此，产品全生命周期成本的构成也可以相应地区分为两个主要部分，我们不妨称为生产成本与消费成本。其中，生产成本包括开发设计成本、制造成本、物流成本和营销成本等；而消费成本则包括顾客的使用成本、维护保养成本和废弃处置成本等。

二、工艺设计成本管理

产品的生产过程一般都可以按工艺性质的不同划分为不同的生产阶段，这些各具特定工艺性质的生产阶段就是工艺阶段。不同的工艺阶段不仅需要不同的物质技术条件，其生产管理的特点也有较大差异。划分工艺阶段的主要目的，是针对其工艺阶段的特点进行相应的生产管理工作。

同一工艺阶段的各项作业活动，因为使用的机器设备、工艺方法和工作场地不同，又可以进一步划分为若干不同的工种和许多不同的工序。所谓工序，就是在一个工作地（或一台设备）上，由一个工人（或一组工人）对一定的劳动对象连续进行加工（或装配）的作业。它是生产过程最基本的组成单位。每个产品都必须顺次经过各道工序才能完成其全部生产过程。工序不但是制定工艺规程的单位，也是计算劳动量、制定劳动定额、配备工人、核算生产能力、确定生产组织形式、安排生产作业计划、进行质量检验的基本单位。

工序按其作用可分为工艺工序、检验工序和运输工序。工艺工序是使劳动对象发生物理或化学变化的工序；检验工序是对原材料、半成品和成品的质量进行检验的工序；运输工序是在工艺工序之间、工艺工序与检验工序之间运送劳动对象的工序。

工序的划分取决于对产品（零件）的技术要求、所采用的工艺方法和设备以及劳动分工的情况。一般而言，产品（零件）的技术要求越高，加工工序特别是精加工工序的数目越多，采用的工艺方法和设备越是低效率和通用的。工序划分越粗糙，工序数目越少。工序划分的粗细问题也就是工序的集中与分散问题。

工序的集中与分散各自的优点、缺点及使用条件见表9-2。

表9-2 工序的集中与分散各自的优点、缺点及使用条件

比较项目	工序分散	工序集中
优点	1. 可以使用结构简单的机床和工具，调整方便 2. 对工人的技术水平要求较低，易于提高操作熟练程度 3. 便于组织各工序平行加工	1. 减少工件装卸次数，节约辅助时间，提高生产效率 2. 可以采用多工位、多刀切削工艺和高效专用机床、组合机床、数控机床 3. 便于计划管理
缺点	1. 多次装卸工件，增加辅助时间 2. 基本时间不能重合，辅助时间增加，使生产效率降低 3. 工序数目大大增加，使生产管理工作复杂化	1. 机床结构复杂，工艺装备增加，调整工作复杂，设备投资大 2. 对工人的技术水平要求高，不易提高操作熟练程度 3. 不便组织平行加工
适用范围	生产规模大时，组织多工序的流水生产线，采用组织结构简单的专用机床和工艺装备	1. 生产规模大时，采用高效专用机床、多工位自动机床、机床自动线 2. 生产规模小时，采用六角车床、程序数控机床等

三、利用价值工程进行成本设计管理

（一）价值工程的基本内容

价值工程是指通过集体智慧和有组织的活动对产品或服务进行功能分析，使目标以最低的总成本可靠地实现产品或服务的必要功能，从而提高产品或服务的价值。价值工程的主要思想是通过对选定研究对象的功能及费用进行分析，提高对象的价值。这里的价值，指的是费用支出与获得之间的比例，用数学比例式表达如下：

价值 = 功能成本

提高价值的基本途径有五种，即提高功能，降低成本，大幅度提高价值；功能不变，降低成本，提高价值；功能有所提高，成本不变，提高价值；功能略有下降，成本大幅度降低，提高价值；适当提高成本，大幅度提高功能，从而提高价值。

（二）价值工程的特点

价值工程的特点主要表现在如下几方面：

（1）价值工程以提高对象价值为目的，以最低的寿命周期成本实现产品的必要功能。

企业正在生产或正在研制的产品，其功能、成本由于科技日新月异的进步、消费者需求的不断变化而与理想状态有一定现实差距。如何对产品的功能与成本进行较理想的选择，始终是企业面临的重要课题。离开价值工程，单方面解决成本问题或单方面解决质量问题都不能全面满足企业和顾客的需要。

（2）价值工程以功能分析为核心。

价值工程以功能为中心考虑问题，从消费者的功能要求出发，定性与定量方法相结合，分析产品（或作业）的功能，确定必要的功能，剔除不必要的功能。企业应将功能与成本分析相结合，寻求二者的最佳结合点。以功能分析为核心，不受现有产品的约束，因而企业可以作出根本性的变革，促进新技术、新工艺、新产品的出现与应用。

（3）价值工程是一项融合集体智慧的、有组织的活动。

价值工程涉及产品开发、设计、制造、供应、使用、维修以及企业经营的各方面，需要综合运用技术与经济等多种学科知识，所以仅靠个人决策是不够的，只有依靠有组织的活动、集体的智慧，才能获得最佳方案和良好的运行实施。

（4）在活动领域上，价值工程侧重于产品的研制设计阶段。

价值工程应用的重点放在产品的研制设计阶段。因为产品70%的功能和成本主要取决于这个阶段。一旦设计图纸付诸实践，在生产阶段改变工艺和设备、调整劳动组织等所需的成本就会成倍增长，技术经济效果必然受到严重影响，所以设计上的浪费是最大的浪费。

（三） 利用价值工程进行产品设计管理

价值工程的每一项程序都必须采用一定的技术方法，这些具体技术方法主要有对象选择法、功能评价法、方案创造法、方案评价的选优法。

1. 对象选择法

对象选择法主要有：

（1） ABC 分析法。ABC 分析法亦称成本比重分析法或巴雷特分析法，它是价值工程对象选择的常用方法之一。此种方法亦可用于对库存零件的分类控制。

巴雷特（Pareto）是意大利经济学家，他在研究资本主义国民财富的分配状况时发现了这样一个规律：占人口比例不大的少数人占据社会的大部分财富，而占人口比例很大的多数人却只占有社会财富的小部分。后来，人们把这种不均匀分布规律用于成本分析、库存管理分析等许多经济管理问题。例如通过成本分析可以发现，占零件数 10% 左右的零件，其成本往往占整个产品成本的 60% ~70%，把这类零件划为 A 类；占零件数 20% 左右的零件，其成本也占总成本的 20% 左右，把这类零件划为 B 类；占零件数 70% 左右的零件，其成本占总成本的 10% ~20%，把这类零件划为 C 类。人们利用这种分类方法，可以实现对零件的分类控制。

在利用 ABC 分析法进行对象选择时，首先将零件按其成本大小进行排队，优先选择成本大的少数零件作为价值分析的对象（见图 9 - 3）。ABC 分类法的优点是能抓住重点，把数量少而成本大的零部件作为价值分析对象，有利于集中精力，突破重点，取得较大成果。

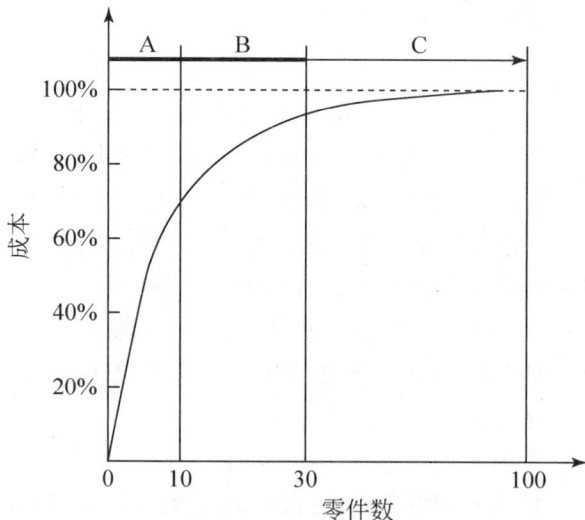

图 9 - 3　ABC 分析法选择对象图例

（2） 百分比法。百分比法是一种按某项费用或某种资源在不同产品和作业中或某一产品或作业的不同组成部分中所占的比重大小来选择对象的方法。例如，某厂生产用的动力消耗大大超过同类企业的一般水平，为了进行价值工程活动，该厂首先分析各产品动力消耗的比重，见表9-3。

表9-3　动力消耗比重

产　品	A	B	C	D	E	F	G	合计
动力消耗比重	34%	29%	17%	10%	5%	3%	2%	100%

其次，比较各产品的产值比重，发现A、C两种产品的动力消耗比重超过产值比重，就确定A、C两产品为价值工程活动对象，设法降低其动力消耗和成本。

（3）产品寿命周期法。产品从试制到被淘汰的整个过程称为产品的寿命周期，一般包括四个阶段，即投产期、发展期、成熟期和衰退期。

处在投产期的新产品是价值工程的对象。企业在设计新产品的过程中，应大力开展价值工程活动，使产品有较大的价值，使它一投入市场就能扩大市场，取得较多的利润。处于成熟期的产品，如企业决定再增加较少投资，提高它的功能或降低成本和售价，或者产品销售额已下降，但还有可能对购买力低的用户打开销路，也应被选为价值工程的对象。

2. 功能评价法

功能评价法的特点是以功能的必要（最低）费用来计量功能。其步骤如下：

第一，确定一个产品（或部件）的全部零件的现实成本。

第二，将零件成本核算成功能成本。在一般情况下常常有下列情况，即实现一个功能要由几个零件来完成，或者一个零件有几个功能。因此，零件的成本不等于功能的成本，为此，要把零件成本换算成功能成本。换算的方法是，如果一个零件有一个功能，则零件的成本就是功能的成本；一个零件有两个或两个以上功能，就把零件成本按功能的重要程度分摊给各个功能；上位功能的成本是下位功能的成本之合计。

第三，确定功能的必要成本（最低成本，也称目标成本）。确定的方法是从实现每个功能的初步改进方案中找出最低的成本方案（要对改进方案的成本进行估算），以此方案的成本为功能的必要成本；或从厂内外已有的相同或相似零件的成本中找出最低成本，以此来确定功能的必要成本。

第四，计算各功能的价值。计算公式仍采用 $V = \dfrac{F}{C}$，但这里的 V 代表价值系数，F 是以实现这一功能的必要成本来计量，C 表示实现这一功能的现实成本，即

$$价值系数 = \frac{实现功能的必要成本}{实现功能的现实成本}$$

通过这样计算，企业就知道了每一功能的现实价值的大小。计算出的功能价值（价值系数）一般都小于1，即现实成本高于必要成本。现实成本和必要成本之差（$C - F$）就是改善的幅度，也称期望值。

第五，按价值系数从小到大的顺序排队，确定价值工程对象、重点、顺序和目标。

3. 方案创造法

方案创造法主要有：

（1）畅谈会法。该法亦称"BS 法"，或直译作"头脑风暴法"。"BS"是"Brain Stor-ming"的缩写，意思是突如其来的好想法。这种方法以开小组会的方式进行，人数不宜过多，以 5～10 人为宜。与会人之间的关系要非常融洽，会议气氛要轻松愉快。会议有四个原则：其一，不评论好坏；其二，鼓励自由奔放地提出想法；其三，要求提出大量方案；其四，相互启发，要求结合别人意见提出设想。

经验证明，采用这种方法提出的方案比同样的人数单独提出的方案在数量上要多65%～90%，因而在实际工作中使用得较多。

（2）哥顿法。这是美国人哥顿（Godon）在 1964 年提出的方法。这种方法的指导思想是把要研究的问题适当抽象，以利于开阔思路。会议主持者并不把要解决的问题全部摊开，只把问题抽象地介绍给大家，要求海阔天空地提出各种设想。例如要研究一种新型割稻机，则会议主持者只提出如何把东西割断和分开，大家围绕这一问题提出方案。会议主持者要善于引导，步步深入，等到适当时机再把问题讲明，以作进一步研究。

4. 方案评价的选优法

方案评价的选优法主要有：

（1）优缺点列举法。优缺点列举法是从质量、性能、成本等各方面详细列出各方案的优缺点，根据方案的优缺点对比，评价选择最优方案。这种方法灵活简便，也便于全面地考虑问题，但评价比较粗糙，缺乏定量依据。

（2）定量评价法。定量评价法又分两类。第一类是直接打分法。这种方法是根据各种方案能够达到各项功能要求的程度，按十分制进行打分，然后算出每个方案达到功能要求的总分。比较各方案的总分，初步分出不用、保留、采纳的方案。然后再算出保留、采纳方案的成本，进行成本比较，决定最优方案。第二类是加权打分法。这种方法的特点是把成本、功能等各种因素根据不同的要求予以加权计算，然后算出综合分数再加以选择。

（四）用价值工程进行成本设计的方法

价值工程的特点是有组织的活动，一是要按照工作程序去做，二是集体群组式的并行工作。它需要集中企业中从事开发研究、设计、生产技术、采购、销售、核算、服务等各方面的专家，组成工作小组，并按照价值工程中所介绍的科学的、卓有成效的工作程序进行。运用集体的智慧和力量产生出更多、更好的改进方案，并从中选择出价值最高的实施方案。

价值工程以功能分析为核心，它有一套发现问题、分析问题和解决问题的科学、系统、卓有成效的方法。归纳起来要解决如下七个问题：其一，它是什么？其二，它是干什么用的？其三，它的成本是多少？其四，它的价值是多少？其五，有其他方法能实现这个功能吗？其六，新的方案成本是多少？其七，新的方案能满足要求吗？为了能在进行过程中正确地回答和解决以上问题，价值工程应按照以下顺序来进行：

1. 选择价值工程对象

价值工程的主要途径是进行分析，选择对象是在总体中确定功能分析的对象。它是根据企业、市场的需要，从得到效益出发来分析确定的。对象选择的基本原则，是在生产经营上有迫切的必要性，在改进功能、降低成本上有取得较大成果的潜力。

2. 收集情报

企业通过收集情报，可以从情报中得到进行价值工程活动的依据、标准、对比对象，同时可以受到启发、打开思路，深入地发现问题，科学地确定问题的所在和问题的性质，并且设想改进方向、方针和方法。

3. 功能分析

功能分析亦称功能研究，对新产品来讲也叫功能设计，是价值工程的核心。价值工程的活动就是围绕这个中心环节进行的。因为价值工程的目的是用最低的寿命周期成本可靠地实现用户所需的必要的功能，所以，价值工程师对产品的分析，首先不是分析产品的结构，而是分析产品的功能，亦即从传统的对产品结构的分析（研究）转移到对产品功能的分析（研究）。这就摆脱了现存结构对设计思路的束缚，为广泛吸收科学技术的新成果、找出实现所需功能的最优方案提供了一种有效方法。

功能分析包括功能定义、功能分类和功能整理。功能定义是指用来确定分析对象的功能。功能分类是指确定功能的类型和重要程度，如基本功能、辅助功能、使用功能、美观功能、必要功能、不必要功能等。功能整理是指制作功能系统图，用来表示功能间的"目的"和"手段"关系，确定和去除不必要的功能。

（1）确定功能定义。功能定义所要回答的是"它有什么作用"的提问。企业对功能要给予科学的定义，进行按类整理，理顺功能之间的逻辑关系，为功能分析提供系统资料。

（2）功能整理。功能整理的目的是确切地定义功能，正确地划分功能类别，科学地确定功能系统，发现和提出不必要的功能和不正确的或可以简化的功能。

（3）功能评价。评价功能所回答的是"成本是多少"和"价值是多少"的提问，其目的是寻求功能最低的成本。它用量化手段来描述功能的重要程度和价值，以找出低价值区域，明确实施价值工程的目标、重点和大致的经济效果。功能评价的主要尺度是价值系数，可由功能和费用来求得。此时，企业要用成本来表示功能，将功能量化，并确定与功能的重要程度相对应的功能成本。

进行功能评价的步骤一般是：确定零件或功能的现实成本；采用一定的方式使功能量化；计算零件或功能的价值；确定改善幅度；按价值从小到大的顺序排队，确定价值工程活动的首选对象。

4. 创造新方案

创造新方案所回答的是"有没有实现同样功能的新方案"的提问。为了改进设计，企业就必须提出改进方案。要得到价值高的设计，必须有 20～50 个可选方案。企业要提出实现某一功能的各种各样的设想，逐步使之完善并具体化，形成若干个在技术上和经济上比较完善的方案。提改进方案是一个创造的过程，在进行中应注意以下几点：其一，要敢于打破框框，不受原设计的束缚，完全根据功能定义来设想实现功能的手段，要从各种不同角度来设想；其二，要发动大家参加这一工作，组织不同学科、不同经验的人在一起提改进方案，互相启发；其三，要把不同想法集中起来，发展成方案，逐步使其完善。

5. 分析与评价方案

分析与评价方案回答"新方案的成本是多少"的提问。在设想阶段形成的若干种改进新方案，不可能十分完善，也必然有好有坏，因此，企业一方面要使方案具体化，另一方面要分析其优缺点，进行评价，最后选出最佳方案。

评价方案要从两方面进行：一方面要从满足需要、满足要求、保证功能等方面进行评价；另一方面要从降低费用、降低成本等经济方面进行评价。总之，企业要看是否提高了价值，增加了经济效果。

6. 验证和定案

为了确保选用的方案是先进可行的，企业必须对选出的最优方案进行验证。验证的内容有方案的规格和条件是否合理、恰当，方案的优缺点是否确切，存在的问题有无进一步解决的措施。它回答"新方案能否满足要求"的提问。

7. 检查实施情况

评价活动成果最优方案实施过程中，企业还会遇到这样或那样的问题，要对实施情况进行检查，随时发现问题，解决问题，使其更加完善且能顺利地进行。

第四节　基准管理和持续改进

管理方法的新趋势就是基准管理与持续改进相结合。基准就是以公司外部或内部最优的业绩标准来衡量自身的生产活动；持续改进意味着管理人员不是一次性地确定基准，而是持续不断地改进提高基准。日本丰田公司是贯彻基准管理与持续改进的典型。基准管理和持续改进被称为"永无终点"的比赛；管理人员和员工不会满足于某一特定工作水平，而是谋求不断的提高。采用该方法的企业发现以前似乎高不可攀的目标现在竟然达到了。基准管理与持续改进对成本会计系统的影响主要表现在管理人员和会计师认识到降低成本要向本行业最好的公司学习，了解自身与最优者的差距并分析其原因，以同质产品的最低成本作为基准，实行企业再造工程。降低成本是一个永无止境的过程，企业始终可以找到使本年度成本和费用低于去年的方法，进而不断增强竞争力。

一、基准管理和持续改进的内涵

（一）基准管理的内涵

1. 基准管理的概念

基准管理也称标杆管理，起源于 20 世纪 70 年代末至 80 年代初的美国，它是当时美国学习日本企业的运动中产生的一种管理方法。在管理领域，施乐公司堪称基准管理的鼻祖。美国生产力与质量中心给基准管理下的定义是：基准管理是一个系统的、持续性的评估过程，不断地将企业流程与世界上居领先地位的企业相比较，以获得帮助企业改善经营绩效的信息。

基准管理的核心就是向业界或其他行业的最佳企业学习，以它们为标杆和基准，将本企业的产品服务和管理措施等方面的实际情况与这些基准进行定量化的比较与评价，检查企业自身业务流程，找出不足，结合自身实际，创造性地学习借鉴并组织实施，提高企业的竞争优势，取得优秀业绩。这实际上是模仿创新的过程。基准管理站在全行业甚至更广阔的全球视野寻找基准，突破企业的职能分工界限和企业性质与行业局限，重视实际经验，强调具体的环节、界面和流程，因而更具有特色。

基准管理蕴含科学管理规律的深刻内涵，充分体现了现代信息社会追求竞争优势的本质特性。基准管理认为大多数组织的流程都有相通之处，因此企业可以寻找在某些活动、功能、流程等环节上市场表现优异的顶尖组织，以其绩效及实践措施为基准，进行资料收集和比较分析，仔细研究其取得优良绩效的原因，并将本企业的绩效与这些基准企业的绩效进行对比，树立学习和追赶的目标，并进而重新确定提升企业绩效水准和竞争能力的计划，执行该计划并检测其执行结果，以更客观地评估其绩效，持续改进，缩小与领先者之间的距离，直至超越对方。

2. 基准管理的优点

作为一种行之有效的管理技术，基准管理突出的优点有：

第一，追求卓越。基准管理本身所代表的就是一个追求卓越的过程。

第二，流程再造。基准管理的一个重要精神就是对流程进行改造，将焦点放在过程上而不是结果上。这种崭新的观念比竞争者分析更能帮助企业达成突破性的绩效改善。

第三，持续改善。追求完美的过程是永无止境的。

第四，建立优势。基准管理可以帮助企业进行策略性定位，塑造本身的核心竞争力，树立学习型组织的新观念。

（二）持续改进的内涵

1. 持续改进的概念

从 20 世纪初开始，经过各国企业界的共同努力，质量管理经过检验把关、统计控制和全面质量管理阶段，已经积累了相当丰富的经验，形成了一套质量管理的原则和方法，ISO 9000 标准正是在总结这些经验的基础上制定的。2000 年版 ISO 9000 标准较 1994 年版的一个最大变化是强调持续改进。持续改进应是企业的一个永恒目标，其主要利益为：通过改进企业能力、增强竞争优势，根据企业的战略意图协调各层次的改进活动。

持续改进包括渐进的日常改进以及战略突破性的改进。但习惯上，我们把前者称为持续改进，而将后者纳入改革创新的范畴。

2000 年版的 ISO 9000 标准规定：质量改进是质量管理的一部分，致力于增强满足质量要求（要求可以是有关任何方面的，如有效性、效率或可追溯性）的能力。任何一家企业在实际的生产经营中，都要对自己的产品、生产过程和管理进行或多或少的改进，这些改进可以称为质量改进。但相当多的企业进行的质量改进是自发的、不自觉的、无计划的、不系统的，这样的质量改进不能称为持续改进。

持续改进是通过改进过程实现的，也就是说，持续改进需以自觉的、有计划的、系统的质量改进为基础。企业只有广泛开展质量改进活动，才可能持续改进。因此，质量改进是组成持续改进的要素，持续改进是质量改进的高级形态。企业要达到持续改进的要求，必须以广泛的质量改进活动为前提。

2. 持续改进的特征

第一，持续改进是质量改进的渐进过程。任何一项质量改进都不可能终止改进机会。也就是说，一项质量改进即使获得完全成功，也还存在着持续改进的机会。所谓渐进过程，就是一次次不断进行的过程，而绝不是"毕其功于一役"。企业只有充分认识这一点，才能为持续改进创造一个优良的环境。

第二，持续改进是企业积极主动寻求的过程。企业一般出了质量问题（不合格）才进行质量改进，采取的是纠正措施和预防措施。持续改进则是组织员工积极、主动地去寻求和创造改进机会。

第三，持续改进的内容涉及方方面面。一般的质量改进往往只针对具体的产品或过程，而持续改进不仅包括对具体的产品或过程所采取的改进措施，而且包括对管理采取的改进措施，直至长远的改进项目。

第四，持续改进的目的是提高有效性和效率，以确保实现预期目标。一般的质量改进当然也是为了提高有效性和效率，但都偏重于降低质量损失（成本），而持续改进更强调提高质量效益。

二、基准管理和持续改进的融合

持续提高理论的关键是寻找基准点，也就是所谓的加强基准管理。这种理论要求企业生产产品时要以基准点为目标，降低生产成本。企业应坚信"以前能做到的现在也能做到，别人能做到的我也能做到"。同时，基准点并非固定不变的，它是逐步提高、持续改进和永无止境的。新基准可以使系统产生飞跃性的变化和发展，从而使组织获得新的生命和动力。由于企业寻找基准点要参照同行企业的产品成本，因此这种理论要求行业性的参与，它能使企业之间相互促进竞争、共同降低成本。日本的汽车制造行业就是因为广泛采用这种成本管理理念而持续降低成本，并最终取得了巨大成功。所以基准管理和持续改进是密切相关和协调发展的。

1. 基准管理是持续改进的基础

基准管理实际上是一个不断模仿创新的过程。它站在全行业甚至更广阔的全球视野角度寻找基准，突破企业的职能分工界限和企业性质与行业局限，重视实际经验，强调具体的环节、界面和流程，为持续改进奠定良好的基础。经过一段时间的运作，任何企业都有可能将注意力集中于寻求增长的内在潜力，形成固定的企业文化。通过与各类标杆企业的比较，企业不断追踪把握外部环境的发展变化，从而实现持续改进的目标，最终更好地满足最终用户的需要。

2. 持续改进为基准管理的有效实施创造条件

一个企业只有坚持持续改进，有一个鼓励、支持持续改进的机制，才可能进行基准管理。有很多保守的企业，往往在跌入低谷时才靠外来力量采取强制措施改进基准管理，从而给企业发展带来不可弥补的损失。持续改进理论下的基准管理实质上是具有渐进性的，企业可从初级到高级分阶段确立基准，循序渐进地改善经营管理。

3. 基准管理是持续改进的逻辑发展

一般来说，持续改进是在企业的产品、生产过程和管理的现有框架内进行的，是在已达到基本的质量要求的基础上，以减少质量变差、降低成本和改进服务为主要目标的活动。持续改进使系统不断得到改善，当产品、过程和管理经过持续改进到某一临界点时，就可能导致新的基准变革。

4. 基准管理是企业持续改进的工具

实施基准管理可以帮助企业节省开支，为企业建立一种动态测量各部门投入和产出现状及目标的方法，达到持续改进薄弱环节的目的。特别是在进行质量改进时，企业很可能遇到严重的困难或无法解决的问题。如果此时继续局限在原框架内寻求纠正措施、预防措施或改进措施，企业可能需要付出更大的力量和更多的时间。这时，如果从基准管理出发，换一种思路，改一个方向，问题很可能迎刃而解。

5. 持续改进体现在基准管理的过程之中

基准管理过程实际上就是一个持续改进的过程，只是其在较高层次上进行的。质量改进的一系列方法和工具在基准管理中同样适用。例如 PDCA［计划（Plan）、执行（Do）、检查（Check）、处理（Act）］循环的方法，在基准管理中就是必需的。因此可以说，基准管理包含了持续改进，正如持续改进包含了质量改进一样。

6. 持续改进是一个连续的过程，而基准管理则是间断的过程

基准管理一旦成功，可以为企业及相关方面带来巨大的利益，但是，基准管理不是时时

都能进行的。进行基准管理，要求保持新体系的相对稳定，以取得相应的规模效益。持续改进则不同，它是一个不间断的、长期的、没有终点也不能中断的过程。基准管理之前，要进行持续改进；基准管理之后，仍然要在新系统内进行持续改进。持续改进可以弥补基准管理的不足或缺陷，使因基准管理所造成的矛盾得以消解或缓和，从而保证基准管理的成功。

总之，二者相互协调、相互促进，是一个有机结合发展的整体。基准管理和持续改进对成本管理的影响，表现为企业通过了解自身与最优者的差距，并分析其原因，进而实行企业再造工程，以获得持久的竞争力。

三、基准管理和持续改进的战略实施步骤

基准管理和持续改进作为两个相对独立的管理方法，有着各自的实施步骤和环节，但在企业实际运用过程中，二者是同时进行、兼容并蓄、协调发展的。

（一）基准管理的实施

基准管理的实施是一个完整的、持续进行的过程。基准管理的实施步骤如下：

1. 制定基准管理的目标

基准管理，首先要求实施企业必须具有旨在改进某一方面或某些层面的明确目标。在实施过程中，企业还必须坚持系统最优化的思想，着眼于企业总体最优而非某个局部的优化。其次，企业要制定有效的实践准则，以避免实施中的盲目性。

2. 进行企业的全面自检

企业应立足于最终目标，从战略、技术、生产、营销、财务、人事甚至安全方面对自身进行全面检查，并对其作出定量化列示，确认自身的优势，发现自身的不足。

3. 收集与分析数据，确定基准指标

企业应针对业界或其他行业的最佳实践进行实地调查、数据搜集与数据分析，找出自身相关层面的实践与最佳实践之间的差距，确定基准指标，并以此作为企业改进的目标。

4. 系统学习与改进

实施基准管理的关键在于企业组织员工自觉进行系统的学习与变革，以期实现目标。但在此期间，基准管理的实施往往会涉及企业业务流程等多个层面的重组，其中会要求员工改变一些既有的观念与行为方式，企业亦常因此遭遇员工思想上的阻力。为此，企业必须克服困难，学习最佳实践成果，推动企业目标改进层面的变革。

5. 评价与提高

基准管理的实施是一个渐进的过程，企业每次学习完成后，都必须重新检查与审视基准研究的假设、基准管理的目标和实际效果，分析差距，为下轮改进打下基础。

基准管理的实施并非严格按照上述步骤顺序进行的，而是一个有多次反复的循环过程。每一次循环均需围绕基准管理的目标、基准研究假设和实现方式进行审视与重检，以期企业

基准管理目标层面的改进呈螺旋式上升，直至赶上甚至超越最佳实践。

（二）全面贯彻持续改进

企业在项目管理上走向成熟并达到了一定程度的成功时，就获得了可持续性竞争优势。然而，企业的竞争对手不会坐视不管，它们必然也在不断进步。所以，企业要想保持持续竞争力，就必须认识到持续改进的必要性。持续改进可以使企业保持住竞争优势，不断应对新的挑战。国际标准化组织的相关标准提出了适用于两种基本途径的持续改进应当包括的七个步骤：

1. 分析改进的原因

识别过程存在的问题，选择改进的区域，并分析改进的原因。

2. 分析目前的状况

评价现有过程的有效性和效率。收集数据并进行分析，以便发现哪类问题最常发生，选择特定问题并确定改进目标。

3. 分析

识别并验证问题的根本原因。

4. 确定可能解决问题的办法

寻求解决问题的可替代办法，选择并实施最佳的解决问题的办法，即选择并实施能消除产生问题的根本原因以及防止其再次发生的解决途径。

5. 评价效果

确定问题及其产生根源已经消除或其影响已经减少，解决方法已产生了作用，并实现了改进的目标。

6. 实施新的解决办法并规范化

用改进的过程代替老过程，防止问题及其根本原因的再次发生。

7. 评价措施的有效性和效率

针对已完成的改进措施评价过程的有效性和效率。对改进项目的有效性和效率作出评价，并考虑在企业的其他地方使用这种解决办法。

综上所述，基准管理是一个发现的过程，能及时有效地验证企业各个实践层面的状况。同时，基准管理又是一个实践的过程，企业可通过基准化来确保在管理中纳入最优的、可行的、已被验证的实践，从而避免管理中的盲目性，并在实践中取得或趋向最优。事物是在不断发展的，都会经历一个由不完善到完善直至更新的过程。与此同时，顾客的要求也在不断变化，为了适应不断变化的环境，企业需要进行持续改进。持续改进是企业不懈的追求。改进有很多方法，基准管理过程中的一些主要形式在持续改进中的应用只是一些思路。企业只有不断丰富和完善改进方法、不断努力进取，才能生存与发展。因此，持续改进是企业永恒的目标。

四、应用基准管理和持续改进的现状及对策

（一）我国应用基准管理和持续改进的现状

大量实践证明，基准管理和持续改进是适应知识经济要求的新的管理理念，是提高企业素质和经营管理水平、增强持续发展能力的现实而有效的方式。特别是在竞争性市场上，基准管理和持续改进不仅是有效的防御手段，更是对竞争者实施攻击性战略、赢得竞争优势的有力工具和武器。这对处在竞争发展中的企业特别是发展中国家企业的经营发展具有普遍的借鉴与指导意义。

在我国，基准管理和持续改进理论引入和提出较晚，有关宣传、研究较少，虽然有些企业实际上也在引进并开展这项工作，但其尚处萌芽期，远未纳入管理体系并形成自觉的管理行为。我国企业无论在管理、技术还是在市场运作上，与西方企业相比都还有很大差距。我国企业要在全球一体化的市场中占有一席之地，就要主动地参与国际竞争，积极学习先进的管理思想和方法，制定有效的竞争策略，基准管理和持续改进不失为一种有效的尝试。

（二）我国应用基准管理和持续改进的对策

1. 发挥最高管理层的关键性作用，塑造先进的企业文化

先进理念的根植和策划需要从领导做起，这不是捷径，而是必由之路。企业最高领导者应清楚为什么要重视质量管理、关注顾客要求、建立和实施质量管理体系并持续改进。基准管理和持续改进理念的成功实施需要管理层的大力支持，特别是高层管理者要形成统一的认识，要有充分的计划，并且与执行部门进行广泛的交流。应该说大部分管理者从本质上说都是善于竞争的，他们都是基准管理的执行者，他们知道需要对比其他公司的实践与本公司的实践，从而通过实施措施使自己的公司同其他公司一样好，甚至超过其他公司。

在提高认识方面，由于基准管理和持续改进是一种较新的管理方法，因此在实施过程中，当基准管理与预期有所差距时，人们易陷入认识的误区。他们错误地认为造成这种结果的原因是基准管理成本太过昂贵、本行业没有榜样、这种管理方法只适合大公司等，其实这些看法是片面的。企业不必把基准管理看成一个多么宏大的项目，不必一次检查所有的项目，而应在结合内外部环境的前提下，通过基准管理持续降低部分成本。为此，企业可以组织持续的质量改进等活动，鼓励全体员工积极参与，提高对基准管理和持续改进的认识，逐步形成新的组织文化。这种文化的价值观趋向于使顾客和其他相关方满意，并加强上下左右的沟通。一个企业如果能够形成这样的企业文化，使企业在一个更优越的环境中发展，就能永远立于不败之地。

2. 国家基准管理的指标体系，为持续改进的结合应用提供了平台

我国学者应该看到基准管理的优势，尽快完善基准管理的基本理论，尤其是要与我国的企业家一起构建与我国实际相结合的理论。为此要做好以下工作：在完整介绍国外基准管理

基本理论的基础上，建立适合我国企业应用的基准管理理论框架；担负起对优秀基准管理实践的总结与理论化的责任，以利于基准管理在我国的推广。在加快与知识产权相关法律的立法工作的同时，加快制定行业基准管理实施的标准和信息透明化工作，建立国家基准管理的指标体系。在企事业单位中要强调基准管理与持续改进的结合应用，在实践中不断对比、提高和改进，真正发挥基准管理的作用，从而有利于该行业整体业绩的不断提高。特别是在我国加入世界贸易组织（World Trade Organization，简称WTO）后，企业进一步参与国际竞争与合作，建立一整套指标体系是十分必要的。

3. 加强沟通与协作，为推进基准管理和持续改进建造良好的内外部环境条件

基准管理和持续改进是一个不断完善和发展的整体过程，是部分改进和变革的结果，是企业全体员工和顾客共同努力实践的结晶。所以企业必须促进与顾客、供货方、员工、所有者和社会（包括政府）的关系，促进相关方的沟通，进而有效改善企业生产经营的内外部环境条件。

只有全员参与，发挥企业每一位员工的作用，做好各个环节的控制，企业所建立的基准管理体系才能得到有效实施，满足顾客需求才能得到保障。所以每一个员工都是生产环节的链条，必须加强沟通与协作，才能发挥整体的效能。企业实施基准管理方法，可以克服不足，增进学习，使企业成为学习型组织，增强员工信心，激发员工的积极性，使他们为组织贡献自己的才智，从而提高组织的士气。企业在为员工作贡献、为进步创造机遇的同时，也就提高了自身的凝聚力和竞争力。

4. 全面贯彻"以顾客为中心"的理念

"以顾客为中心"是基准管理和持续改进的出发点和归宿。首先，关注顾客是企业的行为准则，企业生存的前提是拥有一定数量的顾客群。企业要赢得顾客，必须努力满足甚至超越顾客的期望。其次，以顾客为关注焦点的理念在基准中得到充分体现。通常情况下，企业实施顾客管理，做到基准管理和持续改进，要抓好以下三个关键的要素：企业人要素、基准体系要素、顾客满意要素。它们的关系是：不断完善指标体系是企业实施持续改进的基础；满足顾客现实与潜在需求、为顾客着想是企业实施基准管理和持续改进的灵魂；激发企业内部活力与潜能，领导重视、全员参与，狠抓过程控制，是实施基准管理和持续改进的前提和根本保证。可以看出，顾客的反馈信息和意见可以促进企业基准管理体系的完善，使企业做到持续改进，提高企业产品进一步满足顾客需求的能力，从而推动企业不断向前发展。

5. 在防范风险的同时，发扬勇于创新的精神

企业在实施基准管理时的不确定性有很多。在这种情况下，企业要通过采取措施将风险程度降到最低。首先，企业在选择被借鉴企业时，要谨慎小心，要求被借鉴企业不仅是当前本行业最佳的，在未来的一段时间内也应该是稳定的，这可以通过一系列财务与非财务指标来分析。其次，企业应选择内外环境、规模与己相似的被借鉴企业，这样收集到的信息的适用性会更大些。而且企业在执行基准管理过程中，应首先解决本企业的"瓶颈"问题，而不能对以前的流程"全盘翻新"，需要持续改进、循序渐进、勇于创新的精神。实施基准管

理的企业都希望直接应用其他企业的知识和经验，很少自己创新，殊不知最佳实践往往隐藏在员工头脑、企业制度、组织结构甚至企业文化中。企业要重视这些因素的作用和影响，采取相应的措施挖掘隐性知识，并与自身的实际情况结合起来，利用持续改进的先进理念，实施基准管理才可能取得成效。

6. 做好实施过程控制和评价监督工作

基准管理和持续改进的有效实施离不开过程的控制和监督工作。根据系统方法的要求，企业应重点抓好审核、控制和评价工作。内部审核要把好制度关和控制关，为生产经营保驾护航；内部审核要履行监督、评价与防范职责，对基准管理的规范性、科学性进行检查监督；内部审核要以基准为准绳，以产品质量为中心，以顾客为关注焦点，还要处理好监督与服务的关系。管理评价是确保基准体系适应性和有效性的关键，企业要做好评审计划，要特别针对基准方针与目标确定持续改进的机会和变更的需要。企业要在基准管理的实施过程中发现问题并及时查明原因，采取纠正措施，使整个生产过程都得到有效监督控制。与此同时，企业在持续改进的过程中要探寻并采取一定预防措施，及时识别、分析、评价和改进基准管理的实施情况。

总之，基准管理和持续改进是一种先进的管理理念，也是一种直接的、片断式的、渐进的管理方法，其思想是在企业的业务、流程、环节得到解剖、分解和细化的基础上实现持续改进。企业可以寻找整体最佳实践，也可以发掘优秀业绩进行基准比较，从而使自己的视野更开阔。同时这种方法又具有渐进性，企业可从初级到高级分阶段确立基准，持续改进和完善企业管理的目标。作为一种不断改进与超越现状的管理手段，基准管理和持续改进理论已经超越了传统的竞争分析，它不仅揭示了业界或其他行业的最佳实践，还可明确如何学习赶超这种最佳实践并实现企业竞争优势的持续改进。21 世纪是学习的世纪，基准管理和持续改进就是一种有效的学习途径，它帮助企业更新管理理念，共享组织知识，培养和激发创造性，持续提高管理水平和技术能力，是企业获取竞争优势的一种有效途径。

❏ 复习思考题

1. 资本成本的本质是什么？如何界定资本成本的概念？

2. 资本成本管理的任务是什么？

3. 如何计量单项资本成本、综合资本成本和边际资本成本？

4. 实务中，资本成本可以用于解决哪些问题？

5. 什么是环境成本？环境成本如何分类？环境成本如何进行核算？

6. 什么是产品设计成本管理？如何进行产品设计成本的管理？

7. 什么是工艺设计成本管理？如何利用价值工程进行成本设计管理？

8. 什么是基准管理和持续改进？基准管理和持续改进的战略实施步骤包括哪些？

9. 分析我国应用基准管理和持续改进的现状及对策。

参考书目

[1] 李定安，孟祥霞．成本会计研究．北京：经济科学出版社，2002.

[2] 林万祥．成本论．北京：中国财政经济出版社，2001.

[3] 王文钧．西方成本会计．上海：立信会计出版社，2001.

[4] 斯克金，斯尼迪．成本会计原理及程序．毕凤英，于兴旺，译校．西安：陕西科学技术出版社，1987.

[5] 纽纳，迪肯．成本会计原理与实务．唐文瑞，孙庆元，施仁夫，等，译．上海：立信会计图书用品社，1988.

[6] 林万祥．成本会计研究．北京：机械工业出版社，2008.

[7] 迪肯，梅尔．现代成本会计．孙庆元，唐文瑞，徐庆诸，等，译．上海：立信会计图书用品社，1992.

[8] 马赫．成本会计：为管理创造价值．姚海鑫，等，译．北京：机械工业出版社，1999.

[9] 亨格瑞，福斯特，达塔，等．成本会计：第八版　上．刘力，黄慧馨，王立彦，等，译校．北京：中国人民大学出版社，1997.

[10] 亨格瑞，福斯特，达塔，等．成本会计：第八版　下．刘力，黄慧馨，王立彦，等，译校．北京：中国人民大学出版社，1997.

[11] 欧阳清，杨雄胜．成本会计学．北京：首都经济贸易大学出版社，2003.

[12] 葛家澍，余绪缨，侯文铿，等．会计大典：第四卷　成本会计．北京：中国财政经济出版社，1999.

[13] 中国会计学会．中国会计研究文献摘编（1979—1999）：成本与管理会计卷．大连：东北财经大学出版社，2002.

[14] 翟文莹．成本系统工程．北京：经济科学出版社，2000.

[15] 陈胜群．现代成本管理论．北京：中国人民大学出版社，1998.

[16] 李来儿．成本信息供需论．北京：中国财政经济出版社，2006.

[17] 迪屈奇．交易成本经济学：关于公司的新的经济意义．王铁生，葛立成，译．北京：经济科学出版社，1999.

［18］ 李定安．成本管理研究．北京：经济科学出版社，2002.

［19］ 陈轲．企业战略成本管理研究．北京：中国财政经济出版社，2001.

［20］ 夏宽云．战略成本管理．上海：立信会计出版社，2000.

［21］ 陈胜群．企业成本管理战略．上海：立信会计出版社，2000.

［22］ 欧阳清．成本管理理论与方法研究．大连：东北财经大学出版社，1998.

［23］ 波特．竞争优势．夏忠华，主译．北京：中国财政经济出版社，1988.

［24］ 卢昌崇．管理学．3 版．大连：东北财经大学出版社，2010.

成本管理课程组名单

组　　长　　杨军毅

主　　编　　万寿义

参　　编　　牛彦秀　　李日昱　　任月君

主持教师　　杨军毅

成 本 管 理

形成性考核册

经济管理教学部　编

学校名称：＿＿＿＿＿＿＿＿＿

学生姓名：＿＿＿＿＿＿＿＿＿

学生学号：＿＿＿＿＿＿＿＿＿

班　　级：＿＿＿＿＿＿＿＿＿

形成性考核是学习测量和评价的重要组成部分。在教学过程中，对学生的学习行为和成果进行考核是教与学测评改革的重要举措。

　　《形成性考核册》是根据课程教学大纲和考核说明的要求，结合学生的学习进度而设计的测评任务与要求的汇集。

　　为了便于学生使用，现将《形成性考核册》作为主教材的附赠资源提供给学生，采用纸质形考的学生可将各次作业按需撕下，完成后自行装订交给老师。若采用**网上形考**或有其他疑问请咨询课程教师。

成本管理作业1

姓　　名:＿＿＿＿＿

学　　号:＿＿＿＿＿

得　　分:＿＿＿＿＿

教师签名:＿＿＿＿＿

一、单项选择题

1. 企业在生产各种工业产品等过程中发生的各种耗费，称为（　　）。

　　A. 成本　　　　　　　　　　　　B. 产品成本

　　C. 生产费用　　　　　　　　　　D. 经营费用

2. 产品成本实际包括的内容称为（　　）。

　　A. 生产费用　　　　　　　　　　B. 成本开支范围

　　C. 成本　　　　　　　　　　　　D. 制造成本

3. 企业对于一些主要产品、主要费用应采用比较复杂、详细的方法进行分配和计算，而对于一些次要的产品、费用采用简化的方法进行合并计算和分配的原则称为（　　）。

　　A. 实际成本计价原则　　　　　　B. 成本分期原则

　　C. 合法性原则　　　　　　　　　D. 重要性原则

4. 工业企业成本核算的内容是（　　）。

　　A. 产品生产成本　　　　　　　　B. 期间费用

　　C. 产品生产成本和期间费用　　　D. 各成本项目的费用

5. 当几种产品在共同耗用几种材料的情况下，材料费用的分配可采用（　　）。

　　A. 定额耗用量比例分配法　　　　B. 产品产量比例分配法

　　C. 产品重量比例分配法　　　　　D. 产品材料定额成本比例分配法

6. 某企业生产产品经过两道工序，各工序的工时定额分别为 30 小时和 40 小时，则第二道工序在产品的完工率约为（　　）。

　　A. 68%　　　　　　　　　　　　B. 69%

　　C. 70%　　　　　　　　　　　　D. 71%

7. 采用约当产量法计算在产品成本时，影响在产品成本准确性的关键因素是（　　）。

　　A. 在产品的数量　　　　　　　　B. 在产品的完工程度

　　C. 完工产品的数量　　　　　　　D. 废品的数量

8. 最基本的成本计算方法是（　　）。

　　A. 品种法　　　　　　　　　　　B. 分批法

　　C. 分步法　　　　　　　　　　　D. 分类法

9. 管理上不要求计算各步骤完工半成品所耗半成品费用和本步骤加工费用，而要求按原始成本项目计算产品成本的企业，采用分步法计算成本时，应采用（　　）。

    A. 综合结转法　　　　　　　　　　B. 分项结转法

    C. 按计划成本结转法　　　　　　　D. 平行结转法

10. 在大量生产的企业里，要求连续不断地重复生产一种或若干种产品，因而管理上只要求而且也只能按照（　　）。

    A. 产品的批别计算成本　　　　　　B. 产品的品种计算成本

    C. 产品的类别计算成本　　　　　　D. 产品的步骤计算成本

二、多项选择题

1. 产品的价值取决于生产上耗用的社会必要劳动量，它的组成内容包括（　　）。

    A. 产品中所耗用的物化劳动的价值　　B. 劳动者为自己劳动所创造的价值

    C. 企业生产中发生的全部支出　　　　D. 劳动者剩余劳动所创造的价值

    E. 劳动者创造价值的总和

2. 进行成本核算时，在不同时期、不同产品以及产成品和在产品之间正确分摊费用，应分清有关成本的界限，这些界限包括（　　）。

    A. 分清本期成本和下期成本的界限

    B. 分清各种产品成本的界限

    C. 分清在产品成本和产成品成本的界限

    D. 分清计入产品成本和不应计入产品成本的界限

    E. 分清本企业产品成本和其他企业产品成本的界限

3. 工业企业的期间费用包括（　　）。

    A. 制造费用　　　　　　　　　　　B. 财务费用

    C. 管理费用　　　　　　　　　　　D. 营业费用

    E. 辅助生产费用

4. 要素费用的分配原则是（　　）。

    A. 所有的费用均应采用一定的方法在各种产品当中进行分配

    B. 直接费用直接计入产品成本

    C. 直接费用分配计入产品成本

    D. 间接费用直接计入产品成本

    E. 间接费用分配计入产品成本

5. 采用约当产量比例法计算完工产品和在产品成本时，应具备的条件是（　　）。

    A. 月末在产品数量较大

    B. 月末在产品数量较小

    C. 各月末在产品变化较大

    D. 产品成本中原材料和加工费用的比重相差不大

    E. 产品成本中原材料和加工费用的比重相差较大

6. 采用定额成本法计算在产品成本时，应具备的条件包括（　　　）。

    A. 定额管理基础较好　　　　　　　B. 消耗定额比较准确

    C. 各月末在产品数量变化不大　　　D. 各月末在产品数量变化较大

    E. 产品产量较大

7. 生产费用在完工产品和月末在产品之间分配的方法有（　　　）。

    A. 定额比例法　　　　　　　　　　B. 按定额成本计价法

    C. 约当产量比例法　　　　　　　　D. 计划成本分配法

    E. 不计在产品成本法

8. 分步法适用于（　　　）。

    A. 大量生产　　　　　　　　　　　B. 大批生产

    C. 成批生产　　　　　　　　　　　D. 多步骤生产

    E. 单步骤生产

9. 产品成本计算的分批法适用于（　　　）。

    A. 单件小批类型的生产

    B. 小批单步骤

    C. 小批量、管理上不需要分生产步骤计算产品成本的多步骤

    D. 大量大批的单步骤

    E. 大量大批的多步骤

10. 品种法适用于（　　　）。

    A. 小批单件单步骤生产

    B. 大量大批单步骤生产

    C. 管理上不要求分步骤计算产品成本的小批单件多步骤生产

    D. 管理上不要求分步骤计算产品成本的大量大批多步骤生产

    E. 管理上要求分步骤计算产品成本的大量大批多步骤生产

三、判断题

1. 市场经济条件下成本管理体系的构成一般为国家宏观成本管理体系和企业内部的成本管理体系两个方面。　　　　　　　　　　　　　　　　　　　　（　　　）

2. 成本核算的分期，不一定与会计制度的分月、分季、分年相一致。　（　　　）

3. 企业在进行费用分配时，应先分配基本生产车间的制造费用，然后才能分配辅助生产车间的制造费用。　　　　　　　　　　　　　　　　　　　　　　（　　　）

4. 固定资产折旧费是产品成本的组成部分，应该全部计入产品成本。（　　　）

5. 生产费用按经济内容和经济用途划分的要素费用和成本项目所包括的内容事相同的。　　　　　　　　　　　　　　　　　　　　　　　　　　　　　（　　　）

6. 在一般情况下，企业在本期投产的产品往往能在本期完工，本期完工的产品一定全部都是由本期投产的。　　　　　　　　　　　　　　　　　　　　　（　　　）

7. 在几种产品共同耗用几种材料的情况下，材料费用的分配应采用产品材料定额成本比例分配法进行分配。　　　　　　　　　　　　　　　　　　　　　（　　　）

8. 采用直接分配法分配辅助生产费用时，辅助生产车间之间相互提供产品或劳务也应计算其应负担的金额。　　　　　　　　　　　　　　　　　　　　（　　）

9. 当企业的各项消耗定额或费用定额比较准确、稳定，而且各月末在产品数量变化不大时，可采用定额比例法计算在产品的成本。　　　　　　　　　　　　　（　　）

10. 品种法是按月定期计算产品成本的。　　　　　　　　　　　　　　　（　　）

四、思考题

1. 为了正确计算产品成本，应该做好哪些基础工作？

2. 简述成本核算的一般程序。

3. 生产费用在完工产品和月末在产品之间进行分配，一般采用哪几种分配方法？

4. 产品成本计算的基本方法各包括哪些方法？各自的适用条件是什么？

五、计算分析题

1. 某企业生产 A、B 两种产品，共同耗用甲种材料，其实际成本为 10 000 元。两种产品的原材料费用定额为 A 产品 8 元、B 产品 4 元；当月的实际产量为 A 产品 600 件、B 产品 800 件。

要求：采用定额费用比例法分配材料费用。

2. 某种产品经两道工序完成，原材料随加工进度陆续投入。原材料消耗定额为：第一道工序 70% ，第二道工序 30% 。月末在产品数量为：第一道工序 300 件，第二道工序 300 件。该月完工产品 140 件。月初和本月发生的费用为：原材料费用 2 900 元，加工费用 1 350 元。

要求：（1）计算该种产品两道工序的完工率。

（2）计算该种产品月末在产品的约当产量。

（3）按约当产量比例分配法计算完工产品和月末在产品的原材料费用和加工费用。

（4）计算完工产品和月末在产品的成本。

答 题 纸

成本管理作业 2

姓　　名:＿＿＿＿＿

学　　号:＿＿＿＿＿

得　　分:＿＿＿＿＿

教师签名:＿＿＿＿＿

一、单项选择题

1. 以某一先进单位产品成本作为目标成本的预测方法称为（　　　）。

　　A. 倒扣测算法　　　　　　　　　　B. 比率测算法

　　C. 选择测算法　　　　　　　　　　D. 直接测算法

2. 在本量利分析中，必须假定产品成本的计算基础是（　　　）。

　　A. 完全成本法　　　　　　　　　　B. 变动成本法

　　C. 吸收成本法　　　　　　　　　　D. 制造成本法

3. 进行本量利分析时，必须把企业全部成本区分为固定成本和（　　　）。

　　A. 制造费用　　　　　　　　　　　B. 直接材料

　　C. 直接人工　　　　　　　　　　　D. 变动成本

4. 按照本量利分析的假设，收入模型和成本模型的自变量均为同一个（　　　）。

　　A. 销售单价　　　　　　　　　　　B. 单位变动成本

　　C. 固定成本　　　　　　　　　　　D. 销售量

5. 计算贡献边际率，可以用单位贡献边际去除以（　　　）。

　　A. 单位售价　　　　　　　　　　　B. 总成本

　　C. 销售收入　　　　　　　　　　　D. 变动成本

6. 已知企业只生产一种产品，单位变动成本为每件 3 元，固定成本总额为 60 000 元，产品单价为 5 元，则保本销量为（　　　）件。

　　A. 30 000　　　　　　　　　　　　B. 20 000

　　C. 12 000　　　　　　　　　　　　D. 7 500

7. 依据掌握的各种决策成本及相关的数据，对各种备选方案进行分析比较，从中选出最佳方案的过程，称为（　　　）。

　　A. 成本预测　　　　　　　　　　　B. 成本决策

　　C. 成本分析　　　　　　　　　　　D. 成本计划

8. 在经济决策过程中，因选取某一方案而放弃另一方案所付出的代价，称为（　　　）。

　　A. 机会成本　　　　　　　　　　　B. 专属成本

　　C. 差量成本　　　　　　　　　　　D. 重置成本

9. 那些由于过去的决策所引起的已经发生并支付过款项的成本，称为（　　　）。

    A. 历史成本　　　　　　　　　　　B. 变动成本

    C. 沉没成本　　　　　　　　　　　D. 专属成本

10. 在成本决策中不需要区分相关成本与无关成本的决策方法是（　　　）。

    A. 总额分析法　　　　　　　　　　B. 差量损益分析法

    C. 相关成本分析法　　　　　　　　D. 成本无差别点法

二、多项选择题

1. 本量利分析模型确立的前提条件包括（　　　）。

    A. 成本性态分析假定　　　　　　　B. 相关范围假定

    C. 线性假定　　　　　　　　　　　D. 基本模型假定

    E. 目标利润假定

2. 产品总成本发展趋势的预测方法主要有（　　　）。

    A. 高低点法　　　　　　　　　　　B. 加权平均法

    C. 移动平均法　　　　　　　　　　D. 简单平均法

    E. 指数平滑法

3. 定量预测方法包括（　　　）。

    A. 简单平均法　　　　　　　　　　B. 加权平均法

    C. 函询调查法　　　　　　　　　　D. 指数平滑法

    E. 市场调查法

4. 定性预测方法包括（　　　）。

    A. 简单平均法　　　　　　　　　　B. 加权平均法

    C. 函询调查法　　　　　　　　　　D. 指数平滑法

    E. 头脑风暴法

5. 产品成本发展趋势预测主要包括（　　　）。

    A. 新产品投产前成本趋势预测　　　B. 可比产品成本降低趋势预测

    C. 不可比产品成本降低趋势预测　　D. 产品总成本趋势预测

    E. 边际成本预测

6. 在成本决策中应予以考虑的成本有（　　　）。

    A. 直接材料　　　　　　　　　　　B. 直接人工

    C. 制造费用　　　　　　　　　　　D. 机会成本

    E. 重置成本

7. 成本决策程序包括（　　　）。

    A. 提出问题　　　　　　　　　　　B. 成本预测

    C. 成本分析　　　　　　　　　　　D. 确定决策目标

    E. 纳入计划

8. 本量利分析在成本预测中的具体应用包括（　　　）。

    A. 保本点的预测　　　　　　　　　B. 保利点的预测

    C. 保利成本的预测   D. 风险条件下的成本预测

    E. 保净利点的预测

9. 相关成本与产品成本不同，它具有以下特征（   ）。

    A. 所属概念多样化   B. 属于历史成本

    C. 账簿中不反映   D. 凭证中反映

    E. 决策中考虑

10. 下列属于无关成本的有（   ）。

    A. 机会成本   B. 沉没成本

    C. 差量成本   D. 专属成本

    E. 共同成本

三、判断题

1. 成本预测有一个过程，只要依据相关信息建立起成本预测模型，即意味着成本预测程序的结束。   （   ）

2. 在产销平衡假定的前提下，利用倒扣测算法确定的目标成本即产品生产目标成本。（   ）

3. 只要各产品加权平均的销售利润率大于或等于计划期企业总体的目标销售利润率，就可以实现企业的目标成本规划。   （   ）

4. 通常，功能多、质量好的产品的成本较低。   （   ）

5. 企业的贡献边际应当等于企业的营业毛利。   （   ）

6. 在其他条件不变的情况下，固定成本越高，保本量越大。   （   ）

7. 若单价与单位变动成本同方向、同比例变动，则保本点业务量不变。   （   ）

8. 在多品种生产的条件下，提高贡献边际率水平较高产品的销售比重，可降低整个企业综合保本额。   （   ）

9. 进行成本性态分析的关键是分解混合成本。   （   ）

10. 企业在进行价格决策时应考虑历史成本而不是重置成本。   （   ）

四、计算分析题

1. 某企业只生产一种产品，预计单价为 2 000 元，销售量为 3 000 件，税率为 10%，成本利润率为 20%。要求预测该企业的目标成本。

2. 某企业只产销一种产品，本年单位变动成本为 6 元，变动成本总额为 84 000 元，获营业利润 18 000 元，若该企业计划下一年度变动成本率仍维持本年度的 40%，其他条件不变。

要求：预测下一年度的保本销售量及保本销售额。

3. 某企业生产 A、B、C 三种产品，有关资料如下表所示。要求：

产品资料表　　　　　　　　　　　　　　　　单位：元

项目＼产品	A	B	C	合计
销售收入	500 000	300 000	200 000	1000 000
变动成本	300 000	210 000	190 000	700 000
固定成本	50 000	30 000	20 000	100 000
利　润	150 000	60 000	－ 10 000	200 000

（1）若亏损产品停产后，闲置的能力不能用于其他方面，C 产品应否停产？

（2）若亏损产品停产后，闲置的能力可以用于承揽零星加工业务，预计获贡献边际 15 000 元，C 产品应否停产？

4. 某企业每年需用某零件 3 000 件，一车间可以对其进行加工，发生的成本如下：变动生产成本 20 000 元，固定生产成本 7 000 元，追加工具一套，价值 4 000 元。如果外购，每件单价为 8 元，同时闲置的能力可以承揽零星加工业务，预计获贡献边际 2 000 元。要求做出外购与自制的决策。

五、思考题

1. 成本预测具有哪些特点？可以采用的方法有哪些？

2. 本量利分析的基本模型可以运用到哪些方面？

3. 日常成本决策中应该考虑哪些相关成本？折旧费是相关成本还是无关成本？

4. 综合资本成本和边际资本成本有何不同？

成本管理作业 3

姓　　名:＿＿＿＿＿

学　　号:＿＿＿＿＿

得　　分:＿＿＿＿＿

教师签名:＿＿＿＿＿

一、单项选择题

1. 企业编制成本计划时，应根据其生产的特点和管理的要求进行编制。在规模比较小的企业，其成本计划的编制可采取（　　　）。

    A. 一级成本计划编制方式   B. 二级成本计划编制方式

    C. 三级成本计划编制方式   D. 一级和二级相结合的编制方式

2. 在编制直接材料成本计划时，应根据产品的产量、单位产品材料的定额消耗数量乘以（　　　）。

    A. 材料的计划消耗数量   B. 材料的标准消耗数量

    C. 材料的计划单价   D. 材料的采购数量

3. 下列不属于成本报表的是（　　　）。

    A. 商品产品成本表   B. 主要产品单位成本表

    C. 现金流量表   D. 制造费用明细表

4. 在"主要产品单位成本表"中，不需要反映的指标是（　　　）。

    A. 上年实际平均单位成本   B. 本年计划单位成本

    C. 本月实际单位成本   D. 本月实际总成本

5. 企业在编制成本计划时，一般是先编制（　　　）。

    A. 基本生产车间的成本计划   B. 辅助生产车间的成本计划

    C. 制造费用总预算   D. 期间费用预算

6. 下列不属于成本分析的基本方法的是（　　　）。

    A. 对比分析法   B. 产量分析法

    C. 因素分析法   D. 相关分析法

7. 特定的责任中心所发生的耗费称为（　　　）。

    A. 沉没成本   B. 固定成本

    C. 相关成本   D. 责任成本

8. 填制商品产品成本表必须做到（　　　）。

    A. 可比、不可比产品须分别填列   B. 可比、不可比产品可合并填列

    C. 既可分别，也可合并填列   D. 填制时无需划分可比、不可比产品

9. 企业成本报表的种类、项目、格式和编制方法（　　　）。

    A. 由国家统一规定　　　　　　　　B. 由企业自行确定

    C. 由企业主管部门同一规定　　　　D. 由企业主管部门与企业共同制定

10. 为了正确计算责任成本，必须将成本按已确定的经济责任权分管范围分为（　　　）。

    A. 固定成本和变动成本　　　　　　B. 产品成本和责任成本

    C. 可控成本和不可控成本　　　　　D. 直接成本的间接成本

    E. 标准成本和定额成本

二、多项选择题

1. 成本计划的内容较多，一般包括（　　　）。

    A. 产品单位成本计划　　　　　　　B. 商品产品成本计划

    C. 制造费用计划　　　　　　　　　D. 期间费用计划

    E. 降低成本主要措施方案

2. 基本生产车间编制成本计划时，应编制的计划有（　　　）。

    A. 车间直接费用计划　　　　　　　B. 车间间接费用计划

    C. 制造费用计划　　　　　　　　　D. 车间产品成本计划

    E. 车间期间费用计划

3. 下列属于编制成本计划必须经过的步骤有（　　　）。

    A. 收集和整理资料　　　　　　　　B. 预计和分析上期成本计划的执行情况

    C. 测算成本降低指标　　　　　　　D. 测算期间费用降低指标

    E. 正式编制企业的成本计划

4. 工业企业一般编制的成本报表主要有（　　　）。

    A. 商品产品成本表　　　　　　　　B. 销售产品成本表

    C. 主要产品单位成本表　　　　　　D. 制造费用明细表

    E. 期间费用明细表

5. 编制成本报表的基本要求是（　　　）。

    A. 数字准确　　　　　　　　　　　B. 格式统一

    C. 内容完整　　　　　　　　　　　D. 方法统一

    E. 编报及时

6. 在商品产品成本表中反映的指标有（　　　）。

    A. 全部商品产品的总成本　　　　　B. 全部商品产品的单位成本

    C. 主要商品产品的总成本　　　　　D. 主要商品产品的单位成本

    E. 主要商品产品的单耗

7. 成本分析一般包括（　　　）。

    A. 成本的事前分析　　　　　　　　B. 成本的事中分析

    C. 成本的事后分析　　　　　　　　D. 成本的一般分析

    E. 成本的总括分析

8. 采用因素分析法进行成本分析时，关于确定各因素替代顺序的说法正确的是（　　）。

    A. 先替代数量指标，后替代质量指标

    B. 先替代质量指标，后替代数量指标

    C. 先替代实物量指标，后替代货币量指标

    D. 先替代货币量指标，后替代实物量指标

    E. 先替代主要指标，后替代次要指标

9. 可控成本是指在产品生产过程中所发生的耗费能否为特定的责任中心所控制，其应符合的条件是（　　）。

    A. 能在事前知道将发生什么耗费   B. 能在事中发生偏差时加以调节

    C. 能在事前发生偏差时加以调节   D. 能在事前计量其耗费

    E. 能在事后计量其耗费

10. 下列属于成本考核的指标有（　　）。

    A. 实物指标和价值指标   B. 数量指标和质量指标

    C. 可比指标和不可比指标   D. 直接指标和间接指标

    E. 单项指标和综合指标

三、判断题

1. 企业在编制成本计划时，应先编制生产计划，再编制销售计划。（　　）

2. 成本考核要求责任者对成本负责。（　　）

3. 责任成本和产品成本是一致的。（　　）

4. 基本生产车间成本计划的编制程序是编制车间直接费用计划、编制制造费用计划、编制车间的产品成本计划。（　　）

5. 商品产品成本表是反映企业在报告期内生产的全部商品产品的总成本的报表。（　　）

6. 影响成本分析的因素很多，国家对整个国民经济活动所作出的各种安排对企业成本的影响称为固有因素。（　　）

7. 在分析某个指标时，将与该指标相关但又不同的指标加以对比，分析其相互关系的方法称为对比分析法。（　　）

8. 采用因素分析法进行成本分析时，各因素变动对经济指标影响程度的数额相加，应与该项经济指标实际数与基数的差额相等。（　　）

9. 某企业可比产品成本计划上升率为 2%，实际降低率为 0.5%，因此该企业的可比产品成本计划降低任务没有完成。（　　）

10. 企业在进行成本考核时，对于各职能部门主要考核归口管理的费用指标的完成情况。（　　）

四、思考题

1. 企业为什么要编制成本计划？成本计划包括哪些内容？

2. 在编制成本计划时，为什么要先编制辅助生产车间的成本计划？

3. 什么是商品产品成本表？商品产品成本表的结构如何？

4. 如何制定成本控制标准？如何进行成本最优化选择？

5. 为什么要进行成本考核？成本考核的原则包括哪些内容？成本考核的指标有哪些？传统成本考核方法的缺陷有哪些？

6. 什么是因素分析法？因素分析法的程序是什么？采用因素分析法进行成本分析时，替代顺序应如何确定？

五、计算分析题

1. 某企业有关产品产量、单位成本和总成本的资料如下：

产品相关资料表

金额单位：元

产品名称		实际产量		单位成本		总成本	
		本月	本年累计	上年实际平均数	本年计划	本月实际	本年累计实际
可比产品	A 产品	100	900	800	780	75 000	684 000
	B 产品	30	500	500	480	13 500	235 000
	C 产品	80	1 100	700	710	55 200	748 000
不可比产品	D 产品	300	3 200		1 150	375 000	3 520 000
	E 产品	600	7 800		1 480	894 000	11 076 000

要求：根据上述资料，编制如下"商品产品成本表"。

商品产品成本表

金额单位：元

产品名称	实际产量		单位成本				本月总成本			本年累计总成本		
	本月	本年累计	上年实际平均	本年计划	本月实际	本年累计实际平均	按上年实际平均单位成本计算	按本年计划单位成本计算	本月实际	按上年实际平均单位成本计算	按本年计划单位成本计算	本年实际
	1	2	3	4	5	6	7	8	9	10	11	12
可比产品成本合计												
A	100	900	800	780					75 000			684 000
B	30	500	500	480					13 500			235 000
C	80	110	700	710					55 200			748 000
不可比产品成本合计												
D	300	3 200		1 150					375 000			3 520 000
E	600	7 800		1 480					894 000			11 076 000
全部商品产品成本合计												

答 题 纸

2. 某企业本年度各种产品计划成本和实际成本资料如下：

成本对比分析表 单位：元

项　目	本年计划成本	本年实际成本	成本差异额	成本差异率
A 产品	1 000 000	980 000		
B 产品	2 500 000	2 600 000		
C 产品	3 800 000	4 000 000		
合　计				

要求：根据上述资料，采用对比分析法分析各种产品的成本差异额和成本差异率，并将计算结果填入上表。

3. 某企业生产 A 产品，本月份产量及其他有关材料费用的资料如下：

产量及其他有关资料

项　目	计划数	实际数
产品产量（件）	200	220
单位产品材料消耗量（千克）	30	28
材料单价（元）	500	480
材料费用		

要求：根据上述资料，采用因素分析法分析各种因素变动对材料费用的影响程度。

成本管理作业 4

一、单项选择题

1. 作业成本计算法最重要的优点在于（　　）。

　　A. 促进企业组织方式变革　　　　　　B. 作业的计量和分配较为客观

　　C. 促使管理人员加强成本控制　　　　D. 简化了成本计算程序

2. 作业成本计算法的计算步骤首先是（　　）。

　　A. 确认计划目标、时间和范围　　　　B. 确定主要作业，明确作业中心

　　C. 搜集与作业有关的资料　　　　　　D. 对有关人员进行培训

3. 作业成本计算法下间接成本与产量之间的关系为（　　）。

　　A. 订购量越大，采用作业成本法计算的单位成本越低

　　B. 订购量越大，采用作业成本法计算的单位成本越高

　　C. 订购量越小，采用作业成本法计算的单位成本越低

　　D. 无论订购量多少，计算出的单位成本都是相同的

4. 选择作业中心间接成本的分配标准时，自动化设备作业的作业衡量标准应选择（　　）。

　　A. 定单数量　　　　　　　　　　　　B. 产品批量

　　C. 直接人工工时数　　　　　　　　　D. 机器工时数

5. 在 JIT 制度下，对制造费用进行分配通常是在（　　）。

　　A. 材料购进时　　　　　　　　　　　B. 产品生产完成时

　　C. 材料领用时　　　　　　　　　　　D. 会计期末时

6. 下列不属于质量成本内容的是（　　）。

　　A. 预防成本　　　　　　　　　　　　B. 坏账损失

　　C. 内部故障成本　　　　　　　　　　D. 外部故障成本

7. 下列属于鉴定成本的是（　　）。

　　A. 检测实验费　　　　　　　　　　　B. 质量培训费

　　C. 质量改进措施费　　　　　　　　　D. 产品评审费

8. 对质量问题进行分析处理所发生的直接损失称为事故分析处理费，它属于（　　）。

　　A. 预防成本　　　　　　　　　　　　B. 鉴定成本

　　C. 内部故障成本　　　　　　　　　　D. 外部故障成本

← 每次作业做完后，由此剪下，请自行装订。

9. 质量管理部门人员的工资及福利费属于（　　　）。
  A. 预防成本   B. 鉴定成本
  C. 内部故障成本   D. 外部故障成本
10. 把质量成本的核算和正常的会计核算截然分开的方法称为（　　　）。
  A. 单轨制   B. 双轨制
  C. 集中制   D. 非集中制

二、多项选择题

1. 作业成本计算法与传统成本计算法的主要区别体现在（　　　）。
  A. 成本计算基础不同   B. 成本计算对象不同
  C. 成本计算程序不同   D. 费用分配标准不同
  E. 提供的成本信息不同
2. 采用作业成本计算法应具备的条件有（　　　）。
  A. 制造费用比重相当大
  B. 产品种类很多
  C. 作业环节较多
  D. 生产运行数量相差很大并且生产准备成本昂贵
  E. 会计电算化程度较高
3. 作业成本计算法的一般步骤包括（　　　）。
  A. 明确作业中心   B. 归集成本资源
  C. 选择成本动因   D. 分配间接费用
  E. 计算每种产品的作业成本
4. 选择适当的成本动因通常应考虑的因素有（　　　）。
  A. 产品的种类   B. 成本动因资料是否易得
  C. 与作业实际消耗的相关度 D. 成本动因引发的人的行为
  E. 执行者的判断经验
5. 下列作业的成本驱动因素即成本动因为采购单数量的有（　　　）。
  A. 购入材料   B. 移送材料
  C. 领用材料   D. 设备管理
  E. 存货管理
6. 下列属于预防成本的是（　　　）。
  A. 质量工作费   B. 质量培训费
  C. 质量奖励费   D. 产品评审费
  E. 质量改进措施费
7. 内部故障成本是指产品出厂前因不符合规定的质量要求所发生的费用，它一般包括（　　　）。
  A. 废品损失   B. 返修损失
  C. 停工损失   D. 产品降价损失

E. 事故分析处理费

8. 外部故障成本是指产品出厂后因未达到规定的质量要求所发生的各种费用或损失，下列属于外部故障成本项目的是（　　　）。

A. 索赔费用　　　　　　　　　　B. 退货损失

C. 保修费　　　　　　　　　　　D. 诉讼费

E. 产品降价损失

9. 采用单轨制核算质量成本时，期末时应将质量成本的金额在有关的会计科目中进行分配，这些科目包括（　　　）。

A. 生产成本　　　　　　　　　　B. 管理费用

C. 本年利润　　　　　　　　　　D. 营业费用

E. 利润分配

10. 进行质量成本效益分析时，需要计算的指标有（　　　）。

A. 产值质量成本率　　　　　　　B. 销售收入质量成本

C. 销售利润质量成本率　　　　　D. 产品成本质量成本率

E. 质量成本利润率

三、判断题

1. 作业按主次关系分类可分为产品作业和支持作业。　　　　　　　　　（　　　）

2. 作业是作业成本计算法的核心。　　　　　　　　　　　　　　　　　（　　　）

3. 成本动因与作业之间是一对一的对应关系。　　　　　　　　　　　　（　　　）

4. 作业的目的不同于某一项具体工作目的，作业的划分是循着成本动因展开的，这为按照成本动因分配费用提供了基础。　　　　　　　　　　　　　　　　　　　（　　　）

5. 作业成本计算仅仅是一种成本核算方法，并非是一种现代成本管理的方法。（　　　）

6. 传统成本计算法分配间接费用采用统一的总量标准进行分配，准确性较好；而作业成本计算法间接费用分配的基础是作业的数量，是成本动因。　　　　　　　　（　　　）

7. 产品出厂后由于质量问题造成的退货、换货所发生的损失属于内部故障成本。（　　　）

8. 为改进和保证产品质量而支付的各种奖励称为质量奖励费，它属于预防成本。（　　　）

9. 质量成本核算采用双轨制时，应与正常的会计核算相结合，不必单独设置质量成本的账外记录。　　　　　　　　　　　　　　　　　　　　　　　　　　　　（　　　）

10. 在进行质量成本效益分析时需要计算产值质量成本率，该指标是用质量成本总额除以企业总产值计算的。　　　　　　　　　　　　　　　　　　　　　　　　（　　　）

四、思考题

1. 如何理解作业成本管理的十字模型？作业成本管理是如何产生的？

2. 作业成本管理与传统成本管理有何区别？其包括的内容有哪些？

3. 传统成本考核和现代成本考核方法在内容上有什么区别？

4. 为什么适时生产制度下可以实现"零存货""零缺陷"?

5. 什么是质量成本? 质量成本包括哪些内容?

6. 质量成本分析的方法有哪些?

7. 什么是战略成本管理？实施战略成本管理有什么重要意义？战略成本管理有什么主要特点？

8. 什么是成本领先战略？什么是差异化战略？什么是目标集聚战略？

9. 战略成本计划的主要内容是什么？如何实施战略成本计划？战略成本管理业绩评价的主要指标有哪些？